북녘의 교회를 가다

국립중앙도서관 출판예정도서목록(CIP)

북녘의 교회를 가다 : 최재영 목사의 이북 교회 제대로 보기
 / 지은이: 최재영. -- 서울 : 동연, 2019
    p. ;   cm

ISBN 978-89-6447-484-6 03200 : ₩19000

교회[敎會]
북한(국명)[北韓]

236.911-KDC6
275.193-DDC23   CIP2019003145

북녘의 교회를 가다 ― 최재영 목사의 이북 교회 제대로 보기

2019년 2월 8일 초판 1쇄 발행
2019년 12월 9일 초판 2쇄 발행

지은이 | 최재영
펴낸이 | 김영호
편 집 | 김 구 박연숙 전영수 디자인 | 황경실 관리 | 이영주
펴낸곳 | 도서출판 동연
등 록 | 제1-1383호(1992. 6. 12)
주 소 | 서울시 마포구 월드컵로 163-3
전 화 | (02)335-2630
전 송 | (02)335-2640
이메일 | yh4321@gmail.com

Copyright ⓒ 최재영, 2019

이 책은 저작권법에 따라 보호받는 저작물이므로
무단 전재와 복제를 금합니다.
잘못된 책은 바꾸어드립니다.
책값은 뒤표지에 있습니다.

ISBN 978-89-6447-484-6 03200

최재영 목사의 이북 교회 제대로 보기

북녘의 교회를 가다

최재영 지음

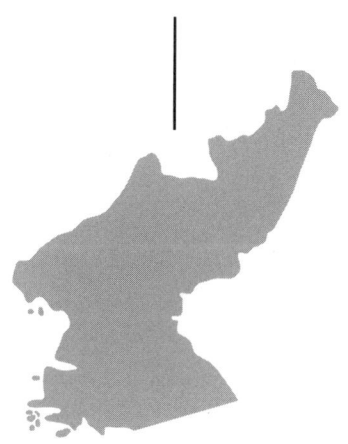

동연

책을 펴내며

필자는 미국에서 대북사역과 통일 운동을 펼치던 중에 해방과 분단 70주년을 맞이하던 2015년을 전후해 약 4년 동안, 현존하는 이북의 교회들을 골고루 참관하였으며 그 결과를 정리하고 자료화하여 한국은 물론 미국과 해외동포들을 대상으로 강연 활동과 집필 활동을 꾸준히 하고 있다. 그러나 북측의 종교 실태를 가감 없이 객관적으로 전달하고 있는 필자의 노력에도 불구하고 북측의 종교 자유와 기독교 실태에 대해 남측과 서방 세계에서는 아직도 터무니없는 낭설들이 난무하고 있는 상황이다. 많은 사람들이 아직도 북에 대해 오해와 편견을 갖고 있는 비참한 현실 속에서 이번에 도서출판 동연을 통해 진실을 밝히는 책이 출간되니 기쁘게 생각한다.

이 책은 분단 이후 최초로 현존하는 북측의 교회공동체들을 집중 탐방한 실록이다. 평소 북측 기독교를 탐방하고자 갈망했던 나는 특별한 명분이 없던 차에 광복 70주년을 전후해 민간 차원의 대북 프로젝트를 세워 이를 성사시킨 후 몇 년에 걸쳐 틈틈이 방북 길에 올라 면밀히 조사하며 돌아보았다. 북측 영토 내에 있는 모든 개신교 교회들과 기관들은 물론 가톨릭교회와 러시아정교회도 돌아보았으며, 정통 개신교에서는 이단으로 규정한 통일교와 몰몬교, 안식교까지 빠짐없이 참관하여 실태를 알아보았다(이 책에서는 이북의 개신교 교회와 종교단체만을 수록하고, 곧이어 나올 본인 저서 『북녘의 종교를 찾아가다』에서는 개신교 이외에 가톨릭교회, 불교, 천도교, 몰몬교 등을 수록하였다). 북측 개신교 중에는 조선

그리스도교연맹이 직접 주도해서 설립한 교회, 남측이나 해외에서 설립한 교회도 있었고, 현재 설립을 추진 중인 교회들도 여럿 포함되어 있다.

그런 과정에서 다양한 형태를 지닌 북녘의 교회들과 자생적인 500여 가정 교회와 처소 교회 공동체들에 대한 실태 파악이 수면 위에 드러났으며, 동시에 남측과 해외에서 북측 영토에 세운 교회들을 파악하는 과정에서 한국교회와 해외 한인교회들이 그동안 펼쳐왔던 북한 선교의 민낯도 여과 없이 드러났다. 그래서 이 책은 실록의 의미를 넘어 이 시대를 살아가는 남과 북의 모든 그리스도인들의 자화상이며 통일 조국을 갈망하는 모든 남과 북의 기독교 공동체들을 향한 하나님 섭리의 나침반을 보여주고 있다고 여겨진다.

필자가 볼 때 분단 이후 남북 문제로 인해 발생한 남녘 사회 내부 갈등의 본질은 좌우 이념 대립이라기보다는 진실과 거짓의 문제였다. 그러기에 북에서 체험한 다양한 기록들과 다면적이고 객관적인 관점에서 바라본 사실들이 더욱 중요하다고 여겨진다. 이제는 이념이 아닌 진실의 차원에서 북의 현실에 접근해야 하기 때문이다. 남측의 보수 기독교 세력들은 그동안 북에 대한 종교적 상황에 대해 너무 큰 증오와 편견을 불러 일으켜왔다. 북미 간의 적대적 대결 구도와 남북 간의 첨예한 대치 상태가 빚어낸 왜곡된 자료들과 의도적으로 생산한 정보들을 토대로 무조건 북을 맹목적으로 매도하고 비난해왔다. 보수 목회자들은 복음과는 거리가 먼 친일 친미 반북 성향의 극단적 행동을 하면서 마치 교회 강단을 반공 강연장처럼 활용하며 자신을 반공투사인 양 반북적이고 반통일적인 행태를 보여주고 있으며, 북을 악마화하는 데 앞장서왔다. 그러나 그 악영향과 후유증은 고스란히 교인들의 몫이고, 더 나아가 진정한 자주통일을 바라는 민족 구성원 전체의 몫으로 넘어오고 있다.

올해로 광복(해방)과 분단이 된 지 73년이 흘렀고 6.25전쟁이 끝난 지도 어언 65년이 지났다. 그러는 동안 북녘의 인민들은 사회주의와 주체사상 외에는 그 어떤 다른 종교문화나 사상을 쉽게 접하지 못했다. 그러나 분단 이후 그들만이 지니고 있는 자생적인 사회주의 기독교 전통을 고수하고 있다. 그럼에도 불구하고 이런 종교문화와 독특성을 무시하고 한국교회와 서방 교회는 자기들이 믿는 방식이 아니라고 무조건 폄하해왔으며 북측의 교회들을 향해 "대남선전용, 대외과시용, 홍보용, 외화벌이용의 목적으로 설립됐으며, 겉은 진짜 교회처럼 보이지만 실상은 가짜 교회다"라고 매도했고, 신자들을 향해서는 "교인들은 모두 가짜이고 대부분 노동당 당원이나 그 가족들이며 실제로는 예수를 전혀 믿지 않는 동원된 사람들이다"라며 모함해왔다.

그러나 북녘의 인민들은 자신들이 피땀 흘려 지켜온 민족정신과 자주정신의 바탕 위에 주체 문화가 훼손되지 않는 범위 내에서 매우 조심스럽게 가정 교회와 처소 교회들을 이끌어왔고, 몇몇 교회당들을 건축하며 예배를 드려왔다. 내가 북녘의 교회공동체들을 자세히 살펴보니 그들은 주체 문화가 뿌리내리는 과정에서 자연스럽게 토착화되었으며, 기독교의 정체성은 주체 문화와 공존하며 민족종교가 되어가는 과정에 있었다. 기독교라는 거대하고도 세계적인 종교를 자신들만의 고유한 민족종교로 정착시킨 국가는 지구상에 이북 사회뿐인 것 같다.

특히 전후 이북에서 생성된 자생적 처소 교회나 가정 교회들 중에서 가장 모범적인 곳이 바로 옛날 하리교회에서 신앙생활 했던 평양 칠골지역 신앙공동체였는데, 그들은 전쟁의 비극적 상황도 아랑곳하지 않고 예전의 동역자들과 신자들 위주로 삼삼오오 소그룹으로 모여 지속적으로 예배를 드려왔다. 그 후 사회주의 체제하에서도 변함없이 수 십 년간 꾸준하게 예배를 드리며 신앙의 그루터기 역할을 해오던 중 1988년 11월에 평양 봉수교회당, 1989년 말에 평양 칠골교회당을 건축해 자신들의 신앙을 세상에 드러냈고 새로운 터전을 삼은 것이다.

미국이라는 외세가 개입한 6.25전쟁으로 인해 3.8선 이북지역에서만 희생당한 수는 120만 명(1,231,540명)이 넘는다. 이런 엄청난 생명을 앗아간 참혹한 전쟁을 직접 경험한 북녘의 신자들은 미국의 실체를 제국주의로 받아들였고 자신들은 철저한 민족주의로 뭉쳤다. 그래서 이북의 기독교 신자들에게 민족정신이야말로 다른 그 어떤 종교적 전통보다 우선시되었고, 그들은 그리스도인 이전에 조선인이어야만 하는 절박한 현실 속에 살아왔다. 나는 북녘의 교회들이 지닌 이런 역사적 배경과 함께 일반 인민들이 지니고 있는 보편적 기독교 문화와 정서를 비교하면서 북의 신자들이 자생적으로 조직한 사회주의적 교회들과 가정 교회 신자들의 공동체들을 이해하고 받아들이게 됐다.

나는 이 책이 독자들로 하여금 북의 인민들이 왜 서양 기독교, 특히 미국식 기독교를 철저히 경계할 수밖에 없는지, 왜 민족주의적인 기독교를 우선적으로 추구하고 강조할 수밖에 없는지에 대한 깊은 역사적, 문화적 성찰을 갖게 되기를 바란다. 이런 이해와 접근이 배제된 채 선입견만으로 무차별적 오해와 비난을 일삼는 것은 모두에게 유익하지 않으며, 그런 관점과 심성으로는 예수의 복음을 타문화권의 어느 누구에게도 제대로 전달할 수 없다. 그런 마음가짐으로 복음을 전하는 것은 또 다른 이름의 공허한 증오일 뿐이다. 북을 비판하는 사람들은 아마 북측의 신자들도 한국교회나 미국 교회가 믿는 방식대로 믿어야 된다고 생각하는 것 같다. 그러나 종교성과 신앙 색채만 다를 뿐 교회로서의 본질은 우리와 다르지 않다.

　필자가 북측 교회들을 탐방해보니 이북에는 종교의 자유가 보장되어 있다. 자국민에 대한 종교를 핍박하거나 억압하지도 않았고 그렇다고 적극 권장하지도 않았다. 다만 미국과 첨예하게 대결하는 상황이고 남북 관계가 적대적 관계에 놓여있다 보니 자신들이 지켜온 자주성과 국가의 생존을 침해하는 경우에 한해서 그리고 종교라는 명분으로 선교와 포교 활동을 빙자해 자신들의 안보를 위협하거나 체제전복을 목적으로 두고 있는 외부 기독교 세력들을 유동성 있게 제한할 뿐이다. 마치 한국교회가 이슬람교가 국내에 유입되는 것을 반대하고 발붙이지 못하게 하는 것처럼 말이다.

　한편, 사회적으로 집중적인 지탄을 받고 있는 오늘날의 한국교회가 이북 교회를 비판할 자격이 있는가를 조용히 묻고 싶다. 또한 한국교회가 그토록 미워하는 북측을 향해 북한 선교를 한다는 것은 무슨 의미인지 또한 묻고 싶다. 사회주의 국가들 중에 종교를 아편으로 규정하고 있는 나라가 있는데 여기서 종교가 아편이라는 비유에는 중요한 전제가 있다. 이는 종교가 종교로서의 기능을 상실했을 때 민중의 아편이 된다는 뜻이다. '사랑의 종교'가 침략의 종교로, '섬김의 종교'가 군림의 종교로, '평화의 종교'가 잔혹한 종교로, '나눔의 종교'가 착취의 종교로, '평등의 종교'가 억압의 종교로 둔갑할 때 그 종교는 이미 신자들과 민중들의 피를 말리며 그 사회를 황폐시키는 독소가 되는 것이다. 그러나 이처럼 사회의 신뢰도가 추락하고 내부적으로 부패한 한국교회가 철저한 자기 개혁 없이 선교의 허영에 들떠 맹목적으로 북한 선교를 한다는 것은 예수 그리스도의 복음을 전파하는 것이 아니라 오히려 종교 청정지역인 이북 사회를 오염시키는 일이 된다는 것을 명심해야 한다.

구약성경(민수기 13:25-33)에는 가나안 땅으로 밀파된 12명의 정탐꾼 이야기가 나온다. 그중 10명의 정탐꾼들이 제출한 보고서는 "그 탐지한 땅을 악평(나쁜 보고서, bad Report)하여 가로되"(22절)였다. 반대로 여호수아와 갈렙이라는 두 명의 정탐꾼들은 가나안 땅의 실체적 진실을 하나님의 관점과 시각에서 제대로 보고했다. 결국 10명이 제출한 잘못된 보고서의 결과는 참혹했다. 10명의 당사자들은 물론 모든 20세 이상의 이스라엘 백성들은 그 잘못된 보고와 평가에 대한 대가로 40년 동안 사막에서 방황하는 신세가 됐으며, 젖과 꿀이 흐르는 가나안 땅을 아무도 들어갈 수 없는 하나님의 심판을 받았다. 이와 마찬가지로 아직도 한국 사회는 북에 대한 진실에 귀 기울이기보다는 허무맹랑하고 날조된 이야기들을 사실인 양 믿고 북을 매도하고 악평하고 있다. 그 결과 남한은 온통 반통일적, 반북(反北)적 사회가 되어가고 있으니 통일의 날은 요원하기만 하다.

왜곡된 반북 보도를 일삼는 친일친미 사대주의 성향의 수구 언론 매체들과 미국의 시각에 의해서 해석된 날조된 대북 정보들을 제공해온 역대 정권들은 일반 대중들을 상대로 그동안 북을 철저히 악마화했다. 또한 이 글을 읽는 독자들 중에는 학교교육과 언론보도로 인해 수십 년 동안 주입된 반북적인 선입견과 고정관념들이 마치 돌덩이처럼 딱딱하게 굳어버린 분들이 있을 것이다. 감히 이 책이 돌덩이가 깨지기 직전에 서서히 금을 내는 역할을 해주기를 간절히 기대한다.

로스엔젤레스 서재에서 다운타운을 내려다보며
목사 최재영

차 례

책을 펴내며 / 4

머리글 _ 북녘의 교회를 찾아가다   13

제1부 _ 북녘의 교회 편   27

  1. 평양 봉수교회   29
  2. 평양 칠골교회   48
  3. 평양제1교회   80
  4. 량강도 포평교회   112
  5. 황해도 은율읍교회   125
  6. 개성신원교회   141
  7. 금강산교회   158
  8. 함경북도 신포교회   179
  9. 평양과학기술대학교교회   198
  10. 평양 형제산교회   221
  11. 평양제3인민병원교회   232
  12. 평양 조용기심장병원교회   250
  13. 평양국제외국인교회   266
  14. 평양국제하베스트교회   283
  15. 평양장대현교회   298
  16. 나진선봉교회   311

제2부 _ 북녘의 가정/처소 교회와 종교단체 편   383

  17. 가정 교회와 처소 교회   385
  18. 조선그리스도교련맹   427
  19. 평양신학원   465

머리글

북녘의 교회를 찾아가다

[사진 1] 1901년 당시 평양 기독교의 중심이며 모체였던 장대현교회 모습. 이 교회로부터 산정현교회 등이 분리 독립됐다.

'기독교'와 '미국'에 대한 두 할머니의 깊은 상처

나는 평양 방문 일정 중에 새벽이 되면 어김없이 산책길에 나선다. 이날도 여느 때와 마찬가지로 새벽에 일어나 대동강변을 향해 산책에 나섰다. 마침 동이 터가는 무렵의 강가에는 70대 후반의 할머니 두 분이 뚝방에 나란히 걸터앉아 쉬고 계시는 모습이 눈에 띄어 다가갔다. 할머니들에게 간단한 안부 인사를 드린 후 이런저런 대화를 하다가 해방 전 평양에 있던 교회 이야기를 꺼내며 어릴 적에 교회에 다녀본 적이 있느냐고 물었다. 지팡이를 든 할머니는 나의 질문에 다녀본 적이 없다는 듯 아무 말 없이 고개만 설레설레 좌우로 흔들었다. 나는 그런가보다 하고 같이 산책하던 일행에 뒤처지지 않으려 급히 인사를 하고 할머니와 헤어졌다.

이튿날도 산책을 하다 보니 어제 그 자리에 그 할머니들이 다시 앉아 계셨다. 나는 일행의 대열에서 잠시 홀로 이탈해 그 할머니들과 진지한 대화를 나누고 싶었다. 속내 이야기를 다 듣고 보니 지팡이를 짚은 할머니는 미국과 기독교에 대한 씻을 수 없는 깊은 상처를 지니고 있다는 것을 알게 되었다. 할머니는 6.25전쟁 당시 미군 폭격에 의해 형제 3명과 어머니를 동시에 잃고 자신과 아버지만 구사일생으로 남았다고 전해주었다. 전쟁 통에 흔히 그럴 수 있는 일이겠거니 하며 나머지 이야기를 자세히 들어보니 사연은 그게 아니었다.

피난민 대열 속에 섞여가던 할머니의 가족들은 미군 폭격을 피하려 이리저리 몸을 숨기던 중 가장 안전하게 생각한

[사진 2] 대동강변 아침 산책 중에 만난 할머니가 온 가족이 교회당에 피신했다가 미군 폭격에 의해 몰살당했다며 필자에게 증언하는 모습

교회당으로 피신을 했다고 한다. 평소에도 평안도 정주에서 교회를 다

넜던 아버지는 우박처럼 쏟아 붓는 포탄 공격으로 절박한 상황이 되자 식구들에게 "미국은 기독교 나라니까 교회당으로 피신하면 무사할 수 있다. 빨리 따라 오너

[사진 3] 황해도 신천군에 진격한 미국의 총격으로 양팔이 잘려나간 리옥희 할머니의 최근 활동 모습. 3남매의 이름을 '복수,하,리라'로 지었다.

라" 하며 온 식구를 데리고 근처에 있던 교회당에 황급히 몸을 숨겼다. 그러나 잔인한 미군 조종사는 오히려 그 교회 건물에 더 집중적으로 폭탄을 퍼부어 안타깝게도 나머지 식구들이 모두 몰살을 당했다고 했다.

그 후부터 그 할머니에겐 '기독교', '교회', '예수', '예배당', '미국'이라는 말만 들어도 분노와 증오가 치밀며 한평생을 살아왔다고 눈물을 글썽이셨다. 난 그 순간 갑자기 방망이로 한 대 얻어맞은 듯 멍해지기 시작했다. 더 이상 그 어떤 위로의 말도 필요 없을 듯했다. 할머니에 대한 미안함과 민망함, 그리고 말로는 표현할 수 없는 죄책감이 나를 사로잡아 발바닥이 땅에 달라붙은 것 같은 느낌이 들었다. 당시 방북단 일행 중에 교회를 안 다니는 분들도 더러 있기에 혹여 기독교에 대한 반감이 생길까봐 나는 할머니 이야기를 일행들에게 꺼내지 않고 지금까지 혼자 간직하고 있었다.

그뿐 아니었다. 내가 황해도 신천군을 방문할 때의 일이었다. 양팔이 완전히 잘려나간 "복수", "하", "리라"의 어머니인 리옥희 할머니를 만났을 때 내가 받은 충격 또한 마찬가지였다. 그녀는 전쟁 이후 결혼해서 삼남매를 낳았는데, 첫째 아이의 이름을 "복수", 둘째는 "하", 셋

째는 "리라"로 지었던 것이다.

　사건은 6.25전쟁이 한창이던 시기에 발생했다. 황해도를 진격한 미군은 신천군 일대를 좌익과 우익이 서로 잔인한 살육전을 벌이도록 공작을 벌여 전체 군민들을 죽음의 쑥대밭으로 만들고 마을마다 총부리를 들고 들어가 좌익들을 색출하던 때였다. 당시 어린 소녀였던 할머니는 음식을 구하러 밖으로 몰래 나왔다가 미군에게 발각되어 달아나던 중 막다른 골목에 위치한 은신처로 들어가려고 문고리를 잡는 순간 지척에서 쫓아오던 미군의 무차별 난사로 두 팔이 잘려나갔다. 바다 건너 기독교 나라에서 온 백인에 대한 소녀의 선입견은 순식간에 날아가 버리고 그 자리엔 한평생 증오와 저주만이 대신하게 됐다. 미국에 대한 그녀의 복수심과 증오심이 얼마나 극에 달했으면 자식들의 이름을 '복수하리라'로 지었겠는가? 평생을 안팎으로 상처 입은 채 불구자로 살아오며 겪은 그녀의 깊은 한숨과 설움을 그 누가 감히 이해할 수 있을까?

　굳이 두 할머니의 사례를 들지 않더라도 이처럼 이북의 평범한 인민들을 깊이 이해한다는 것은 단순한 일이 아니다. 기독교 국가인 미국이 한국전쟁 당시 북조선의 인민들에게 행했던 일은 60년이 넘은 지금까지 깊은 상흔으로 남아 있으며 그 어떤 회복의 기미가 좀처럼 없어 보였다. 그들의 반미감정은 미국이 믿고 있던 종교라는 이유 때문에 기독교라는 종교까지 거부하고 증오하게 하였다. 정전협정 이후 지금까지 북조선 정부는 인민들에게 반미와 항미를 일관성 있게 주장하고 있는데 그것은 당과 국가가 주도하는 정치적 반미 운동이 아니었다. 인민들 속에 스스로 깊이 뿌리내린 미국과 기독교에 대한 상처와 원한을 국가에서 어느 정도 대변해주는 것에 불과한 것임을 나는 현장에서 알게 되었으며 북을 방문할수록 체감하게 되었다.

북녘의 교회를 이해하는 첫 걸음은 예수의 마음을 품는 것

굳이 이북을 내재적 접근방법으로 바라보지 않더라도 저 상처받은 여인들이야말로 내게는 요한복음에 등장하는 사마리아 수가 성 여인으로 다가왔다. 수가 성의 여인에게 다가가 물 한 모금 얻어 마시며 대화를 통해 원초적인 갈증을 해소시킨 예수처럼 나도 이 할머니들이 지닌 심연의 아픔과 비극을 치유하는 데 일조하고 싶은 생각이 스쳐지나갔다. 신약성경 요한복음 4장에 등장하는 유대민족과 사마리아민족은 원래 한 혈통이었으나 앗수르 제국의 침략전쟁의 비극적 결과로 두 민족은 서로 갈라지며 적대 관계가 되었다. 솔로몬 시대 이후 남북이 분열되어 남왕국 유다, 북왕국 이스라엘로 분할된 후 BC 722년 이스라엘이 앗수르에 의해 점령당하면서 앗수르인들이 북부 사마리아에 내려와 살며 유대인과 결혼해 피가 섞인다. 반면 유다는 BC 586년에 바벨론에 포로로 끌려갔으나 순수한 혈통을 유지하게 된다. 이 일로 인해 남 유대인은 북 사마리아인들을 경멸하고 조롱하며 왕래조차 없이 높은 장벽을 두고 각자 살아갔다.

이처럼 두 나라는 서로 다른 역사를 경험했고, 서로에게 돌이킬 수 없는 상처를 주었으며 서로 포악하고 적대적인 행위를 하다 보니 화목하고 평화로울 수 없었다. 이북과 이남 사이에 휴전선이라는 경계가 있듯이 유대인과 사마리아인 사이에도 넘을 수 없는 심리적인 경계, 지리적인 경계, 역사적인 경계, 종교적인 경계가 있었다. 이 경계는 하루아침에 형성되지 않고 천년이라는 오랜 세월에 걸쳐 아주 깊고 광범

위하게 형성됐는데 어느 누구도 이 경계를 허물 수 없을 만큼 깊고 완강했다.

그런데 예수는 그 경계를 가로질러 모두가 회피하던 장벽을 허물고자 사마리아를 찾아가 우물가의 한 여인을 만났고 그녀가 평생 풀지 못하던 인생의 문제와 정치적, 종교적인 문제를 회복시켜 주었다. 오늘날의 남측의 한국교회도 그와 같아야 한다고 생각한다. 현실성도 없는 북한 선교의 허영에 들떠 있지 말고, 이제부터라도 예수께서 성경에서 모범을 보이신 민족화해와 평화통일의 기초를 놓는 과업부터 하나씩 차근차근히 시작해야 한다. 또한 반북반공의 시각을 버리는 것은 물론 국제선교니, 세계선교니, 해외선교니 글로벌선교니 하는 허세도 부리지 말고 남북 통일문제에 한국교회의 인적자원과 재정자원을 집중시켜 통일 지향적인 방향에서 선교적 접근을 해야 한다.

그동안 북은 일본과 미국 같은 제국의 압제와 위협 속에서도 해방 이후 지금까지 독립된 주권 국가를 지키기 위해 피땀 흘려왔다. 동시에 어쩔 수 없이 미국이 신봉하는 기독교를 철저히 경계하고 배척해야만 하는 가슴 아픈 역사를 가지고 있었으며 그 쓰라린 역사의 경험이 그들에게는 현재 진행형으로 생생하다. 더구나 6.25전쟁으로 인해 '동양의 예루살렘'이라 불린 북녘의 교회당은 미 공군의 폭격으로 모두 훼파되고 온전하게 남은 건물이 하나도 없었다. 미군의 폭격과 무차별적인 만행으로 이북 전역에 분포되었던 7,491개소의 종교시설물들이 모두 파괴되어 사라져버렸다. 이 중에 불교사찰을 제외한 나머지 대부분은 기독교 관련 기관들과 교회와 성당들이었다.

벽돌 하나 제대로 남아 있지 않는 잿더미 속에서 북녘의 교회들은 회복할 수 없는 깊은 암흑으로 빠져 들어간 것이다. 원래 김일성 지도

[사진 4] 미 공군의 계속된 폭격으로 나무 한 두 그루만 남고 사라져 버린 평양 시가지 모습

부가 이끄는 당과 내각에서는 모든 종교시설물들을 재건하려고 했으나 인민들과 일반 대중들이 반대하여 좌절되었다. 워낙 일제 36년간 기독교, 불교, 가톨릭 등 제도권 종교들의 극심한 친일행각으로 인해 인민들의 원성을 샀기 때문이다. 적어도 1953년부터 1972년까지는 그랬다. 이 기간은 국가적으로 전후 복구와 재정비를 위한 충전의 시기였으며 매국적 사대주의와 친일행각에 오염된 종교인들에게 분노한 인민들이 포용하는 기간이었다. 그런 악조건에도 불구하고 1972년도부터 조금씩 그 경계심과 불신의 마음을 열고 이북은 가정 교회와 처소 교회들을 세우며 예배를 드리기 시작했다.

그리고 1988년도엔 봉수교회와 장충성당을 연이어 설립했다. 또한 목회자를 배출하는 평양신학원까지 설립하는 진전을 보였다. 이런 일련의 변화와 노력들을 우리는 매우 소중하게 여기며 이해해야 한다. 한국교회는 이런 내용을 무시하거나 알지 못한 채 "북한은 종교의 자유가 없으며, 지구상에서 가장 종교를 핍박하는 박해국가"라고 매도한다. 그뿐만 아니라 이미 세워진 대표성을 지닌 모델 교회들도 모두 가짜라고 무작정 질타하며 비판해왔다.

북의 인민들은 과거 60년이 넘는 동안 사회주의와 주체사상 외에는 그 어떤 다른 종교문화나 사상을 접하지 않았다. 그런 그들에게 보수 세력과 반통일 세력들은 한국교회 시스템과 미국 교회 방식을 따르지 않는다고 무조건 폄하하고 무시하고 있다. 이북의 기독교는 자신들이 피땀 흘려 지켜온 민족정신의 바탕 위에 세운 자주정신과 주체문화가 훼손되지 않는 범위 내에서 매우 조심스럽게 교회들을 세우며 예배를 드리기 시작한 것을 우리는 받아들이고 이해해야 한다.

북조선은 분단 이후 지금까지 주체 문화가 자연스레 토착화되었으며 1972년 이후부터 서서히 뿌리내리기 시작한 기독교 공동체들은 이런 주체 문화와 공존하며 민족종교화하는 과정에 있었다. 기독교라는 거대하고도 세계적인 종교를 자신들만의 민족종교로 정착시키는 유일한 국가는 지구상에 북조선뿐이 없는 것 같아 보인다. 필자가 탐방한 북녘의 교회들은 이런 토착화의 과정을 착실히 진행시키고 있는 것을 확인할 뿐이었다.

철저히 미국식 기독교를 따르는 한국교회는 자신들이 믿는 방식과 다르다고 해서 북한 교회의 진정성을 의심하며 대남 선전용이니, 대외 과시용이니 홍보용이니 하면서 근거 없는 다양한 비판만을 일삼는다. 종교성과 신앙 색채가 서로 다를 뿐 교회로서의 본질은 다르지 않다. 남한식 기독교가 아니라는 이유로 그동안 북측 교회와의 진지한 대화와 교류를 무시하고 단지 식량과 물품지원을 받는 구호의 대상으로만 여기는 오만한 태도를 버려야 한다.

이런 행위들은 무지의 소치이며 하나님이 원하는 신앙인의 모습도 아니다. 남한 교회가 솔선수범해서 교회 내에 통일문화를 이끌어가야 함에도 불구하고 오히려 북측을 가장 적대시하는 선봉장 역할을 하고 있으며 교회 강단을 반공 강연장으로 만드는 반통일적인 독소 세력이 되어가고 있는 것으로 확인되고 있다. 이북은 그야말로 종교 청정지역이다. 그런 곳에 타락하고 부패한 기독교와 여러 종교들이 선교와 포교를 한다는 것은 오히려 북을 심각하게 오염시키는 일이 될 것이다.

[사진 5] 봉수교회 주일예배에서 축도를 하는 필자

종교 자유의 범위와 지하교회에 대한 이해

북조선 사회는 분명히 헌법에 종교의 자유가 철저히 보장되어 있으며 종교를 억압하거나 핍박하지 않는다. 그렇다고 종교를 적극 권장하지도 않는다. 다만 미국과 첨예하게 대결하다보니 자신들이 지켜온 자주성과 국가의 생존을 침해하는 경우에는 유동성 있게 종교를 제한할 뿐이다. 따라서 미국과 일부 서방세계가 북녘의 종교 실태를 왜곡하여 인권 문제로 접근하는 것은 올바른 방법이 아니다.

그래서 구체적으로 어느 범위까지 종교의 자유가 허용되며 어떤 방식으로 종교의 자유를 보장하며 종교자유의 한계는 무엇인가에 대한 문제를 심도 있게 다루고자 한다. 미국과 남한 측이 근거로 삼는 왜곡된 정보와 자료들은 철저히 배제하고 역사적 배경과 북측에서 직접 체험한 팩트 위주로 접근할 것이다. 또한 북조선 헌법과 경제특구법 조항에 명시된 종교의 자유에 대한 부분을 북측 당국자들은 어떻게 해석하고 이 조항들이 실제로 북의 인민들과 외국인들에게는 어떻게 적용되고 있는가에 대해 심도 있게 다루고자 한다.

마지막으로 가장 첨예한 문제가 북측의 지하교회이다. 많은 사람들이 가정 교회와 지하교회를 혼동하는데 '가정 교회'(처소 교회)는 노동당과 내각, 조선그리스도교연맹이 승인하고 공인한 합법적 교회인 반면, '지하교회'는 미국과 한국과 중국 등에서 훈련받은 목회자들과 선교사들이 북측 영토 내에 비합법적으로 입국하여 북 당국의 승인절차 없이 음성적으로 교회를 설립하거나 조직하는 경우를 말한다. 이런 경우는 북 당국이 체제전복 세력과 반통일 세력으로 규정하여 철저하게 단속한다.

또한 고난의 행군 시절 중국이나 해외로 탈북 후 기반을 잡은 탈북자가 그곳에서 기독교인이 된 후 다시 북한으로 재입국해 자생적으로 세운 지하교회가 있다고 주장을 하는 전문가들이 있으나, 북 당국의 승인을 받지 않고 음성적으로 교회를 세우고 예배를 드리거나 신앙생활을 한다는 것은 현실적으로 불가능하다. 수평 사회가 아닌 수직적 구조의 북 사회의 특성상 탈북자가 재입국하여 북 영토 내에서 교회를 세운다는 것은 불가능하며 이에 대한 북 당국자의 입장도 밝힐 예정이다.

이북교회의 유형과 분류, 이북에는 어떤 교회가 있나?

1980대 이후 북측 영토에 설립되었던 기독교를 유형별로 크게 분류하면 민간 교회와 공식 교회로 나눠진다. '민간 교회'란 남과 북이 상호 협의하여 북측 영토에 설립한 남한 교회들을 일컫는다. 이런 민간 교회의 경우는 주로 '직장 교회'가 대부분이다. 지금은 중단됐지만 함경도 신포의 케도(KEDO) 경수로 공사현장 생활관 부지 내에 건축된 '신포교회'와 '금호성당'을 비롯해 금강산관광 시기에 금강산 빌리지에 세워진 '금강산교회'가 있고, 개성공단 내에 건축된 '개성신원교회'가 있다. 또한 평양과기대 게스트하우스 내에 '평양과기대 채플'에서는 지금도 매주 오전 9시에 주일예배가 드려진다. 이와는 별도의 민간 교회로는 대동강변에 건축된 '평양제1교회'가 있는데, 이는 다용도 교회로서 원래의 온실건물 용도와 함께 2층에 별도로 작은 기도처소 형식의 예배당이 마련되어 그 명맥을 유지하고 있다.

또한 '공식 교회'(공인 교회)를 살펴보면 현재 예배나 미사가 드려지는 사역 교회로는 개신교의 평양 '봉수교회'와 '칠골교회'가 있으며 천주교의 '장충성당'과 러시아정교회의 '정백성당'에서 매주 미사가 드려지고 있다. 또한 '사적지교회'로는 황해도 '은률읍교회'와 량강도 포평 사적지 내에 있는 '포평교회'가 있다. 또한 형제산구역에 있는 영화셋트 촬영장소로 사용되는 '형제산교회'가 있으며 통일교가 보통강호텔 앞에서 운영하는 '국제평화센터'가 있다.

마지막으로 현재 교회 건물이 추진되고 있거나 추진 중에 중단된 교회들을 살펴보면 미국의 프랭클린 그레이엄 목사(빌리 그레이엄 목사 아들)가 추진 중인 '평양 국제외국인교회'가 설립 준비 중이며, 미국의 IT기업 '노바'의 조명호 사장이 대동강변 IT단지에 설립하던 중 갑자기 타계하는 바람에 현재 중단된 상태에 있는 '평양 국제하베스트교회'가 있다. 또한 서울 여의도순복음교회가 설립한 '평양 조용기목사심장병원' 건물에 30평 규모의 교회당이 허가를 받았으며, 이 병원 건물은 5.24대북 조치 등의 여러 가지 이유로 현재 공사가 중단된 상태에 있다.

<표 1> 북측 영토 내의 포괄적 기독교 교파 현황

No	교파	분류	용도	교회 이름	위치	비고
1	개신교	사적지교회	교육용	포평교회	량강도 김형직군	운영 중
2			교육용	은율읍교회	황해도 은율읍	운영 중
3		영화세트장	영화촬영장	형제산교회	평양 형제산구역	운영 중
4		사역교회	조선그리스도교련맹 직영	평양봉수교회	평양시 건국동	예배 중
5				평양칠골교회	평양시 칠골동	예배 중
6		남북간 협의 하에 설립된 민간교회	다용도교회	평양제1교회 기도처	평양시 청류동	중단
7			대학교회	평양과기대 교회	평양시 승리동	예배 중
8			직장교회	신포교회	함북 금호지구	중단
9				개성교회	개성공단 부지	예배/중단 반복
10			직장교회	금강산교회	금강산 빌리지	중단
11	가톨릭		직장교회	금호성당	함북 금호지구	중단
12		사역교회	조선가톨릭교 협회 직영	평양장충성당	평양시 장충동	예배 중
13	러시아 정교	사역교회	조선정교회 위원회 직영	평양정백교회당	평양시 정백동	예배 중
14	통일교	사역교회	포교용/사업용	평양 가정연합교회	평양시 보통강구역	운영 중

또한 개신교는 전국적으로 500여 개의 가정 교회(처소 교회)가 다양한 형태로 존재하고 있으며, 이는 평양특별시, 남포시, 개성시, 평안남북도, 함경남북도, 황해남북도는 물론이고 강원도, 량강도, 자강도에 이르기까지 전국에 널리 분포되어 있으며, 천주교 측도 20곳의 가정 교회가 존재하고 있다. 그 외에도 북에는 정형화되지 않은 다양한 형태의 기독교 교회가 더러 존재하고 있으며 그런 부분도 심도 있게 다룰 것이다.

<표 2> 북측 영토 내에 추진 중인 개신교 교회 현황

No	교단	교회 이름	추진단체 & 책임자	승인일자	건축예정지	비고
1	침례교	평양 국제외국인 교회	플랭클린 그레이엄 목사(미국)	2013. 3.	평양 시내	추진 중
2	장로교	평양 국제하베스트교회	IT기업 노바 조명호 대표(미국)	2006년 완공예정	대동강 IT단지 내	중단
3	순복음	평양 조용기심장병원교회(30평)	여의도순복음교회(한국)	착공식 2007.12.4. 완공 예정 2010.6.	대동강구역 동문2동	중단

이북의 기독교 기관들

북측의 기독교관련 기관은 북 유일의 신학교인 '평양신학원'을 비롯해 북측 교회를 대표하는 '조그련'(조선그리스도교련맹)이 있다. 조그련은 해방 이후 지금까지 북측 기독교를 총괄하여 이끄는 기관이며 조그련의 수장은 강명철 위원장이다. 강 위원장이 취임 직후 가장 먼저 필자와 대담하며 그가 이북의 기독교를 어떻게 이끌 것인가에 대해 나눈 이야기를 전해줄 것이다.

북측 교회를 상징하는 쌍두마차인 '봉수교회'와 '칠골교회'는 노동당과 내각부, 조그련이 인정하는 국가 브랜드교회이다. 봉수교회가 위치한 거대한 기독교 타운 중심에는 가장 한복판에 봉수교회 건물이 들어서 있고 교회 마당 좌측에 조그련 본부가 위치해 있다. 이어서 교회 우측 담벼락 쪽문을 통과하면 넓은 정원이 펼쳐지며 그곳을 통과하면 평양신학원 캠퍼스가 나온다. 필자는 이 두 기관에 대한 상황과 교류 내용도 밝힐 것이다.

또한 칠골교회 역시 거대한 타운 내에 조성되어 있으며 타운에는 김일성 주석의 항일투쟁 자료는 물론이고 외가와 친척들, 교회와 관련된 각종 자료들이 전시된 '칠골혁명사적관'이 들어서 있으며, 그 뒤쪽엔 초가집 형태로 지어진 김일성 주석의 모친 '강반석 여사의 생가'가 자리하고 있다. 생가 옆엔 김일성 주석의 '부친 김형직 선생과 모친 강반석 여사의 동상' 등이 위치하고 있다. 또한 타운의 맨 뒤쪽 기슭엔 해방 전엔 기독교 미션스쿨로 운영되던 '창덕소학교' 캠퍼스가 나오는데 현재도 이 학교에는 엘리트 학생들이 재학 중이다. 이 학교는 김일성 주석이 실제로 다녔던 초등학교였으며 학교 설립자는 김 주석의 외조부 강돈욱 장로였다. 이곳엔 김 주석이 공부했던 교실과 책상 등이 지금도 그대로 보존되어 있으며 캠퍼스 좌측 기슭엔 김 주석의 친외조부 형제(강돈욱, 강성욱)의 공덕비가 세워져 있다.

이북의 '포괄적 기독교 교회'

북조선에도 남한이나 서방세계처럼 다양한 기독교 교파와 교단이 있다. 나는 이를 두고 '포괄적 기독교 교회'(범기독교 교단)라고 칭한다. '방북기' 시리즈인 이번 책에서 나는 개신교의 각 교회들만을 다룰 것이다. 또한 현재 북측 영토 내에 설립되거나 운영 중인 교회들을 직접 탐방하여 교류한 사례들을 영상 자료와 함께 다루고자 한다. 또한 그동안 남과 북이 서로 합의하여 북측 영토 내에 설립했던 민간 교회들은 물론, 현재 설립을 추진 중인 교회들까지도 취급한다. 그리고 다음 책에서는 개신교를 제외하고, 가톨릭교회와 러시아정교회는 물론 심지어 남한 교회에서 이단으로 분류된 통일교와 안식교를 포함한 모든 종교 공동체들을 전체적으로 소개하려고 한다.

제1부 북녘의 교회 편

1. 평양 봉수교회

2. 평양 칠골교회

3. 평양제1교회

4. 량강도 포평교회

5. 황해도 은율읍교회

6. 개성신원교회

7. 금강산교회

8. 함경북도 신포교회

9. 평양과학기술대학교교회

10. 평양 형제산교회

11. 평양제3인민병원교회

12. 평양 조용기심장병원교회

13. 평양국제외국인교회

14. 평양국제하베스트교회

15. 평양장대현교회

16. 나진선봉교회

평양 봉수교회

[사진 6] 전후 이북 최초의 공식교회당인 봉수교회 외부 전경(재건축 이전)

전후 이북 최초의 공식 교회당, 봉수교회를 가다

기독교인이 아니더라도 국내외 많은 이들이 방북할 때마다 궁금증과 기대감을 갖고 들리는 코스가 바로 평양 보통강변에 자리 잡은 봉수교회당이다. 나 역시 이곳에 갈 때는 언제나 가슴이 설렌다. 나에겐 무엇보다 이곳에서 예배가 드려진다는 사실이 매우 중요하게 여겨지기 때문이다. 11시에 시작되는 남쪽교회와는 달리 주일예배가 언제나 오전 10시에 드려지는 봉수교회는 1988년 11월에 완공된 이래 지금까지 남녘 동포를 비롯해 해외동포 신자들과 목회자들이 헤아릴 수 없을 정도로 많이 찾아와 예배를 드렸다. 그뿐 아니라 언어소통의 불편함을 감수하면서도 외국인 방문객들이나 평양주재 상사원, 주재원, 외교관 등의 직업을 가진 신자들도 매주 예배에 참석해 기독교인의 도리를 다한다. 봉수교회 설립 이래 지금까지 27년 동안 이 교회당에서 수많은 신자들이 예배를 드렸고 방문자들이 참관했다.

북측 신자들은 자신들의 신앙방식대로, 외부 방문신자들은 자신들이 속한 국가의 교회에서 배우고 익힌 신앙방식대로 각자의 예배를 드리는 이 곳, 그래서 인종과 국적, 사상과 이념은 달라도 모두 한데 어우러져 간절하게 예배를 드리는 국제적인 초교파, 범교단적 교회의 기능도 지닌 곳이 바로 이곳 봉수교회이다. 따라서 봉수교회는 수식어도 다양하다. '전후 최초의 공식교회', '국가 브랜드 교회', '현대 북조선 기독교의 모교회'라는 호칭 등으로 다양하게 불렸고, 반면에 부정적인 호칭들도 무수히 많다. 그러나 나는 한 가지 더 색다른 호칭을 붙이고 싶다. 그것은 바로 독일 통일의 상징적 역할을 했던 '성 니콜라이교회'처럼 이곳 봉수교회가 남북 분단의 벽을 허는 '북조선판 성 니콜라이교회'가 아닌가 생각한다.

동독의 '성 니콜라이교회' 같은 역할을 소망하며

봉수교회를 방문할 때마다 난 언제나 25년 전 베를린 장벽 붕괴의 도화선이 됐던 '성 니콜라이교회'의 평화 촛불기도회를 떠올린다. 동서독의 직접적인 통일의 계기는 양측 교회 간의 활발한 교류에서 시작됐다. 남북문제는 동서독 상황과는 사뭇 다르지만, 남북통일을 위한 역할을 상당수 목회자들과 신자들이 주도할 수 있다고 본다. '성 니콜라이교회'를 독일 통일의 상징으로 꼽는 것처럼 이곳 봉수교회도 평화통일의 촛불기도회가 점화되어 통일의 메카로서의 역할을 하리라 기대하고 있다.

'성 니콜라이교회'는 1982년부터 매주 월요일 '칼(무기)을 쳐서 보습(쟁기)으로'라는 슬로건 하에 평화의 기도회를 열었다. 퓌러 목사와 크리스토프 보네베르거 목사가 주도한 기도회는 1989년 10월 9일 7만여 명, 11월 6일 50만 명이 참여하는 대규모 평화시위로 연결됐으며, 결국 평화의 기도회는 동독 전역으로 확산되어 마침내 11월 9일, 베를린 장벽이 무너졌다.

북측 조그련 소속 목회자들은 이구동성으로 "동독은 내부의 모순이였으나 현재 우리 조선민족에게 있어서의 최대 모순과 최대의 적은 남조선을 정치, 군사적으로 식민지 삼고 있는 미국"이라고 강조한다. 우리나라를 3.8선으로 분단시킨 미국은 해방 이후 지금까지 70년을 남한 땅에 점령군의 태도로 주둔하고 있는 것은 명백한 현실이다. 북측 목회자들의 주장이 아니더라도, 이제라도 한국교회는 사대주의를 타파하고 우리 민족 당사자들끼리 자주적인 통일을 이루는 데 앞장서 평화통일의 촛불을 지펴야 하며 그 도화선이 이곳 봉수교회를 거쳐 삼천리 반도 전역에 퍼져나가야 한다.

최초의 봉수교회가 설립되기까지

현재 북조선 기독교를 대표하는 기관은 조선그리스도교련맹(이하, 조그련)이다. 조그련은 김일성 주석의 외종조부이며 창덕소학교 담임 선생이었던 강량욱 목사의 주도로 설립된 북조선기독교련맹에 그 기반을 두고 있다. 해방 직후 공산주의 정부가 들어선 이후 기존 교단과의 결별을 선언하고 새로 결성된 북한의 공식 기독교 교단은 1946년 11월 28일에 설립됐으며 그 명칭은 '북조선기독교연맹'이었다. 그 후 1974년에는 '조선기독교도연맹'(조기련)으로 개칭했고, 1999년 2월에는 또 다시 '조선그리스도교련맹'(조그련)으로 재개칭했다. 초대위원장에는 강량욱 목사(1946. 11~1983. 1), 2대 위원장은 김성률 목사(1986. 9~1989. 2), 3대 위원장 강영섭 목사(1989. 2~ 2012. 1. 21)가 역임했으며, 그 후 1년 반의 공백을 깨고 현재의 강명철 목사(2013. 7~현재)가 4대 위원장에 취임했다.

그러므로 정확하게 말해 봉수교회 설립을 최초에 추진한 장본인은 2대 위원장이었던 김성률 목사였으며 강영섭 목사는 최초로 건축된 봉수교회의 초대 담임목사로 취임한 것이다. 평양 봉수교회가 감격적인 헌당예배를 드린 것은 1988년 11월 6일 주일이며, 장충성당의 설립을 공포한 것은 1988년 10월 2일이다. 봉수교회는 88년 봄에 착공해 11월 첫 주일에 헌당예배를 드렸는데 이로써 북 최초의 공식교회는 내부의 판단에 의해 자력으로 건축한 것에 그 의미를 둔다. 그러다가 1989년에는 신축된 봉수교회 담임목사이자 조기련 평양시위원회에 소속해 있던 강영섭 목사가 조기련 3대 위원장에 취임하면서 전국적으로 교회 조직이 재정비되고 사역에 활력을 띠기 시작했다. 당시 김성률 위원장이 이끌던 조기련은 WCC(세계교회협의회) 회원으로 가입하기를 원했으며 회원가입 조건이 되려면 산하 교회가 없는 연맹은 있을 수 없다는 통지

[사진 7] 초대 봉수교회 담임 강영섭 목사가 설교하는 장면

를 받고 원래 교회당을 세우려던 계획을 앞당겨 적극적으로 추진하게 된 것이다.

봉수교회는 두 차례에 걸쳐 건축되었다. 맨 처음 건축된 봉수교회당에 대해 이야기해보도록 하겠다. 봉수교회에 가려면 평양역에서 자동차로 10분 거리에 있는 만경대구역으로 가야 한다. 거기서 대동강 서북지역 봉수산 기슭에 자리한 교회 입구까지 가려면 모두 20분이 소요된다. 보통강 지류를 계속 따라가다 보면 교회당이 가까워진다. 봉수교회당 전망은 멀리 떨어진 보통강가에서 바라볼 때 오히려 그 진가를 발휘하는 것 같다. 현장에서보다는 먼 곳에서 바라볼 때 숲속과 조화를 이루는 멋진 풍광을 보여준다. 교회당이 멀리 보이는 주변 도로를 달리다 보면 흰 대리석재로 지은 교회당이 마치 유럽의 작은 궁전을 연상케 할 정도로 외관이 아름답게 보인다.

주택가 속에 자리 잡은 야트막한 동산을 깎아 자리한 봉수교회당은 당시에도 주변에 담장이 둘러쳐져 있었으며 담장 안에는 봉수교회당과 당시 조선기독교도련맹 본부, 목사 사택 등 3개 동의 건물이 들어서 있었다. 정문에서 볼 때 정면에 봉수교회당이, 왼편엔 조기련 본부

[사진 8] 평양봉수교회 예배당 모습. 좌: 재건축 이전, 우: 재건축 이후

건물, 그 뒤로 목사 사택이 자리하고 있다.

재건축 이전, 최초의 봉수교회 예배당은 1, 2층 합쳐 모두 450석 규모였다. 1988년 당시 건축비용은 북한 화폐단위로 약 50만 원(미화 25만 달러)이 지출됐으며 국가에서 부지를 제공하고 북측 교인들의 헌금을 비롯해 해외교회의 지원금 일부로 건축됐다. 첫 출발할 당시 교직자(목사, 전도사, 장로)는 30명 정도였으며 광복거리에 있던 가정 교회, 처소 교회 신자들을 규합해 300명 정도가 모여 봉수교회 공동체를 이뤘으며 당시 신자들의 평균 연령은 50대 이상이었다. 첫 출발치고는 매우 탄탄한 교세였다.

예배당 출입문을 열고 들어가면 내부는 벽면과 천장 등 전체가 온통 흰색으로 도색되어 매우 정갈하고 깔끔한 느낌을 주도록 했다. 순백의 우아한 분위기는 정결하고 거룩한 분위기를 한껏 더 자아냈다. 본당은 아주 길지 않은 5인용 나무 장의자를 네 분단으로 배치했으며 정면에는 작은 십자가와 설교 강대상이 놓여 있어 단순함의 미학을 더해 주었다.

봉수교회의 재건축 과정과 시설

봉수교회는 1988년 11월에 건축됐기 때문에 8년의 세월이 흐르다 보니 점차 건물이 노후화됐다. 이 소식을 접한 남측의 예장 남선교회 전국연합회가 "백년이 지나도 끄떡없는 교회를 세우자"라는 결의를 모아 조그련에 전달하면서 재건축이 시작됐다. 기존 교회당을 철거한 뒤 2005년 11월 10일 기공식 예배를 마친 후 남북협력사업의 차원에서 신축공사에 들어간 것이며 이는 기존 봉수교회 건물을 완전히 헐고 그 자리에 연건평 600평 규모로 건축하기 시작한 것이다.

당시 건축준비위원장을 맡은 남측의 김용덕 장로가 이끄는 '사단법인 기쁜소식' 측에서 공개한 자료에 의하면 신축 교회당의 설계와 시설들은 당시로서는 초현대식이었다. 잘 다듬어진 화강석으로 영국의 궁전이나 유럽의 고풍스런 예배당을 연상케 했으며 쌍기둥 모양의 석조 건물 지붕에는 화강암 십자가를 세웠고 내부의 벽면과 바닥은 대리석과 고급목재로 장식했다. 또한 스크린 장치와 조명, 음향시설을 완벽하게 갖춘 최첨단 시설을 구비했다.

건물은 지상 3층으로 설계됐으며 1층에는 사무실, 당회실, 접견실, 성가대실, 화장실을 갖췄고, 2층에는 1,000여 개 좌석을 갖춘 예배실, 3층은 2백석 규모의 좌석을 갖췄다. 3층에는 방송실과 자모실도 갖췄으며 현재의 본당은 음향 및 영상, 동시통역, 냉난방, 보일러실, 비상발전실, 전압승압시설 등을 구비했다. 이로써 총공사비가 모두 33억 원이 소요된 것으로 보고됐다.

건축 일정을 간단히 살펴보면 2005년 5월 7일, 남측의 예장 통합 측 남선교회 전국연합회와 북측의 조그련과 봉수교회 측이 재건축에

[사진 9] 신축된 봉수교회가 완공을 위해 그 윤곽을 드러낸 모습.

대한 협의를 했고, 그해 8월 5일, 남측의 홍희천 장로와 김용덕 장로, 북측의 강영섭 목사, 오경우 목사가 각각 합의서에 서명했다. 11월 9일은 신축감사예배를 드렸으며 2006년 2월 1일 철골공사, 5월 31일 콘크리트 공사, 11월 30일 상량감사예배를 드렸다. 당초 9월에 상량식을 갖고 성탄절에 입당식 예배를 드릴 계획이었으나 북 미사일 발사로 인한 장관급 회담 결렬, 집중호우로 인한 대홍수, 핵 실험 사태 등으로 건축 일정이 지연되어오다 이날 상량식을 갖게 된 것이다.

상량식 이후인 2007년 8월 30일에는 외부석 부착공사를 완공하고, 11월 3일 내부 인테리어 공사와 냉난방 시공을 마무리했으며, 이어서 12월 8일 음향, 영상, 성구 설치 공사를 완료했다. 마침내 12월 21일 입당식 감사예배를 드렸으며 이듬해인 2008년 4월 6일은 이곳에서 남북이 공동예배를 드렸다. 마침내 건축 최종단계인 '헌당식 감사예배'가 7월 16일에 봉수교회당에서 드려짐으로 모든 건축과정을 마쳤다. 이로써 신축 교회당은 내부에 승강기까지 갖췄으며 그랜드피아노는 물론 40석의 성가대석과 대형 스크린과 촬영시스템을 비롯해 현대식 설비들을 두루 갖추게 된 것이다.

봉수교회 300여 신자들은 언제나 아침 일찍 도착해 예배를 준비하며 찬송을 부르는데 그들의 웅장한 찬송과 파이프 오르간 연주가 조화를 이뤄 은혜가 넘친다. 또한 현대식 장의자 등 뒤에는 조그련에서 발간한 성경과 찬송가가 간격에 맞춰 가지런히 놓여 있으며 강단 정면에는 거대한 나무 십자가가 걸려 있고 강단에 꽃꽂이 장식은 전혀 없다. 신자들의 연령 분포를 보면 50대 이상이 대부분이며 청년들은 거의 없고 여성이 70%를 차지했다.

재건축 이후 오늘날의 봉수교회

2008년 7월 16일, 헌당식을 마친 이후 2015년까지 7년 동안 봉수교회는 양적 부흥은 아니나 내실 면에서 지속적인 발전을 거듭했다. 그러나 사회주의 체제의 개신교 교회는 자본주의나 서방세계의 교회와는 운영 면에서 그 방식과 차원이 다르다 보니 외형적인 괄목한 성장은 눈에 띄지 않았다.

2015년 현재 담임은 송철민 목사(47세)이며 출석하는 신자 수는 변함없이 300명 정도 내외이며 예배 시간은 여전히 매주일 10시이다. 봉수교회의 초대 담임이었던 강영섭 목사 이래 이성봉 목사 등 유력한 담임목사들이 봉수교회 담임목사로 봉직했으며 재건축 당시부터 담임목사를 맡고 있던 손효순 목사는 투병 중 타계하고 현재의 송 목사가 뒤를 이었다.

교회당 좌측엔 조그련 사무실이, 그 뒤쪽에 있는 목사 사택은 처음

[사진 10] 재건축 후 완공된 봉수교회 외부 전경

부터 그대로였다. 다만 마당 우측 담장 너머 작은 울타리 문을 통과하면 멋지게 펼쳐지는 일명 '에덴동산'이 나온다. 이곳에는 '제1온실'을 비롯해 '평양신학원'이라는 신학교 사옥이 들어서 있어 봉수교회가 위치한 지역은 넓은 그림으로 볼 때 캠퍼스처럼 기독교 타운을 형성하고 있는 형국이었다.

봉수교회의 교세와 직제를 보면 송철민 목사를 비롯해 교역자, 장로 9명을 포함해 30여 명이 섬기고 있으며, 성가대원도 50여 명에 이른다. 송 목사는 전임 손 목사 밑에서 목회자 훈련을 착실히 받았으며 영어도 곧 잘하고 설교가 매끄럽고 군더더기가 없다. 그의 조부모가 기독교인이어서 어릴 때부터 성경을 읽고, 찬송가를 부르면서 생활한 것이 목회자가 된 배경이 되었다고 한다.

송 목사는 어려서부터 신앙심을 갖고 성장하는 과정에서 사회과학대학에서 조선역사를 전공하고 다시 평양신학원에서 통신과정에 입학해 대학원 과정을 졸업하고 지난 2010년에 목사안수를 받았다고 한다. 그는 평소에도 칠골교회에서 여러 번 설교한 것은 물론이고, 봉수교회에서 부목사로 시무하면서도 담임목사를 대신해 여러 차례 설교한 경력 등이 풍부했다. 특히 손효순 목사가 투병중인 기간에는 담임목사를 대신해 교회를 이끌어왔고 손 목사가 타계하자 지난해 초 담임

목사에 취임했다.

개신교회는 공식적으로 평양에는 봉수교회와 칠골교회만이 존재하는 것처럼 보이지만 조그련의 오경우 서기장의 증언에 의하면 508~515개의 가정 교회, 처소 교회 등이 운영되고 있어 이북의 공식적인 전체 기독교인 규모는 15,000여 명에 달한다고 했다.

'봉수교회 가짜설'은 또 다른 형태의 종교 테러

필자에게 있어서 봉수교회에서 주일 예배를 드린다는 의미는 벅찬 감격도 있긴 하지만 분단의 현실과 늘 착잡한 심정으로 예배에 임해서 그런지 때론 설교에 집중하지 못하고 정신적 방황을 하곤 한다. 그동안 봉수교회를 담임한 목사님들의 설교를 듣노라면 참으로 구구절절 진정성 있는 메시지로 받아들여진다. 설교라는 것은 "하나님께서 그 시대의 언어의 옷을 입고 설교자의 입을 통해 말씀하는 것"인데 나는 그 같은 감동을 매번 받았기 때문이다.

예배를 다 마치고 외부에서 방문한 우리 일행들이 모두 예배당을 빠져나갈 때까지 신자들이 손에 손을 잡고 통로에 늘어서서 작별 찬송을 불러줄 때면 눈물이 울컥 쏟아지며 가슴이 메어진다. 말하지 않아도 그들의 애틋한 눈빛과 얼굴 표정을 다 읽을 수 있기 때문이다. 그러나 몹시 아쉬운 건 외부 일행이 모두 나오면 잠시 후 교인들도 썰물처럼 빠져나가는 것이다. 물론 점심식사나 친교의 시간, 각 기관별 모임도 없다. 대부분의 사회주의 국가의 교회가 그렇듯 교회 예배는 있으나 구체적인 전도나 교회학교 조직이 없다.

북조선에는 자국의 17세 이하의 청소년들에게는 포교가 금지되어

[사진 11] 주일예배 시간에 외국 신자들이 단체로 나와 찬송을 부르는 모습

있다. 어린나이의 청소년들이 자신들의 의지와 분별력으로 종교를 선택하기 전까지는 전도를 할 수 없도록 국가에서 규정을 만든 것이다. 또한 정교분리 원칙이 아닌 사회이다 보니 조그련과 교회들은 아직도 당과 기관에 소속해 있다. 그렇기 때문에 조그련이나 교회들은 활동과 사역 면에서 여러 가지 제한이 있는 건 사실이나 그 또한 북조선식 기독교로 받아들여야 한다.

봉수교회가 재건축되고 입당을 마친 후 남측 기자들이 당시 조그련 위원장을 맡고 있던 강영섭 목사에게 "1200석이나 되는 교회당을 어떻게 채울 것인가?"라는 질문에 "우리도 만사운동(예장통합교단이 1만 교회 400만 신도운동을 벌이고 있으며 이를 만사운동이라고 부른다)을 펼칠 것이다. 그러나 교회를 다녀본 노인들은 다 떠나가지(죽음)… 젊은이들은 교회에 관심들이 없지… 잘 안 된다"라고 하소연했던 적이 있다.

그렇다고 해서 교회는 가짜일 수 없고 그 안에서 드려지는 예배도 가짜일 수 없다. 교회 안에서 예배시간에 찬송하고, 성경말씀을 듣고, 기도하고 헌금하는 행위를 가짜라고 판단하는 행위는 무지의 소치이며 언어폭력이다. 어려운 여건 속에서도 간절한 심령으로 찬양하고 기도하는 이북의 믿음의 형제자매들과 목회자들의 모습을 보면서도 왜 그렇게 모질게 칼질을 하는가? 왜 순수한 신앙의 양심으로 있는 그대로 바라볼 수는 없는 것일까? 아마도 입에 거품 물며 비판하는 사람들은 평소 자신들의 예배나 종교행위를 연기처럼 쇼맨십으로 하는가 보다.

봉수교회와 이북의 다양한 교회형태들에 대해 가짜 운운하는 집단이나 개인은 또 다른 이름의 종교 테러를 저지르며 종교를 탄압하는 행위이다. 특히 남쪽의 극단적인 보수 기독교인이나 인사들 중에는 이런저런 신빙성 없는 근거와 이유들을 들이대며 북의 교회가 다 가짜이며 선전용, 외화벌이용 창구라느니 정치적인 쇼를 한다느니 주장한다. 북녘의 신자들이 드리는 예배행위가 모두 다 가짜라면 오히려 오늘날 사회적으로 많은 물의를 일으키고 있는 남한의 중대형교회들이 더 가짜라는 건 왜 생각 안 하는지 모를 일이다.

미국식 자본주의에 찌들어 성공지상주의와 성장제일주의, 번영신학과 성공신학이 판을 치는 가운데 온갖 분쟁과 추문과 탐욕에 빠져 허우적거리는 일부 남한 교회의 현실을 보면 그야말로 가짜 교회로 단정 지을 수밖에 없다. 사회의 빛과 소금의 역할을 감당하지 않고 권력과 자본과 야합하여 권력 지향적으로 변한 채 상업적으로 전락한 모습들을 어떻게 변명할 것인가? 결국 내가 볼 때 소위 '북한선교'라는 명목으로 한국식 기독교를 이북에 전파하려는 행위는 오히려 종교 청정지역인 북측사회를 오염시키는 것으로 비쳐진다.

지금은 '북조선식 사회주의 교회'가 정착하는 단계

평양은 '동양의 예루살렘' 혹은 '조선교회의 요람'이라고 불릴 정도로 기독교가 매우 부흥하고 흥왕했다. 남한의 기독교학계와 역사학계를 주도하는 '한국기독교역사연구소'를 비롯해 이북교회를 연구하는 유력한 기관들이 여럿 있는데, 그들의 통계들을 종합해보면 해방 전 북측교회의 수가 명확히 드러난다. 우선 일제 당시 조선총독부 통계연보에 따르면 1913년, 북측에 732개의 교회가 존재했으며 20년 후인 1942년에는 2,339개로 약 3배 이상 증가한 것으로 나온다.

또한 황해도 은율 출신으로 평생을 이북교회사 연구로 몸을 바친 이찬영 목사의 연구결과(해방전 북한 교회 총람)에 의하면 해방 전에는 이북에만 3,035개의 교회가 존재한 것으로 보고됐다. 구체적으로 살펴보면 평안북도에 755개, 평안남도 724개, 황해도 870개, 함경도 492개, 강원도와 경기도에 194개의 교회가 있었다. 또한 정확하지는 않지만 북측 조그런 당국의 발표에 의하면 1950년 이전 북측 기독교는 교회수가 약 2,000개, 신자 20만 명, 목사 410명, 전도사 498명, 장로 2,142명이었다는 자료를 제공한 적이 있다.

그러나 해방 전 그 많던 3,000개의 교회당들은 6.25전쟁을 기점으로 모두 사라지고 전후 가정 교회와 처소 교회가 그루터기로 남아 그 명맥을 유지해오다 봉수교회, 칠골교회가 건축되면서 가정 교회도 재정비되어 전국에 500개의 가정 교회가 또 다른 형태의 북조선식 기독교로 정착했다.

북측은 이미 1960년대 가정 교회가 도입되어 활성화되기 시작했다. 당시도 60대 이상 연령의 신자들은 기독교 종교 행위에 대해 제한을 받지 않았다. 평남 남포동에 거주하는 도산 안창호 선생의 여동생 안신호 여사, 만경대의 칠골 강선녀, 강원도 도당위원장 김원봉의 모친 김씨, 함남 영흥의 장관급 간부 문만옥 모친 황 씨 등을 중심으로 200여 개의 가정 교회 공동체가 공식적으로 형성됐으며 지금 현재는 515개 정도의 가정 교회가 있다.

영국에는 영국식 기독교, 중국에는 중국식 기독교, 한국에는 한국식 기독교가 각국의 민족정서와 문화, 정치체제를 반영해 존재하듯 북에는 토착화된 북조선식 기독교가 있다. 이를 '북조선식 사회주의 교회'라고 호칭할 수 있으며, 교인들은 '사회주의적 그리스도인'으로 자리매김하고 있다고 볼 수 있다. 공식적인 500여 개의 가정 교회들은 생존을 모색해가는 북조선식 사회주의 교회의 단면으로서 당과 정부와 분리될 수 없이 일체가 되는 특별한 기독교 형태로 존속되고 있다고 보면 된다.

봉수교회당 십자가탑 해체 사건을 통해 본 북측 사회 이해

봉수교회 재건축을 위해 남측의 건축준비위원장으로 임명된 예장 통합 측 교단의 김용덕 장로는 평양의 건축현장에 상주하다시피 하며 현장을 진두지휘했던 인물이다. 여러 우여곡절 끝에 2006년 11월 30일, 남북의 신자들이 함께 모여 공사현장에서 상량식 예배를 드렸다. 그런데 상량식 후 얼마 지나지 않아 그는 평양에서 뜻하지 않은 큰 사건을 접하게 됐다. 자료사진에서 확인할 수 있듯이 상량식 당일에는 분명히 교회당 앞쪽 지붕 양쪽에 동판으로 제작된 높은 십자가 탑이 우뚝 올라가 있는데 헌당식을 마친 후 얼마 안 있어 두 개의 십자가 탑이 사라져 버렸다. 현재의 봉수교회당 모습을 각 측면에서 다각도로 살펴봐도 두 십자가 탑은 온데간데없다. 다만 지붕 정면 한가운데 작은 크기의 화강석 십자가만 부착된 것이 확인될 뿐이다.

김 장로의 증언에 의하면 상량식을 마친 후 며칠이 지난 어느 날 조그런 위원장이던 강영섭 목사 얼굴이 사색이 되어 자신을 찾아왔다고 한다. 사연인즉 북측 군부 내에서 봉수교회당에 십자가 탑을 높이 세우는 것을 알고 극렬하게 반대하고 있다는 것이다. 주체의 탑이 높이 서 있는 평양 하늘 아래 대미결전 중인 지금은 십자가 탑을 높이 세울 수 없다는 것이 군부의 항변이라는 것이다. 군부 측에서는 만일 십자가 탑을 제거하지 않으면 자체적으로 직접 제거하겠다는 강경한 엄포를 놨다는 것이다. 결국 상량식 며칠 이후 높은 십자가 탑들은 다시 내려져야 했고 기독교의 브랜드 마크인 십자가 탑이 없는 교회당이 되고 말았다. 건축학적으로 볼 때 짓다가 중단된 듯한 모양새가 돼버렸다.

이처럼 북측의 기독교를 이끌어가는 조그런이라는 기구는 선군정치의 직접적인 지휘부인 군부의 철저한 사상논리에 의해 그 활동이 제한된 것으로 보인다. 북측의 권력은 인민에게서 나온다고 볼 때 조그런의 위상은 아직도 인민 다수의 지지와 관심이 미치지 못하여 그 역량이 크지 않음을 보여주는 극명한 사례였다. 원래 사회주의 북조선은 기독교를 반동적 세계관으로 보고 있으며 '억압적 착취를 위한 사상적 도구'나 '제국주의 침략적 수구' 등으로 규정한다. 또한 기독교가 인민들에게 막대한 해독을 끼치는 것으로 보고 끊임없이 제한의 대상이 되어 왔었다.

또한 정교분리 원칙이 명확치 않은 상황에서 군부 강경파가 종교정책에 제동을 걸거나 제한을 가해도 선군정치 하에서의 종교정책은 어쩔 도리가 없으며 유동적이고 제한적일 수밖에 없다. 또한 이와 더불어 미국과 적대적 관계에 있는 군사적 상황 하에서는 조그련 산하에 존재하는 다양한 형태의 기독교 교회들도 종교 본연의 의미를 온전히 갖지 못하고 한정적, 상대적 가치만 인정되고 있는 현실이다.

기독교에 대한 북측 인민들의 정서와 감정은 그뿐 아니었다. 어느 해외교포가 얼마 전에 방북해서 북측 대학원의 젊은이들과 대화하는 일정이 있었다. 대화중에 지하교회와 관련된 이야기를 질문했더니 청년들은 이구동성으로 당장 그런 사람이 있다면 자기들 손으로 직접 처단하겠다며 불같이 분노를 표출했다고 한다. 북 당국에서는 음성적인 지하교회를 체제전복세력이나 불순세력으로 보거나 조국통일의 위업을 달성하는 장해요인으로 보는 것이다. 이런 사례는 북측 청년 학생들이 평소 갖고 있던 기독교에 대한 일반적 의식과 가치관을 보여주는 단적인 사례이다.

더구나 기독교는 반동적이며 비과학적인 세계관이라는 인식이 기본적으로 형성된 데다 북측 관리들이나 인민들, 청년세대들의 정서에는 아직도 미국인들이 믿는 기독교에 대한 반감이 수그러들지 않고 있기 때문에 사회주의 이념이나 주체사상의 측면에서 볼 때 아직도 기독교에 대한 정서가 일반적으로 용인되기는 쉽지 않다.

특히 대부분의 50, 60대의 중장년 이상은 종교를 일종의 아편, 미신으로 간주하여 투쟁과 척결의 대상으로 인식하고 있는 실정이며, 일반 인민들은 종교에 흥미나 관심이 없는 것을 필자는 여러 번 확인할 수 있었다. 그러나 고난의 행군 사태 이후 북측은 기독교를 제한적으로 수용하면서 자체 내에서 개선시키는 방향에서 외부 기독교와 협력관계도 유지하기 시작했다. 해외와 남한 기독교인들이 주도하는 교회,

병원, 학교, 양로원 등 건축물이 들어서고 기독교 활동을 제한적으로 허용했던 것이다.

'기독교의 영생'과 '주체사상의 영생탑'

하루 일정을 마무리하고 숙소로 돌아가기 위해 개선문 인근과 창전거리를 지날 때 우뚝 솟은 영생탑(永生塔)을 바라보니 평양의 야경과 어우러져 그 위용을 한껏 드러내고 있었다. 높이 세워진 탑에는 "위대한 김일성 동지와 김정일 동지는 영원히 우리와 함께 계신다"라는 글귀가 세로로 새겨져 있다. 이윽고 호텔숙소에 도착해 잠자리에 들기 전 무심코 창가를 통해 대동강 야경을 바라보니 그날따라 유난히 강 건너 주체탑의 불은 활활 타오르는 듯 했다. 개혁주의 장로교단 소속의 목회자인 나는 어느 날부터 저 주체탑과 영생탑에 대해 정확히 이해하려고 노력하기 시작했다. 나는 과연 기독교와는 상반된 듯 보이는 주체사상과 주체철학의 원리에 대한 이해와 관용의 자세가 있었던가를 돌아보았다.

얼핏 보기엔 마치 기독교 교리와 시스템을 복사한 듯한 저 영생탑의 문구를 일반 기독교인들이 읽는다면 대부분 경악할 일인지도 모른다. 마치 '기독교의 임마누엘 사상'을 그대로 답

[사진 13] 평양 창전거리에 세워진 '영생탑' 전경

습한 것처럼 보이는 이 탑들은 평양 중심지역뿐 아니라 전국 주요 도시나 지역마다 높이 세워져 있다. 더구나 이를 바탕으로 유훈 통치가 계속되고 있다는 것은 기독교적 입장에서 볼 때 도저히 이해가 안 될 수 있다. '우리와 똑같은 육체를 지닌 몸이 어떻게 영생할 수 있고 어떻게 통치할 수 있단 말인가?'라는 의문이 들 것이다. 그러나 그것은 매우 단순한 시각에서 이해했기 때문이다. 알고 보면 주체사상과 기독교는 '영생'이라는 범주에서 학문적인 측면에서 서로 만날 수 있다.

사회주의 국가인 북측의 주체사상은 인간을 육체적 생명 그 이상의 의미로 본다. 무엇보다 인간을 '사회정치적 생명'을 가진 고귀한 존재로도 보는 것이다. 육체를 지닌 개인의 한 생애는 죽음으로써 끝이 있지만 그 사회와 집단은 영원히 존재하고 발전한다. 즉 이웃과 공동체의 이익을 위해 헌신하며 자기 목숨까지도 민중을 위해 기꺼이 희생할 때 그 사람은 영원한 사회적 생명체와 함께 영생하게 된다는 원리이다.

민중과 혁명의 이익을 자기 자신의 것으로 동일시하고 그 실현을 위한 헌신과 투쟁에 자기 목숨을 바칠 때 개인의 육체적 생명은 끝이 나도 그가 지닌 '사회정치적 생명'은 '사회정치적 집단과 더불어 영생'하게 된다는 의미인 것이다. '영생탑'의 문구를 그런 의미에서 접근하고 이해해야지 종교적 관점에서 이단적 교리로 보듯 해석하거나 판단하면 안 된다.

또한 기독교에서 강조하는 영생이란, 예수를 믿는 기독교인들이 생전에도 성령에 충만하면 영생을 맛보는 삶을 마음껏 누릴 수 있고, 예수 안에서 부활의 소망을 안고 죽은 이후에는 천국에서 영생하는 삶을 살 수 있다는 교리가 있는 것처럼, 기독교의 영생과 주체사상에서의 영생은 상호 보완하고 있다.

평양 칠골교회

[사진 14] 고층아파트에 둘러싸인 초창기의 칠골교회당 모습

김일성 주석의 생애와 연관된 교회들

필자는 칠골교회를 비롯해 북측 전역의 공식적인 기독교 공동체들에 대한 좀 더 포괄적이고 깊이 있는 이해를 위해 칠골혁명사적관 해설사들의 증언들과 북 관료들, 그리고 인민들이 알고 있는 '수령의 기독교관'을 참조했다. 특히 칠골사적관에 전시된 사료들과 김일성 주석

의 회고록과 어록, 출판물, 생전 인터뷰 자료를 참고했으며 손정도 목사의 차남 손원태 장로와 김형직 선생의 숭실학교 동문인 배민수 목사의 증언을 비롯한 김 주석과 관련된 인물들의 공신력 있는 증언 자료들과 북측 교회연구가들과 교회사가들의 자료들을 취합하여 칠골교회를 비롯한 북측교회 참관기를 기록하고 있다.

김일성 주석의 경우 유년시절(이하, 김성주)에는 만경대 생가 인근 '평안남도 대동군 고평면 송산리 196번지'에 있는 '송산교회당'에 모친과 함께 출석했다. 또한 강반석 여사는 결혼 전에도 친정식구들과 함께 출석했던 '대동군 용산면'의 '하리교회당'을 결혼 후에도 자주 찾아와 예배를 드리곤 했는데 그때 소년 김성주도 모친을 따라 함께 다녔다. 세월이 흐른 후 부친 김형직 선생이 일제에 의해 투옥됐다가 석방된 후 온 가족이 중국 팔도구에서 조선으로 건너와 지금의 양강도 포평지역에 자리를 잡은 후에는 '포평교회당'을 열심히 다녔으며 포평교회에서 부모님을 비롯해 작은 아버지와 동생들까지 모두 함께 신앙생활을 했다. 김 주석의 부모는 새벽예배를 마치고 나면 교인들을 따로 모아 항일 계몽교육을 하는 등 이 교회당을 주민들의 항일교육 장소로도 활용했던 것이다.

또한 부친 사후에는 중국 길림으로 건너가 육문중학에 편입학하면서 손정도 목사 사택에 하숙하며 손 목사가 목회하는 '길림조선인교회'를 3년여에 걸쳐 출석하며 교회생활을 했다. 이때 성가대장(연예선전단)과 주일학교 교사(반사)를 하였으며 동시에 본격적으로 공산주의 학습을 시작했다. 손 목사와 길림조선인교회, 육문중학교는 청소년기에서 청년기로 변화하는 성장기의 김성주가 초기 공산주의 이론을 형성하게 했고 나아가 혁명운동의 요람이 되도록 했다. 특히 손 목사는 공산주의 이론을 학습하며 학생운동을 전개하던 김성주를 아들처럼 여기며 적극 포용하고 목회적인 차원에서 전적으로 지원했다.

또한 그 후 세월이 흘러 노년의 김일성 주석은 봉수교회 건립에 이어 칠골교회가 설립되도록 전적인 기여를 했다. 직접적인 원인은 평양시 광복거리에 신도시가 개발되면서 이곳 칠골지역 아파트 타운으로 이주한 시민들 중에 가정 교회와 처소 교회에서 신앙생활하던 신자들이 몰려들면서 당국에 교회당 건축의 필요성에 대한 요청과 민원을 올린 것이 계기가 된 것이다. 특히 김 주석이 유년시절에 출석했던 하리교회와 송산교회 터를 복원하는 의미로 현재의 칠골교회 장소에 건축하도록 최종 승인했으며 그 실무역할은 당시 김정일 비서(국방위원장)가 직접 관여해 준공할 때까지 진두지휘를 했다.

칠골교회가 위치한 반석공원 타운을 찾다

필자는 당국의 특별 배려로 칠골교회당 방문과는 별도로 교회당이 위치한 반석공원 내 전체 시설물을 둘러보기 위해 이곳을 두 차례 참관했다. 그래야만 칠골교회와 관련된 유래와 의미를 정확히 파악하고 이해할 수 있으며 유년시기 김일성 주석의 신앙의 뿌리를 간접적으로나마 확인할 수 있기 때문이다. 칠골교회당이 위치한 곳은 교회당만 있는 것이 아니라 전체적으로 최고의 조경을 갖춘 아름다운 거대한 공원 형태로 조성돼 있으며 한가운데는 새로 건설한 1차선 아스팔트길이 깔끔하고 시원하게 뚫려 있었다. 입구의 길가 좌우에는 아름다운 연못이 조성돼 있어 고즈넉한 정취를 풍겼다.

'반석공원'이라고도 불리는 타운 입구에 들어서면 좌측에는 '칠골

[사진 15] 좌: 반석공원 타운 입구 모습, 우: 칠골혁명사적관

교회당'이, 우측에는 '칠골혁명사적관'이 길 좌우로 자리잡고 있다. 특히 사적관 앞 연못에 핀 연꽃들은 볼수록 매혹적으로 보였다. 칠골교회당을 찾아가려면 입구 좌측으로 들어가 우거진 플라타너스 가로수 길을 조금 지나면 막다른 길 우측에 교회 정문이 나온다. 칠골교회당 뒤편으로는 고층 아파트들이 둘러 있었으나 매우 은밀하면서도 아늑한 터에 조성되어 있어 큰 도로변이나 외부에서는 교회당 건물이 잘 보이지 않는다.

또한 칠골사적관 내에는 김일성 주석의 항일투쟁 생애 시작과 해방 후 평양 입성까지의 전 과정을 입증하는 자료들이 일목요연하게 사진들과 함께 전시돼 있고 김 주석에게 영향을 미쳤던 관련 인물들의 자료들도 있었다. 기독교 계통의 학교인 창덕학교 설립자이자 교감으로 재직했던 김 주석의 외조부 강돈욱(康敦煜) 장로와 외가 가문의 인물들의 자료들도 많이 전시되었으며, 특히 기독교 신앙인으로 당대의 선각자이자 교육가로서 명성이 있던 김 주석의 외조부 강 장로의 업적이 돋보였다. 이를 뒷받침하듯 1927년 7월 4일자 동아일보에서 보도한 '강서지역의 교육가 강돈욱'에 관한 신문기사가 스크랩되어 전시되었다. 또한 김 주석의 외종조부이자 창덕학교 스승이었던 강량욱(康良

煙) 목사가 제자인 김일성 주석에게 세로로 쓴 장문의 편지 원본 등도 전시되어 있는 등 새로운 사실들이 발견될 만한 수많은 사료들이 전시되어 있어 궁금증이 많던 나는 큰 수확을 거뒀다.

사적관을 나와 건물 뒤편 아스팔트길을 따라 안쪽으로 조금 더 들어가면 막다른 길이 나오며 정 중앙에는 김 주석의 모친 강반석 여사의 생가가 나온다. 생가 구조는 만경대에 있는 김 주석 생가와는 또 다른 형태의 초가 주택이었으며 원형대로 잘 보존되어 있었다. 그러나 만경대 생가와는 달리 외국 방문객들과 일반 참배객들의 발길이 간간히 보이긴 했으나 다소 한적한 편이었다. 고층 아파트단지와 빌딩들에 둘러싸인 공원의 생가 방안에는 외조부와 외삼촌들의 사진들과 함께 당시 사용한 가재도구들이 원형대로 보존돼 있었고 소년 김성주가 2년간 기거했던 공부방도 특별해 보였다. 생가 바로 옆 화강암으로 제작된 기념 안내석에는 김 주석이 이곳에 2년 동안 살면서 창덕학교를 다녔음을 기록하고 있었다. 또한 생가에서 가장 주목을 끄는 조형물은 강반석 여사의 거대한 청동 좌상이었다.

기독교학교인 창덕소학교에 편입한 소년 김성주

마지막으로 차량을 타고 타운의 가장 안쪽으로 더 깊이 들어가면 창덕소학교(彰德學校)가 나온다. 이 학교는 김 주석의 외조부 강돈욱 장로가 출석하며 시무하던 하리교회 측에서 설립한 미션계통의 민족학교로서 김 주석이 초등학교 시절 1923년 3월 25일부터 1925년 초까지 2년 동안 다녔던 학교이다. 그 당시 학교 교무실과 교실은 물론, 소년 김성주 학생이 사용하던 책상 등이 그대로 보존되어 있었다. 창덕학교는 현재도 엘리트 남녀 학생들을 모아 공부시키는 평양의 대표적인 모범학교로 운영되고 있으며 1923년도 당시의 학교 앞에는 소년 김성주의 동상이 세워져 있었다.

해설사의 설명에 의하면 소년 김성주는 중국 팔도구의 부친을 떠나 열나흘만인 1923년 3월 29일, 해질 무렵에 만경대 고향집에 도착해 조부모의 영접을 받고 그곳에서 며칠을 머물렀다고 한다. 생가에서 며칠을 머물던 김성주는 외할아버지 강돈욱 장로가 주도해 설립한 창덕학교를 다니기 위해 칠골 외가로 거주지를 옮겼다. 당시 학교 교감이던 강돈욱 장로와 담임을 맡게 될 외종조부 강량욱 선생의 도움으로 5학년에 편입해 공부를 시작했다고 한다. 입학을 한 이후에는 칠골 외가로 아예 거처를 옮겨 학교를 다녔으며 외가는 무장투쟁을 하던 외삼촌 강진석이 옥고를 치루는 상태였고 집안에 여러 어려움이 많았으나 외조부와 어른들은 외손자가 학업에 열중하도록 뒷바라지를 잘해 주었다고 한다.

김성주를 담임한 강량욱 선생은 학비를 댈 수 없어 숭실학교를 중퇴한 상태였다고 한다. 강량욱은 자신이 담임한 학급에 교회입된 김성주가 공부하는 2년 동안 항일정신과 애국애족의 투철한 민족의식을 심어주는 등 애국적인 영향과 감화력을 끼쳤으며 공부하는 동안 의미 있는 여러 일화들을 많이 남겼다고 한다. 그러다 뜻하지 않게 칠골에서 두 해를 보내며 창덕학교를 다니던 어느 날, 중국에서 독립운동하던 아버지 김형직이 또 다시 일본경찰에 체포되었다는 급한 전갈을 외조부로부터 듣고 일제에 분노하는 마음으로 다음 날 중국으로 떠났다고 한다. 주변 사람들은 졸업식이라도 하고 떠나든지 날씨라도 풀리거든 떠나라고 만류를 했으나 결심을 꺾지 않고 결국 다음날 작은 외삼촌 강용석을 비롯한 외가 어른들과 친구 강윤범의 전송을 받으면서 고향을 떠났다고 한다.

개인의 영달을 위한 졸업식을 마다하고 일제의 압제에 대항하기 위해 의분을 품었던 소년 김성주가 공부했던 교실을 바라보니 만감이 교차했다. 교실과 학교에는 소년 김성주가 친구들과 활기차게 뛰어놀던 모습과 체취가 서려있는 듯했다. 엘리트 학생들 위주로 공부하는 학교라서 그런지 캠퍼스 안은 향학 열기로 적막감마저 감돌았으며 몇몇 학생들과 선생들만 간간히 왕래하는 모습만 눈에 띄었다. 특히 캠퍼스 정문에 들어서면 좌측 언덕 기슭에 공덕비 두 개가 눈에 띄는데 이 비석들은 일제강점기부터 지금까지 내려오던 것이라고 한다. 비석의 주인공들은 당시 관서지방의 교육계에 공헌한 김 주석의 외조부 형제인 강돈욱 장로(학교운영)와 그의 형 강성욱(서당운영)으로 그 공덕을 기리는 기적비(공덕비)로서 사이좋게 나란히 세워져있었다.

하리(下里)교회 터에 세워진 칠골교회당

김일성 주석이 자라던 만경대에서 그리 멀지 않은 칠골에는 외할아버지 강돈욱 장로가 설립한 미션계통의 창덕소학교가 있었고 그 학교 캠퍼스에서 약 100여 미터 정도 큰길가 방향으로 올라가면 '하리'라는 동네에 교회당이 있었다. '하리'라는 한자이름은 말 그대로 '아랫마을'이란 뜻이다. 따라서 해방 전엔 이북지역에도 '하리'라는 이름을 가진 지역과 동네가 많았으며 실제로 '하리교회'라는 교회이름들이 여러 개 있었다.

심지어 평안남도에만 '하리교회'가 네 개 있었는데 '대동군 용산면',

[사진 16] 재건축 이전의 칠골교회 예배당 내부 모습

'대동군 용악면', '순천군 순천읍', '강동군 강동면'의 하리교회 등이 있을 정도였다. 그러나 현재 칠골교회 터와 관련된 하리교회는 당시 '대동군 용악면'에 있던 하리교회이며, 그것이 현재 평양시 만경대구역 칠골동에 건축한 칠골교회당 자리이다.

이 칠골동 하리교회는 1899년에 세워졌으며 네 개의 하리교회 중에 가장 먼저 세워졌다. 칠골동의 하리교회를 세운 장본인은 50세가 넘어 전도를 받은 홍신길이며 그가 '판동교회'(板洞敎會)에 출석하면서 하리교회가 서서히 설립되기 시작됐다(평양 장대현교회를 1903년까지는 '판동교회', 혹은 '널다리교회'라고 불렀다). 홍신길은 자신이 살고 있던 하리마을 사람들을 대상으로 열성적으로 전도해서 열서너 명의 교인을 모았고, 이들을 중심으로 세 칸짜리 초가집을 사들여 하리교회를 세웠으며 이 교회는 훗날 '칠동교회'(七洞敎會)로 명칭이 바뀌었다.

하리교회를 담임한 교역자들은 김경삼, 김창문, 이재풍, 심익현 등이며 홍신길의 아들 홍성준은 1914년에 하리교회의 초대장로가 되었으며 특히 하리교회 장로들 가운데는 강기수(康紀守), 강관욱(康寬煜) 등은 김일성 주석의 외가 친척 어른들이며 특히 김 주석의 외종조부이자 창덕학교 담임선생이었던 강량욱 목사도 평신도 시절에는 한 동안 하리교회에 출석하였다.

어떤 사유인지 몰라도 강량욱은 평신도 시절에 일가친척들이 출석하는 하리교회에 함께 다니지 않고 좀 거리가 떨어진 '소룡리(小龍里)교회'에 다녔다고 전해진다. 그 후 강량욱은 평양신학교를 졸업한 후 목사가 되었으며 뛰어난 부흥목사로 맹활약을 했고 사경회를 가장 잘 하는 목회자로 명성을 떨쳤으며 당시 '제2의 김익두'라는 평가를 받을 정도였다.

해방 후 귀국한 김일성 주석은 강량욱 목사와 함께 토지개혁에 앞장섰다. 그 후 강 목사는 조선기독교도연맹(현재 조그련의 전신)을 조직해 초대 위원장을 역임했고 국가 부주석을 두 번 역임했다. 특히 이 하리교회는 김일성 주석의 외조부인 강돈욱 장로가 시무하고 있었는데, 그는 엄격한 신앙을 가진 강서지방의 교육자로서 하리교회를 통해 창덕학교를 세우는 일을 직접 주도했으며 교장직을 맡지 않고 교감을 맡았다. 이처럼 하리교회는 유년시기 김성주의 외가 어른들과 일가친척들이 대거 출석한 가문의 '문중교회'와도 같은 교회였기 때문에 모친 강반석은 출가 후에도 어린 김성주(김일성 주석)를 데리고 자주 출석한 것이다.

만경대구역 칠골1동에 세워진 칠골교회당

지금까지 언급된 강씨 문중의 성씨는 한자로 '편안할 강'(康)이며,

이들이 모여 살던 마을을 '강촌(康村)마을'이라고 불렀으며 이들을 '칠골 강씨'라고 불렀다. 그러나 칠골사적관의 해설사는 필자에게 김 주석 외가의 성씨와 관련하여 우리가 알고 있던 기존 상식과는 다른 이야기를 전해 주었다. '칠골 강씨 족보와 분파'에 대해 다른 의견을 제시하여 필자를 당혹하게 했으나 나는 북측에서 알려주는 자료가 더 정확하고 신빙성 있다고 느껴졌다.

김일성 주석의 회고록에 의하면 김 주석의 모친 강반석 여사는 만경대로 시집을 온 후에도 친정식구들이 다니는 하리교회에 자주 출석했으며 소년 김성주도 자연스레 모친을 따라 간 것으로 기록됐다. 원래 하리교회는 강반석의 친정 식구들과 종친들이 대다수 다니고 있는 교회이며 처녀 때부터 다닌 교회라서 인간관계도 얽혀있고 매우 친근한 교회였다. 그러나 평소 소년 김성주가 주로 다닌 교회는 집근처에 있는 송산교회였다.

예부터 평양의 금강산이라 불리는 룡악산에서 발원한 일곱 개의 골짜기들 중에서 '일곱 번째 골짜기'라는 뜻의 '칠골'은 행정구역상 만경대구역이며 부근에는 현재 광복1동, 광복2동과 당상1동, 당상2동이 인접해 있다. 현재 칠골교회가 위치한 곳은 80년대부터 지금까지 행정구역상 칠골1동, 칠골2동, 칠골3동으로 둘러있으며, 교회는 칠골1동에 자리하고 있다.

남측에서는 흔히들 칠골교회를 가리켜 '반석교회'라고도 달리 부른다. 그러나 필자가 여러 차례 확인한 결과 북측 관계자들은 전혀 근거가 없다며 일축했다. 칠골교회 담임이었던 류병철 목사나 황시천 목사는 "남쪽에서는 칠골교회가 수령님의 어머님을 기념해 세운 것이라 해서 반석교회라고도 부르는 것 같은데 우리 수령님은 그렇게 말씀한

적이 전혀 없습니다"라고 분명하게 선을 그었다. 김 주석이 자신의 모친을 기념하기 위해 그 교회를 세우도록 지시한 사실이 없다는 것이다. 다만 앞에 언급했듯 유년시절 모친과 교회를 다녔던 추억을 언급한 것은 사실이지만, 모친의 이름과는 상관없이 동네 이름이 칠골이어서 칠골교회로 명명했을 뿐이며 가정 교회를 다니는 인민들의 민원에 의해 건축이 시작된 것이다.

또한 '강반석'이라는 이름에 대한 오해 부분을 정확히 밝히고자 한다. 원래 국내외적으로 일반 기독교 교회 안에서 사용하는 '반석'(磐石)이라는 단어는 신약성경에 등장하는 예수의 열두 제자 중에 한 명인 베드로를 의미한다. 따라서 김 주석의 모친 강반석은 '반석'(磐石)에서 따온 이름이라고 흔히 알려졌으나 실상은 다르다. 강반석은 부친 강돈욱과 모친 위돈신 사이에서 태어났고 오빠 강진석(康晉錫), 강용석(康用錫) 등이 있었는데 이들의 이름 돌림자가 모두 '주석 석'(錫)자이다. 그러기 때문에 '康磐石'이 아닌 '康磐錫'이다. 그러나 그 후 이런 사실을 모르는 사람들의 근거 없는 추측에 의해 '磐石'으로 불리게 된 것이다.

강반석이 태어날 무렵에는 조선 땅과 이북지역에 기독교 복음이 막 전래될 초기였기 때문에 자녀를 낳으면 성경에 등장하는 이름을 짓는 정도의 보편적인 시기가 아니었다. 이는 강반석의 부모가 의도적으로 베드로를 의미하여 작명하지 않았으며 그녀에게는 오히려 조선의 민간에서 흔히 불리는 토속적인 이름을 지어주었다. 필자가 해설사와 인근 고령의 주민들에게 확인한 결과, 강반석 여사의 출생 당시부터 불렸던 이름은 '동쪽 작은녀'였으며 강반석은 호적상의 이름이었다. 당시 집안 식구들과 동네 사람들은 강반석이 성장할 때까지 '동쪽 작은녀'라고 불렀으며 이런 류의 이름은 당시 이북지역의 평범한 민초들이 딸아이를 낳으면 흔하게 지어준 이름 중에 하나였다.

소년 시절 김성주 모자(母子)가 출석한 송산교회

한편 앞서 잠시 밝혔듯이 유년기의 김성주가 평소 다녔던 교회는 1899년 설립된 '송산교회'로서 당시 약 300여 명 교인들이 출석하는 교회였다. 원래 송산교회는 김일성이 태어난 동네인 만경대 인근에 1900년 3월 1일에 세워졌다. 처음에는 '신흥리(新興里)교회'의 브랜치교회(기도처소)로 세워졌으며 교회가 위치한 지역이 '남리'(南里)였기 때문에 그 이후에 '남리교회'라고 불렀다. 바로 이 남리는 김일성 주석의 출생지였다. 흔히 만경대로 알려진 생가의 주소는 '평남 대동군 고평면 남리'였다. 그 후 남리교회는 1909년에 고개 넘어 인근마을인 '송산리'에 여덟 칸짜리 교회당을 짓고 이전하면서 그때부터 교회 이름을 '송산교회'라고 불렀던 것이다. 남리교회 출신 김형직과 하리교회 출신 강반석이 결혼하여 이 송산교회를 다닌 것이다.

김일성 주석의 회고록 1권을 보면 "나는 어머니가 례배당에 갈 때에만 송산으로 다니였다"는 이야기가 나오며 "엄숙한 종교의식과 목사의 단조로운 설교에 싫증을 느껴 예배당에 다니지 않았다"는 내용이 나온다. 그 당시 송산교회를 담임했던 교역자가 김성호(金聲瑚) 목사였다. 송산교회 주일학교는 어른들을 따라오는 아이들에게 사탕이나 공책 등을 나눠주었는데 어린 나이의 김성주에게는 이런 기억들도 또렷이 남아 있었다.

남리교회에 다니던 부친 김형직과 하리교회를 다니던 모친 강반석은 목사의 주례로 결혼식을 치른 후 만경대에서 신접살림을 차렸고

1912년에 김성주를 낳았다. 송산교회는 만경대 생가에서 가까운 거리에 있었으며 유년의 김성주는 부모를 따라 줄곧 송산교회를 다니다가 다섯 살 되던 해 봄에 '평안남도 강동군 봉화리'로 이사를 갔다. 회고록에는 1917년까지 만경대에 살면서 때때로 송산교회에 출석한 것을 언급한 것인데 그 때 당시 담임이 바로 김성호 목사였던 것이다. 그는 평양장로회신학교를 1913년에 졸업(제6회)했고 조사(助事) 시절을 거쳐 1916년부터 1918년까지 송산교회를 담임했으며 김 주석의 회고록에 등장하는 "단조로운 설교"를 했던 주인공이다.

 소년 김성주가 출석하던 당시의 송산교회는 '평안남도 대동군 고평면 송산리 196번지'에 위치했으며, 현재의 행정구역으로 '평양시 만경대구역 만경대동'이다. 지금은 송산교회가 있던 그 자리에 인민군 장교들을 재교육하는 '김일성군사종합대학'이 자리잡고 있다. 회고록에는 "송산이라면 지금의 군사대학이 있는 곳인데 거기에 장로교 계통의 례배당이 하나 있었다"라고 기록했는데 그곳이 바로 현재의 군사대학이다. 또한 1921년에 송산교회를 담임했던 베어드(W. M. Baird, 배위량 선교사) 목사는 훗날 김 주석의 부친 김형직 선생이 다니게 되는 평양 숭실대학을 설립했다.

역사와 문화적 성찰을 통해 칠골교회를 찾다

 칠골교회를 비롯한 현존하는 북측 기독교 공동체들은 우리 민족의 역사와 결코 떨어져 생각할 수 없다. 1895년에 미국 장로교 선교사가 최초로 복음을 전한 이후 놀랄 정도로 급성장한 기독교는 당시 조선의 평양을 일컬어 '동양의 예루살렘'이라 불릴 정도의 종교도시였다. 그

[사진 17] 송산교회 담임목사였던 베어드선교사는 평양숭실학교를 설립했으며 김일성 주석의 부친 김형직은 이 학교를 다녔다.

러나 조선 기독교의 황금 터전이었던 평양은 불행하게도 6.25전쟁으로 모든 것을 잃고 황폐해졌으며 교회들도 예외는 아니었다.

조선 땅에 가장 먼저 예수 그리스도의 복음을 전한 미국에 의해 철저히 폐허가 되어버린 이 북녘 땅은 그 이후부터 미국식 기독교가 뿌리내릴 수 있는 도덕적 기초가 존재할 수 없었다. 그리고 전후 복구사업과 함께 철저히 훼파된 교회 터전 위에 지금까지의 방식이 아닌 전혀 다른 방식의 생존적 특수교회를 추구하게 되었는데 그것이 바로 2천 년 전 초대교회의 전통을 이어간 가정 교회와 처소 교회였다.

그리고 전후 이북에서 생성된 자생적 처소 교회나 가정 교회들 중에서 가장 모범적인 곳이 바로 옛날 하리교회에서 신앙생활했던 칠골지역 신앙공동체였다. 칠골교회로 뒤를 잇게 된 하리교회는 6.25전쟁 이전에는 300여 명 정도의 신자들이 출석했으나 전쟁 중에 교회당이 파괴되자 교인들이 흩어졌다. 그러나 삼삼오오 분산된 교인들은 각자 가정에서 모여 예배를 드리며 처소 교회 신앙을 유지해오다가 이곳에 대규모 아파트단지들이 들어서며 옛날 신자들이 다시 모여들기 시작하자 교회당 필요성이 제기되어 현재의 칠골교회가 세워지게 된 것이다. 그들은 전쟁의 비극적 상황에도 아랑곳하지 않고 예전의 동역자들과 신자들 위주로 소그룹으로 모여 지속적으로 예배를 드렸다. 사회주의 체제하에서도 변함없이 수십 년간 꾸준하게 예배를 드리며 신앙의 그루터기 역할을 해오던 중 드디어 1989년 말에 기념비적인 칠골교회당을 가시적으로 건축해 자신들의 신앙을 세상에 드러냈고 터전을 삼은 것이다.

사실 미국이 개입한 6.25전쟁으로 인해 이북에서 희생당한 수는 120만 명이 넘는다. 이런 엄청난 생명을 앗아간 참혹한 전쟁을 직접 경험했던 신자들과 평양 시민들은 미국의 실체를 제국주의로 받아들였고 그 결과 자신들은 철저한 민족주의로 뭉쳤다. 그래서 북의 기독교 신자들은 민족정신이야말로 다른 그 어떤 종교적 전통보다 우선시되었고, 그들은 그리스도인 이전에 조선인이어야만 하는 절박한 현실 속에 살아왔다. 나는 칠골교회가 지닌 이런 역사적 배경과 함께 일반 인민들이 지니고 있는 보편적 기독교 문화와 정서를 비교하면서 북의 신자들이 순수하게 조직한 독특한 '사회주의적 교회'를 이해하고 받아들이게 됐다.

왜 북의 인민들이 서양 기독교, 특히 미국식 기독교를 철저히 경계할 수밖에 없는지, 왜 민족주의적인 기독교를 우선적으로 추구하고 강조할 수밖에 없는지에 대한 깊은 역사적, 문화적 성찰이 우리들에게 필요하다. 이런 이해와 접근이 배제된 채 칠골교회와 봉수교회 신자들에 대한 근거 없는 무차별적 비난은 모두에게 유익하지 않으며 그런 관점과 심보로는 예수의 정신과 복음을 타문화권의 어느 누구에게도 제대로 전달할 수 없으며 그런 마음가짐으로 복음을 전하는 것은 또 다른 이름의 공허한 증오일 뿐이다.

첫 번째로 건축한 칠골교회당

1992년 11월 28일에 헌당식을 마친 칠골교회가 이곳에 세워진 직접적인 계기는 따로 있었다. 광복거리 새 아파트촌으로 이주한 주민들 중에 가정 교회나 처소 교회에서 자체적으로 예배를 드리던 신자들이 제기한 교회당 건축 민원 요청을 접수한 김일성 주석이 1989년 5월 당시 김정일 비서(국방위원장)를 대동하고 광복거리를 현지 지도하면서 시작됐다. 이때 김 주석은 한 바퀴 돌아 본 후 자신이 유년시절 다녔던 교회들을 떠올리며 "칠골 창덕학교 뒤에 교회가 있었는데 만일 교인들이 요구하면 그 자리에 교회당을 하나 세워도 좋겠다"고 수행했던 김정일 비서에게 실무적인 책임을 맡기며 옛날 하리교회터를 찾아 가급적 이 칠골지역에 교회당을 건립하도록 최종 승인한 것에서 비롯된 것이다.

그러나 전쟁 시기 미군의 무차별 폭격으로 평양엔 단 한 채의 교회당도 남지 않았고 그 후 전후 복구로 인해 그 흔적과 자취를 잃어버린 지형에서 30년 전 옛 교회당 터전을 찾기란 쉬운 일이 아니었다. 그러자 김정일 비서는 하리교회 인근에 살던 고령의 원주민 할머니들을 물색해 그들을 앞장세워 옛 터를 찾는 사업에 적극 나서도록 했다.

동시에 김정일 비서는 교회당을 필요로 하는 칠골지역 신자들의 교세가 과연 얼마나 되는지 그 실태를 파악하기 시작했다. 조사 결과, 만경대구역이 신시가지로 개발되기 전부터 이미 규모가 큰 가정예배 처소가 5곳이 있었고 신자들의 수는 560명 정도로 파악됐다. 그 후 광복거리가 개발되면서 더 많은 신자들이 몰려들었으며 이런 사실을 파악한 김일성 주석과 김정일 비서는 결국 봉수교회당에 이어 평양 제2

[사진 18] 좌: 1989년에 세워진 최초의 칠골교회, 우: 1992년, 추수감사절에 헌당한 두 번째 칠골교회 전경

의 공식교회당인 칠골교회당 건설을 지체 없이 허락하고 추진하도록 했던 것이다.

이렇게 해서 최초의 칠골교회당은 현재의 칠골교회당 대문 밖을 나와 '칠골1동'의 아늑한 공터 위에 세워졌다. 제법 규모가 큰 이 교회당 부지는 국가에서 제공했고 건축 공사는 칠골지역 가정 교회 신자들 중심으로 이뤄졌다. 그러나 전형적인 시골교회를 연상하는 교회당은 3년여의 세월이 흐르면서 시설면과 외형면에서 다시 건축할 필요성이 제기되었다.

단조로운 형태의 교회 건물이다 보니 좀 더 세련되고 고풍스런 교회당을 요구하기에 이른 것이다. 이북에서는 워낙 교회당을 구경하기 힘든 상황이다 보니 교회가 설립됐다는 소식을 듣고 찾아온 국내외 신자들에게도 만족할 만한 외관과 시설물들이 필요했다. 그러다 보니 예배당 재건축 문제는 단순히 칠골교회 신자들만의 문제가 아니었다. 국가의 위신과 체면도 고려되는 외교적 부분도 내포되고 국내외 이목도 집중하게 되어 결국 국가에 건축 지원을 요청하게 됐다. 1989년 말에 건축된 최초의 칠골교회당은 결국 그 자리에서 약 4년 동안 예배를 드리다가 현재의 칠골교회당 터에 1991년 말에 재건축 공사를 시작해 이듬해인 92년 11월에 완공해 새 예배당으로 이전했다. 당시 옛날 최초의 칠골교회당은 지금도 정문 밖 건너편에 그대로 보존돼 있고 필요시 칠골교회 측에서 종교 활동에 활용하고 있다.

두 번째 건축한 칠골교회당

국가와 조기련, 칠골교회 측은 1989년 말에 건축된 최초의 칠골교회당을 그대로 둔 채 현재의 칠골교회당 터에 칠골교회당 건축을 시작했다. 이때 김정일 비서가 직접 교회당 건축에 관여하며 세심한 배려와 지원을 아끼지 않았으며 직접 지도해주었다. 봉수교회당을 건축할 때와 마찬가지로 국가에서는 약 5,000m^2의 부지를 무상으로 제공했으며 건축비는 설계상 미화 10만 달러가 소요되는 것으로 계산됐다. 당시 조기련에서는 교인들의 헌금과 해외동포들의 지원금을 후원받아 충당했으며 건축이 시작되자 담임목사인 류병철 목사를 구심점으로 온 신자들이 직접 공사에 참여했고 교회 차원의 지원을 아끼지 않았다.

마침내 자주색 벽돌로 쌓아 올린 칠골교회당이 흰색 라인과 조화를 이루며 윤곽을 드러내며 완공됐다. 1992년 11월 22일(넷째주), 오곡백과가 무르익는 청명한 가을 하늘 아래, 추수감사절 예배를 겸해 온 신자들이 동참한 가운데 감격의 칠골교회 헌당식 예배를 올렸다. 이날 헌당식에는 조기련 위원장 강영섭 목사와 서기장 고기준 목사를 비롯한 연맹중앙위원, 연맹 평양시위원, 봉수교회 담임인 이성봉 목사, 평양시내 각 가정예배 처소 인도자, 건축위원 등 100여 명의 인원이 참석해 봉헌을 축하했다.

　이전한 교회당의 초대 담임목사는 70년대에 평양신학원을 졸업하고 조기련 선전부 소속 전도사로 일하다 목사안수를 받은 유병철 목사가 재임명됐다. 얕은 언덕배기에 세워진 칠골교회당은 총 150석 정도의 규모로 지어졌으며 평소 열심히 예배드리는 신자들은 100명 정도였다. 칠골교회 주변에는 김일성 주석의 모친 강반석 여사의 생가 주위로 기념공원이 조성되어 있고 도시와 자연이 어우러진 아름다운 풍경이 펼쳐 있어 교회당은 아늑한 위치에 세워졌다. 그러나 이 타운 내 여러 시설물과 사적지 등은 당시나 지금이나 남측과 해외 방문단에게는 잘 공개되지 않고 있다.

　이로서 두 번째로 건축된 칠골교회당에서는 1992년 11월말부터 2014년 4월말까지 22년 동안 남측과 해외에서 살고 있는 수많은 기독교 신자들이 예배를 드리게 됐으며 특히 미국의 국부적 종교지도자인 빌리 그래이엄 목사를 비롯해 남한과 해외의 저명한 목회자들과 부흥사들이 간혹 방문해 설교를 하기도 했다.

세 번째 칠골교회당 건축이 시작되다

　2013년 7월 여름날, 나는 뜨거운 태양열 아래 개건공사가 한창 진행 중인 칠골교회 공사현장을 방문했다. 공사는 이미 지난 4월말부터 시작됐다. 당시 조그련 국제부장 출신인 황시천(황민우) 목사가 칠골교회를 담임하고 있었는데 고령에다가 건강마저 좋지 않아 그를 대신해 부목사인 백봉일 목사가 공사를 돌아보고 있었다. 마침 처음부터 건축 과정에 관여하며 인부들을 보살피던 백 목사는 필자를 보자 반갑

[사진 19] 아담한 규모로 완공된 칠골교회의 세 번째 본당 전경

게 맞이하며 친절히 곳곳을 안내해주었다. 외부의 특별한 재정적 도움을 받지 않은 상태에서 신자들 자체의 힘으로 공사를 진행하고 있었으며 뙤약볕 아래 노동을 하는 20여 명의 공사장 노동자들을 보니 모두가 힘겨워 보였고 낯선 방문자에 대한 의아한 눈초리마저 따가워 보였다. 순간적으로 '아차, 음료수라도 사올 걸…' 하는 생각이 스쳤으나 때는 이미 늦었다.

백 목사의 안내를 받으며 공사장 인근 주변과 예배당 내부 등을 자세히 둘러보며 이야기를 들어보니 지금까지 공사를 하는 동안 국내외를 막론하고 그 어느 개인이나 단체도 이곳에 방문한 적이 없었으며 북측의 사정상 외부인들의 공사장 방문은 물론 사진 촬영도 허용하지 않았다고 한다. 그럴만한 사정이 있는 것 같아 이해가 됐으나 그런 조치를 내릴 수밖에 없는 조그련의 현실이 매우 안타까웠다. 그러나 조그련과 칠골교회 측은 나에게는 예외적으로 대해 주었으며 적극적인 안내와 친절한 설명을 곁들여 공사현황을 브리핑해줬다.

내가 볼 때 재건축(개건공사) 공사는 큰 골조 일부는 남겨뒀지만 거의 완전히 헐고 새로 짓다시피한 것으로 보였으며 입구 좌우엔 예전에 없던 남녀 화장실을 추가로 만들었고 예배당의 전체 면적이 예전보다 더 넓고 쾌적하게 보였다. 예배당 폭의 면적은 좌우로 각각 3미터가 늘어나 예전의 공간보다 6미터가 더 넓어졌다고 한다. 건물 윤곽도 예전의 모습은 온데간데없고 내부와 외부가 전혀 다른 형태의 모습으로 변해가고 있었다. 국가에서 조금은 지원이 있다고는 하나 어서 속히 남측과 해외교회들이 재정적인 지원을 했으면 하는 바람이 간절했다. 이 정도의 공사규모라면 본당과 교육관, 부속건물까지 포함해 최소한 30만 달러의 예산이 필요할 듯 보였다.

적십자병원도 폭파했는데 교회당인들 온전합니까?

필자가 방북 시 자주 만나보는 조그련 서기장 오경우 목사는 최장수 서기장을 맡고 있는 인물이다. 서기장이라는 직책은 남측에서 볼 때 사무총장이나 총무격이며 위원장직은 총회장이나 교단장 격이다. 이날 오 목사는 백봉일 목사와 함께 칠골교회가 최초로 세워진 계기에 대해 자세히 증언해주었다.

■ 지난 '조국해방전쟁시기'(6.25전쟁기간)에 미제의 야수 같은 폭격으로 조선과 평양의 교회당은 모두 파괴되고 수많은 신자들이 희생됐고 겨우 살아남은 신자들도 사방으로 흩어졌습니다. 조선의 신자들은 기독교를 믿는 미국을 마치 하나님의 사도처럼 철석같이 믿었는데 조선에서 행한 저들의 야수적인 만행과 일시적 강점시기에 미군들이 저지른 귀축 같은 살인만행을 눈으로 직접 보고는 기독교 신앙을 떠나 대부분 탈교했지요.

▶ 저도 미국립문서보관소를 비롯해 여러 전쟁 관련 문서들을 살펴보니 이북지역에 대한 미군폭격은 생각보다 심각해 거의 초토화시켰더군요. 미공군 폭격대는 군사시설뿐만 아니라 민가에도 야간에 불빛만 비치면 무조건 공격을 했고 중국군이 항미원조 전쟁(6.25) 시 인해전술이 시작되기 이전에 벌써 평양, 성진, 나진, 원산, 진남포 등 주요 5개 도시는 이미 쑥대밭이 된 상태였지요. 오죽하면 미 극동군 공군사령관 오도넬이 맥아더 청문회에 출석해 "모든 것이 파괴되었다. 이름값을 할 만한 것은 아무 것도 없었다. 더 이상의 목표물이 없어 중국군이 들어오기 바로 전에 우리는 이미 무기를 손에서 놓게 되었다"고 증언했겠습니까?

■ 최 목사님이 잘 아시는군요. 전쟁협약 국제법상 적십자사나 거기서 운영하는 병원들은 절대 공격하면 안 되는데 미군 놈들은 적십자 병원들마저도 무참히 폭파했고 교회당도 모두 폭파시켰습니다.

실제로 평양시에 대한 미공군의 초기 기습공격은 서울이 다시 점령된 1951년 1월 3일 밤중에 시작돼 이튿날 정오까지 계속됐는데 매 15분 간격으로 소나기 퍼붓듯 폭탄을 투하했다. 처음에는 소이탄으로 시작해 네이팜탄, 고성능폭탄, 그 후에는 더 많은 양의 소이탄과 시한폭탄을 연속적으로 투하했으며 이런 체계적인 공습 때문에 그 어떤 인명 구조작업도 불가능했고 수만 명의 주민들이 건물 잔해 속에 깔려 구조 받지 못한 채 질식사와 압사를 당해 죽었다. 파괴된 건물 중에는 각종 종교시설물과 교회당, 성당은 물론이고 8,000미터 상공에서도 식별할 수 있도록 적십자 표시를 해놓은 병원들마저도 포함되었으며 이로써 평양 시내의 건물은 단 하나도 남지 않고 모두 파괴되어 허허벌판이 됐다.

■ 그럼에도 불구하고 언제나 인민들의 의사와 요구를 들어주시고 그것을 나라의 정책으로 작성하여 풀어주시는 수령님은 1989년 광복거리 건설현장을 현지 지도하시면서 이곳 칠골지역에 교회당이 있었다고 회고하시면서 '이곳의 신자들이 교회당 건설을 제기하는 조건(상황)이니 그 자리에 국가에서 건설해 주자'고 말씀하시어 시작됐지 않았습니까?

나는 혹시 기독교를 믿는 이북의 신자들은 국가로부터 차별당해 불이익이나 피해를 당하지는 않는지 조심스레 물었으나 오경우 서기장은 정색을 하며 단호히 못을 박았다.

■ 우리 공화국 정부는 해방 후 그리고 전쟁 후 지금까지 시종일관 종교인들에게 신앙생활의 자유를 법적으로 담보해주고 있습니다. 종교인들도 공화국 공민으로서 국가의 모든 정사에 참여하는 권리와 의무가 있고 자신들의 능력과 소질에 따라 직업을 가질 수 있으며, 무상치료와 무상교육의 권리를 비롯해 모든 혜택을 동등하게 모두 다 받으며 생활합니다.

옆에 걸터앉아 편한 인상으로 웃음만 짓고 있던 백봉일 목사도 흥분한 듯 한마디 거들었다.

■ 여기 칠골교회만 해도 광복거리가 건설된 후 많은 신자들이 이곳에 새 집을 받고 생활하면서부터 신자수가 늘어나게 되어 그들 속에서 교회건설 문제가 일정(민원제기)에 오르게 된 거 아닙니까? 그런데 남조선에서는 교회를 다니면 총살시키거나 즉결처형이 넘겨진다고 모략을 합니다. 그뿐 아니라 교회를 다니면 정치범수용소에 가둔다는 말도 안 되는 날조된 모략을 늘어놓고 있지 않습니까? 최 목사님이 혼자 아무 때나 평양 시내 다니면서 지나가는 시민들 붙들고 한 번 물어보십시오. 예수를 믿거나 교회를 다닌다고 해서 붙잡아가는지….

WCC와 남측 교회도 건축지원에 동참하다

이런 와중에도 칠골교회와 조그련은 중요한 건축자재 중의 하나인 외부타일 지원을 WCC(세계교회협의회)에 요청했다고 한다. 마침 부산에서 개최되는 WCC 총회 참석문제로 올라프 트비트 총무와 매튜 조지 국제사업담당 국장 일행이 조그련 초청으로 이번 8월 말경에 평양을 방문할 예정이라고 한다. 이때 국제사업담당이 모금액을 통해 구입한 타일을 직접 칠골교회로 가져올 것이며 이번 일이 성사되면 이번 공사에서는 처음으로 외부의 지원을 받게 되는 것이라고 한다.

교회 대문에 들어오면 좌측과 우측에는 자그마한 단층 건물들이 보이는데 이것들을 헐고 새로 교육관을 건축할 예정이며 그곳엔 상담실과 사무실 등 다용도 건물로 꾸며진다고 한다. 나는 공사 현장을 둘러보며 교회당이 아름답게 완공되어 서평양과 칠골지역에 그리스도인들이 더 많이 증가되어 부흥하는 그리스도의 공동체가 되길 기도했

[사진 20] 공사 현장을 방문해 당시 부목사인 백봉일목사와 함께한 필자

다. 또한 오 목사와 백 목사와 대화를 나누던 중에 교리적인 부분을 언급했는데 모두가 동의하며 공감해주었다.

▶ 제가 볼 때 남과 북의 신자들은 거의 대부분 '교회'와 '교회당' 그리고 '성전'이라는 단어를 자꾸 혼동해 사용하는 것을 봤습니다. 교회건물은 '교회'가 아니고 그냥 예배를 드리는 장소에 불과하기 때문에 '교회당' 혹은 '예배당'이라고 불러야 하는데 말이지요. 진짜 교회는 '예수를 믿는 신자들의 공동체'이며 신자 한 사람 한 사람이 모두 진정한 교회 아닙니까?

■ 우리 조선의 교회야말로 최 목사님이 말씀하는 그런 교회입니다.

▶ 저도 그 부분을 계속 연구하고 있습니다. 예수 당시의 예루살렘 성전은 십자가 구속사건으로 그 기능과 역할을 다했는데도 아직도 여

전히 교회당을 '성전'이라고 부르는 것은 잘못된 것이지요. 평양의 신자들은 공식교회당을 출석하든, 가정 교회를 다니든 믿는 신자 자신이 교회이며 믿는 신자들 공동체가 바로 참된 교회 아닙니까? 건물 자체가 교회는 결코 아닙니다. 제가 볼 때 그런 의미에서 이북의 500개가 넘는 처소 교회와 가정 교회 신자들은 교회건물에 구애받지 않는 진정한 의미의 초대교회 신자들로 보입니다.

공사장 방문을 마치고 숙소로 돌아오는 길에 나는 어떻게 하면 칠골교회 건축비용을 지원할 수 있을까를 여러 모로 고민했다. 그리고 방북 일정을 마치고 미국으로 귀국하던 길에 며칠 서울에 들려 광화문의 감리교 본부를 찾아 건축 지원을 협의하려 했으나 만남이 성사되지 못했다. 정확히 말하면 교단 관계자는 철저히 외면하고 만나주지도 않았다. 감리교는 그동안 10년 넘게 대외적으로 칠골교회당 건축 청사진과 조감도를 제작해 언론에 공개하며 칠골교회당은 자신들이 짓겠다고 큰소리쳤으나 막상 건축을 시작하니 교단 내부의 헤게모니에 휘둘려 정신이 없어 그런지 모두가 무관심한 상태였다.

서운하고 야속한 생각이 들었지만 이명박 정부의 5.24조치의 영향으로 남북관계가 급격하게 경색되고 북측교회에 대한 일체의 지원이 중단되고, 이에 따라 자연스럽게 칠골교회당 건축에 대한 한국교회의 관심도 멀어진 것은 이해했다. 장로교 통합측이 주도한 봉수교회당을 건축할 때는 무려 500개 교회와 120개 단체가 헌금에 동참했고, 1,500명의 개별 신자들이 동참할 정도로 높은 관심을 보였는데 이번 칠골교회당 건축에는 너무 무관심했다.

다행히 필자가 서울 방문 후 여러 언론매체에 인터뷰와 기고를 통해 칠골교회 지원의 시급함에 대해 널리 알리자 한국교회가 조금씩 반응하기 시작했다. 또한 이와 별도로 조그련 측에서도 한국교회 대표기관인 NCCK 측에 공문을 보내 적극적으로 지원을 요청하기 시작했다. 특히 건축 관련 물품지원을 직접적으로 요청하자 칠골교회의 개보수 지원을 위한 한국기독교교회협의회 실행위원회가 열렸다.

이 자리는 봉수교회를 건축한 예장 통합총회 측의 제안으로 회원 교단의 모금을 통해 건축을 지원하기로 결의했는데 특히 칠골교회 측이 긴급 요청한 '전압주파수 안정기'와 '배전판'을 예장 통합과 한국기독교장로회, 구세군 등이 적극적인 후원을 해 현장으로 전달되게 됐다. 북에서 요청한 장비들은 당시 가격으로 약 55,000달러(남한 돈 6천만 원) 상당에 해당되는 액수였는데 한국교회가 그나마 작은 지원을 한다고 해서 다행스럽게 생각했다.

공사를 모두 마친 칠골교회당을 다시 찾다

세 번째 칠골교회 건축공사는 2013년 4월말부터 시작해서 2014

[사진 21] 좌: 안내봉사를 맡은 칠골교회 장로, 권사들과 함께. 우: 이북을 원조하는 '조선의 벗들' (Christian Friends of Korea) 일행과 함께

년 7월 6일까지 약 1년 3개월이 소요됐다. 필자는 칠골교회 건축공사를 온전히 마치고 입당을 마친 2014년 10월 5일 첫 주일 아침, 평양 만경대지구 칠골동에 자리 잡은 새로운 칠골교회당을 둘러보고 주일 메시지를 전하고 축도를 하기 위해 방문했다. 칠골교회당은 지난 7월 첫 주일에 이미 입당을 마치고 예배를 드려왔으나 준공에 따른 여러 행정절차 등을 거친 후 특별한 종교예식은 치루지 않았다. 교회당은 고급 석재와 건축 재료들로 품위 있고 단아하게 지어졌고 현대적인 설비들과 비품들을 갖추고 있는 멋진 교회당으로 변모해 있었다.

　10월 첫 주일 아침, 필자와 함께 차를 타고 가는 일행들이 늑장을 부리는 바람에 예배시간이 임박한 오전 9시 55분이 돼서야 허겁지겁 주차장에 도착했다. 예배당 주변은 나무들이 둘러싸여 외부에서는 잘 보이지 않았으며 마당에 이르러 바라보면 아늑하고 푸근한 맛이 느껴졌다. 한복을 곱게 차려 입은 여성 장로님과 여집사님들 서너명, 양복을 입은 70대 장로님 한 분이 반갑게 맞이해 주었다. 우리 일행은 입구에서 신자들을 안내하는 봉사팀과 간단히 인사를 건넨 후 기념촬영을 마친 후 예배당 안으로 들어섰다.

　예배당 내부는 예전보다 더 아담한 순백의 공간을 여전히 유지하고 있었다. 미리 기다리며 찬송을 부르는 신자들을 바라보니 눈물이 울컥했다. 발꿈치를 들고 조용히 앞자리로 이동하는데 왠지 신자들 보기에 죄를 지은 것마냥 민망하고 미안한 생각이 들었다. 비록 이념과 사상이 다르다 해도 하나님의 사랑 안에서 우리 모두가 한 가족처럼 느껴졌다. 이런 단순한 이치를 깨닫기까지 우리에게는 긴 시간이 필요했었나 보다. 10시 정각이 되자 백봉일 목사가 등단하며 새로 헌당된 칠골교회당에서의 감격스러운 예배가 시작됐다.

하늘과 땅을 하나로 엮는 통일의 대향연, 헌당을 하다

예배당은 여전히 순백의 성스러움을 더해 주었고 아담한 공간이라 그런지 포근함마저 더해졌다. 지난 7월에 입당은 했지만 이제서야 정식으로 헌당식을 하게 된 것에 대해 더욱 감격스러웠다. 모두를 하나로 엮어내는 통일의 대향연이 시작되는 역사적인 공간 속에 내가 앉아 있는 것이다. 그동안 흩어져 살아왔던 우리 조선의 그리스도인들이 이제는 하나의 생명 공동체가 되어 하늘과 땅, 남과 북을 하나로 이어주는 은혜와 감격의 제사를 드리는 순간이 됐다.

예배가 시작되자 입례송을 부르는 성가대의 그윽한 찬양은 내 심장을 두근거리게 하며 간절한 외마디 기도를 뱉어내게 했다. 여기 앉아있는 동포 신자들이 더 이상은 '가짜 신자'라며 손가락질하는 일부 사악한 자들에게 멸시당하거나 조롱당하지 않기를, 그리고 이들의 순수한 신앙을 비아냥거리며 악의적으로 매도하는 자들이 이제는 부끄러움을 당하게 해달라고 기도를 드렸다. 또한 더 이상 같은 민족끼리, 남북의 신자들끼리 오해하고 분열하고 증오하지 않기를 기도했다.

장로의 기도가 시작됐다. 외세에 의해 동족이 서로 원수와 적이 되고, 미움과 증오의 대상이 되어야만 하는 비통한 우리 역사를 통감하면서, 이제라도 우리가 서로의 아픔을

[사진 22] 칠골교회 주일 성가대 모습

감싸고 진실되게 사랑하도록 도와달라는 간곡한 기도내용이었다. 기도를 드리는 도중에 나는 '도대체 우리가 서로 사랑하지 못할 이유가 무엇이었을까', '우리가 서로를 껴안지 못할 이유가 무엇이었을까' 뒤돌아보며 서글프고 안타까운 마음으로 간구를 올렸다.

칠골교회를 새로 담임한 백봉일 목사는 소박하고 서민적이어서 옆집 아저씨나 동생같이 편안했다. 그러나 그의 1부 설교는 현 남한 정국을 한 눈에 꿰고 있었으며 성경 본문과 적절하게 적용하는 예리함도 있었다. 백 목사의 설교가 끝나자 연이어 필자가 등단해 감격스런 2부 메시지를 전했다. 엄숙하고 경직된 분위기임을 간파한 필자가 백 목사가 필자를 소개하는 과정에서 실수한 것을 화제 삼아 회중석을 향해 조크를 던졌더니 일제히 폭소를 터뜨리며 분위기가 한결 밝아지고 화기로워졌다.

메시지를 전하고 축도를 하다

필자가 전한 메시지 내용은 며칠 전 평양 단군릉에서 개최된 개천절 행사에 남, 북, 해외동포 삼자가 연합해 동참한 것을 언급하는 것으로 시작했다. 앞으로 우리 조국의 통일도 이와 같이 삼자가 주체가 되어 민족공조를 이루고 힘을 합쳐야 국제사회와 주변 4개국과의 험악한 관계 속에서 국제공조를 이뤄내야 마침내 통일을 이룩할 수 있다고 역설했으며 오늘날 기독교의 사명과 역할에 대해서도 강조했다. 특히 남측과 서방세계는 북조선이 종교를 아편으로 보고 있다며 무조건 맹비난한 것을 예로 들었다. 아편 비유에는 중요한 전제가 있다. 그것은 종교가 종교로서의 기능을 상실했을 때 민중의 아편이 된다는 뜻인 것

[사진 23] 칠골교회에서 축도를 하는 필자의 모습

이다. 사랑의 종교가 침략의 종교로, 섬김의 종교가 군림의 종교로, 평화의 종교가 잔혹한 종교로, 나눔의 종교가 착취의 종교로, 평등의 종교가 억압의 종교로 둔갑할 때 그 종교는 이미 민중들과 신자들의 피를 말리게 하며 그 사회를 황폐하게 하는 독소가 된다는 점을 강조했다.

짧은 메시지를 전한 후 백 목사와 나란히 서서 마지막 찬송을 부르고 예배의 마지막 순서인 축도를 하기 위해 다시 설교단에 올랐다. 축도를 하는데 울컥하는 마음이 들더니 갑자기 감정이 복받쳐 축도 문구마저 헷갈리고 버벅거렸다. 모든 예배 순서를 마친 후 칠골교회 측에서는 예외적으로 친교자리를 잠시 마련해 주었다. 그 자리를 통해 그들의 확고한 신앙 의지와 성향을 다시 한 번 확인할 수 있었다. 칠골교회 신자들은 단순히 하나님만 바라보는 신앙인이 아니었다. 우리가 믿는 하나님이 언젠가는 우리나라를 통일시켜주시고 민족을 구원해줄 것이라며 막연하게 기다리는 수동적 신앙이 아닌 행동하는 신앙을 갈구했다. 그들은 단지 북측만 생각하는 것이 아니라 항상 민족 공동체 모두의 생존권 문제를 절실하게 고민하고 있었으며 그리스도인들의 사회참여와 현실참여를 몸소 실천하고 있었다.

    칠골교회와 봉수교회 신자들은 자기가 태어난 나라에 대한 민족성이 결여된 기독교는 진정한 종교가 될 수 없다며 이구동성으로 강조했다. 칠골교회를 떠나는 나의 마음은 아쉬운 석별의 정 때문에 언어로는 전달하기 어려운 복합적인 감정으로 침통한 표정으로 슬픔에 빠졌다. 너무나 이별이 아쉬웠다. 우리는 칠골교회나 북의 기독교가 서방 세계의 보편적 교회와는 달리 철저히 정치적이며 이미 정치화된 종교처럼 받아들여질 수 있다. 그러나 칠골교회와 봉수교회 신자들의 신앙이 우리에게 어떻게 받아들여지든 우리가 그들의 신앙을 왈가왈부할 수 없고 재단할 수 없다.

    함부로 비방하기 좋아하는 사람들은 자신들이 평소 익숙하게 지니고 있는 정서와 상식, 감정과 경험으로 상대를 평가하기 때문에 객관성이 매우 결여되거나 일방적일 때가 많다. 하나님의 사랑이나 진리를 향한 믿음을 특정한 교리나 언어로 제한할 수 없듯이 북측의 기독교 신자들이라고 해서 그들의 신앙양상과 형태를 우리가 그 어떤 기준으로도 함부로 평가하면 안 된다. 하나님을 향한 우리들의 믿음처럼 남과 북의 동포들이 서로를 향한 믿음을 잃지 않을 때 통일은 하루 빨리 앞당겨질 것이다. 하나의 조국을 향한 믿음으로 우리 남과 북의 동포들이 서로의 상처와 아픔을 감싸며 마음껏 예배를 드리는 그날을 간절히 고대하며 칠골교회당을 물러나왔다.

평양제1교회

[사진 24] 온실관리동 2층에 자리 잡은 '평양 제1기도처소' 모습

'평양 제1기도처소'를 방문하다

현재 평양에는 남측의 대한예수교장로회총회 통합 측 교단(이하, 예장 통합)에서 수십억을 지원해 재건축한 봉수교회당 외에도 교회 언덕에 지은 460평 규모의 평양신학원도 있으며, 그 옆에는 480평 되는 제1온실도 지었다. 예장 통합측은 이와는 별도로 동평양대극장 건너

편 대동강 변에 400평 규모의 제2온실을 연이어 지었다.

　마침 제2온실 옆에 200평 정도의 부지가 남게 되자 북측 조선그리스도교련맹(이하 조그련)에 교회당 건축을 요청했으나 반대해 무산되고 그 대신 조그련과 남측 예장 통합측은 제2온실을 관리할 수 있는 온실관리동을 짓기로 합의했다. 온실관리동 건물 1층에는 온실관리를 위한 관리동을 만들었고 2층에는 30여 평 규모의 '평양 제1기도처소'가 여러 우여곡절 끝에 들어서게 된 것이다.

　필자는 2014년 4월의 어느 봄날, 봉헌식 이후 지금까지 마치 금단의 구역처럼 출입이 통제된 '평양 제1기도처소'가 입주해 있는 200평 규모의 온실관리동을 방문해 둘러봤다. 북측 조그련과 안내부서는 이처럼 복잡한 사연을 지닌 '평양시 대동강구역 청류동'에 위치한 이곳 예배당을 지금까지 일반인에게 공개한 적이 없었기에 조심스런 심정으로 이곳저곳을 자세히 둘러보았다.

　대부분의 한국교회는 이곳 2층에 있는 예배당의 존재조차 모를 뿐더러 평양을 방문하는 외국인들과 해외동포들도 잘 모른다. 또한 예장 통합 교단에 속한 일부 신자들 중에는 '기도처'인 줄도 모르고 아직도 '평양제1교회당'으로 어렴풋이 알고 있기도 하다. 또한 설립 이후 지금까지 '평양제1교회'는 많은 오해와 왜곡된 소문들이 난무하고 있어 정확한 사실 파악이 필요했다.

　'평양제1교회'가 탄생하게 된 계기는 서평양 지역엔 봉수교회, 칠골교회 등이 있으나 동평양 지역엔 교회가 전무한 것을 파악한 예장 통합 측에서 봉수교회 재건축 여세를 몰아 '평양 그리스도교사회봉사관'과 '평양제1교회' 건축을 계획하면서 시작됐다. 북한 교회재건 목표에 따라 우선적으로 동평양, 남포, 개성, 금강산(고성), 원산, 나진, 선봉, 신의주 등 11개 지역에 교회를 세우기로 한 프로젝트에서 가장 먼저 탄생한 교회가 바로 이곳이다. 그러나 건축되는 과정이 아래와 같이 그리 순탄치 못하고 복잡한 일들이 연속적으로 발생했다.

'평양제1교회'는 무기한 휴식 중

제2온실을 건축할 당시 남측의 예장 통합에서는 이곳에 '평양제1교회'라는 이름을 붙이고 수백 석 규모의 교회당을 건축하려 했으나 북측 조그련의 반대로 무산됐다. 그 대신 온실관리동 건물 2층에 약 50여 명이 앉을 수 있는 규모의 작은 예배당(기도처소)을 만들게 된 것이다. 예배당 안에는 회중석 장의자와 함께 피아노가 구비돼 있었고 크리스탈로 제작된 설교 강대상이 놓여 있었으며 강대상 뒤에는 일반 교회처럼 작은 십자가가 세워져 있었다.

인테리어 구조는 흔하게 볼 수 있는 30평 남짓 되는 개척교회 예배당과 크게 다를 바 없었으며 예배당 출입문 상단에는 '○○교회' 대신 '평양 제1기도처소'라는 간판이 부착돼 있었다. 예배당이 위치한 온실관리동(200평) 바로 옆에 있는 유리로 제작된 넓은 제2온실(400평) 안에는 각종 이름 모를 꽃들과 화분들이 즐비했고 화초 묘종들이 자라고 있고 반대쪽 출입문 위에는 '김일성화'와 '김정일화' 그림이 간판처럼 붙어 있었다.

그리고 제2온실 바로 앞에는 3층 규모로 지어진 엄청난 크기의 '김일성화, 김정일화' 전시장과 본관이 자리잡고 있어 입장객들과 관광객들로 매우 붐비고 있었는데 마침 해마다 2월과 4월이 되면 북의 두 지도자가 탄생한 계절이라서 어느 때보다도 내방객들로 인산인해를 이

[사진 25] '평양 제1기도처소'가 입주해 있는 제2온실(앞쪽)과 온실관리동(뒷쪽)이 붙어 있는 모습

됐다. 총부지 면적 3만㎡ 위에, 11,600㎡ 가 되는 엄청난 크기의 전시장 안에는 외국 관광객들과 북한 인민들이 남녀노유를 막론하고 물밀듯 밀려들어 대혼잡을 빚을 정도였다.

아무튼 이곳 '평양 제1기도처소'는 완공 이래 지금까지 주일예배가 드려진 적이 거의 없으며 조그런 소속 목회자가 정식으로 파송돼 목회활동이 이뤄지는 곳도 아니었다. 더구나 건축과정에서 빚어진 남북간의 불신과 오해 때문에 북측 조그런은 이 예배당을 공개하기 매우 꺼려한다. 비단 남북관계뿐 아니라 북 내부에서의 조그런의 위상이나 입장을 보더라도 이 기도처를 외부인들에게 공개하기는 쉽지가 않을 것이다. 이런 이유로 인해 나는 동평양대극장의 공연을 관람할 때나 '김일성화, 김정일화' 전시장을 방문할 때를 활용해 잠시 틈을 내서 방문할 수 있었으며 남측에서 알고 있는 '평양제1교회' 운영은 더 이상 존재하지 않는 것으로 결론을 내렸다. 다만 5.24조치가 해제되고 남북교류가 다시 회복될 경우에는 다시 정상적인 목회가 이뤄질 수도 있다고 여겨졌다.

통합 측 남선교회의 야심찬 계획

'평양제1교회' 건축이 시작된 계기는 예장 통합 측 교단 산하 '남북한선교통일위원회'(이하 남북위)뿐 아니라 교단 내 전국 조직인 '남선교회'에서 추진하는 '민족복음화'와 '북한 교회재건' 정책 때문이었다. 남선교회는 한반도 통일에 대비해 이북지역에 11개 교회당을 건축한다는 야심찬 대북사역 계획을 세웠고 평양시를 포함한 이북 각 도에 1개 교회씩, 모두 11개 교회를 세우기로 결의하고 교회당 하나 짓는데 필요한 건축비를 교회 한 곳당 1억 원으로 책정해 모두 11억 원을 모금하기로 했다. 이때 모금한 금액 중에서 1억 5천만 원을 평양신학원 건축에 지원했으며, 조그련을 통해 북측 신자들을 위해 성경과 찬송가 제작에 필요한 원자재 대금 1억 2천만 원을 지원하기도 했다.

이처럼 왕성한 대북사역을 하던 예장 통합 측 남선교회는 함경북도, 함경남도, 양강도, 자강도 및 용천군, 평안남도, 평안북도, 황해북도, 황해남도, 강원도, 평양시 등 11개 지역을 대상으로 각 노회들이 연합해 한 개 교회씩 재정을 분담하기로 결의한 후 '11개 교회는 모두 벽돌로 짓되 300명 이상 수용할 수 있는 규모로 지을 것이며, 1억 원 규모를 적립하라'는 구체적인 지침까지 전국 남선교회에 내릴 정도로 구체화되었다.

이렇게 해서 11개 지역 중에 가장 먼저 동평양 지역에 지어지게 될 '평양제1교회' 건축계획은 순조롭게 진행되는 듯했으나 북측 조그련과의 시국관과 목회적 가치관 차이와 이견 등으로 인해 시시각각 난관에 봉착했다. 정확히 말하자면 북측은 원래부터 교회당 건축에 대해서는 철저한 반대 입장을 보였고 온실 건축에만 긍정적 입장이었으나 예장 통합 측은 북측 조그련의 입장을 배려하지 않았다. 여러 우여곡절 끝에 대동강변 600평 부지에 400평 규모의 제2온실과 200평 규모의 온실관리동, 그리고 약 30평 정도의 평양 제1기도처소를 완공했으며 당시 1차로 총 공사비가 2억 8천만 원 정도가 지출됐다.

제2온실 앞의 '김일성화 김정일화' 전시장

온실관리동 2층에 입주해 있는 '평양 제1기도처소'는 건물 외부가 교회당 형태이거나 십자가 탑이 세워진 것이 아니라서 외부에서는 존재 자체를 전혀 모른다. 더구나 교회 간판이나 표지판이 있는 것도 아니라서 북 인민이나 해외동포들 어느 누구도 이곳에 작은 예배당(기도처소)이 있다는 것을 상상도 못한다.

[사진 26] 제2온실 입구 모습. 안에는 각종 화분과 다양한 화초 묘종들로 가득차 있다.

겉으로 볼 땐 그저 유리온실과 비닐하우스로 제작된 온실 건물로만 보일 뿐이다. 더구나 제2온실 입구에는 '김일성화, 김정일화' 전시장이 마주하고 있어 서로 상관관계가 있는 듯한 생각마저 들었다. 2000년 1월에 착공해 2002년 4월에 개관한 '김일성화, 김정일화' 전시장과 본관은 '평양 제1기도처소'가 입주해 있는 온실관리동과 서로 이웃하고 있다는 사실이 나로 하여금 많은 생각을 하게 했다.

'김일성화'는 지난 1965년 4월 김일성 주석이 인도네시아를 방문했을 때 당시 스카르노 대통령에게 받은 선물을 10년 만에 가져와 1977년 4월 김일성 주석의 65회 생일 때부터 '김일성화'로 공식 선포한 꽃이다. '김정일화'는 원산지가 남아메리카인 베고니아의 한 품종으로 일본 원예학자 가모 모도데루 씨가 품종을 개량해 지난 1988년 2월 16일, 당시 김정일 비서의 46회 생일 때부터 공식적으로 소개된 꽃이다. 이처럼 이곳은 북의 두 지도자를 상징하는 꽃을 상설 전시하는 건물인데 바로 그 앞에 '평양 제1기도처소'가 있다는 사실이 나에게는 역설적으로 받아들여졌다.

나는 이 무렵에 '김일성화, 김정일화' 전시장을 방문한 적이 있었는데 어찌나 방문객들이 많이 몰려드는지 뒤에서 떠밀리듯 구경을 했고, 발이 밟히거나 서로 몸이 부딪히기 일쑤였다. 1, 2층이 관통된 거대한 중앙 홀에는 두 지도자의 초상화가 모셔져 있고 분수대와 코리아반도 형상 등이 형형색색의 꽃들로 장식되어 있고 수백종의 '김일성화, 김정일화'가 전시되어 있어 눈이 휘둥그레 할 정도였다. 전시회장에는 공기정화기, 냉온풍기, 난방장치가 전산화되어 있어 필요한 온도와 습도를 자동으로 조절하는 자동시스템으로 운영되고 있었으며 수십 명의 직원들이 바쁘게 움직이며 전시회와 화초관리를 총괄하고 있었으며 마치 꽃 재배 종합 공급기지로서의 역할을 감당하고 있는 듯 보였다.

'평양제1교회당' 자리는 토마스 선교사가 순교한 자리인가?

예장 통합 측 총회장은 교회 건축 계획을 발표하며 우리나라 최초의 기독교 순교자로 알려진 토마스 목사(Robert J. Thomas)가 순교한 터가 바로 이곳 '평양제1교회당' 자리라는 주장을 펴며 언론과 교단소속 신자들을 대상으로 적극적인 홍보를 시작했다. 어려운 여건에서도 내가 이곳을 방문한 여러 이유 중 하나는 '과연 이 자리가 통합 측의 주장대로 토마스 선교사가 순교한 자리와 연관이 있느냐는 것'을 확인하기 위한 것도 있었다.

그렇지 않아도 한국교회는 2년 후(2016년)가 되면 소위 '토마스 목사 순교 150 주년'이 되는 해가 된다며 대대적인 기념행사를 준비한다는 소식을 듣고 있던 중이었다. 나는 평소 토마스 목사를 다각도로 연구하고 검증한 결과, 철저한 검증과정 없이 받아들인 한국교회에 의해 미화된 토마스의 죽음을 순교로 생각하지 않고 있었다. 구체적인 확인 결과 '평양제1교회'가 위치한 '평양시 대동강 구역 청류동'은 토마스 선교사와는 그 어떤 관련이 없는 장소로 확인됐다.

이곳이 토마스 목사와 관련이 있으려면 미국 무장상선 제너럴셔먼호가 모래톱에 좌초되어 조선 관민의 화공에 의해 격침된 대동강변 쑥섬 부근이어야 하든지, 아니면 토마스 목사의 시신이 안장된 무덤가나 그를 기념하는 '토마스 기념교회'가 있던 현재의 평양과학기술대학 캠퍼스에 가까이 있어야 한다. 그러나 '평양 제1기도처소'가 있는 곳에서 쑥섬과 평양과기대 캠퍼스는 거리상으로 많이 떨어져 있으니 직간접

[사진 27] 한국교회 최초의 순교자로 추앙받는 영국출신 토마스(Robert J. Thomas) 선교사의 모습

적으로 토마스 선교사의 죽음을 기념할 만한 아무런 관련성이 없는 것이다.

1927년 5월 7일, 토마스를 기념하기 위해 창립된 '토마스 목사 순교기념 전도회'에서 기존의 '조왕리교회'를 '토마스기념교회'로 선정했고, 1933년에는 그의 묘소 가까운 곳에 토마스의 이름 영문 첫 글자를 따서 'T자형' 교회당을 신축했다. 원래 '조왕리교회'는 1901년 3월 1일 '평안남도 대동군 남곶면 조왕리'에 세워졌는데 그곳이 바로 지금의 '평양시 낙랑구역 두단동'이며 그 부근에 세워진 평양과기대 신축 공사 현장에서 이 '토마스기념교회' 터가 발견되기도 했다.

현재 한국교회에서 가장 많이 알려진 순교자는 주기철 목사이며 이와 동시에 조선에 최초로 복음을 전하는 과정에서 목이 잘려 순교했다고 알려진 토마스 목사도 주기철 목사와 함께 절대부동의 순교자 반열에 올라 한국교회 신자들의 추앙을 받고 있는 실정이다. 그러나 토마스 목사와 주기철 목사 두 사람의 순교사화에 직간접적으로 영향을 끼친 인물인 오문환(吳文煥) 장로의 행적에 대해 자세히 살펴보면 두 순교자의 죽음에 대한 역사의 진실에 대한 역설을 엿볼 수 있다.

왜냐하면 신사참배를 거부한 주기철 목사의 평양노회 목사직을 박탈한 주도세력이 바로 주 목사와 같은 노회소속의 친일파 오문환 장로였다. 특히 오 장로는 친일 행각을 하기 오래 전부터 토마스 목사의 순교사화 전파사업을 적극적으로 벌인 최초의 인물이기도 하다. 당시 주기철 목사가 소속된 평양노회의 장로교 기관지 「기독교보」(基督教報) 편집국장을 맡은 오문환은 1938년 5월 1일 평양노회 소속 주요 인물들과 '내선교역자간친회'라는 단체를 만들어 일본인 목사들과 친목을 도모하며 일제에 부역할 토대를 만들고 총회와 노회소속 목회자들을 친일 활동에 대거 끌어들여 신사참배를 정당화하며 주기철 목사를 압박하고 파면하는 데 주도적 역할을 했다.

조선총독부는 이 단체를 이용해 기독교 황민화를 추진했고, '성지순례'라는 이름으로 조선 목회자들을 일본의 신사를 돌며 참배하도록 했다. 수양동우회 사건 이후 가장 먼저 전향한 오문환은 서북 지역의 목회자들과 일제를 연결시켜 주는 역할과 '국민정신총동원조선예수교장로회연맹', '국민총력조선예수교장로회총회연맹', '조선장로교신도애국기헌납기성회' 등 단체에서 활동하며 일제에 부역했다.

오문환은 1923년 최초의 토마스 선교사 전기 『도마스 牧師傳』을 집필했고 자신의 저술을 통해 토마스를 조선교회에 최초로 소개한 후 1926년 '토마스목사 순교기념사업 전도회'를 발족했으며, 훗날 자신의 친일행각을 합리화하기 위해 1966년 '토마스 순교 100주년'까지 기획해 무려 40여 년간 토마스 순교 담화를 생산해 개신교의 성인으로 부각시켰다.

토마스 선교사의 죽음에 대해서 적어도 1926년까지는 일반적이고 사실적인 기록들이 주를 이루고 있었는데, 1926년 오문환의 주도로 거행된 '토마스 선교사 순교 60주년 기념식' 영향과 1927년 '토마스 선교사 순교기념회' 창립하고, 연이어 1935년 토마스호라는 이름을 붙인 배를 건조해 해상 전도에 사용하는 등 토마스에 대한 신화적 미담들이 이전보다 더 감동적으로 구체화되는 바람에 개신교 내에서 역사적 사실로 굳혀져 현재까지 전승해 내려온 것이다.

토마스 선교사의 죽음에 대한 민족사적 고찰

설령 이곳 '평양 제1기도처 예배당'이 입주한 온실관리동 건물 자리가 실제 토마스 선교사가 죽었던 장소라고 해도 나는 개인적으로 큰 의미를 두고 싶지 않다. 그동안 한국교회는 토마스의 죽음과 관련해 선교적 관점이나 교회사적, 목회적 관점에서만 앞 다투어 다뤘으나 가장 중요한 '민족사적 관점'은 소홀하게 다뤘기 때문에 순교지로 정의하기에는 아직 미완의 연구 과제가 많이 남아있다고 생각한다. 여기서 아주 깊이 다룰 수는 없지만, 이미 공개된 사료를 통해 토마스의 행적을 살펴보며 그의 죽음을 전면 재조명해보고자 한다.

1863년 6월 4일 영국 웨일즈 하노버 교회에서 약관 24세에 목사안수를 받은 그는 해외선교에 뜻을 품고 그해 8월 런던선교회 소속 선교사로 아내 캐롤라인과 함께 중국으로 파송됐으나 몇 달간의 여행 끝에 상해에 도착한 후 부인은 병사했다. 마침 언어에 소질이 있던 토마스는 중국어를 익힌 뒤 북경에 머물며 런던선교협회에서 일하던 중 재정 문제로 사임하고 청나라 해상세관에서 통역으로 일하게 되는데 1865년 9월에는 세관을 사임하고 조선인 천주교 신자들을 만난 것을 계기로 1차로 조선을 방문하게 되면서 우리나라와 인연을 맺게 된다.

1865년 9월 13일 선원 50명과 함께 서해안에 도착한 그는 무려 두 달 반 동안 스코틀랜드 바이블 협회의 에이전트 자격으로 주로 성경을 판매했는데, 당시 협회의 방침은 무료배포가 아니라 판매였다. 11월

3일에는 선원 50명이 9척의 배에 나눠 타고 화승총으로 무장한 채 연평도 마을을 공격해 주민들과 총격전을 벌였으며 500야드(약 500미터) 떨어진 곳까지 총을 쏘았고 통통배 한 척을 전리품으로 탈취했다. 1주일 후인 11월 11일 마침내 만주를 거쳐 북경으로 돌아간 토마스는 이듬해인 1866년 프랑스 신부들의 학살에 항의하기 위하여 조선으로 떠나는 프랑스 함대에 통역관으로 합류하기로 되어 있었으나, 로즈 제독이 이끄는 프랑스 함대는 예정에 없던 베트남 반란 사건을 진압하기 위해 상해로 떠나는 바람에 무산됐다.

결국 토마스는 미국 무장 상선 제너럴셔먼호에 항해사 겸 통역으로 채용돼 1866년 8월 9일 조선을 향하는 셔먼호에 동승해 다시 조선으로 출발했다. 그러나 당시 토마스 목사를 파송한 런던선교회는 제너럴셔먼호를 타고 조선으로 들어가고자 하는 토마스를 무모하고 위험한 행동으로 보고, 자제할 것을 권고하기도 했다.

1866년(병인년) 8월 말, 마침내 대포로 중무장한 미국 상선 제너럴셔먼호는 여름철 물이 불어난 대동강을 거슬러 평양까지 올라와 총을 쏘며 당시 조선 상선의 양식을 약탈하고 주민 7명을 살해하고 5명에게 중상을 입히는 등 모두 12명의 사상자를 발생시키는 야만적 행위를 일삼았다. 처음에는 대동강에 진입해 통상을 요구했으나 거절당하자 만경대 한사정(閑似亭)까지 쳐들어 올라왔다. 이때 셔먼호 선원들은 자신들의 공격적 행동을 제지하던 조선 관리 중군(中軍) 이현익(李玄益)을 붙잡아 억류하기도 했다.

이에 평양성 내의 관민들이 크게 격분해 강변으로 몰려들었으나 이에 아랑곳하지 않은 셔먼호 선원들은 계속 소총과 대포를 관민을 향해 쏘아댔고 마침내 대동강 쑥섬의 모래톱에 좌초되기에 이르렀다. 이에 평안도 관찰사 박규수는 철산부사 백낙연 등과 상의해 상황을 진두지휘하며 포수와 사수들을 동원해 총과 활을 쏘며 맞섰다. 9월 3일 마침내 조선 관군 측에서 대동강 물에 볏짚을 가득 실은 여러 척의 작은 배에 식용유를 풀고 불을 붙여 화공으로 제너럴셔먼호를 불태워 격침시켰으며 결국 배는 소실됐다.

이때 토마스 목사와 미국인 선주 프레스턴(Preston)은 뱃전에서 뛰어내려 강변으로 나와 목숨을 구걸했으나 결박당한 채 셔먼호 선원들에 의해 죽은 피해자 가족들에 의해 타살됐으며, 이때 승무원 23명 가운데 대부분이 불에 타 죽거나 물에 빠져 죽었다.

영국에서 토마스 선교사를 지원했던 윌리엄슨 목사는 "대영제국 같은 나라들이 조선처럼 무지하고 폐쇄된 나라를 개방하기 위해 하나님이 주신 무력을 사용하는 것은 의무요 특권이다"라고 말했는데 당시 셔먼호에서 취한 토마스의 행동을 보면 비록 통역관의 역할을 수행했으나 그의 행적은 윌리엄슨 목사의 인식과 동일했다. 토마스 목사가 최후를 맞이한 셔먼호 사건에 관한 기초자료는 조선 측의 여러 공식 기록, 미국의 외교문서, 영국 선교회 측의 문서, 오문환 장로 저서와 기독교계 문헌, 구전(口傳) 등 크게 모두 다섯 가지 종류가 있는데 오늘은 조선 측 기록 위주로 살펴보자 한다. 다양한 관점에서 기록한 조선 측 사료들은 주로 현장 보고에 기초한 객관적 내용이라 전체적 관점에서 사실을 왜곡하기 힘들다고 여겨진다.

당시 조선 측의 현장 보고에 따르면, "'조선어를 잘하는 서양 청년'이 그 배에서 조선 관리들을 상대한다"는 정도만 알고 있었으며 "손에 든 조총을 자랑하는 '그 청년'은 조선 관리들을 상대로 전쟁 협박을 일삼기도 하고, 툭 하면 조선의 보물에 대해 진지한 관심을 표했다"고 기록됐다. 또한 「고종실록」, 「패강록」, 「평양지」 등 대부분의 조선 기록을 보면 토마스 선교사는 셔먼호와 조선 측 사이에 통역관 역할을 했다고 기록됐으나 「환재집」에는 토마스 선교사가 거의 선장과 같은 역할을 했다거나 조선인 관리의 말을 들은 척도 하지 않고 방자하게 화를 냈으며 교활하고 거만하였다는 식의 부정적인 표현이 기록되어 있다.

「운하견문록」에 수록되어 있는 「적호기」에는 토마스 목사가 "뱃머리에 나와 서서 중군이 잃어버린 인신(印信)을 창끝에 걸고 바치면서 살려 달라고 애걸했다"는 기록이 있는데 여기서 '중군'이란 조선 관리 이현익의 직함이고 '인신'은 그의 신표였다. 셔먼호가 조선 관리의 신표를 탈취한 사건으로 이현익은 해당 관청의 징계를 받기도 했다. 그런데 통역을 담당한 토마스 목사가 조선 관리들에게 내민 것은 성경책이 아닌 창끝에 매달린 인신이었고 그는 이 인신을 관리들에게 되돌려 주면서 잘못에 대한 용서를 구하며 목숨을 구걸했던 것이다.

한 마디로 인신을 돌려줄 테니 자신의 목숨만은 살려달라는 것이었다. 목숨을 구걸한 그가 조선 관리들에게 건넨 것은 성경이 아니라 창끝의 군인 신표였다는 사실 하나만으로도 그를 순교자의 반열에 올리기에 무리가 있다는 것을 입증한다. 당시 평양감사 박규수의 친우이자 유명한 시인이었던 조면호의 「서사잡절」에도 비슷한 내용이 나온다. 궁지에 몰린 토마스 목사가 배에서 뛰어내려 항복을 애걸했으나, 분노한 평양성 주민들이 그를 때리고 짓밟아 죽였다는 것이다. 「평양지」의 내용도 아래와 같이 유사한 기록을 했다.

(토마스 목사가) 항복하고 중군의 인신을 바치면서 생환을 애걸하자, 겸중군 백낙연이 '잔당을 모두 불러내오면 잘 대접한 뒤에 보내주겠

다'고 했다. 토마스가 양서(영어 편지)를 셔먼호에 전달했는데, 그 편지에 무슨 말이 쓰여 있는지 알 수 없었으나 배에 있는 자들이 나오기는커녕 도리어 총포를 마구 쏘는 바람에, 셔먼호에 화공을 가하는 한편 토마스와 자오링펑을 묶어 군인들에게 넘겼다. 그때 백성들 중에서 셔먼호 일당에게 살상된 자의 가족들이 달려들어 두 사람을 살육했다.

이처럼 셔먼호와 관련된 모든 자료의 공통적 내용은 셔먼호가 조선 측의 퇴거 요구에도 불응하고 평양성을 향해 돌진해왔다는 것과 셔먼호 측에서 먼저 조선의 관군을 억류해 무력 충돌이 발생하게 된 부분이다. 지금까지 살펴본 조선의 기록들에 의하면, 기존 한국교회에 알려진 토마스 신화는 많은 허구와 의혹을 보여주며 선교사의 자세와 가야 할 길, 선교사가 지녀야 할 선교지에서의 행동과 방법론 등에 많은 허점을 보여준다.

또한 기존 토마스 전기에는 그의 죽음 직전에 발생했던 사건들 즉 누가 그를 결박했고 누가 그를 참수했는지에 대한 살해 주체에 대해서도 구체적인 사료와 근거는 아직 확인된 바가 없으며 참수형을 집행했다고 알려진 망나니 박춘권에 대한 객관적 자료 역시 신화적 구전 외에는 아직 명확한 것이 전혀 없다.

또한 타살 직전 성서를 전달했는지에 대한 기록들도 그 근거가 희박하다. 오히려 몸이 결박당한 채 조선 측 관리들에 목숨을 구걸했으나 분노한 백성들에게 죽임을 당했다는 기록은 여러 가지 존재하나 죽기 직전까지 성경책을 전달하거나 뿌리면서 복음을 전파했다는 기록은 전무하다. 아울러 셔먼호 내에서의 토마스의 위치와 선원들이 취했

[사진 28] 토마스 기념교회 모습. 당시 조왕리 교회는 토마스선교사를 기념하기 위해 묘지 인근에 기념교회를 건축했다.

던 안하무인의 공격적 행위 등을 살펴볼 때, 토마스의 죽음을 덮어놓고 순교로만 보는 관점은 무리가 있다.

복음 전도를 위한 방문보다는 비즈니스 상업 행위를 위한 방문 목적과 조선의 주권을 무시한 채 저지른 서양의 제국주의적 침략 행위 때문에 무력 충돌 과정에서 발생한 불행한 타살은 될지언정, 순교라 하기에는 비약이 심한 측면이 농후하다. 토마스의 행적을 연구하려면 그의 죽음에 포커스를 두기보다는 오히려 그 당시 '영국의 제국주의와 선교정책' 혹은 '최초의 조선어 통역과 번역 방법에 관한 연구'라든지 기타 다양한 관점에서 토마스 목사에 대한 연구제목들이 요청된다.

아무튼 개신교 최대 교단임을 자랑하는 예장 통합 측이 평양 한복판에 교회당을 건축한다고 큰소리치면서도 아직도 민족 역사에 대한 올바른 이해와 객관적 인식보다는 종교적 사대주의와 비본질적 허상에 사로잡혀 토마스 선교사와 무조건 결부 짓는 태도는 옳지 않으며 경쟁 교단과의 실적을 의식해 평양 한복판에 교회당을 건축하려는 욕심만 앞서 보였다.

예장 통합 측 교단은 이 건물 터가 토마스 목사와 실제 아무런 관련이 없는데도 불구하고 자꾸만 연관 짓기 전에, 과연 토마스 목사의 죽음을 순교로 정의할 수 있는가의 문제와 함께 토마스 목사의 죽음이 우리 민족사와 어떻게 조화를 이룰 수 있을까를 고민해야 한다. 토마스 선교사의 죽음을 선교 중심적으로만 과장되게 해석하기보다 민족 역사의 관점에서 냉철하게 바라보아야 하며 당시 세계를 식민지화하려던 영국과 미국 등 서구 제국주의 국가들의 동양 식민지화의 시각에서도 해석해야 한다. 따라서 토마스 선교사의 죽음을 순교로만 칭송하고 포장한다면 우리 민족의 자주와 주권에 대한 역사관과는 괴리된 해석에 빠져버리게 되는 것이며 자주적 민족사관에 철저하게 무장된 북측과의 소통은 요원할 수밖에 없다.

남측 주도로 세워진 최초 민간교회로서의 존재가치

나는 대한예수교장로회 통합 측 교단의 '평양제1교회' 건축 프로젝트가 입안되고 추진되는 과정을 살펴본 후 남과 북의 교회가 서로 머리를 맞대고 어렵게 합의해 탄생시킨 민간교회라는 것에 대해 그 의미와 존재가치를 크게 부여하고 싶었다. 그러나 북측 조선그리스도교련맹(이하 조그련)의 여건과 여러 가지 제약들, 그리고 예장 통합 측의 과욕과 북에 대한 몰이해 등이 겹쳐 애초 계획했던 것보다 효과적으로 마무리되지 못한 것에 대해 안타깝게도 생각한다. 또한 정식 '교회당'이 아닌 단순한 '기도처소'의 용도로 탄생한 것에 대해 아쉽게 생각함

[사진 29] '평양 제1기도처소' 건물 모습. 대동강변 방향으로 출입구가 있다.

과 동시에 그나마 소박하게라도 맺은 작은 결실을 다행스럽게도 생각했다.

나는 이 예배당이 관리실, 배양실, 실험실을 갖춘 거대한 온실과 공존하며 유지되는 것을 감안해 '다용도 교회'로 분류했으나 실제로 목회는 전혀 이뤄지지 않았고 10년이 지난 지금까지도 기도하고 예배드리는 장소로서의 기능과 역할을 하지 못한 '휴무교회' 상태에 있다는 것을 확인했다. 그렇다고 해서 명목상 교회당 형태를 유지하고 있기 때문에 '폐쇄교회'로는 볼 수 없었다. 그러나 교회 설립과정에서 북측 사회의 종교적 정서가 점차 누그러지고 있는 조짐들도 발견했고 진정으로 북측이 남측교회를 향해 무엇을 원하는지도 파악하게 되었다.

민족공조와 평화통일을 마치 예수의 지상명령처럼 여기는 북측의 기독교는 '평양제1교회' 건축 과정을 통해 남측교회와 신자들에게 종교적 연대에서 출발해 민족공조의 연대까지 원한다는 것을 확인할 수 있었다. 또한 북 전체 사회에서 조그련의 사회적 위상이 어떠한지도 알 수 있었고, 최근의 북 당국은 기독교인들에 대해 기존 민족종교나 토착종교들보다도 관심과 후원을 더 많이 하고 있음도 드러났다. 온실 건축과 동시에 지어지는 교회 건축 프로젝트는 북측의 필요를 지원해 주며 동시에 교회라는 매개체를 통해 남과 북의 공감대 형성에 급속한 발전을 가져왔다.

'평양 제1기도처소'가 세워지기까지의 열두 가지 과정들

2003년 11월 26일, '평양제1교회'를 건축한다는 최초의 언론 발표가 있은 후 6개월 동안 여러 우여곡절을 겪은 후 2004년 5월 1일, 드디어 평양에서 기공식이 열렸고 그로부터 또 다시 6개월이 지난 2004년 11월 22일엔 건축에 관한 남측 통일부의 정식 승인이 떨어졌다. 그러나 그 후 남북 양측 교회간의 이견과 협상 조율 과정 때문에 또다시 5개월의 침묵과 줄다리기가 있은 후 다시 문제가 타결되어 마침내 2005년 3월 16일, 21일 양일에 걸쳐 건축자재가 인천항을 통해 평양으로 운송되면서 본격적인 공사가 시작됐다.

그 후 공사가 시작된 지 8개월만인 2005년 11월 11일, 남측 예장 통합 교단의 총회장과 임원들이 공사가 마무리 된 '평양 제1기도처소'를 방문해 역사적인 첫 예배를 드리며 준공식을 드렸고 또 다시 6개월의 시간이 흐른 2006년 5월 12일이 되어서야 다시 예장 통합 교단의 이북 4개 노회 회원들과 교단 총회장이 평양을 방문해 제2차 방문 예배를 드리며 '평양제1교회' 헌당식 예배를 감동적으로 드렸다.

이번에는 최초의 언론보도가 나간 직후부터 이 일이 얼마나 복잡

[사진 30] 북측 조그련 본부에서 오경우 서기장과 대담하는 최재영 목사

하고 힘들게 성사됐는가를 알아본 후에 '평양 제1기도처소'가 건축되기까지 그간의 과정들을 살펴보고자 한다.

교회 건축에 관한 최초 발표는 남측의 일방적 주장

2003년 11월 26일, 남측의 예장 통합 산하 '남북한선교통일위원회'(이하 남북위)는 아래와 같이 "대동강변 200평 부지에 가칭 '평양제1교회'를 건축키로 합의했다"며 최초로 언론에 공개했다.

평양제1교회는 2층 건물에 300~400석의 규모의 예배당으로 건축하며 총 10억 원의 건축비가 소요될 것으로 추산된다. 예산은 예장 통합 교단의 이북 4개 노회(평양노회, 평북노회, 용천노회, 함해노회)가 중심이 되어 이미 확보해 놓은 상태이며, 현재 좋은 교회 모델을 찾고 있는 중이다. 설계가 끝나는 대로 공사에 착수해 2004년 상반기 중 완공할 계획이며 북측이 대지 제공과 시공을 맡게 될 것이며, 예장 통합측은 설계와 자재, 인건비 등을 부담하게 될 것이다.

이 같은 발표를 접한 한국교회는 적극적인 환영과 기대감에 들떴으나 막상 내용면에 있어서는 북측의 입장과 의사를 일부 무시한 남측의 일방적 주장이었으며 북측 조그련과 남측의 예장 통합 측이 작성한 합의서를 일부 변개시킨 내용이었다. 또한 이 당시는 10억 원의 공사비도 확보된 상태가 아니었다. 당시 평양봉수교회 건축위원장이며 '평양제1교회' 건축에 대한 남북 합의서 내용을 모두 다 파악하고 있는 통합 측의 어느 인사는 필자와 만나 다음과 같이 증언해주었다.

그 당시 봉수교회가 위치한 언덕에 있는 평양신학원 캠퍼스 옆에 제1온실을 이미 완공했고, 이어서 동평양지역에 제2온실을 건축하던 중에 이 온실을 관리하고 지원할 신축건물이 또 필요하게 됐다. 마침 제2온실 옆에는 200평 정도의 부지가 남아 있길래 우리 측에서 먼저 북측 조그련에 요청해 이 200평에 교회당을 건축하는 문제를 타진했으나 결국 북측이 반대 입장을 보여 성사되지 못했다. 그 후 북측과 200평 부지에 온실관리동을 짓기로 합의하고 1층에는 '온실관리동', 2층에는 '기도처소'를 세우기로 했다. 그러나 당시 예장 통합 측 남북 위에서는 건축기금을 모금하려면 '평양제일교회'로 표기해야 한다면서 합의서에 '교회'라고 표기하는 바람에 이때부터 남북 간에 큰 어려움이 발생했고 각자의 입장에서 해석하게 된 것이다.

원래 남북 간에 공식적으로 교회당 건축을 합의한 적이 없는데도 전국 교회를 대상으로 모금하려면 '평양에 교회당을 건축한다'고 홍보해야 더 효과적으로 모금이 된다면서 교단 산하 전국의 신자들과 언론을 대상으로 마치 평양에 실제 교회당 건물만 단독으로 건축되는 것처럼 과장해서 홍보한 것이 오해의 불씨가 된 것이다.

또한 북측의 배려로 가까스로 '작은 예배당'(기도처소)이 들어서기로 한 후에도 교단 관계자들과 언론은 지속적으로 '평양제일교회' 건축을 기정 사실화하면서 들떠 있었고 그 결과 「월간조선」 조갑제 씨와 「미래한국신문」 김성욱 씨 등 보수언론인들에 의해 '평양제일교회' 건축과 관련한 낭설들과 억측들이 난무했고 아무런 죄가 없는 북측은 근거없는 오해와 매도를 당하게 된 것이다.

'교회당'과 '기도처소'는 서로 다른 의미임에도 불구하고 남측에서 굳이 '교회'라는 단어를 자꾸 고집해 북측이 난색을 표하며 이견을 보였던 것이다. 온전한 교회당을 건축하고 싶어 하는 것은 남측의 희망사항일 뿐 북측 조그련은 이북 영토에 더 이상의 교회당 건축을 원하지 않았고, 마음대로 원할 수 있는 처지도 아니었다. 그 후 예장 통합 측이 이북 전역에 세우기로 한 11개 교회당 건축 계획도 북측이 수용하지 않아 수포로 돌아갔다.

남측 기독교에서 북측 조그련에 아무리 솔깃한 제안을 하고 거액의 재정을 투자해 멋진 교회당을 짓고 싶어 해도 북측 조그련은 막판 협상 과정에서 '00교회'라는 명칭을 거부하고 그 대신 '문화센터'나 '복지센터'같은 명칭과 용도를 원할 뿐이다. 이 같은 사례는 '평양장대현교회'를 재건하려던 예장 합동 교단의 사례에서도 동일하게 나타났다. 한국 개신교단의 양대 산맥인 예장 통합 측과 합동 측 교단은 교세확장 차원에서의 대북사역과 교회재건에만 관심을 보이고 있을 뿐 진정으로 북이 무엇을 원하며 무엇을 갈급해하는가에 대한 민족문제는 고민하지 않았기에 계속 실패하는 것이었다.

양 교단은 북에 대한 내재적 접근보다는 일방적인 외재적 접근 방법차원에서 재정력을 과시하다 보니 북측에서는 소위 제국주의적 선교와 포교에만 열을 올리는 모습을 다른 의도를 지닌 것으로 오해하며 경계심을 두고 대하는 것이다. 민족의 관점에서 어떻게 통일지향적 민족공조를 이뤄야 하는가에 대해서는 관심이 없으니 북측도 긍정적으로 반응할 수 없게 되는 것이다.

1) '평양제1교회' 건축 합의문 통과

북측 조그련과 남측 예장 통합 측 남북위는 2004년 3월 22일 북경에서 만나 3개 항에 대한 합의서에 서명하고 정식 합의에 이른다.

(1) 조선그리스도교련맹은 평양시 대동강구역 청류동 동평양대극장 앞 대동강변에 1층 관리실, 2층은 교회용을 건축한다.
(2) 대한예수교장로회 통합 측에서 교회 건축에 필요한 설계와 공구 및 자재를 지원하고 조선그리스도교련맹측에서 대지정리와 건축공사를 실시한다.
(3) 두 단체는 교회 건축사업을 조속히 실시한다.

합의서와 함께 병기된 설계안에 따르면 '교회용으로 건축될 2층은 강단, 방송실 및 계단을 제외하고는 전체가 회중석으로 설계한다'고 표기했으며 남북위가 북경에서 귀국한 지 1주일이 지난 3월 30일, 합의문에 대한 교단의 승인 절차를 받아 확정 공포하기에 이르렀다. '남북위'와 '이북 4개 노회'와의 합의와 더불어 조그런 측이 전체 이북노회 차원에서 요구했던 사항을 수용함에 따라 이뤄지게 됐다.

당초 '평양제1교회' 설계와 관련한 이견으로 건축 모금이 답보 상태에 머물러 있었으나, 남북위 측에서 양측의 의견을 조율해 1층은 관리실, 2층은 교

[사진 31] 예장 통합 제88회 총회장에 당선된 김순권목사(경천교회). 총회장으로서 북측 조그런과의 협상을 이끌었다.

회용으로 한다는 것으로 합의하고, 이 합의에 준한 설계를 양측이 수용함에 따라 이뤄지게 됐다. 그러나 남북위와 조그런, 그리고 남북위와 이북 4개 노회간의 합의는 이뤄졌으나 노회의 공식 추인과정을 남겨둔 상황이었다.

2) '평양제1교회 건축위원회' 출범

그 후 보름 후인 2004년 4월 8일, '한국교회 100주년 기념관'에서는 남북위 실행위원들과 이북노회협의회 임원, 각 이북노회 임원들이 참석한 가운데 연석회의를 갖고 '평양제1교회' 건축지원에 관한 협의를 했는데 위원회 임원들을 위원장으로 이북노회협의회 회장과 이북 4개 노회장과 노회 관계자를 부위원장으로 하는 '평양제1교회 건축위

원회'를 조직해 본격적으로 건축을 추진키로 결의했다.

이에 따라 위원회는 4월 30일 부총회장 김태범 목사를 단장으로 하는 대표단을 평양에 파견해 평양 제2온실 준공식과 함께 그 옆에 짓게 되는 '평양제1교회' 기공식을 동시에 갖기로 결정하기에 이르렀다.

3) '평양 제2온실' 준공식

이런 가운데 2004년 5월 1일, 예장 통합과 조그련의 우호와 협력을 상징하는 평양 제2온실 준공식이 현장에서 열렸으며 준공식을 마친 후에는 '평양제1교회' 기공식이 연이어 열렸다. 이를 위해 4월 30일부터 5월 6일까지 남북위 위원장을 맡고 있는 김구룡 장로와 교단 부총회장 김태범 목사가 방북해 이 두 가지 행사를 모두 참석했다.

그러나 남북위는 북한 교회재건 기금 중에서 1억 원을 제2온실 건축 및 '평양제1교회' 건축비로 사용할 수 있도록 재정부에 요청했으나 재정부는 보다 상세한 내용을 확인한 후에 지급하겠다며 무기한 보류했다. 이로써 남북위는 2억 8천만 원에 상당하는 제2온실 건축비의 부족분을 시급히 마련해야만 하는 상황에 처해졌다.

4) '평양제1교회' 기공식

2004년 5월 1일, 역사적인 '평양제1교회' 기공식이 열렸다. 이날 기공식에는 남측 대표단장 김태범 부총회장과 남북위 그리고 이북 4개 노회를 중심으로 조직된 '평양제1교회 건축위원회' 관계자들이 참석했다. 참석자들은 '평양제1교회'가 북측의 공식교회인 봉수교회와 칠골교회에 이은 제3의 교회로서 분단 이후 남측 주도로 세워지는 최초의 민간교회라는 점에 그 의미를 갖고 설레임 속에 기공식을 진행했다고 한다.

동평양대극장 앞 대동강변 대지 600평은 북측 정부와 조그련이 제공하는 부지로서 이중 400평은 제2온실을, 그 옆 200평 부지는 온실관리동을 건축해 1층은 관리실, 2층은 교회용도로 사용하기로 한 것이다. 제2온실 준공식에 이은 '평양제1교회' 기공식에 참석한 관계자들은 남북교회 간의 합의를 재확인하고 양측의 우의와 협력을 한 단계 진전시키는 계기가 됐다는 자체 평가를 내렸다.

5) '평양제1교회' 건축을 위한 사업설명회

기공식을 마친 두 달 후인 2004년 7월 5일, 예장 통합 측 남북위는 '평양제1교회' 공사를 위한 사업설명회를 가졌다. 건축업체 선별 기준에 대해서 '교회 시공은 단순히 수익 창출이 목적이 아니라는 점을 고려해야 하며 기업의 자산 안정도와 교회를 시공하는 목적을 확인하고 견적서상에 기재된 우선 협력대상 업체가 중심이 될 것'이라고 공고했다.

예배당 건축은 먼저 계약금이 납부되고 잔고증명서가 발부된 이후 통일부의 사업협력 승인이 떨어지면 공사에 착수할 수 있으며 본격적인 예배당 공사는 예장 통합의 총회가 성료되는 10월 이후에나 가능할 것으로 내다보고 준비에 만전을 기하기로 결의했다.

6) '평양제1교회'만의 전용 건물은 불가능할 듯

한편 2004년 7월 8일, 예장 통합 교단의 김순권 총회장은 '평양제1교회' 기공식 과정에서 '예배당 1층이 온실로 사용된다'는 일부 언론의 보도와 관련해 '종자연구와 보관실 용도로 쓰여질 것'이라고 밝혔으며 새로 남북위 위원장을 맡은 손달익 목사도 '평양제1교회 1층에 온실이 들어선 이 건물을 과연 교회로 볼 수 있겠는가?'라는 세간의 의문에 대해, '이미 준공이 끝난 400평만이 온실로 쓰이고, 예배당 1층 200평 부지에는 관리실과 채소종자 연구 및 보관실이 들어설 것"이라고 답변해 이 건물이 교회당 전용건물이 아님을 이때 확실히 확인시켜 주었다.

문제의 발단은 건축준비위원회가 전국의 신자들에게 '평양에 교회가 세워진다'며 과장되게 홍보함으로써 교단소속 신자들과 언론이 충분히 오해하게 만든 것에 기인했다. 예장 통합 측 남북위와 건축위는 '애초부터 건축의 용도와 목적이 온실이었으며 교회당 건축은 남측의 특별 요구사항으로서 협상 항목에 포함된 것이지 최종 결정된 사항이 아니다'라는 내용을 일반에게 자세히 설명하지 않았던 것이다.

7) '평양제1교회' 시공자로 '(주)엘리트 공영'을 선정

교회만 사용하는 전용 건물이 불가능하다는 소식이 알려진 후 한 달이 지난 2004년 8월 10일, 남북위는 실행위원회를 갖고 '평양제1교회' 건축자 선정과 관련한 보고를 받고 이를 결정했다. 한편 총회 보고서를 검토하는 과정에서 '평양제1교회' 건축자로 강상용 사장(장로)이 이끄는 주식회사 '엘리트 개발 공영'을 선정했다.

이 회사는 이미 평양신학원 건축 등 대북사업 경험과 함께 봉수교회 재건축도 담당하고 있는 중견회사로서 견적서상으로 가장 현실적인 견적안을 제시해 최종 건축자로 선정됐다.

8) 통일부의 '평양제1교회' 설립 최종 승인

예장 통합 총회는 정기총회를 열어 부총회장이던 김태범 목사가 총회장에 당선됐다. 때마침 답보상태에 있던 정부 승인 문제도 해결되기에 이르렀다. 남북위는 2004년 11월 22일, 통일부 문화교류과로부터 '평양제1교회' 건립에 대한 최종 승인을 통보 받았는데 통일부의 승인 조건은 '물자 반출입시 승인절차 및 관련법규 등을 준수해줄 것과 이 사업이 민

[사진 32] 예장 통합 제89회 총회장에 당선된 김태범 목사(대구삼덕교회). 김 목사는 2004년 5월 1일 기공식 설교를 했다.

족동질성 회복과 남북관계 개선에 기여하길 바란다"며 허가했다.

건축준비위는 그로부터 한 달 후인 2004년 12월 중순경에 모임을 갖고 2005년 6월경부터 본격적인 공사에 들어갈 수 있는 윤곽을 잡고 2005년 1월중 건축 기자재의 북송과 함께 본격적인 공사를 시작해 6월에 완공한다는 계획을 세웠다. 2004년 5월 1일 기공식을 가졌으나 그 동안 북측의 사정과 통일부의 승인절차가 지연되면서 공사가 중단됐으나 다시 활력을 얻어 재개되기 시작했다.

9) '평양제1교회' 준공일을 '6월 15일'로 선포

[사진 33] 예장 통합 제90회 총회장에 당선된 안영로 목사(광주서남교회). 안 목사는 2006년 5월 12일 봉헌식 설교를 했다.

2005년 1월 10일, 예장 통합 총회장 김태범 목사는 사무총장 조성기 목사와 함께 서울 종로구 연지동 소재 '한국교회 100주년 기념관'에서 기자회견을 열고 올해 총회 주요정책 및 사업을 소개하는 자리에서 '2005년 예장 통합 주요사업계획'을 발표하며 '평양제1교회' 설립을 가장 큰 사업으로 제시했으며 이에 교회 준공식을 6.15 남북공동성명 5주년을 맞이하는 2005년 6월 15일에 갖는다는 계획을 발표했다.

한편 이 자리에는 '평양제1교회'가 위치한 인근에 조선 최초의 순교자로 알려진 영국 출신의 토마스 선교사가 죽임을 당한 곳이 있다는 사실도 공개했으며 아울러 총회 내 4개의 이북노회가 각각 2억 원씩 출자해 1월 말부터 본격적인 공사가 진행된다고 밝혔다.

10) '평양제1교회' 건축자재 북송

총회장의 신년 기자회견 후 한 달이 지난 2005년 3월 16일, 21일 양일간에 건축공사를 위한 자재가 인천항을 통해 북으로 보내졌고, 건축준비위 측은 오는 6.15 남북공동성명 5돌을 기념해 준공한다고 공고했다.

예장 통합측이 설계 및 공구, 자재 등을 지원하고 북측의 조그련은 대지 정리 및 건축을 담당하며 공사비는 다시 조정돼 총 8억 원 정도가 소요되며 이는 예장 통합 소속 이북 4개 노회가 부담한다고 밝혔다.

11) '평양제1교회' 건축을 위한 남북 기도회

남북 양측은 건축 자재 북송 1주일 후인 3월 22일 오후 6시, 금강산 온정리 문화회관에서 남북 공동으로 부활절 특별기도회를 열어 민족 화해와 통일을 위해 기도했다. 또한 다음날인 23일에는 북측 조그련 강영섭 위원장 일행과 봉수교회 중창단, 그리고 남측의 예장 통합 총회장 김태범 목사, 사무총장 조성기 목사 일행들과 함께 온정리 문화회관에서 '평양제1교회' 건축을 위한 기도회를 열었다.

12) '평양제1교회' 완공식과 봉헌식

건축자재를 북송한 8개월 후인 2005년 11월 11일, 드디어 예장 통합 안영로 총회장과 임원들이 평양을 방문해 공사를 모두 마친 '평양제1기도처소'를 찾아 역사적인 첫 예배를 드리며 준공식을 가졌다. 이어서 6개월이 지난 2006년 5월 12일에는 총회장과 이북 4개 노회 회원들이 또 다시 방문해 제2차 예배를 드리며 '평양제1교회' 헌당식 예배를 정식으로 드림으로써 모든 건축 공사 절차를 마무리했다. 그러나 헌당식 이후 지금까지 이곳에는 기도회나 예배가 이뤄지지 않고 빈 공간으로 방치되다시피 하고 있는 실정이다.

'평양 제1기도처소'가 주는 의미와 교훈

'평양봉수교회' 재건축 공사를 직접적으로 책임진 예장 통합 측 관계자였던 김용덕 장로는 '평양제1교회' 건축 취지와 관련해 필자에게 다음과 같이 증언해주었다.

평양시를 포함한 이북의 각 도에 교회당 하나씩을 짓는다면 북측 영토에 모두 11개의 교회당이 세워진다. 그렇게 되면 남측교회가 이 교회당들을 통해 북 주민들에게 전국적으로 쌀이나 구호물품을 지원해줄 수 있으며 그렇게 된다면 조그련의 위상을 높여주면서 동시에 인민들의 생활에 실질적 도움을 줄 수 있으니 기독교에 대한 긍정적 인식을 심어줄 수 있을 것이다.

그러나 이런 발상과 기획은 좋았지만 북측에서 선뜻 응할 수 있는 프로젝트는 아니었으며 여러 우여곡절 끝에 첫 번째 케이스인 '평양 제1기도처소'가 설립됐으나 현재는 예배당의 존재 이유조차 찾아볼 수 없으며 교회로서의 기능이 매우 무기력해져 있는 상태에 있다.

북측 조그련은 전쟁(6.25) 시기에 자신들의 영토 내에 무너진 교회들을 재건하거나 이미 세워진 봉수교회나 칠골교회가 당장 눈에 보이는 급성장을 원하는 것이 아니다. 그들이 가장 소중하게 생각하는 사역 가치와 교회 존재 이유는 '민족과 자주'를 기반으로 한 '조국통일'이었다. 남측교회가 예수 그리스도의 지상명령을 '선교'라고 알고 있다면 북의 조선그리스도교연맹 산하 모든 공식교회와 가정 교회에 속한 그리스도인들은 우리 민족의 숙원인 '조국통일'을 당장의 지상명령으

[사진 34] 평양제1교회 준공식예배에 참석한 남북 대표단의 기념촬영 모습.
뒷줄 좌부터 당시 백봉일 전도사(현, 칠골교회 담임목사), 두 번째는 남측 봉수교회 건축준비위원장 김용덕 장로, 여섯 번째 안영로 총회장, 일곱 번째 조그련 오경우 서기장

로 알고 있다.

    내가 찾았던 '평양제1교회당'은 '교회'라는 명칭대신 '기도처소'라는 간판을 달고 침묵 속에 교회당 형태만을 유지하고 있어 아무도 찾지 않는 가운데 썰렁하고 한적했다. 아울러 신자들의 공동체 조직이나 교회로서의 역할도 이미 중단된 상태에 있다. 심지어 앞으로 이곳이 교회당의 존재조차 위태로운 상태에 있다고 보는 것이 정확하다. 어서 속히 남북관계가 회복되어 이곳 '평양제1교회당'에서 다시 찬송과 기도소리가 울려 퍼지며 남과 북이 함께 손을 잡고 평화의 예배를 드리는 날이 돌아오기를 간절히 기도한다.

량강도 포평교회

[사진 35] 동기와집 형태의 포평교회당 모습이 당시 모습 그대로 보존되어 있다.

포평리 혁명사적지에 있는 포평교회당

평양에서부터 자동차로 여섯 시간을 쉬지 않고 달려가면 압록강을 끼고 있는 량강도의 포평혁명사적지가 나온다. 이북 국경의 대표적인 양대 강줄기인 압록강과 두만강이 동시에 흐르는 지역이라고 해서 유래된 이름인 량강도(兩江道)에 자리한 포평리(葡坪里)는 1920년대 당시 '평안북도 후창군 동신면 포삼동'이었으며, 지정학적으로는 혜산에서 서쪽으로 360여 리, 강계에서 북동쪽으로 360여 리 떨어진 압록강 기슭의 분지에 위치하고 있다.

'포평리'라는 지명의 유래는 예로부터 머루넝쿨이 많은 평평한 들판이라고 하여 '포평'(葡坪)이라 불렸으며 현재의 행정구역상으로는 '량강도 김형직군 포평리'이며 바로 옆에는 압록강이 유유히 흐르고 있다. 그 압록강 건너편에는 만주 땅 장백현 팔도구가 멀리 내다 보이는데 이는 김일성 주석의 부친인 김형직 선생이 일제 강점기에 실제로 항일투쟁과 독립운동을 하던 거점지역이었으며 포평리 또한 그의 생애 발자취가 곳곳에 깃들여 있는 곳이다.

포평리 혁명사적지에 도착하면 가장 먼저 당도하는 곳이 '포평 나루터'인데 김형직은 1921년 여름부터 1924년 말까지 팔도구에서 압록강을 빈번하게 건너다니며 이곳 나루터를 이용했으며 1921년 여름부터는 독립운동의 거점을 중국의 임강에서 팔도구로 옮긴 후 이곳에서 적극적인 독립활동을 벌였다. 당시 팔도구에서 소학교를 다니던 김성주 소년(김일성 주석)은 부친 김형직의 독립운동을 도와 이 나루터를 건너면서 비밀 연락임무 등을 수행했다고 한다. 1925년 4월 초 무송 제1소학교에 편입한 김성주는 소학교 시절부터 두각을 나타냈다. 당시 무송에는 제1, 2 6소학교를 비롯해 여러 개의 소학교들이 있었는데 당시 제1소학교는 교원이 10명가량 되고 학생 수는 수백 명이나 되는 규모라서 현에서도 비교적 큰 학교에 속하였다. 제1학교 편입생인 김성주는 어느 날 국어시간에 있었던 글짓기 시간에 매우 애국적이고 감동적인 작문을 한 것 때문에 많은 동급생들과 전체 교사들의 주목을 받았다고 한다.

아무튼 소년 김성주는 1923년 3월 '배움의 천리길'과 1925년 1월 '광복의 천리길' 여정을 걸을 때 바로 이 포평나루터를 이용해 압록강을 건넜다고 한다. 두 부자의 역사적 사연이 깃든 나룻배와 나룻터, 기념비 등을 둘러보며 이 나루터에서 서쪽으로 400m가량 떨어진 곳에 위치한 정치공작소로 사용되던 '그물터'를 방문하고 나면 마지막 코스로 포평례배당(교회당)으로 발걸음을 옮긴다.

기와집 형태의 포평교회당

'그물터'와 '정치공작소' 관람을 마치고 나면 이미 사진을 통해 익숙히 알고 있는 포평예배당이 저 멀리서 한 눈에 들어온다. 예배당을 발견하고 나니 오랜 여정으로 다리가 풀리는 듯하며 이내 안도의 한숨과 함께 만감이 교차되며 알 수 없는 미묘한 생각들에 사로잡히기 시작했다.

1953년 7월 27일 정전협정 직후 폐허가 된 이북의 교회당들은 복구되지 않고 가정 교회 형태로 지속되어 온 상황 속에서도 유일하게 반도의 상단 외딴 지역에 개신교 교회당 한 채가 홀로 남아 있다는 사실 때문이다. 가까이 당도해 살펴보면 외형은 교회당이라고는 차마 말 할 수 없을 정도의 초라하고 평범한 살림 가옥 한 채가 보이는데 바로 이 건물이 포평교회당이다. 일반 동네 교회당에서 흔하게 볼 수 있는 종탑이나 십자가탑을 갖추지 않은 매우 소박한 기와집 예배당에 불과하다.

김일성 주석도 자신과 가족들이 다녔던 이 교회당의 외관에 대해 "보통 동기와집으로서 사이벽을 터쳐 통간으로 쓰는 것이 여느 집과 다를 뿐 이었다"고 회고록에서 추억했다. 현재 이 교회당은 매주 일요일 마다 주일예배를 드리거나 종교의식이 거행되는 사역교회가 아니다. 또한 예배당으로서 갖추어야 할 건축양식이나 종교적인 장식물은 전혀 없지만 그럼에도 불구하고 알 수 없는 그 어떤 강렬한 영적인 기운이 감도는듯하여 보는 이들의 마음을 압도하기에 충분했다. 겉은 초라하지만 그 어떤 화려한 예배당보다 역사적으로 더 많은 일들을 감당한 곳이기 때문이다.

특별히 삼형제중 장남이었던 김성주는 동생 철주, 영주를 비롯해 부친 김형직, 모친 강반석, 작은 아버지 김형권 등 모든 집안 식구들이 빠지지 않고 이 교회를 출석해 예배를 드리거나 예배 후에는 신자들을 대상으로 항일 계몽을 했다. 비록 매우 작은 규모의 교회당이지만 포평혁명사적지 타운의 중심부에 자리 잡고 있었다. 어릴 때부터 김성주는 자신은 물론 그의 외가와 친가 모두 독실한 기독교 집안이었다. 그러나 이처럼 이북의 외딴 지역에도 김 주석과 그 일가족의 항일운동 발자취와 더불어 기독교 신앙생활의 면모를 확인 할 수 있다는 것이 참으로 신기하고 놀라울 뿐이다.

예배당 내부에는 김 주석 부친인 김형직과 모친 강반석이 포평교회 신자들을 대상으로 항일 계몽교육을 하는 장면을 담은 대형 그림 두 개가 각각 큰 액자에 걸려 있다. 부부의 항일혁명 정신과 기독교 신앙이 한데 어우러져 조화를 이루며 활약을 펼치는 장면을 담은 이 혁명화들은 마치 일반 교회당에 걸려있는 성화처럼 예배당 좌우에 걸려있다. 이미 평양에 있는 칠골교회당과 그 주변에 조성되어 있는 강반석 기념공원이 김 주석의 모친 강반석을 기념하는 장소라고 한다면 이곳 포평교회당은 주로 김 주석의 부친 김형직을 기념해 조성한 사적지이며 동시에 조국 광복을 위한 김일성 주석의 '배움의 천리길'과 '광복의 천리길'의 시발점이자 종착점을 기념하는 사적지의 기능을 하고 있다.

포평교회의 유래와 역사

북측 당국이 예배도 드리지 않는 이 교회당을 지금까지 칠십 년간 보존하고 관리하는 이유는 김일성 주석과 그의 집안 어른들의 독립운동과 항일투쟁과 관련한 발자취를 후세에 전하기 위해 보존하려는 데 있으며 아울러 그 과정에서 독실한 기독교 가문 태생이던 김 주석과 그의 친가 가족들이 교회를 통한 항일운동의 발자취가 확인된 것이다. 이 포평리 사적지는 소년 김성주가 12세 때인 1923년 3월에 부친 김형직의 뜻에 따라 조국을 배우기 위해 만주의 팔도구에서 고향인 평양 만경대까지 17일 동안 걸어 온 도보 코스이며 북 당국에서는 이를 기념하기 위하여 1974년 3월 31일부터 각급 학교 및 조직별로 청소년과 학생 행군대를 조직해 소위 '배움의 천리길' 답사행군을 실시한 것에 근거를 두고 있다.

이 행군경로는 '양강도 김형직군 김형직읍 포평리'에서 시작해 월탄리-화평-흑수-강계-성간-전천-고인-청운-희천-향산-구장-개천-만경대 코스로 되어 있다. 행군명칭은 천리길(약 400km)이지만 실제 학생들이 걷는 거리는 약 300km 정도라고 한다. 한편 북 당국은 김일성 주석이 14세 때인 1925년 2월 5일 "조국이 독립하지 않으면 돌아오지 않으리라" 맹세하고 또 다시 도보로 만경대를 떠나 만주의 팔도구로 돌아가는 경로를 '광복의 천리길'이라 호칭했으며 이 경로는 만경대에서부터 '배움의 천리길' 경로를 거꾸로 거슬러 올라간 것으로서 역시 당국에서는 1975년 2월 6일부터 청소년 학생들의 답사행군 코스로 지정해 '광복의 천리길' 행군을 실시하고 있다.

이처럼 '배움의 천리길'과 '광복의 천리길'의 시발점이자 종착점인 포평리에 이를 기념하기 위한 '포평혁명사적지'가 조성된 것과 그 한 복판에 위치한 '포평교회당'이 오늘날 남북의 청소년들에게는 시사하고 있는 바가 매우 크다.

사적지 답사 코스

포평나룻터와 그물터, 포평예배당을 거쳐 생전의 김 주석 부모가 청년들과 여성들을 대상으로 반일애국사상으로 교양하였다고 전해지는 함경도집 야학방과 포평국수집을 연이어 답사한 후 비밀연락장소로 이용한 당시 헌병보조원의 집과 우편물 위탁소, 포평 경찰관주재소 등을 두루 돌아볼 수 있다. 그리고 무기 보관장소로 이용하였다던 용바위집은 포평나루터에서 혜산쪽으로 약 5리 가량 떨어진 압록강 기슭 큰 길가의 큰 바위곁에 서있는 귀틀집의 모습이며 해설자의 말대로 이 용바위집의 지형조건은 무기보관 장소로서는 아주 적합한 곳으로 보인다.

집 옆은 용바위로 막히고 집 앞은 울창한 버드나무숲으로 가려져 있으며 집 뒤에는 전모봉이 솟아 있어서 비밀활동을 하기에는 아주 최적의 자리처럼 보이는 이곳은 집 안에 보관된 무기들도 돌아보고 집 뒤에 있는 전모봉도 관망할 수 있는데 마치 모자를 쓴 것처럼 우뚝 솟은 두 개의 봉우리가 매우 독특하게 보인다. 당시 김형직의 지도를 받은 무장대원들은 후창과 삼수, 갑산 일대에서 남사목재소 습격전투,

장승벽 전투 등 대소전투들을 벌였다고 전해진다. 김형직이 자주 이용하며 회의를 했다는 포평회의 장소를 돌아보는 것을 마지막으로 포평 혁명사적지에 대한 답사 참관일정이 모두 마쳐졌다.

김 주석의 부친 김형직 선생은 항일투쟁을 하다가 젊은 나이에 고문 후유증으로 일찍 운명하였는데 그는 일찌감치 '뜻을 원대하게 품으라'는 의미의 '지원사상'(志遠思想)을 통해 민족의 자력으로 조국의 광복을 이룩하려했다. 조선국민회를 조작해 항일무장투쟁을 했던 부친의 발자취를 이어받은 아들 김성주를 통해 다시 한 번 부전자전이라는 옛날의 고사성어를 떠올린다. 부친의 숭고한 애국정신의 뜻이 그의 아들 김성주에게 항일투쟁 의식과 민족자주위업 실현에 큰 밑천이 되었다는 것을 실감할 수 있었다.

김형직의 애국정신과 기독교신앙

나는 여기서 김형직 선생이 기독교 학교인 평양 숭실학교를 다녔으며 독실한 기독교신자로서 포평교회를 독립운동의 거점으로 섬겼던 일들, 그리고 김형직의 독립운동과 항일투쟁에 대해 의구심을 품고 있는 독자들을 위해 다음과 같은 자료를 제시하고자 한다.

평양에 있던 숭실학교는 일제에 의해 폐교가 되었다. 해방이 된 후 한국교회가 다시 뜻을 모아 서울 상도동에 학교를 복원해 현재는 명실상부한 기독교 명문사학 숭실대학교가 되었다. 이 숭실대학을 설립하고 운영하는 데 산파역할을 한 사람이 바로 숭실대 초대 이사장을 지낸 배민수 목사이다.

한편 배 이사장과 함께 당시 초대 총장을 지낸 이가 바로 서울영락교회 설립자 한경직 목사였다. 배 목사는 김일성 주석의 부친인 김형직과 동시대에 학교를 다닌 숭실학교 동문으로서 자신이 학창시절에 김형직과 함께 겪은 이야기를 그의 자서전에 기록해 세상에 널리 알려진 바 있다. 훗날 배 목사는 연세대학교 일산캠퍼스 부지를 기증해 학교 측은 그의 여러 가지 공로를 기념해 일산 캠퍼스에 '삼애교회'라는 기념교회를 세웠고 지금도 매주 예배를 드리고 있다.

배민수가 숭실학교 1학년인 어느 날, 당시 4학년이던 노덕순이 그를 찾아와서 서로 의기투합하였고, 그를 통해 김지수, 이보직, 박인관을 비롯한 몇몇 친구들을 배민수에게 소개해주어 알게 되었는데, 1년이 지난 후 그 3인들에게서 김형직을 소개받았다고 한다. 김형직을 소개받을 때 "그는 만주에서 왔으며 조국독립에 매우 열정적인 사람이었다. 그는 나에게 만주의 지하운동과 게릴라운동에 대해서 말해주었다. 그가 말 할 때마다 나는 그에게서 강렬한 정신과 열정을 느꼈다. 대화가 끝난 후 우리는 같이 기도하였다"고 배 목사는 자서전에서 증언했다.

결국 이들 그룹의 만남이 훗날 기독교 항일투쟁 단체인 '조선국민회 조선지회' 조직의 모태가 되었다는 것이다. 특히 배민수는 김형직과의 만남을 통해서 무장투쟁, 독립전쟁 노선에 입각한 급진적 기독교 민족주의자로 성장해가는 중요한 계기가 되었으며, 배민수가 김형직과 많은 대화를 나누면서 그에게서 일제 강점기 직후의 운동현황과 향후 활동에 대한 지식을 얻었고 서로가 의기투합해 조국독립을 위한 의욕과 결심을 다졌다고 한다.

더구나 배민수는 김형직과 더불어 그룹들과 함께 모일 때마다 "우리는 항상 눈물로 기도하였다. 우리는 예수가 가르친 자유와 희생정신을 믿었다. 어떻게 조국을 해방시킬 것인가 하는 것만이 우리의 관심사이자 희망이었다. 이런 삶에서 애국심 이외에는 어떠한 가치도 존재하지 않았다"고 생생히 증언했다. 김형직에 대한 배민수의 인상은 강렬한 것이었고 당시 17세였던 배민수에게 김형직은 "우리가 힘을 합치면 조국해방을 위한 무슨 일이든지 할 수 있을 것"이라는 민족해방의 신념을 각인시켜주었다고 한다.

더 놀라운 사실은 "1913년 여름 김형직이 직접 제안하여 평양 기자묘(箕子墓) 숲에서 조국독립을 위해 헌신할 것을 맹서하는 의식을 거행했다"고 한다. 평소 기독교인들은 손가락을 잘라 혈서를 쓰는 경우가 매우 드문데 김형직이 앞장서 직접 실천했다고 하는 것은 그의 각오와 결단, 그리고 의지가 매우 견고하고 강렬했다고 하는 것을 확인할 수 있다.

훗날 교회사가들과 역사가들은 "배민수, 김형직, 노덕순 이 세 사람의 '단지혈서 서약(斷指血書 誓約)은 이와 같은 혈기 넘친 애국청년들의 동지적 교류의 상징이었다"고 평가하고 있다. 배민수는 자서전에서 조국독립에 대한 열정과 김형직에 대한 동지애, 존경심을 다음과 같은 기도문을 통해 자서전에서 표현하였을 정도였다.

> 아버지, 우리를 구원하기 위해 희생하신 예수님께 감사드립니다. 십자가의 길을 따르도록 우리를 인도하신 주의 아들께 감사드립니다. 우리의 죄를 용서하옵소서. 우리 백성의 죄를 용서하시고 우리나라를 구하도록 도와주옵소서… (중략) 우리는 가능한 한 많은 동지들을 원합니다. 나의 친애하는 형제 김형직을 축복해주옵소서. 그가 우리 백성을 구하는 충실한 주의 종이 되도록 하옵소서. 그의 가족과 친구를 축복해주옵소서. 주 예수 그리스도의 이름으로 기도드리옵나

이다. 아멘.

이처럼 배민수를 비롯한 숭실학교 출신들이 중심이 된 '조선국민회 조선지회' 멤버들은 비밀 학생 그룹에 참여하여 동지적 교류와 사상적 훈련을 하는 과정에서 비로서 과거 원초적 형태의 항일의식을 벗어나 독립운동의 의미와 방법을 구체적으로 체득하였고 절대독립노선을 견지한 기독교 청년운동가로 성장하는 계기가 되었던 것이다. 이것은 당시 도산 안창호의 실력양성노선에 영향을 받은 평양의 주류 민족운동노선과 길을 달리하는 형태였다.

특히 김형직을 비롯한 이들 그룹원들은 처음부터 만주 무장투쟁과 독립전쟁, 그리고 이와 연계된 조직운동에 주력했던 것이다. 포평리 사적지를 돌아보면 김형직의 애국정신과 기독교 신앙심이 서로 조화를 이루며 직접 행동으로 실천한 사례를 직접 눈으로 확인할 수 있다.

포평교회에 얽힌 김 주석의 기독교 신앙

김일성 주석의 모친 강반석(康盤錫)은 오빠 강진석(康晋錫)과 남동생 강용석(康鎔錫)이 있다. 김 주석에게는 큰외삼촌과 작은 외삼촌이 되는 것이다. 큰외삼촌 강진석은 독실한 기독교인이었는데 일제 치하 임강 지역에서 강력한 항일투쟁을 하던 중 무장 소조원들을 데리고 임강을 떠나 자성, 개천, 평양 일대에서 맹렬한 활동을 벌이다가 1921년 4월 평양에서 일제 경찰에 붙잡혀 15년 장기형을 받고 13년 8개월 동안이나 옥중생활을 하였으며 이후 병보석으로 풀려나 집에서 투병생활을 하다가 1942년에 세상을 떠났다. 외삼촌 강진석을 체포한 일본

밀정들과 사복경찰들은 다급하게 몰아붙여 김일성의 부친 김형직 마저 체포하려 하자 이제 더 이상 임강에서도 살 수가 없게 되어 김형직은 몰래 이사할 계획을 세웠다.

일이 다급해지자 김 주석의 일가족들은 또 다시 이삿짐을 꾸려 임강을 떠나려했으나 가족들의 힘만으로는 이삿짐을 도저히 운반할 수가 없게 되자 교회 방사현 전도사가 발구(달구지)를 끌고 무려 250여 리나 되는 거리인 장백현 팔도구까지 동행해주며 이사를 도와주었다고 한다. 이때 방 전도사와 김성주는 찬송가를 부르며 긴 여정을 왔다고 김 주석은 증언했다.

새로 이사한 김 주석의 집은 팔도강이 압록강으로 흘러드는 합수목으로부터 멀지 않은 곳에 있었으며 그의 부친은 이 집에 '광제의원'이라는 간판을 내걸고 의료사업을 벌였으며 이곳에서 '동아일보 지국장'일도 맡았다. 그 당시 김형직이 가장 많이 빈번하게 다닌 곳 중의 하나가 바로 포평예배당이었으며 그가 팔도구에서 이사 온 다음날부터 그 예배당은 예배를 드리는 장소뿐만이 아니라 군중을 교양하는 장소와 국내혁명가들의 집합장소로도 이용되었다고 김 주석의 회고록에 전해진다.

김형직은 예배가 있는 날에는 예배를 마치자마자 사람들을 모아놓고 반일선전(계몽교육)을 하기도 하고, 때로는 풍금을 타면서 찬송가와 여러 가지 계몽 노래도 가르쳐주었다고 한다. 또한 김형직은 예배가 없는 날에도 수시로 이 예배당에 모여 나라를 위해 기도 모임을 가졌으며 특히 1921년 10월 '조선국민회 포평지부'를 조직하고 국내 독립운동가들과 비밀회합도 가졌다고 한다. 김형직은 손수 풍금을 타며 애국적인 노래도 보급하였을 뿐 아니라 러시아 사회주의 10월 혁명에 관한 정세 강연도 자주 하였다고 한다.

심지어 김형직이 급한 사정이 있어 교회당을 못가는 날에는 모친 강반석이나 작은 아버지 김형권이 김형직을 대신해 예배 후에 사람들을 모아놓고 반일교양을 했다고 한다. 또한 김 주석도 동생 김철주와 함께 부친을 도와 자주 이 예배당을 출입하며 예배를 드리거나 비밀연락원 역할을 했으며 때로는 김성주는 동생 철주를 데리고 그 예배당에 수시로 찾아가 찬송가를 연주하기 위해 풍금연주하는 법을 부친에게서 배웠다고 회고록에 기록하고 있다.

포평교회가 주는 의미

북의 모든 청소년들이 매년 2~3월이 되면 '배움의 천리길'과 '광복의 천리길' 답사 행군을 '만경대'와 '포평혁명사적지'를 오가며 진행한다. 이때 반드시 그 포평예배당도 코스에 포함되어 직접 견학하는데 학생들은 해설사로부터 자신들과 같은 청소년 시절의 김성주에 대한 설명을 자연스레 듣게 된다.

18세 미만의 청소년들에게는 종교교육을 시킬 수 없는 북의 현실을 감안할 때 평소 종교의 필요성을 느낄 겨를이 없는 청소년들은 해설사나 안내원의 설명을 통해 어렴풋이나마 일제 강점기 항일투쟁의 한 방편으로서의 기독교에 대한 소식을 간적접이나마 접한다. 이 과정에서 김일성 주석과 그 일가족들이 포평예배당을 통해 기독교인으로서 독립운동을 했다는 사실을 알게 된다. 해설 안내원의 설명을 들으면서 이북의 청소년들은 무엇을 생각할까? 지금까지 40년 동안 이 포평교회당을 다녀간 학생들의 인원수는 수백만 명이 될 것이다. 그들은 과연 교회가 각 시대마다 무엇을 하는 곳이며 민족을 위해 어떤 역할을 해야 하는가를 배웠을 것이다. 더 나아가 기독교의 존재 이유에 대해서도 어렴풋이 생각했을 것이다.

그리고 자신들이 존경하고 흠모하는 김일성 수령이 독실한 교회 성원이며 기독교인이었다는 사실을 통해 기독교에 대해 호의적인 생각도 갖고 있을 확률이 높다. 현재의 이북 청소년들에게 그리고 이미 그곳을 다녀간 이후 이북 사회의 지도층들이 된 성인들에게 과연 포평교회는 역사와 사회 앞에 어떻게 대처하고 어떤 역할을 해야 하는가를 고스란히 알려주고 있다. 이처럼 하나님의 오묘한 섭리와 함께 포평교회에 얽혀있는 이런 역사적 사실들은 오늘날의 한국교회와 서방 교회들을 향해 커다란 의미를 시사해준다.

황해도 은률읍교회

[사진 36] 황해남도 은률군에 있는 '은률읍교회당'의 현재 모습. '은률군 김형직 혁명사적관'으로 개관해 활용되고 있다.

지원사상(志遠思想)과 두 교회당

나는 몇 년 전 평양시 외곽에 있는 엄청난 규모의 군사시설인 '무장장비관'을 참관한 적이 있다. 그곳을 천천히 모두 둘러 보려면 사흘은 족히 소요될 정도의 방대한 규모의 군사종합 전시관이었다. 이곳은

1945년 북 인민정부가 들어선 이후 최근까지 70년간 생산하거나 제작한 북의 육해공군을 총망라한 모든 군사 무기들과 장비들이 전시되어 있었다. 그중에서도 가장 인상 깊은 전시관은 김형직 선생이 그의 장남 김성주(김일성)에게 물려주었다는 권총 두 자루가 전시된 곳이다. 그 권총 두 자루는 오늘날 엄청나게 보유한 모든 첨단 무기들이 결국은 그 권총에서부터 출발해 현재의 핵무기와 인공위성까지 만들었다는 '지원'(志遠)의 의미였다.

마침 2014년 7월 9일은 김형직이 출생한 지 120주년이 되는 해라서 당과 국가 차원에서 대대적인 기념행사가 열렸다. 북 당국에서는 김형직의 '지원사상'(志遠思想)을 "조국과 민족을 위한 투쟁의 길에서 참된 보람과 행복을 찾는 혁명적 인생관이며 대를 이어가며 싸워서라도 기어이 나라의 독립을 이룩해야 한다는 백전불굴의 혁명정신"이라고 강조하고 있다. 그러나 이 '지원사상'도 결국 기독교와 무관하지 않다는 것을 두 교회당을 통해 알 수 있었다.

내가 북의 공식교회들을 탐방하는 과정에서 알게 된 '포평교회'와 '은률읍교회'는 비록 현재 기독교식 예배를 드리거나 종교적인 목적으로 운영되는 것이 아니지만 이 두 교회당이 김형직 선생과 관련된 교회들이라는 것을 알게 되었다. 북의 종교 현실을 그대로 반영하는 모델 케이스라고 생각되어졌으며, 북의 인민들이 오늘날의 교회와 기독교에 대해 어떻게 생각하고 있으며 오늘날의 교회는 역사적 현실에 있어서 어떻게 행동해야 하는가에 대한 깊은 성찰을 가져다주는 계기가 되었다.

나는 이곳 은률읍교회당을 통해 독실한 기독교신자로서 민족주의자이며 항일투쟁가인 김형직 선생과 관련된 발자취를 느낄 수 있었으며 그의 지원사상은 장남 김일성 주석과 장손 김정일 국방위원장에 의해 실현되었고 지금도 증손자 김정은 국방위 제1위원장을 통해 계승되고 있다고 여겨졌다.

원형대로 보존된 은률읍교회당

량강도 포평교회당에 이어 황해남도 은률군에 있는 은률읍교회당을 살펴보고자 한다. 6.25전쟁 당시 이북 전 지역은 기독교 교회당과 종교시설물들이 거의 대부분 폐허가 되었으며 전후 복구건설 사업에 서조차 종교시설물들과 교회당들은 거의 복구되지 않았음에도 불구하고 이곳 은률읍교회당만큼은 거의 원형대로 보존되어 있었다. 물론 십자가나 종교적 장식물은 전혀 없고 교회당 건물만 보존된 상태에서 새롭게 개건공사(리모델링)를 한 후 다른 용도로 활용되고 있었다.

전쟁 당시 미공군의 폭격과 9.15 인천상륙작전, 1951년 중공군 투입, 유엔군의 1.4후퇴 등 전화의 격동 속에서도 다행히 이 예배당은 부분적으로 훼손되기는 했으나 즉시 복구되어 거의 원형에 가까운 형태로 지금까지 보존되어 있다. 그렇다면 북측 당국은 무슨 까닭에 이 교회당을 지금까지 보존하고 있으며 현재 어떤 용도로 사용되고 있는 가를 자세히 살펴보기로 하자.

우선 은률읍교회(殷栗邑敎會)가 위치한 지형과 행정구역을 살펴봐야 했다. 황해남도 북서지방에 있는 은률군(殷栗郡)은 북으로는 대동강 하구와 황해로 이어지고, 동으로는 은천군, 동남쪽은 안악군, 남으로는 삼천군과 송화군, 서쪽으로는 과일군과 접해있다. 특히 은률군과 남포시 사이에는 유명한 서해갑문과 구월산이라는 명승지가 있다.

한자로 '은률'이라고 쓸 때 '성할 은'(殷)자와 '밤나무 률'(栗)자를 쓰는데 '성할 은' 자는 지하광석이 풍부한 지역이라는 뜻이고, '밤나무 률' 자는 이 지역에 유달리 밤나무가 많은 '률구'(栗口)라는 포구가 있어서 유래된 것이라고 한다. 행정구역 개편 역사를 잠시 살펴보면 조선시대인 1895년에 은률군, 장련군으로 개편되었고, 1909년 들어서는 장련군을 폐지하고 은률군으로 통합됐다. 해방될 무렵에는 7개면(은률면, 일도면, 남부면, 서부면, 북부면, 이도면, 장련면)으로 편성되었고 전쟁 중이던 1952년 12월 은률군이 1읍 26리로 재편성되었다.

그후 1988년 7월 서해갑문 남단의 송관리가 남포시 와우도구역으로 편입되었으며 현재는 1읍(은률읍, 殷栗邑), 1구(금산포노동자구, 金山浦勞動者區), 21리로 구성되었다. 21리를 살펴보면 연암리(鳶岩里), 산승리(山承里), 락천리(樂泉里), 구월리(九月里), 원평리(元坪里), 은혜리(恩惠里, 옛 求王里), 산동리(山東里), 삼리(三里), 운성리(雲城里), 가천리(佳泉里), 대조리(大棗里), 관산리(冠山里), 서곡리(西谷里), 서해리(西海里), 금천리(金川里), 이도포리(二道浦里), 철산리(鐵山里), 관해리(觀海里), 장련리(長連里), 률리(栗里), 금복리(今卜里)가 속해있다.

구월산과 수월천의 정기를 듬뿍 받은 예배당

현재 은률군은 여덟 군데의 수려한 경치를 뜻하는 '은률팔경'(殷栗八景)이 있을 정도로 가는 곳마다 경이로울 정도의 아름다운 풍경들로 가득한 곳이다. 특히 함경도에는 칠보산이 있고 평안도에 묘향산이 있다면 황해도에는 북의 5대 명산 중에 하나인 구월산(九月山)이 있다. 이미 홍명희의 「임꺽정」, 황석영의 「장길산」에서 널리 소개되어 우리 남북 민족 모두가 익히 잘 아는 명산이다. 구월산은 황해도의 여러 군에 걸쳐 있을 정도로 그 산맥이 장엄한데 그 가운데 주봉(主峰)이 은률군에 위치해 있으며, 본래 단군의 궁궐터가 있었기 때문에 궐산(闕山)으로도 불려졌다. 살아생전에 천제(天帝)가 곧바로 하늘로 올라갔던 관문이 있었다고 주장하는 단군신앙과 관계가 있는 영산이다.

특히 구월산 북쪽능선과 계곡에서 발원한 수월천(水月川)은 은율 지역을 흠뻑 적시며 황해 바다로 유유히 들어간다. 단풍의 계절이 오면 마치 불타는 듯한 황홀경이 펼쳐지며 온 골을 뒤덮는 경치는 실로 찬탄할 정도이며, 오랜 세월 비바람에 씻기고 깎여 기묘하게 드러난 봉우리와 절벽, 쏟아지는 폭포, 계곡 곳곳에 드러난 수정 같은 담소들이 신비경을 이루고 있다.

수월천에서 흐르는 개울이 은률읍을 통과하는데 주민들은 이를 두고 평소 '남천' 혹은 '남천개울'이라 불렀으며, '남산' 앞으로 흐른다고 해서 '남산천'이라고도 하고, 수달이 많이 살아서 '수다리 개울'이라고도 불렀다. 또한 남천 옆에 있는 마을을 '남천리'라고 했는데 1898년 그 수월천 물가 근처에 은률읍교회가 세워졌기 때문에 당시 은률읍교회의 주소는 '황해도 은률군 은률면 남천리(南川里)'였다. 그 후 이 마을은 1952년에 은률읍에 편입되어 행정구역상의 위치는 '황해남도 은률군 은률읍 남천리'가 되어 오늘날에 이르고 있다.

세월이 흐르면서 최초의 은률읍교회당은 헐리고 세 차례 재건축되었는데 특히 1914년에는 은률읍교회 담임을 맡은 우종서 목사에 의해 큰 규모의 교회당이 건축되었다. 그 후 또 다시 건축된 새 예배당은 남녀 신자들이 출입하는 문이 각각 별도로 있었으며 통상 기역자(ㄱ) 모양의 조선식(한옥) 기와집 구조로 건축되어 그 건물이 지금까지 내려오고 있다. 해방 전에는 은률 읍내에 거주하는 무수한 교인들이 찾아와 예배를 드리던 '조선예수교장로교총회' 교단 소속의 교회였으며 해방 이후에도 전쟁 직전까지는 인민 정부 하에서도 줄곧 원만하게 운영된 교회였다.

은률읍교회당에서 멀지 않은 곳에는 조선교회 역사상 최초의 개신교회로 기록되는 '소래교회'가 1883년에 '황해도 장연군 대구면 송천리'에 세워졌는데 이 교회의 행정구역상 위치는 행정개편에 따라 '황해남도 룡연군(龍淵郡)'에 속했다. 또한 은률읍교회당 바로 지척에는 6.25전쟁 전날까지 시무했던 윤의병 신부(제8대 주임사제)가 사목하던 천주교 은율성당(본당)이 교회당과 가까이 서 있었다.

은률읍교회의 담임교역자와 연혁

은률읍교회는 조선 최초의 장로교 선교사인 언더우드 목사가 이 지역을 전도한 이후 그 결실로 여러 사람이 예수를 믿게 되어 그들에 의해 1898년에 세워졌다. 우선 은률읍교회를 담임했던 목회자들 중에 주목할 만한 교역자들을 노회와 총회기록을 통해 살펴보도록 하자. 우선 1912년에 우종서(禹鍾瑞) 목사가 전도목사로 부임했는데 그는 평양장로회신학교 3회(1910년) 졸업생이며 독립운동가로도 널리 알려진 인물이다.

특히 우 목사는 백범 김구 선생에게 직접 전도를 해서 예수를 믿게 한 장본인이다. 백범이 기독교에 귀의한 때는 부친 탈상이 끝난 1903년 말이었으며 당시 백범은 스물일곱 살이었다. 백범의 친구였던 우종서 전도사의 직접적인 전도가 계기가 된 것이다. 백범은 동학교 아기

교주를 비롯해, 불교 승려 등 다양한 종교편력을 경험했던 특이한 경력을 지니고 있었지만 그의 심령 기저에는 언제나 기독교 신앙이 기초해 있었던 것으로 파악됐다. 그는 경교장에서 안두희에게 암살당하는 날까지 서울 남대문장로교회를 출석하며 대한신학교 설립자인 김치선 목사를 통해 신앙생활을 했다.

[사진 37] 황해도 은률읍교회는 장로교 최초의 선교사 언더우드의 전도에 의해 설립됐다.

백범이 감옥에 갇혀 있을 때 우 전도사가 그의 가족을 돌봐주었으며 『백범일지』에도 우 목사의 이름이 여러 번 등장했다. 우 전도사는 예수를 믿은 직후부터 열심히 전도생활을 해서 목사가 되기 전부터 이미 황해도 여러 곳에 교회를 설립했는데 특히 중국 동북지역에 대한독립단이라는 항일단체 단원들이 국내로 잠입해 구월산에 숨어 무장투쟁을 했을 당시 은률군수가 친일파 행각을 벌인다는 정황이 포착되자 은률군청을 습격해 군수를 사살하기도 했다. 이때 독립군 단원들과 협력했던 우 전도사는 이 일이 탄로가 나자 일제에 의해 1년 반 동안 옥살이를 하기도 했다.

그 후 우목사가 은률읍교회를 담임하고 있을 때인 1914년에 교회당이 새로 건립되었고, 이때 그 교회가 주도해 은률학교도 설립되었다. 우 목사 후임은 임택권(林澤權) 목사가 부임했는데 그는 평양장로회신학교를 7회(1914년) 졸업한 인물이며 신학교를 졸업한 해에 목사 안수를 받고 그 다음 해인 1915년에 은률읍교회에 부임했다. 은률읍교회에서 3년 간 사역하고 1918년에 일본 고베신학교로 유학을 떠났다.

임 목사는 목사가 되기 전에 안신(安信)학교 교장을 지냈으며 목회를 하면서 재령에 있는 명신(明新)학교 교장도 역임하는가 하면 1924년에는 장로교 총회장을 지냈던 교육가이자 교단 행정가였다. 그 후 1936년에는 평양장로회신학교 28회(1933년) 출신인 정재호(鄭在浩) 목사가 부임했다. 숭실전문학교도 졸업한 정 목사는 은률읍교회에 부임 전에는 숭실중학교 교목 겸 사감으로 학생들을 지도했고 은률읍교회를 담임하던 중에 병을 얻어 결국 1949년에 평양의 연합기독병원에서 운명했으며 곧이어 6.25전쟁이 발발해 은률읍교회는 폐쇄되고 말았다.

'옛 례배당'으로 불리며 해설사도 근무하는 '은률읍교회당'

현재 은률읍교회당은 매우 깨끗하고 단아한 전통 기와집 건물구조로서 주변 경관과 매우 잘 어울리는 곳에 위치해 있으며 특히 건물 주변의 인공 조경은 기와집 건물을 한 층 더 돋보이게 했다. 이곳은 김일성 주석의 부친 김형직의 황해도 지역에서의 항일투쟁과 독립운동을 기념하는 '혁명 사적기념관'으로 사용되고 있었다. 명실 공히 김형직의 이북 서부지역 항일운동 사적지로서 각계각층의 인민들이 개인 혹은 단체로 속속 찾아와 참관을 하거나 교육을 받는 곳으로 변모한 것이다.

오래 전 북이 자체 발간한 화보집에서도 이 교회가 '옛 례배당'이라는 이름으로 호칭되며 잡지에 교회당 사진과 함께 보도된 것을 확인할 수 있었다. 현재 이 교회당 마당 한 가운데는 김형직의 황해도 지역 독립운동과 관련된 사적비가 세워져있으며 김형직과 이 교회와의 연관성도 기록해 놓고 있다. 이곳에는 거의 매일 북 인민들과 학생단체, 노동자단체들이 연달아 찾아와 참관하고 있으며 조선옷(한복)을 입은 해설사(강사)가 배치되어 단정한 자태로 열정적인 설명을 하고 있었다.

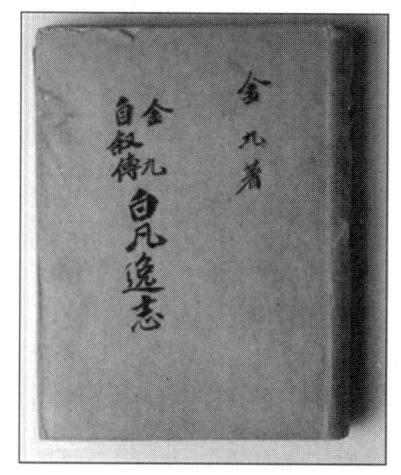

[그림 38] 백범일지에는 자신을 도와주고 전도한 친구 우종서 목사 이야기가 자주 등장한다.

북 당국은 웬만해서는 옛날 교회당 건물을 이런 식으로 보존하는 경우가 거의 드물며 량강도 포평교회와 더불어 매우 희귀한 사례로 볼 수 있는 곳이다. 참관을 하고나면 북 당국이 왜 이 교회당을 잘 보존하고 사적지 역사순례 탐방지로 활용하는지 알 수 있다. 김형직의 다양한 항일운동 궤적들이 이곳 황해도 은률과 구월산 인근에서도 활발했기 때문이다. 앞서 포평교회 편에서도 밝혔듯이 독실한 기독교인이며 평양 숭실학교를 다녔던 김형직은 이곳 황해도 지역에서의 독립운동도 이 은률읍교회를 거점으로 활약했다고 한다.

현재 북에는 독립운동을 한 김형직을 기념하는 동상(전신상)이 '평양시 강동군 봉화리'에 조성되어있고 '평안북도 삭주군 남사로 동자구', '자강도 중강군 중강읍' 등 전국에 모두 3곳이 세워져있다. 반신상도 있는데 이 반신상은 만경대에 조성된 김일성 주석의 부모인 김형직과 강반석의 묘소 앞에 각각 세워져있다. 또한 김형직을 기념하는 사적관은 이곳 황해남도 은률읍교회당에 개관되어 운영 중이고, 량강도 포평교회당은 김형직과 그의 아들 김일성의 발자취가 서린 혁명사적지로서도 널리 활용되고 있었다.

이와 같은 일들은 단순히 김형직이 김일성 주석의 부친이라는 이유 때문에 가족들을 미화하려는 차원에서 기념비나 동상을 세우려는 것이 결코 아니었다. 세월이 흐를수록 북 당국은 김형직의 항일운동과 독립운동 행적들은 철저히 검증된 사료들만을 채집하고 있으며 지금도 남과 북은 물론 일본과 중국을 비롯한 해외에서도 김형직에 관한 사료들이 꾸준히 발굴되거나 연구되고 있는 중이다. 그의 짧은 인생이 오로지 조국의 해방과 항일 독립운동에 전념한 것이 검증되었기 때문이다. 그렇다면 구체적으로 이곳 황해도 지역에서 김형직이 어떻게 독립운동을 했는지를 알아보도록 하자.

교회당이 '은률군 김형직 혁명사적관'으로 변모한 사연

은률군에는 이곳 은률읍교회당에 개관한 '은률군 김형직혁명사적관' 외에도 구월산성 중심 양지바른 곳에 위치한 '구월산성 혁명사적지'가 있다. 산성 사적지 부근에는 구월산성집과 군사훈련터 등이 잘 보존되어 있는데 원래 구월산성집은 고구려 시기 산성을 지키던 별장의 집이었는데 독립운동을 하던 김형직이 자신의 장남 김성주(김일성)가 태어나던 해인 1912년 11월 이곳을 방문해 '황해도 반일조직 대표자회의'를 지도하면서 숙식했던 유서 깊은 곳이라고 전해진다.

평양 숭실중학교를 휴학한 김형직은 잠시 고향에 돌아와 순화학교에서 교편을 잡았으며 후에 자리를 옮겨 강동군 고읍면(지금의 행정구역상 강동군 봉화리)에서 '명신학교'를 열었다. 김일성 회고록 『세기와 더불어』 1권을 보면, 김성주가 다섯 살 때 가족들이 강동군 봉화리로 이사한 후 조선국민회 문제로 일경이 부친 김형직을 체포하자 봉화리의 기독교인들이 석방을 위해 김형직이 교편생활을 하던 명신학교에 모여 새벽기도를 드린 일이 기록되어 있는 것으로 보아 김형직은 봉화리에서도 신앙생활을 했다. 이처럼 김형직은 황해도 지역과 은률군을 여러 차례 방문해 비밀활동을 하던 중 이곳 은률읍교회를 구심점으로 교인들과 반일인사들을 규합해 반일활동을 하며 항일 계몽운동과 독립운동을 전개했던 것이다.

일제에 의해 1925년 4월에 작성된 김형직에 관한 관헌기록물 중에는 "대정 8년(1919년) 3월, 조선독립 소요사건의 주모자"로서 체포를 피하려 "동년 5월, 대안으로 도주했다"고 기록했다. 이는 김형직이 3.1

[사진 39] 구월산의 산성혁명사적지 모습. 김형직이 1912년 11월, 이곳에서 황해도 반일조직대표자 회의를 주도하며 숙식했던 장소로 알려져 있다.

운동에 깊이 주도하고 관여한 정황을 입증하는 자료이다. 그 후 김형직은 중국의 임강으로 이사해 '순천의원'을 차렸는데 방문자의 태반은 독립운동가였다.

1921년 4월, 백산무사단에 소속한 김일성 주석의 외삼촌 강진석이 일본경찰에 체포되었는데 당시 백산무사단은 평안도지방 독립운동가들을 중심으로 결성된 무장단체였다. 본부는 림강현에 있었으며 국내활동지점은 중강, 초산, 후창을 비롯한 평안북도 일대와 멀리 평양, 수천, 강서지방까지 널리 퍼져 있던 단체였다.

결국 김성주의 외삼촌 강진석의 체포 때문에 처남되는 김형직은 임강에서 팔도구로 거처를 옮겨 그곳에 '광제의원'을 차렸으며 이곳에 있는 포평예배당을 통해 신앙생활과 함께 반일운동의 거점으로 활용했던 것이다. 또한 연이어 1921년에는 황해도 구월산으로 들어가 황해도 지역의 독립군들과 지속적인 교류를 했다.

구월산 '지원폭포골'은 당시 김형직이 지원(志遠)의 높은 뜻을 안고 팔도구 포평지역에서 활동하다 일제에 체포되기 전인 1921년 11월에 구월산에 들어가 황해도 주민들을 대상으로 항일 혁명 활동을 했다는 곳으로 전해지고 있다.

결국 김형직은 1924년 말 일제에 체포되어 평북(지금의 량강도) 포평(葡坪)에서 후창(厚昌)으로 압송당하는 도중 김형직의 친구가 일본 경관에게 술을 먹이고 취하게 한 틈을 타서 압록강을 건너 무송(憮松) 까지 극적인 탈출을 했는데 이 과정에서 두 번이나 심한 동상을 입었다고 한다. 그럼에도 불구하고 1925년, 무송에 '무림병원'을 차리는 한편 민족주의 운동 단체 등을 망라하여 독립운동을 하였으며 한의원을 통해 번 돈으로 항일무장단체에 정기적으로 자금을 공급하는 데 큰 기여를 했으며 결국 감옥에서 얻은 병과 탈출 시 발병한 동상 환부 등 건강이 악화되어 1926년 6월 운명했다.

항일투쟁으로 짧은 생애를 마감한 김형직과 가족들

김형직(金亨稷)은 1894년 7월 10일 평안남도 대동군에서 태어나 결국 1926년 6월 5일에 32세의 젊은 나이로 세상을 떠났다. 김형직에게는 평소 남동생 김형권(金亨權)을 비롯해 김구일녀(金九日女), 김형실(金亨實), 김형복(金亨福) 등의 누이와 여동생 등을 두었다. 강반석과 결혼한 김형직은 장남 김성주(김일성)를 비롯해 철주, 영주 등 3남을 두었는데 일가족의 항일투쟁과 독립운동 이야기를 모두 언급할 수는 없으나 대표적으로 김형직의 동생 김형권과 아들 김철주의 예를 잠깐 들어 보도록 하자.

우선 동생 김형권은 국민부(國民府) 군자모집대 최효일(崔孝一)과 함께 1930년 8월 풍산군 안산면 내중리(豊山郡 安山面 內中里) 주재소의 송산(松山) 순사부장을 권총으로 사살하고 또 동년 9월 3일 북청(北靑)서의 강성(岡城) 순사를 권총으로 쏘아 부상케 한 사건 등으로 체포돼 1932년 4월 4일 경성복심법원에서 징역 15년(최효일 사형, 박차석 징역 10년)을 언도받고 수감 중 고문 등의 후유증으로 옥중에서 운명했다. 이 사건은 당시 동아일보에 모두 6회 정도 상세히 보도됐다(1930.09.04자 2면, 1930.09.05자 2면, 1931.02.06자 2면, 1931.10.16자 2면, 1931.11.23자 2면, 1932.03.08자 2면 등).

그뿐만 아니라 차남 김철주는 1926년 소학교에 다닐 때 장남 김성수가 조직한 '새날소년동맹'의 성원이 되어 신문「새날」발행에 참가하였으며, 그 후 1930년대 초반 항일유격대에 입대해 활동하다가 1935년 연길의 석인구 인근에서 일본군과 전투 중 20세의 나이로 전사해 그의 유해를 아직도 발견하지 못해 평양 대성산 혁명열사릉에는 가묘만 조성돼있다.

김형직 선생은 김일성 주석의 부친이자 김정일 국방위원장의 조부, 현재의 김정은 국방위 제1위원장의 증조부가 된다. 김형직이 항일투쟁과 독립운동을 했음을 입증하는 사료들은 북에 더 편중되어 있으나 일본과 중국은 물론 남측에도 더러 확보되어 있다. 그러나 북의 자료와는 별도로 지난 2005년 3월 23일에는 충남 천안에 있는 대한민국 독립기념관 측이 김형직의 독립운동과 관련한 사료를 소장하고 있는 것이 밝혀지기도 했다.

독립기념관이 소장하고 있는 『현대사 자료』(강덕상 편저, 1967) 조선편 제1권은 "김형직은 항일 조직인 조선국민회에서 활동하다 1918년 2월 18일 평안남도 일경에 의해 검거돼 형사소추를 받았다"는 사료 원본을 근거로 기록돼 있다. 당시 일제 '평안남도 경무부장 보고요지'에는 김형직이 서당교사로 '평안남도 강동군 정읍면 동 3리'에 거주하고 있으며, 회장 장일환(1886~1918)과 백세빈, 배민수 등 조선국민회 회원 25명의 본적과 주소, 나이, 역할 등을 상세히 기록했다.

독립기념관이 최초로 공개한 이 자료에는 재미 항일단체 대한인국민회 기관지 「신한민보」 1918년 9월 12일자 보도에도 "(일제 당국이) 2~3월부터 평양, 경성, 공주 등 각처에서 다수 한인 인사를 (조선국민회 관련자로) 포박했다"는 자료도 있다. 조선국민회는 1917년 3월 23일 장일환의 주도로 평양 숭실학교와 평양신학교 출신 교사와 재학생 등이 결성한 비밀 조직으로 그 조직망을 전국적으로 확대하던 중 이듬

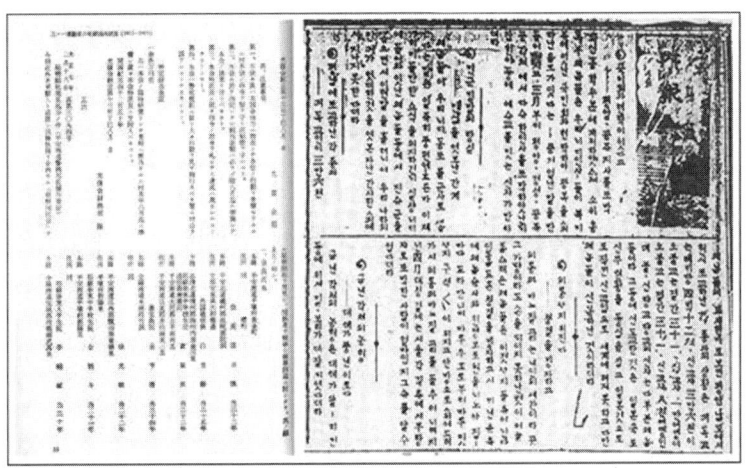

[그림 40] 좌측은 독립기념관에 소장된 현대사자료 조선편 제1권, 1918. 2.18. 일제에 체포된 조선국민 회원 명단 속에 김형직의 이름이 기록돼 있다. 우측은 1918.9.12자 신한민보의 조선국민회 관련자 체포 기사

해 2월 일제 당국에 발각됐다.

 북은 조선국민회를 3.1운동 전후 가장 큰 반일 지하혁명조직으로 높이 평가하며 김형직의 역할을 강조하고 있지만 이승만부터, 박정희, 전두환 정권에 이르기까지 활약한 남측의 관제 역사학자들은 그 진위 여부에 대한 논란을 불러일으키며 축소와 왜곡을 일삼고 있다. 이미 사실로 검증된 항목들은 인정할 것은 빨리 인정하는 것이 좋다. 역사를 날조하고 숨긴다는 것처럼 어리석은 일은 없다.

 이에 대해 이화여대 사학과 강영심 박사는 그의 논문 「조선국민회연구」(1989년)에서 "일제에 의해 밝혀진 조선국민회 회원은 25명이지만 이와 관련된 지역과 인물들이 적지 않았으며 다른 비밀결사보다 더욱 치밀하게 비밀을 유지하면서 조직을 확대하고 무력양성 계획까지 세웠다"고 연구결과를 자세히 설명했다. 강 박사는 "김형직이 조선국민회 사건 이후 중강진으로 이사해 3.1만세운동을 지도하고 1925년에는 길림성 무송현(撫松, 푸송현)으로 옮겨 정의부(正義府) 계열 무장단체인 백산무사단(白山武士團)과 연계해 활동하다 이듬해 운명했다"고 밝혔다.

이와 같이 김형직의 가족, 위에 든 동생 김형권과 아들 김철주뿐만 아니라 처남 강진석, 장인 강돈욱 등을 비롯한 처가 어른들도 적극적인 민족운동과 계몽운동, 항일운동을 했던 것이다. 이처럼 김형직에게 은율읍교회는 황해도 독립운동에서 교인들과 반일인사들을 규합해 반일활동을 하며 항일 계몽운동을 전개했던 비밀활동의 구심점이었던 것이다.

개성신원교회

[사진 41] 개성공단교회(개성신원교회) 건물 정면

남북 상호협상으로 '북측 영토에 세운 남측교회'들

1990년대 이후 지금까지 북측 당국과의 협상과정을 통해 북측 영토 내에 세워진 남측의 다양한 종교 시설들이 있었다. 우선 2016년 2월, 박근혜 정부가 내린 개성공단 폐쇄조치로 예배가 중단된 '개성공단교회'(일명, 개성교회 혹은 개성신원교회)가 있다. 또한 좀 더 거슬러 올라가면 이명박 정부의 5.24 대북조치에 의해 금강산 관광이 중단되면서 예배와 목회기능이 중단된 '금강산교회' 등이 있다.

그런가 하면 김영삼 정부시절 한미일 3국이 공동으로 투자해 함경남도 신포에 건설하던 케도(KEDO) 경수로 공사현장에는 기독교 교회, 천주교 성당, 불교 사찰 등 다양한 남측의 종교 시설들이 세워졌다. 그 중에서도 10만 평 생활관 부지에 건설한 신포교회(기독교), 금호성당(천주교) 등이 세워져 활발하게 운영됐으나 북핵문제로 경수로 공사가 중단되고 남측 근로자들이 모두 철수하면서 예배나 각종 종교활동 등이 중단되어 교회당과 성당은 지금도 텅 빈 상태로 방치돼 있었다.

또한 오래전 한국교회와 해외 한인교회가 성금을 모아 세워진 평양과학기술대학 캠퍼스 게스트 하우스에는 매 주일이 되면 교수들과 그의 가족들 위주로 정기 주일예배가 드려진다. 그러나 북측 영토에 세워진 이런 모든 특수교회들은 각계각층의 북측 인민들이 합류해 함께 드리는 예배가 아니었다. 북조선 국적자들은 동참하지 못한 채 남측이 파견해 체류하고 있는 근로자들이나 외국인, 해외교포들만 허용되는 상황이기 때문에 이런 교회들은 북한의 공적인 교회개념으로 볼 수는 없다. 이번에는 그 첫 번째 교회로 개성공단 신원공장 부지에 3,000명 수용 규모로 세워진 개성교회를 다루고자 한다.

다양한 명칭의 교회 이름

개성공업지구 단지 내 신원 공장과 사옥에 건축된 교회는 '개성교회', '개성공단교회', '신원개성교회', '개성신원교회', '신원 에벤에셀 개성교회' 등 그 명칭도 다양하다. '신원에벤에셀'은 믿음의 기업을 표방하기 때문에 개성법인공장 사장은 물론 대부분의 임원들이나 상주 직원들도 기독교 신자들로 구성돼 있으며 매주 드리는 직원 예배 등에 참석해야 한다.

개성공단에 세워진 개성교회의 존재 가치는 공단의 안정적인 발전과 확장을 기원하며, 남측 사회 각계각층에 지대한 영향력을 미치고 있는 기독교계 지도자들과 신자들을 지속적으로 초청해 개성공단의 안정적이고 활발한 생산 활동을 참관케 하고 남북이 하나 되어 근무하는 생산 현장을 보여줌으로써 개성공업지구에 대한 긍정적인 투자 인식을 새롭게 하고 잠재 투자자들로부터 투자 계획을 확신하는 계기를 마련하기 위함이었다.

또한 남측 파견 근로자들과 관료들 중에 많은 기독교 신자들이 있기 때문에 이들의 신앙생활 유지와 특수지역에 근무하는 긴장감과 고립감에서 오는 정신적 피로와 중압감을 신앙에 의지하도록 하려는 데 있다. 이 모든 상황을 파악하고 인지한 북측 당국은 과감히 개성교회를 승인하고 지금까지 존속하도록 배려하고 있다.

'개성공단교회' 첫 공식예배를 드리다

지금부터 약 10년 전인 2006년 11월 30일, 남북 경협사업의 상징으로 건립된 개성공업지구 신원 공장에는 남측 기독교계 지도자 약 40여 명이 초청을 받아 첫 기독교 공식예배가 드려졌다. 이곳에 200석 규모의 예배당이 마련되고 대내외적으로 첫 공식예배를 드리기 위해서였다. 목회자의 신분으로 북측 개성공업지구로부터 초청장을 발급받아 MDL(군사분계선)을 통과해 북측 지역에서 예배를 드린 것은 공식적으로 이날이 처음이다.

이 모든 일들이 가능하기까지는 독실한 크리스천으로서 2004년부터 개성공단에서 섬유제조업 공장을 운영해온 '주식회사 신원 에벤에셀'의 박성철(朴成喆) 회장 특유의 집념과 종교적 열정 때문이었다. 그 이전에 신원 개성공장 안에는 이미 작은 예배실을 마련해 작은 규모의 예배와 기도회를 드려왔는데, 이처럼 본관 3층에 200명 수용 가능한 예배당을 확보하게 된 것이다.

이날 방문단은 신원 박성철 회장(기독교대한성결교회 신길교회 장로)를 비롯해 창천감리교회 박춘화 목사(김대중 대통령 미망인 이희호 여사가 출석하는 교회 담임), 남서울중앙교회 피종진 목사, 중흥교회 엄신형 목사, 예수사랑교회 이일주 목사, 성령교회 엄기호 목사, 꽃동산교회 김종준 목사, 부천경서교회 홍재철 목사, 새에덴교회 소강석 목사, 노원순복음교회 유재필 목사 등 기독교계 지도자 40여 명을 포함, 모두 50여 명이 참가했다. 이들은 개성공단에 도착해 신원 개성공장 본관 3층에 위치한 개성신원교회에서 첫 예배를 드린 후, 개성공단의 주재원들과 북측 근로자들이 함께 근무하는 모습을 참관하고 개성공업지구 관리위원회, 현대아산 사무소를 방문한 후, 오후 3시에 MDL을 통과해 남측으로 돌아왔다.

그러나 이날 참석한 목회자들은 한두 명을 제외하고는 거의 모두 보수적인 목회자들이어서 단지 이 개성공단교회를 선교의 전략적 거점 측면에서만 의미를 부여했다. 어렵사리 들어선 교회이니만큼 남북 긴장 완화와 화해 협력을 위한 전초기지 역할과 남북화해와 평화 분위기 조성 역할, 대북 인도적 지원의 구심점 역할은 간과된 듯했다.

[사진 42] 첫 공식예배를 마친 후 기념 촬영하는 남측 기독교계 인사들

3천명 수용 규모의 개성공단 교회당이 세워지기까지

신원그룹의 박성철 회장은 2005년부터 공격적인 경영에 들어가 그해 개성공단에 입주한 대표 기업이 됐으며 그해 5월 개성공장에서 인기 연예인 김태희를 초청해 '신원 개성공단 준공 기념 패션쇼'를 열고 화려한 재기를 선언했다. 2년 뒤에는 개성공단에 입주한 기업 중 최초로 제2, 3공장을 지으며 승승장구하며 하며 개성공단 입주기업들의 부러움을 사기도 했다.

북측에서는 '피복전시회'라고 부르는 패션쇼를 2005년 5월 26일 개성공단 내 신원에벤에셀 2층 에벤에셀홀(근로자 식당)에서 당시 현정은 현대그룹 회장과 임동원 전 통일부 장관 등 남측 정재계 인사 500여 명을 초청해 성대히 열었다. 패션을 통한 남북 문화교류라는 차원에서도 뜻깊은 행사를 열었던 이 행사를 발판삼아 이때부터 본격적으로 개성교회 설립이 구체화되기 시작했다.

그렇다면 어떻게 이곳 개성공단 부지 내에 교회당이 세워질 수 있었을까? 지금의 3천 명 정도 수용 규모의 예배당이 건축되기까지 개성교회는 개척교회 시기를 거쳐 세 차례의 확장 이전이 있었다. 제일 처음 이곳에 교회가 개척되던 시기는 신원이 2004년 제일 처음 공단에 진출할 때였다. 당시는 작은 소규모 예배실 형태로 2년간 운영돼 왔는데 당시만 해도 신원의 직원 10여 명과 공단 내 남측기업 관계자 중 소수의 기독교인들만 이용할 정도로 잘 알려지지 않았다.

그러다가 김태희 패션쇼가 끝난 이듬해인 2006년 9월에 200명 정도를 수용할 수 있는 규모의 예배당을 확보하게 되었다. 제1공장에 이어 2, 3공장을 증축하며 본관 3층에 예배 공간을 마련한 것이다. 이 당시부터 매 주일 80여 명의 주재원들이 예배를 드리며 점차 교회는 부흥하기 시작했다. 북측이 민간인에게 교회 건축 허용과 함께 자유롭게 예배를 드릴 수 있도록 허용한 것은 매우 이례적인 일이며 기적에 가까운 일이다.

[사진 43] 3천 명 수용 규모의 개성공단교회 예배당 전경

2007년 7월에는 신원 개성공장 3층 예배실에 대형 십자가를 달고 북측에서 근무하는 남측 관리자 700~800명이 매주 주일 예배를 볼 정도로 급성장했다. 또한 담임목회자가 상주하게 됐으며 근로자들 중에는 주일예배 외에도 수요예배에 빠지지 않을 정도로 신앙생활에 전념했으며 이런 모습을 본 개성공단 시찰단이나 방문객들은 신원 예배실을 참관하거나 근로자들의 종교 활동을 보고 깜짝 놀라 탄성을 지르기까지 했다.

결국 박성철 회장의 보수적 종교열정과 대북관계에서의 신뢰 구축을 기반으로 더욱 교회가 확장돼 실제로 3천 명 인원을 수용할 수 있는 큰 예배당 건물을 갖게 됐다.

"우리 회사 이름은 믿을 신(信), 으뜸 원(元), 신원입네다"

교회가 부흥하기 시작할 무렵 신원 공장이나 사옥에 들어서면 북측 직원 중에 선별된 여성 안내원이 한복을 곱게 차려 입고 입구에서 방문단을 반갑게 맞는다. 입구에서 안내하는 신원 소속의 북측 근로자 두 명은 회사를 소개하는 자리에서 "어서 오십시오. 우리 회사 이름은 믿을 신(信), 으뜸 원(元), 신원(信元)입네다"라는 멘트를 한다.

한마디로 '신원'(信元)이라는 명칭은 기독교 용어로는 최고의 단어로 볼 수 있는데 회사 측에서는 이 단어를 회사이름으로 등록을 한 것이다. 예수께서 오병이어의 기적을 베풀 당시 벳새다 광야의 허기진 이들에게, "너희가 먹을 것을 주어라"(마14:16) 명하시던 예수의 명령이 이곳 믿음의 사람들의 실천적 삶 속에서 이뤄지고 있는 듯했다.

한편 신원이라는 회사이름 뒤에는 항상 '에벤에셀'이라는 명칭이

[사진 44] 신원 소속의 북측 여성 근로자가 방문객을 환영하는 모습

따라 붙는다. '에벤에셀'은 구약성경 창세기서에 등장하는 단어인데 '하나님이 여기까지 우리를 도우셨다'라는 의미이다. 이 회사를 설립한 박성철 회장은 신길교회 원로장로이며 2009년 대한민국 국가조찬기도회 4대 회장을 역임한 바 있는데 그는 자신이 운영하는 신원그룹을 믿음의 기업으로 세우고, 회사에 기도처나 교회당을 마련하는 등 대표적인 기독교 사업가로 알려진 인물이기에 회사이름은 그의 신앙고백이기도 하다.

이처럼 개성공단에 최초로 교회가 설립된 것은 크리스천 기업인으로서 투철한 사명감을 가진 박 회장의 신앙심이 있어 가능하긴 했다. 그의 경영철학은 성경에 나오는 '청지기 사명'이라고 스스로 말했다. 이는 하나님이 주신 재능을 최대한 발휘해 기업을 키워 사회에 환원하겠다는 의지를 가진 것이다. 박 회장의 확고한 믿음 위에서 지난 40년간 기업을 통한 선교를 진행해왔으며, 이에 따라 국내는 물론 세계 각지에 준공하는 공장마다 교회 건축을 해왔으며 신원그룹 회사 직원들은 남측에 있는 본사뿐 아니라 중국 인도네시아 베트남 과테말라 등 해외지사 전 직원들도 월요일에 출근하면 직원 예배를 드리고 일주일 근무를 시작한다.

이곳 개성공단교회도 예외가 아니다. 매주 월요일은 직원예배, 수요, 주일은 정기예배를 드리며 매일 새벽 5시에는 새벽예배도 드린다.

WTO 가입과 신원그룹 산하 교회와의 상관관계

박성철 회장이 개성공단에 교회를 세우기까지 치러야 했던 험난한 경로를 일반인들은 잘 알지 못한다. 그러나 비록 개성공단이라는 특수 지역이지만 이북영토에 십자가를 걸고 찬송가를 부르며 설교를 듣고 기도를 올리며 예배를 볼 수 있도록 했다는 것은 공장을 세운 것 만큼이나 남북관계에 엄청난 변화가 있었음을 상징하는데 그가 이런 변화를 이끌어내기까지는 그 이면에 숱한 고통과 말 못할 사연들이 많았다.

북측은 60년간 지속된 북미간의 대결로 인해 부분적으로 종교를 제한하고 있는데 그런 북측 영토에 세워진 개성신원교회는 그 동안 베일에 가려져 있었던 것도 사실이다. 십자가 반입 사건 등 크고 작은 사건들이 그 동안 끊임없이 회자되었기 때문이다. 초창기에는 북측이 십자가를 세우는 것을 원천봉쇄하기도 했고 무서운 압력도 있었다. 그러나 강경한 태도를 보인 북측을 탓하기 전에 사전에 북측과 충분한 협의와 논의를 거치거나 북측 관계자들의 입장을 배려하지 않고 무조건 저돌적으로 밀어붙인 신원 측의 태도에도 문제는 있었다.

신원그룹 산하 해외 공장 교회들 중에는 중국과 베트남과 같은 사회주의 국가들도 있다. 박성철 회장의 증언에 의하면 이들 국가들은 신원공장 교회의 덕을 톡톡히 봤다고 한다. 실례로 중국 측이 WTO에 가입할 당시 심사위원들로부터 종교의 자유 부분의 검증을 받아야 했는데 이때 중국 측에 "실제적인 종교의 자유가 있느냐? 있다면 지금 당장 보여 달라"라고 기습적인 요구를 했다고 한다. 이때 중국 정부 측 관계자들은 마침 중국에 세워진 신원공장 교회를 WTO위원들에게 견학토록 해서 아무 무리 없이 가입이 허용되었다고 한다.

또한 베트남의 경우도 마찬가지였다고 한다. WTO 가입 당시 베트남 정부 측은 종교의 자유가 있다는 한 단면을 보여주기 위해 신원 하노이 공장 교회와 예배실을 견학시켰으며 그 결과 무사히 WTO에 가입했다고 한다. 박 회장의 증언에 의하면 "북측도 언젠가 WTO 가입이 불가피할텐데 그 때를 대비해 상징적으로 신원공장사옥에 세워진 개성공단교회를 활용해야 한다"고 북측을 설득해 교회가 승인된 것이라고 한다. 이유야 어떻든지 간에 신원그룹이 북측 영토인 개성공단 내에서 대규모 패션쇼를 했다는 사실도 세계가 깜짝 놀랄 일이지만 이와 더불어 개성공단에 교회가 세워졌다는 사실도 이미 남북간의 통일의 변곡점에 다다랐다는 실감을 주는 큰 사건이었다.

남측 국회의원들과 미국 의회의원들도 개성교회 방문

지금부터 10년 전인 2006년 12월 1일은 미 의회 민주당 소속 에니 팔레마베가, 짐 맥더모트, 마이클 혼다 의원 등이 개성공단을 참관했으며 마지막 코스로 개성공단교회를 방문했다. 방문단에 참석할 예정이던 에디 버니스 존슨 의원은 개인사정으로 불참해 나머지 3명의 연방의원들이 참석했으며 남측 국회에서는 당시 영어가 유창한 열린우

[사진 45] 개성공단교회를 방문한 국회 외통위원들(좌), 미의회 민주당 의원들(우)

리당 유재건, 정의용 의원 등이 미 의원들과 동행했다.

개성공단에 대한 이해의 폭을 넓히고 원산지 문제에 대한 미국 측의 입장을 확인하고 남측과 의견을 교환하기 위해 방문한 미의원들은 교회를 참관한 후 소스라치게 놀라면서 "진짜 예배를 보느냐"고 물었으며 "그렇다"고 대답하며 실상을 소개하자 "엄청난 변화를 신원이 주도했다"고 찬사를 아끼지 않았다.

그 후 7년이 지난 2013년 10월 30일은 남측 국회의 국정감사 기간 중에 외교통일위원회 소속 국회의원들 21명이 사상 처음으로 개성공단을 방문해 공단 재가동 상황을 점검하고 입주기업의 애로사항을 들었다. 안홍준(새누리당) 외교통일위원장 등 국회의원들은 북측에 방문증명서를 제시하자 북측 통행검사소(CIQ)를 통과시켰으며 국정감사를 마친 후 신원공장을 비롯한 많은 입주기업을 둘러보고 마지막 코스로 개성공단교회를 방문해 박성철 회장과 함께 방문기념 예배를 드렸다. 박 회장은 이 자리에서 다음과 같이 기도를 올렸다.

우리 성부의 나라살림을 책임지고 있는 국회의원들을 북쪽으로 올라

오게 해주신 하나님께 감사드리며 오늘을 계기로 하나님께서 남북 경제협력에 큰 전환점이 되게 하시고, 남북화해에도 큰 역할을 할 수 있도록 인도해주옵소서. 개성공단이 잘 되어 남쪽에서 열차를 타고 개성을 거쳐, 평양, 신의주를 지나 러시아와 유럽까지 평화와 화합, 사랑을 싣고 힘차게 달릴 수 있도록 우리 민족을 축복해주십시오. 주님의 돌보심으로, 경색된 남북관계가 하루 빨리 회복되길 소망합니다. 남북의 화해와 협력의 출발점이 이곳 개성공단이 될 수 있도록 축복하여 주시고, 오늘의 기도가 통일의 작은 씨앗이 되기를 바랍니다.

박 회장의 기도가 끝나자 국회 외통위원들은 박수로 화답했고, 일부 독실한 의원들은 '아멘'을 외치기도 했고 기도와 찬송 소리가 잠시나마 교회당에 울려 퍼졌다.

북측 세관의 십자가 압류 사건

원래 신원그룹 설립자인 박성철 회장은 1992년부터 북측지역에 교회를 개척할 비전을 품고 나진-선봉지역의 교회 건축 기금을 북측에 전달했으나 건축이 이뤄지지 않았고 그후 오랜 기도 끝에 2006년 정식으로 개성교회를 세울 수 있었다. 이에 앞서 2005년 7월 시범단지 공장 건물 3층에 처음 설립한 개성교회는 기도처소의 용도로 작은 예배실 규모로 세워진 바 있다.

마침 3층 200석 규모로 교회를 확장 이전하며 강단에 세운 십자가는 7월경 남쪽에서 가져온 것인데 개성공단 내부로 반입하는 과정에서 당시 북측 세관은 규정대로 종교물품인 십자가를 압수하고야 말았다. 이때 북측의 반대를 무릅쓰고 신원 측에서는 십자가를 되찾기 위해 백방으로 알아보기 시작했으며 당황한 북측은 "당장 철거하지 않으면 사업을 못할 수도 있다"고 경고했고 더 나아가 사과문까지 쓸 것을 요구했다.

하지만 신원 측은 "개성교회에서 예배를 드리지 못한다면 다른 것은 아무것도 소용없으니 공장을 철수하겠다. 교회는 결코 정치적인 것이 아니며 우리 신원 근로자들과 회사는 신앙을 생명처럼 여긴다"며 북측을 설득한 끝에 세관은 열흘 만에 다시 십자가를 돌려주었으며 "더 이상 이 문제는 없던 것으로 할 것이며 문제 삼지 않겠다"라며 한 발 물러섰다.

이 사건을 두고 박 회장에 대해 용기의 산물인가, 아니면 북을 이해하지 못하는 무지의 소치인가에 대한 논란이 있어 왔고 되찾은 붉은 십자가는 강단에 걸려 울긋불긋한 성탄목으로 장식됐다. 그리고 3층으로 이전하기 한 달 전부터 시작했던 성경공부와 새벽기도도 다시 시작됐다.

십자가 압류 사건의 해결사 김원웅 의원

김원웅(金元雄) 의원이 국회 통일외교통상 위원장으로 재직하던 2006년 당시 북측 세관에 압류된 십자가 사건을 김 의원이 앞장서 북측 고위층과 협상해 원만하게 해결했다. 당시 십자가 압류 사건은 단순한 사건을 넘어 매우 미묘하고 복잡한 사안이었기 때문에 김 의원까지 나서게 된 것이다.

나행히 김 의원은 2006~2008년까지 국회 통일외교통상위원장으로 한미 FTA협상 문제로 미국을 10여 차례 방문해 미 의회와 국무성의 고위인사와 접촉해 개성공단 제품을 한미 FTA에 포함시키는 일을 성사시켰고, 노무현 대통령 당선자 시절에는 비공개 특사로 평양을 방문해 민족평화축전 개최를 합의해 2003년 10월, 제주도에서 남북공동행사인 민족평화축전을 성공적으로 마친 경험이 있었다.

그뿐 아니라 일제가 약탈해 간 문화재 환수위원회를 결성해 평양을 방문, 남북이 함께 공조해 일본을 압박해 북관대첩비, 조선왕조실록 및 조선왕실의궤를 되돌려 받기도 해 평소 북 당국과는 공감대가 많아 십자가 압류사건 해결사로서 적임자였다.

한반도 분단의 원인과 개성공단의 인과관계까지 통찰하고 있던 김 의원은 평소 "일제 식민지배를 받은 조선이 분단된 것은 매우 가혹한 희생이며 미국과 소련에 의해 분단이 되지 않았다면 전쟁이 발발할 이유가 없었을 것이고 굳이 이처럼 개성공단을 조성할 필요도 없었을 것"이라는 역사관을 소유했기에 북측과의 대화도 잘 풀렸다.

결국 김원웅 의원의 협상 노력으로 십자가는 무사히 돌아와 교회 강단에 부착할 수 있었고 다시 정상적인 예배가 드려질 수 있도록 했다. 이 사건 이후 신원 박성철 회장은 오히려 십자가가 쉽게 부서지지 않도록 그후 튼튼한 대리석으로 다시 세웠다고 한다.

개성공단교회 중단과 정병업 담임목사의 금식기도

개성공단교회 설립자인 박성철 장로는 평소 이신웅 목사가 담임하고 있는 영등포 신길성결교회(기독교대한성결교회) 장로로 봉직(현재 원로장로)하고 있었는데 이와 동시에 정병업 목사가 담임하고 있던 서대

문구 냉천동 신일교회(대한예수교장로회 황동노회)에 새벽예배도 매일 참석하게 됐다. 이런 인연으로 정 목사는 훗날 개성공단교회의 담임목사로 임명받아 사역하게 된다.

특히 박 회장은 자신의 장남 박정환 목사를 신원의 '사목'(社牧)으로 임명, 매주 두 차례 직원들을 상대로 성경 공부를 하고 있는 상황이며 박 회장 자신도 새벽 5시께 출근해 기도로 하루를 시작하는 인물이다. 이처럼 장남이 신원그룹의 사목(社牧, Chapline)을 맡았음에도 불구하고 정 목사를 개성공단교회를 담임하도록 배려한 것은 박 회장의 신뢰가 두터웠기 때문이다. 정 목사는 자신이 28년 동안 담임했던 신일교회를 정년보다 7년 먼저 은퇴해 후임 이광일 목사에게 교회를 인계하고 자신은 개성공단교회를 담임해 3년째 사역을 해왔다.

그러던 중 박근혜 정권이던 2016년 2월 10일 오후 5시 남측 정부는 개성공단 가동을 전면 중단하기로 발표했고 북측은 11일 밤 10시를 기해 전면 철수조치를 내리면서 공단은 정적이 흐르는 침묵의 도시가 되고 말았다. 개성공단교회 담임목사를 맡고 있던 정 목사는 마침 아들을 잠깐 만나러 가기 위해 미국에 체류하던 중 공단 폐쇄 조치를 당한 것이다. 이 소식을 갑자기 접한 정 목사는 자신이 사용하던 성경책, 찬송가조차도 못 챙기고 몇 년이 흐른 지금까지 개성교회 문은 닫혀있다.

개성공단을 떠나기 전 개성신원교회 관리인에게 교회를 잘 보호하라고 부탁하고 미국으로 출국해 체류하던 중 개성공단 중단 뉴스를 듣고 급거 귀국했으나 폐쇄조치로 인해 더 이상 개성에는 다시 들어가지 못했다. 개성공단 철수가 전격 결정되자, 누구보다 안타까워하고 발을 동동 구른 사람은 바로 정 목사와 박 회장이었다. 특히 정 목사는 이번 일로 상심이 크지만 개성공단의 문이 다시 열리도록 기도원에 들어가 금식기도를 드리고 있다고 한다. 한편 개성교회 측은 갑작스레 철수하면서 교회 성물들을 미처 들고 나오지 못했으며 개성공단 남측 근로자들이 예배드릴 때 공동으로 사용하는 다량의 성경책을 비롯한 비품들도 모두 두고 나왔다.

개성공단 폐쇄와 교회설립자 박성철 회장의 구속

2016년 현재 개성교회는 두 가지 사건 때문에 큰 어려움을 겪고 있다. 그중 하나는 개성교회 설립자였던 신원그룹 박성철 회장과 그 일가의 비리혐의로 인한 박 회장 부자의 구속 사건이고 또 하나는 2013년 4월 3일과 2016년 2월 11일, 두 차례에 걸쳐 발생한 개성공단 가동 중단 및 폐쇄 조치 때문이다.

먼저 박 회장의 구속 사건이다. 법원은 채무자 회생 및 파산법 위반과 사문서위조 및 행사, 특정경제범죄가중처벌법상 조세 혐의 등으로 구속 기소된 박 회장에게 징역 6년과 벌금 50억 원을 선고했고, 차남 박정빈 부회장도 징역 3년을 선고받아 법정에서 구속됐다. 여러 가지 경제범죄 혐의로 재판을 받은 박 회장은 평생 쌓은 명성과 신앙, 사회적 위신이 일시에 추락했으며 이에 따라 박 회장이 설립한 개성공단교회도 큰 타격을 입게 되었다.

그 동안 개성공단은 2013년 4월~9월까지 공장가동이 166일 동안 중단됐고 이어서 다시 재가동되던 중 2016년 2월 11일부터 또 다시 폐쇄조치가 내려져 공장 가동이 무기한 중단되어 막대한 피해를 입었으며 이에 따라 개성신원교회 역시 많은 어려움을 겪고 있는 중이다.

2013년에 가동 중단될 때는 그래도 박성철 회장이 직접 주도해 개성공단 정상화를 위한 기도회를 열었으나 이번 2016년도 폐쇄 때는 박 회장의 구속으로 구심점이 없어졌다. 1차 폐쇄 당시인 2013년 5월 24일은 박성철 회장이 구심점이 되어 서울 도화동 신원그룹 본사 예배실에서 신원을 포함한 개성공단 입주기업 60여 곳의 임직원 180여 명이 참석한 가운데 '개성공단 정상화를 위한 기도회'를 열기도 했다. 이들은 모두 개성교회에 출석하는 사람들로, 공단 철수에 따라 뿔뿔이 흩어졌다가 이날 모처럼 한자리에 모인 것이다.

그리고 이번 2016년 개성공단 폐쇄조치로 박 회장은 현장에 없지만 나머지 회사와 교회 관계자들이 모여 연이어 금식기도하고 있는 중이다. 개성공단이 재가동되면 당연히 개성교회도 문이 열릴 전망이다. 개성교회는 교회 그 이상의 의미가 있는 곳이기 때문에 다시 남북의 근로자들이 손을 잡고 평화의 예배를 드릴 날을 고대한다.

금강산교회

[사진 46] 십자가 네온사인을 설치한 금강산교회당 야경. 현대 아산 직원들의 업무 특성상 밤 9시 30분에 주일예배를 드린다.

소떼를 이끌고 국경을 넘은 용기와 결단

금강산은 태백산맥 북부에 있는 세계적 명산으로 행정구역상 강원도 고성군과 금강군 2개 군에 걸쳐 뻗어있으며 계절에 따라 그 아름다움이 달라 봄에는 금강산, 여름에는 봉래산, 가을에는 풍악산, 겨울에는 개골산(설봉산)이라 부르는 등 여러 별칭으로 불린다. 최고봉인 비로봉의 높이는 1,638m, 동서 40km, 남북 60km의 광대한 산맥으로 형성된 북측 영토에 속해 있는 산이다.

우리 민족의 자랑이자 명산인 금강산이 국토의 분단을 안타까워하고 민족의 단절을 아쉬워했는지 지난 10년간 금강산 관광으로 남북을 이어주는 매개체 역할을 했다. 금강산 관광은 남북이 함께 손잡고 일하며, 함께 살아갈 통일 조국의 미래를 미리 경험하며 그날을 위해 개척해 나가자는 취지에서 시작했으며 통일된 우리 민족의 미래 모습을 확연히 보여주는 것이었다. 그런 연유에서 금강산 관광특구는 5.24조치 이후에도 관광 목적 외에 간혹 남북장관급 회담, 남북 종교인 회담, 이산가족 상봉 등 남북 화합과 협력, 대화 채널의 장으로 활용되고 있다.

1989년 1월, 정주영 현대 명예회장은 북을 첫 방문한 이후 금강산 관광 및 시베리아 공동개발 의정서를 체결했고 이후 10여년 후인 1998년 6월과 10월 두 차례에 걸쳐 소떼몰이 방북을 성사시켜 우리나라는 물론 세계인의 주목을 받았다. 그후 1998년 11월 18일은 역사적인 현대 금강호가 첫 출항을 하며 현대아산 금강산사업본부가 문을 열었다. 또한 현대 아산 측은 북 정부로부터 50년간 임대받은 온정리 인근 2천만 평 일대에 각종 관광시설을 건설하며 타운을 형성하며 사업을 확대해나갔다.

비록 이윤추구도 병행하는 프로젝트였지만 정주영 회장은 특유의 애국심을 발판으로 통일지향적 방향으로 사업을 이끌어나갔으며 그의 의지는 결국 단절된 남과 북의 길을 트고 왕래할 수 있는 다리를 놓았다. 소 떼를 끌고 국경을 넘은 그의 뱃장과 기상천외한 발상은 분단의 현실 상황에서 볼 때 엄청난 용기와 결단이었으며 이후 금강산

[사진 47] 정주영 회장이 소떼를 몰고 방북하기 위해 출발하려는 모습

호텔 개관, 금강산 골프장 착공, 신계사 대웅전 낙성, 이산가족 면회소, 옥류관 비치호텔, 온정각 동관과 서관, 외금강 호텔, 화진포 아산휴게소 개관 등으로 발전되어 왔다.

또한 매우 예민한 사안임에도 불구하고 천하제일 명산인 금강산에는 천상의 아름다움 속에 자리 잡은 금강산 신계사가 재건되어 남측의 조계종 소속 승려가 상주하고 있었을 뿐만 아니라 현대 아산 직원들이 거주하는 금강산 빌리지 영내에는 작은 규모의 금강산교회가 세워져 예배와 각종 종교행사들이 활발히 이뤄지고 있었다.

이후 금강산 관광객들의 폭발적인 수요를 감당하며 왕성하게 사업을 벌이던 도중에 뜻하지 않은 불행한 사건이 발생했다. 2008년 7월 11일 발생한 금강산 관광객 박왕자 씨 피격사건으로 이틀 후인 13일 오후 3시 30분부터 현대아산 직원들과 일반 관광객들에 대한 전원 철수조치가 내려졌고 결국 금강산 관광사업 10년 만에 모든 사업은 전격 중단되어 2016년 현재까지 재개되지 않고 있다.

당시 이 사건으로 남북 관계는 화해무드에서 본격적인 냉전 상황으로 급선회했고 이어 2010년 3월 26일에 발생한 천안함 침몰사건으로 인한 이명박 정부의 5.24대북 제재조치로 인해 모든 남북교류 사업은 전면 중단돼 오늘에 이르고 있다. 이로 인해 현대아산은 적자일로에 접어들어 현재는 비상경영체제로 지탱하고 있으며 아울러 금강산 교회도 자동 폐쇄된 상태이고 각종 예배와 기도회를 포함한 모든 종교 활동들과 교회운영도 2016년 현재까지 모두 중단된 상태에 있다.

금강산 품안에 세워진 금강산교회를 가다

필자는 2006년 7월 금강산을 가기 위해 아침 7시 서울 숙소에서 집합장소로 출발해 그날 밤 7시가 넘어서야 금강산 관광 특구인 온정리에 도착할 수 있었다. 금강산 관광 본부라고 할 수 있는 온정각까지의 여정은 특수한 외국을 방문하는 것보다 힘들고 복잡한 절차를 거쳐야 했다. 버스를 타고 거의 5시간을 넘게 달려 고성에 있는 금강산콘도에 가서 월경을 위한 수속을 밟아야 했으나 수속하는 시간에는 알 수 없는 설렘과 기대감에 부풀었다.

금강산 관광객에게 발급하는 임시여권과 비자를 받을 수 있는 카드, 관람권, 관광버스와 숙소 이용권 등의 서류를 받아 주머니에 넣거나 목걸이로 걸고 다시 버스에 탑승한 후 또 다시 버스는 쏜살같이 달려 접경지역인 통일전망대 주차장에 도착해 승객들은 출입국관리소에서 핸드폰과 고성능 카메라(일반 카메라는 제외), 통신장비 등을 보관시켜야 했다. 짐, 서류 등의 보안검사를 받고 출국신고를 마친 후 다시 엄격한 통제와 관리를 받으며 금강산 관광 전용버스를 타고 민통선을 지나 남방 한계선을 넘어 비무장지대 안에 말뚝으로 표시된 국경을 넘은 후 다시 북방 한계선을 거쳐 북 영토 안으로 들어갈 수 있었다.

북방 한계선을 넘는 동안 관광조장(가이드)은 "비자용지를 훼손하면 안 되며 만일 물 한 방울 적시거나 점 하나를 찍는 낙서도 해서는 안 됩니다. 버스 이동 중에는 절대로 사진 촬영을 할 수 없으니 카메라를 모두 가방에 넣으시기 바랍니다"라는 주의사항을 입이 마르도록 반복했다. 입국 절차를 마치고 버스에 올라온 군인들에 의해 점검을 받고 규정된 월경시간을 기다려 20대가 넘는 관광버스는 현대가 건설한 관광도로를 달려 관광 특구인 온정리로 향했다.

북측 국경을 넘기 위한 출입국 절차와 금강산 관광의 총 본부라고 할 수 있는 온정각(溫情閣)으로 가는 여정은 그 어떤 머나먼 외국여행보다 힘들고 복잡한 절차를 거쳐야 했으며 금강산 관광 여행과 금강산 교회 방문은 지난 50년간 우리가 얼마나 서로 다르게 살아왔는가를 확인한 여행이었다고 여겨졌다. 그러나 피곤한 것도 잠시, 얼핏 보아도 금강산의 절경과 산악미가 주는 감탄사는 보는 이들을 압도해 짜증스런 생각도 모두 떨쳐버리게 하며 이내 금강 삼매경에 빠지게 했다. 외금강 산맥은 그 기세가 장엄하고 기발하며 특히 온정리에서 남쪽방향으로 보이는 풍경은 깎아지른 듯한 산등선과 절벽 등이 어우러져 병풍처럼 펼쳐져 스스로 탄성을 자아내게 했다.

체류 중에는 온정리호텔에서 차를 타고 약 15분쯤 이동하여 장전항 근처에 있는 현대 아산 직원들의 숙소로 사용하는 지역인 '금강 빌리지'에 도착하면 '금강산교회'가 보인다. 교회가 세워진 배경에는 현대 아산 직원들 중에 기독교 신자들로만 구성된 신우회가 주축이 되어 성사됐으며 교회 조직과 운영도 회원들 중심으로 꾸려졌다. 그러나 더 깊은 이면에는 생전의 정주영 회장의 종교관과 사내의 종교 자유에 대한 배려에서도 기인한다. 정 회장은 세계적인 사업가 이전에 실향민의 한 사람으로 혹은 한 사람의 인간으로서 기독교를 신봉했다. 정 회장은 임종 직전까지 기독교 신앙인이었기에 평소 그의 삶과 유지를 받들

[사진 48] 십자가 네온사인이 없었던 초창기 금강산교회당 모습. 출입문 왼쪽에 교회 간판이 보인다.

었던 최인식 호텔사업본부장을 비롯해 현대 아산 신우회원들이 교회를 세우는 원동력으로 삼았던 것이다.

생전의 정 회장은 80년대 초부터 매년 현대그룹 사옥 지하에서 거행된 연말 행사장의 공개석상에서 "나는 유년시절 강원도 통천 고향 마을의 교회를 다녔으며 주일학교도 빠짐없이 다녔다"며 진행을 맡은 이동진 목사(그리스도인닷컴 대표)에게 증언하기도 했다. 또한 정 회장의 다섯째 동생인 정신영 동아일보 기자가 40대의 젊은 나이에 독일에서 교통사고로 운명하자 젊은 나이에 청상과부가 된 제수 장정자 여사(대한적십자사 부총재)를 배려해 장정자 권사가 다니는 서울 정동교회에 온 가족을 이끌고 함께 출석하기도 했다. 또한 정 회장은 2001년, 임종을 앞둔 서너 달 전에 불편한 몸으로 아들 정몽준 의원 내외와 주치의 최 모 박사 등이 배석한 가운데 종로구 청운동 자택에서 온누리교회 하용조 목사로부터 직접 세례를 받은 바 있고 운명하기 직전까지 그의 침대 머리맡에는 성경책이 놓여 졌고 수발들어 주는 과장급 직원에 의해 성경이 읽혀지고 카세트로는 찬송가를 들었다.

3개월 만에 건축한 예배당은 매주 100명 이상 참석

당시 금강산 내에는 현대 아산직원과 협력업체, 계열사, 조선족 동포들을 비롯한 약 400명가량의 직원들이 상주하고 있었으며 모든 직원들은 장전항 인근의 금강빌리지라는 이름의 컨테이너로 꾸며진 제법 깨끗한 거주 시설에서 생활하고 있었다. 퇴근 후에는 빌리지 구내에 세워진 교회당에 모여 직원들끼리 모여 기도회나 성경공부를 한다거나 친교와 화합의 장으로 활용하고 있었고 매일 드리는 새벽예배를 비롯해 수요예배나 주일예배도 정기적으로 드려왔던 것이다.

'금강산교회'라는 명칭으로 설립된 이 교회는 초교파로 운영되었으며 현대아산 신우회원과 일반 협력업체 직원들의 직장 예배처소로 세워졌으며 점차 관광객과 여행객들도 적극적으로 예배에 참여하며 널리 알려지게 되었다. 교회부지의 행정구역상 주소는 조신민주주의인민공화국의 '강원도 고성군 온정리 금강 빌리지내 금강산교회'이다. 예배당 규모는 대형 컨테이너와 가건물을 증측한 건물로서 100석 규모의 좌석을 구비했으며 시행처는 '현대아산 신우회', 시공과 건축은 인천 남동구 만수동에 위치한 설비전문회사 '서해'에서 맡아 2004년 6월에 공사를 시작해 3개월 만에 공사를 마치고 곧바로 입당했다.

공식적인 담임목회자는 없으나 외부 목회자 초청, 부흥회와 각종 행사 집회, 자체 내 평신도 설교자(장로) 지정 등으로 예배에는 지장이 없이 운영되었다. 주일예배와 수요예배 등의 집회 시간은 평일과 주말 구분이 없는 직원들의 업무 특성상 모든 일과를 마친 밤 9시 30분에 모여 시작했으며 설립 초창기는 매주 50~60명의 인원이 예배에 참석했으며 점차 알려진 이후로는 100여 명이 참석해 예배당을 가득 메웠다.

직원들은 업무 특성상 시시때때로 밀려드는 단체 방문객과 관광객들을 상대하며 복잡한 일들을 처리해야 했고 본국에 있는 가족들과는 직통 전화조차 되지 않는 고립된 지역에서 일하는 애로사항 등을 안고 근무하고 있었다. 이처럼 남들이 알지 못하는 어려움과 고통을 감내해야 하며 발생한 스트레스와 격무, 고립감 등은 말로 표현하기 힘들 정도였다고 한다. 이들은 이런 모든 어려움들을 이곳 교회당에 모여 예배를 드리는 과정에서 풀며 위안을 삼고 힘을 얻고 있었다.

현대아산 직장 신우회의 금강산 첫 예배

'금강산교회'의 설립과정을 알아보니 1998년 현대아산 금강산사업본부가 문을 연 이래 2002년 10월에 이르러서야 금강산교회에서 현대아산 직장 신우회 첫 공식 예배가 드려졌다고 한다. 그 동안 2년간 목회자 없이 자체적으로 예배를 드려왔던 것이다. 그 후 2004년 중순에 접어들면서 교회당 건축을 시작했으며 그해 가을에 접어들어 완공됐다. 교회가 세워지기까지 여러 우여곡절이 많았다. 거슬러 올라가 보면 결정적인 계기는 2001년 2월 19~22일까지 거행된 '금강산 땅밟기 기도회'와 세미나였다.

이 행사는 당시 한국기독교총연합회과 국민일보사에서 주최했고 한기총의 통일선교대학과 크리스천대학신문이 합류했는데 진행은 전적으로 보수기독교 측에서 사흘간 주도했다. 소위 '제1회 금강산 땅

밟기 기도회'를 북측 지역 내 금강산에서 개최하도록 북측 당국이 허가한 것은 매우 이례적인 일이며 이는 북측의 공식 협조 아래 개최된 개신교 최초의 금강산 지역 종교 행사였다. 아무튼 금강산 현지에서 기독교 기도회와 예배를 드리게 됨으로써 남북 종교 교류에 역사적인 전기를 마련한 것으로도 볼 수 있었다. 보수기독교나 근본주의자들 중에서 혹은 기독교 은사주의자들이나 신비주의자들이 국내 불교사찰이나 해외 유명관광지 사찰 주변을 돌면서 소위 '땅 밟기 행사'를 하고 있는데 이런 지탄받을 행사를 북측 영토 안에서 실시했다는 것은 충격적인 일이다.

아무튼 (종교적으로 자세한 의미와 내막을 모르는) 북측 당국의 협조아래 아무런 제재와 통제 없이 상당히 자유스런 분위기 속에 드려진 '금강산 땅 밟기 기도회'는 박영률 목사가 단장을 맡아 금강산 해금강과 온정각, 구룡폭포에서 3차례에 걸쳐 실행됐으며 이날 참석한 150여 명의 신자들은 열정적으로 기도와 예배를 드렸다고 한다. 세미나에는 김의환 박사, 한화룡 박사, 이방석 박사가 통일과 북한선교에 관한 세미나를 인도했고, 한기총 선교국장 박신호 목사가 평화통일기도회를, 조기연 교육부장이 총괄 진행했다.

이 행사는 목사와 평신도, 유아부터 80대 노인에 이르기까지 다양한 연령과 직분이 골고루 참여한 행사가 되었으며 그 이후 다시 한기총의 주도로 남측교회와 디아스포라 한인교회가 연합해 그 해 5월 말 경에 개최하려던 '제2회 금강산 땅 밟기 기도회'는 북측의 불허로 추진되지 못했다. 북측에서 '땅 밟기 기도회'가 뭘 하려는 것인지 알아차린 것이다. 그런 와중에 현대아산 신우회는 금강산에서의 첫 예배와 교회 건축, 정기예배 개설 등을 추진했으며 이를 통한 아산직원들과 관광객

[사진 49] 교회에서 단체로 관광을 왔다가 주일예배를 마친 후 기념촬영하는 신자들과 목회자

들의 신앙생활에 기여를 하게 되었다.

금강산교회에서 첫 부흥회가 개최되다

또한 지난 2004년 10월 7일 밤 9시에는 금강 빌리지에 위치한 금강산교회에서 통일조국의 비전을 안고 부흥성회가 열렸다고 한다. 주로 현대아산 직원들의 숙소로 이용되고 있는 이곳 빌리지 타운에 유명한 부흥사가 와서 집회를 하게 된 것이다. 빌리지 구내에서 예배와 함께 찬송과 기도소리가 울려 퍼지는 감격을 맞이했는데 첫 부흥회 강사는 다름 아닌 뉴라이트의 선두주자 두레교회 김진홍 목사였다. 소위 '그 밥에 그 나물'이었다. 어차피 통일을 빙자한 수구기독교세력들과 보수기독교들이 이런 일들을 추진하기 좋아하기 마련이다.

신우회는 지난 2002년부터 2년 동안 80여 명의 신우회 회원이 자발적으로 모임을 갖고 예배를 드렸지만 이처럼 목회자를 초청해 예배를 드린 것은 이번이 처음이었다. 이날 이후 금강산교회는 모 장로가 설교자로 결정돼 정기적인 예배가 정착됐고 전국의 교회와 기독교단체, 기관들의 연이은 방문행사를 활발하게 개최했다.

특히 2007년 2월 6일에는 금강산교회당에서 행사를 하지는 않았으나 기독교대한감리회 서부연회 주최로 신경하 감독회장을 비롯해 19명의 목회자를 비롯해 모두 40여 명이 참가해 북 주민 거주지역에서 평화기원 예배를 드렸다. 이들은 온정리 마을에 전해주기 위해 연탄난로 125대를 북 인민들에게 직접 전달하는 행사를 가졌다. 또한 2007년 6월 4~6일에는 한국기독교교회협의회(회장 전광표 목사)는 북조선그리스도교련맹(위원장 강영섭 목사)과 함께 금강산 문화회관에서 '제4회 남북교회 금강산 기도회 및 성가제'를 개최했는데 남측 교회대표 200여 명과 북측 교회대표 10여 명이 참여하기도 했다. 이처럼 금강산교회와 관광특구는 남북교류의 장으로 점차 활용되기 시작했다.

금강산교회의 구체적인 운영실태

2006년 7월 당시 금강산교회당 내부는 100여 개의 좌석을 갖추고 빔 프로젝트 시설과 음향시설은 물론 피아노를 비롯한 밴드 시설까지 갖췄다. 건물 외곽 지붕에는 십자가 종탑은 없었으나 출입구 정문 위에는 십자가 네온사인 표식은 설치했으며 입구 좌측엔 소형 교회 간판이 부착되어 있고 입구 우측엔 세로로 제작된 나무 간판을 달았다.

금강산교회가 활성화된 것은 앞서 밝힌 대로 현지 현대아산 금강산사업소의 고위급 직책을 가진 인사들의 신심과 신우회원들의 열정과 추진력 때문에 가능했다. 그러나 담임목회자나 전담사역자는 없고, 설교담당은 어느 장로 한 사람이 맡았으며 교회 조직은 6명의 봉사자(정·부회계, 정·부서기, 정·부총무)가 선임되어 운영되었다. 등록 신자는 모두 140여 명이지만 매주 100명 내외의 신자가 예배에 참석하고 있었으며 100여 개의 좌석에는 빈자리가 거의 없을 정도로 만원이었다. 실제 주일예배를 드리는 인원은 관광객들이 참석할 경우 100명이 훌쩍 넘어 출입문 밖에 의자를 놓거나 서서 예배를 드리는 경우도 허다했다.

교회 교구조직은 모두 9구역으로 편성되었고, 구역별로 구역장과 부구역장이 있었으며. 구역은 직장 또는 업무 부서별로 나누어져 있었다. 예를 들어 1구역은 '온천팀, 온천빌리지, 관광공사', 2구역은 '판매팀', 3구역은 '차량, 자재, 정비팀 T/L팀' 식이었다.

매 주일마다 4쪽 분량의 주보를 발간하고 있었고, 주보에는 예배 순서와 간단한 교회 소식 등이 담겨있었다. 어떤 관광객이든지 교회의 위치와 예배 시간을 알고 찾아올 경우에는 예배 참여가 가능하나 현지 직원들만으로도 좌석 여유가 거의 없기 때문에 일부러 관광객에게 예배참석을 권유하거나 홍보할 입장은 아니었다.

주일이나 주중 예배의 분위기는 거의 거부감이 느껴지지 않을 정도로 조용하고 경건하면서도 은혜가 넘치는 것이 느껴지며 설교와 대표기도 혹은 특송이나 찬양 등의 순서들이 매우 수준 높게 진행되었다. 교회 특성상 방문객 신자들이 예배 순서에 동참하는 사례가 많기 때문에 일반인들이 참석해도 거부감이 느껴지지 않을 정도로 무난했다.

금강산 관광특구 내에서의 각 종교들의 활동 상황

남측에서 방문한 금강산 관광객들은 현지에 거주하거나 근무하는 북 관계자나 마을 주민들과의 접촉이 금지되어 있으며 당연히 북측 주민들과의 종교 교류도 원천적으로 불가능하다. 자칫 잘못하면 남북 간의 큰 문제로 비화될 수 있기 때문에 자제해야 했다. 관광객은 물론 금강산에 거주하는 현대 및 협력업체 직원들도 업무 이외에는 북 주민과의 접촉 자체가 제한된다. 그러나 금강산에 거주하는 남측 직원들과 관광객의 경우는 크게 소란스럽거나 북측 인민들에게 영향을 주지 않는 범위 내에서는 일상적인 종교행위는 가능했다.

나는 2006년 7월 당시 타종교 신자나 성직자들이 금강산 관광 중에 일요일을 금강산에서 보낼 경우 해당 종교 집회의 참석 가능성 여부를 알아보고자 해당 종교 시설에 대한 자료를 파악했다. 우선 기독교의 경우를 살펴보면 수요일이나 일요일에 금강산을 찾게 되는 개신교 신자들은 금강산교회를 방문하는 것도 좋은 추억이 되리라고 생각이 들었다. 교회당은 그리 멀지 않으나 일반 관광객의 숙소와는 좀 떨어졌으며, 관광객 숙소인 해금강호텔, 비치호텔, 팬션 등에서는 10분 정도만 걸으면 갈 수 있었다.

교회를 찾으려면 금강빌리지 패밀리마트에서 교회 위치를 물으면 금세 알려준다. 야간에는 북 군인들이 가끔씩 순찰을 돌고 있으므로 여러 명이 교회를 가면서 밤거리를 걸으며 고성방가식의 찬송을 부르거나 통성기도를 하는 행위는 심각한 문제를 유발할 수가 있다고 여겨졌다. 뜻있는 방문객들은 미리 관광조장(가이드)에게 교회의 위치와 예배시간 등을 알아두어 순례자의 마음으로 조용히 다녀오는 것이 바람직하다는 생각을 했다. 한편, 관광객 숙소나 실내에서 일행들끼리 예배나 종교 활동을 하는 것은 특별한 소란만 아니면 제재가 없었다.

우선 천주교의 경우, 금강산에는 천주교 관련 시설이 없었다. 다만 관광조장이나 현대 관련 업체 직원 중에 천주교 신자가 소수 존재

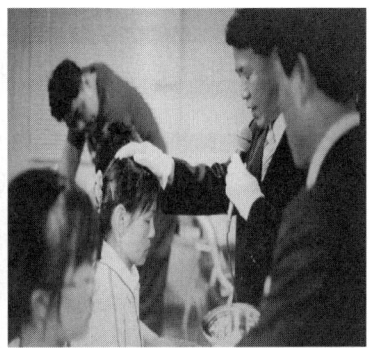

[사진 50] (좌) 교회출석한 지 1년 된 초신자들이 학습 예식을 받는 모습. (우) 여성 신자가 목사에게 세례를 받고 있는 모습

했고, 주일이면 그들 자체적으로 공소예절(신부가 집전하는 미사가 아닌 의식)을 바치는 경우는 있었다. 그러나 지정된 미사 장소가 없으므로 매번 장소가 유동적이기 때문에 약속장소를 정한 뒤 모임이 이루어진다. 직원들의 퇴근 이후에 종교 회합이 가능하기 때문이 공소예절 시작 시간도 개신교회와 마찬가지로 대개 밤 9시 이후에 시작됐다.

그러나 천주교를 믿는 관광객이 주일에 금강산에 체류한다고 해도 여건상 쉽게 공소예절에 참여할 수는 없다. 공소예절을 거행하는 직원 숙소가 협소해 많은 사람이 모이기가 힘들고, 관광객에게 홍보할 상황도 아니기 때문이다. 다만 관광객 중에 가톨릭 사제가 있거나 남측 성당에서 신자와 사제가 단체로 왔을 경우 각각의 숙소에서 미사 또는 공소예절을 바치는 경우는 있었다. 그런 경우는 여건이 허락되는 직원들 혹은 관광조장(가이드)들 중에 천주교 신자가 있다면 참석하기도 한다. 돈을 지불한 숙소에서의 개인적인 종교 의식과 행사에 대한 북측의 제약은 일절 없다.

불교의 경우는 금강산에 있던 장안사, 유점사, 신계사 등 역사적으로 유수한 사찰들은 6.25 전쟁 무렵에 모두 소실되었으나 1998년 현대아산의 금강산 관광이 시작되면서 조계종에서는 고산 총무원장과 불자들이 참석해 신계사 터에서 복원기원 법회를 개최했다. 2001년 4월 금강산 연등 달기 행사를 시작한 이래 매년 진행되며 활발한 교류가 진행되고 있었으며, 2004년 11월 20일에는 조계종 총무원장 법장 스님과 불자들이 참석해 금강산 신계사 대웅전 낙성식이 봉행되었다.

2006년 7월 금강산교회를 방문할 당시 나는 온정리 부근 신계사에서 남측 해인사 출신이라는 제정(濟政) 스님을 만났다. 2004년 11월에 파견되어 지금까지 근무중인데 나와 동갑나기라서 그런지 친구 같은 느낌이 들었으며 불사를 모두 마칠 때까지 이곳에서 상주해야 한다고 했다. 조계종 신계사복원추진위원회로부터 '신계사 복원불사 도감'이라는 정식 직책을 받아 공식적으로 파견된 것이며 북측도 승인한 것이라고 한다. 복원불사는 2007년도에 마무리되는데 그때까지 신계사에 머물며 수행과 불교의식을 집전하면서 동시에 사찰 건축에 대해서도 자문역할을 하는 중책을 맡은 것이다. 스님은 동국대학교 대학원에서 불교건축사도 전공했다고 하니 당연하게 여겨졌다. 이는 얼핏 보면 단순한 일처럼 보이지만 남북 간 불교교류의 획기적 진전을 보여주는 상징적인 사건이 아닐 수 없다.

그 후 확인해보니 2004년 4월 복원불사를 본격 착공한 지 3년 6개월 만인 2007년 10월 13일에 대웅전, 만세루, 극락전, 축성전, 칠성각, 종각, 나한전, 어실각, 산신각, 요사채 등 모두 14개 전각을 복원하게 됐고 낙성식에 이르기까지 모두 70억이 넘는 비용이 들어갔다고 한다. 아무튼 이날 만난 제정 스님은 금강산 관광객들이 유명한 명승지 중의 한 곳인 상팔담(上八潭) 관광을 원하는 경우 신계사도 관광 코스에 포함되었으며, 신계사를 거치는 관광객들을 대상으로 제정 스님은 신계사

[사진 51] 신계사에 4년간 상주하며 복원불사 실무를 담당한 신계사 도감 제정 스님(좌측)과 주지 진각 스님(우측)이 정답게 대화를 나누고 있다.

의 유래와 현황, 주위 경치 등에 대한 간단한 해설사 겸 안내를 하는 역할도 하고 있었다. 또한 관광객들은 대웅보전의 부처에 참배하거나 개인적인 예불을 드릴 수 있고, 기와불사 등에 헌금을 낼 수도 있었다.

스님의 증언에 의하면 자신은 신계사에 24시간 상주할 수는 없으며 아침에 출근해서 저녁이 되면 다시 온정각으로 철수해야 하며 북측 불교는 남측에서 생각하는 주지와는 개념이 다르다는 것을 설명해주었다. 불교의 경우는 천주교와는 달리 관광객 숙소에서 불자 관광객을 위한 특별한 의식이나 모임은 없었다. 그러나 불교의 여러 종단 중에 대한불교조계종만이 유일하게 금강산 경내에 사찰을 건축하면서 교역자를 파견하고 있다는 것에 대해 매우 바람직한 생각이 들었다.

이처럼 금강산을 관광하면서 자신의 종교적 신심 활동도 지속할 수 있다면 색다른 추억으로 기억될 수 있을 것으로 여겨졌으나 한 가지 유의할 부분은 여러 교단과 종단에서 경쟁적으로 금강산을 포교나 선교의 장소로 활용하는 것은 현지에 있는 각 교단 신자들의 종교 활동에도 도움이 되지 않을 뿐더러 자신도 불이익을 당할 수 있는 상황이었다.

자칫 잘못하면 억류사태로 번지거나 남북 간에 미묘한 쟁점이 될 수 있는 사안이므로 규정에 벗어나 선교나 포교 활동은 관광사업의 활성화나 민족 화합과 통일을 위해서도 바람직하지 않다. 당시 남북 당국자들이나 현대 아산 측에서는 관광객들의 종교 활동 편의를 위해서 숙소 내부에 간이 성당이나 간이 법당을 확보해주어 관광과 함께 조용히 신심활동을 하도록 도와주면 좋겠다는 생각을 했다.

해방 전 '금강산기독교수양관' 터 인근에 세워진 금강산교회

해방 전 일제 강점기에 세워진 '금강산 기독교수양관' 터는 지금의 '강원도 고성군 온정리' 부근에 위치해 있다. 이곳은 강줄기가 양쪽으로 만나는 지점이기 때문에 처음에는 그 자취를 찾기가 쉽지 않았으며 산세도 거의 비슷해 어느 지점인지 정확히 잘 파악이 안 됐다. 그러나 다행히 금강산에서 근무하는 직원이 그 지형을 잘 알고 있었기 때문에 어느 정도 파악을 할 수 있었으며 남측에서 교회사를 연구한 분들의 도움을 받거나 이미 앞서 방문한 분들의 자료들을 통해 알 수 있었.

인근에 사는 북 주민들의 증언에 의하면 자신들이 어렸을 때 온천이 있는 근처에 수양관(기도원)이 있었다며 희미한 기억을 더듬어 주었고 지금도 온천이 있는 근처를 살펴보면 건물 흔적들이 남아 있으며 현재는 북측 노동자 숙소 건물이 들어서 있다. 조선 기독교 초기 역사 사료에 의하면 "온정리 외금강 한하계 사다리골 삼각주에 위치한 8천 평 대지에 화강석으로 지은 2층 단독 건물로 총 232평이며, 동해를 바라보는 위치에 세워져 있다"고 기록돼 있다.

금강산 온천이 있는 이곳은 장소가 매우 넓고 평평하며, 수양관 터전 뒤로는 산과 두 강물이 만나는 지점이라는 기록까지 거의 똑같았다. 현대 아산을 통해 집중적으로 개발된 이곳이 바로 고성군 온정리 일대이며 그 부근에 일제 때 건축된 금강산 기독교수양관 터가 있는 것이다. 그후 수양관은 일제에 의해 강제로 철거된 뒤 해방 이후, 분단과 6.25 전쟁 이후 오랜 세월을 거치면서 남북의 신자들 관심에서 멀어졌다. 세월이 흘러 '금강산 기독교수양관'이 건축된 지 70년 만에, 그리고 철거된 지 60년만인 2004년도에 이르러서야 온정리 인근에 '금강산교회'가 세워지게 된 것이다. 그렇다면 일제하에 건축된 '금강산 기독교수양관'이 세워진 배경과 역사를 알아보도록 하자.

금강산 기독교수양관의 설립 과정과 연혁

'금강산 기독교수양관'에 대해서는 조선예수교장로회(현, 대한예수교장로회)의 교단총회 회의록에 소상히 기록돼 있다. 건축 계획부터 마지막 강제 철거를 당하기까지의 전 과정이 기록됐는데 관련 내용을 대략 살펴보면 총회가 수양관을 건립한다는 계획을 결의한 것은 1925년 경이었다. 같은 해 9월 열린 제14회 총회에서는 "금강산에 교역자 휴양소를 설치하도록 하고 이를 위해 총독부와 교섭하도록 결의"함으로써 본격적인 논의가 시작된 것이다.

이러한 논의가 이듬해 열린 총회 때는 대략적인 건축 규모와 용도까지 논의되었고 교섭 또한 본격적으로 추진됐다. 1926년 열린 제15회 총회 회의록에 따르면 "8천 평의 대지 위에 세워질 시설은 강당과

[사진 52] '금강산 기독교수양관' 건립을 주도한 한석진 목사

기숙사, 운동장 등의 시설을 갖추고 본관 건물을 석조 건물로 건축 허가를 추진"하였다. 같은 해 12월 21일 마침내 온정리에 '금강산기독교수양관' 건립 허가를 조선 총독부로부터 얻게 되었고, 이듬해에는 이를 위한 기부금 모금까지 인가받았다. 그러나 수양관 건립 모금이 순조롭게 진행되지 못하게 되자 한석진 목사가 직접 발 벗고 나섰다. 한 목사는 1917년 9월 11일에 조선예수교장로회 6대 총회장에 당선되고 1921년 9월에 신의주 제일교회 담임목사로 부임하여 목회하던 중이었는데 수양관 건립 때문에 교회를 전격 사임하고 1927년에 수양관 건축위원장이 되었다.

그는 교회를 사임하고, 전국을 순회하며 모금 동참을 호소해 마침내 1931년 9월 11일에 건물을 완공하고, 그곳에 제20회 총회를 유치했으며, 8천 평 대지 위에 232평 규모의 2층 건물로 지어진 수양관 헌당식을 갖게 되었다. 이 수양관 건물은 비록 장로교단의 주도로 추진되고 있었으나 조선감리회 역시 축하와 동참의 심정으로 도로 보수와 주춧돌을 기증했다. 당시로는 유일하게 외국의 헌금이나 원조 없이 조선인 자력으로 건립되었으며, 명칭도 '장로교수양관'이라고 하지 않고 교단 색채 없이 '기독교수양관'으로 결정되어 초교파적으로 이용하도록 배려했다.

이후 총회가 열렸던 이곳 수양관은 1938년 5월에 '전국 제직 수양대회'를 유치하는 등 일제 총독부 측에서 볼 때 위험요소로 판단해 수양관 운영을 감독하기 시작했다. 그 후 조선총독부는 이듬해인 1939년 11월 30일, 금강산 수양관의 국유 임야 대부 기간 만료에 따른 총회의 연기 신청을 비열하게 반려하고 말았다. 원래 국유임야를 10년 기한으로 대부받아 수양관을 건축했는데, 일제가 기한연장을 거부한 것이다. 이에 따라 일제는 유력한 목회자와 신자들이 수양관을 이용하는 것을 사실상 저지했으며, 마침내 1941년 6월 30일 완공된 지 불과 10년이 채 되지 못해 철거되는 아픔을 겪어야 했다.

　조선총독부는 "수양관을 총독부에 기증하든지 아니면 철거하든지 둘 중에 하나를 결정하라"고 압력을 넣었는데 당시로서는 이미 교단과 총회가 신사참배에 굴복한 상태라 수양관을 지킬 자체 여력이 없던 상태였다. 그러나 총회는 일제에 내어주기보다는 스스로 철거하는 쪽으로 결론을 내려 철거를 결정한 것이다. 당시 전국 교회가 모금에 동참

[사진 53] '금강산 기독교수양관'에서 개최된 제20회 총회에 참석한 회원들의 기념촬영.

해 수양관을 건립하고 총회를 유치했었다는 사실조차 남북 교회와 신자들의 기억에서 멀어지고 있는 상황이지만 옛 터전이 확인된 이후부터 수양관을 복원하려는 운동이 남측 교회에서 잠시 있었으나 금강산 관광이 중단되고 5.24조치 이후 남북관계가 단절되면서 그런 논의는 중단되었다.

2016년 11월 18일이 되면 현대 아산이 금강산 관광사업을 시작한 지 18주년이 되고 2018년이 되면 20주년이 된다. 관광이 중단된 2008년 7월 이후 2016년까지 현대아산의 손실액은 1조 원에 육박한다. 또한 금강산 관광사업을 위해 그 동안 토지 및 사업권을 확보하는 데 4억 8,669만 달러를 투입했으며 시설 투자에 2,268억 원을 들였다.

한편 관광 중단 사태 직전에는 1,084명이던 직원 수가 현재는 200여 명으로 감원되었고 회사는 비상경영체제를 유지하는 중에 있으며 일부 임직원에게는 대기발령을 내리는 등 극단적인 구조조정을 하며 버티고 생수사업 등으로 버티고 있다. 그러나 회사 지도부는 금강산 관광 재개가 결정되면 2개월 이내에 사업 재개가 가능하도록 준비 체제를 갖춰놓고 있다고 공표했다. 하루 빨리 남북관계가 회복되어 금강산관광 사업이 재개되기를 두 손 모아 간절히 기도한다.

함경남도 신포교회

[사진 54] 컨테이너교회 시대를 마감하고 새롭게 건축한 신포교회당 전경(2002.4)

분단 이후 북측 영토에 최초로 세워진 남측교회

'한반도에너지개발기구'(Korean peninsula Energy Development Organization, 이하 KEDO)라는 국제기구는 김영삼 정부 시절인 1995년 3월 9일, 미국의 주도로 남측과 일본 등 3개국이 설립한 한시적 기구였다. KEDO의 핵심 역할은 1994년 북측이 영변 원자력발전소에서 진행하는 개발 연구의 봉인을 유도하고 마그녹스형 발전소 건설을 포기하도록 유도하는 역할이었다. 결국 북미간의 협상에 따라 북측을 보상하기 위해 함경남도 신포지역에 2기의 경수로(원자력 발전소)를 건설하면서 신포 금호지구에 새로운 타운이 형성되기 시작했다. 원래 신포지역은 과거 소련의 기술력으로 원자력 발전소를 건설하기 위해 이미 지반상태 등 입지조사를 완료한 지역이었는데 소련체제의 붕괴로 계획이 무산된 바 있는 곳이다.

북미협상 결과에 따라 북측은 금호리 주변 일정구역을 원자력 발전소 건설을 위해 '금호지구'라는 이름의 특별구역을 만들어 공사가 완료될 때까지 KEDO 측에 조차(租借)하기로 체결하고 한국, 미국, 일본의 대표가 KEDO라는 국제기구의 대사 자격으로 그 지역에 상주하고 있었다. 건설관련 종사자들도 원래의 국적이 아닌 KEDO 소속으로 그 일정한 제한구역 내에서는 자유롭게 행동할 수 있었으며 북측의 현행법에 저촉되는 사건이나 사고가 발생해도 KEDO의 승인 없이 연행 또는 구속할 수 없도록 협약되었다.

1994년 10월 21일, 북미간의 합의문이 체결된 1년 후인 1995년 12월 15일에 경수로 공급협정이 체결되었고, 2년 후인 1997년 7월 28일 KEDO 사무소가 함경남도 신포시 금호지구에 개설되었다. 다음 달인 8월 19일에는 신포 금호지구에서 경수로 원전 착공식을 거행했고 여러 우여곡절 끝에 2001년 8월 31일, 금호지구에 270만평을 확보해 현장 부지 정지를 완료하며 본격적인 시설 공사에 들어갔으며 9월 14일은 원전 본관 기초 굴착 착수식을 거행했다.

당초 계획대로 2003년까지 1000메가와트 원전 2개를 완공할 목표로 총 부지면적 8,937,000㎢(270만평) 위에 다음과 같이 경수로 관련 세 가지 관련 시설들이 들어섰다. 첫째로 6,633,000㎢(200만평)의 발전소 지역, 650,000㎢(20만평) 생활관 숙소지역, 1,654,000㎢(50만평)의 골재, 용수원 등 어마어마한 면적의 부지가 조성됐다. 특히 직원들과 근로자들의 숙소와 생활 편의시설들이 들어선 20만평 지역에는 훗날 교회, 성당, 사찰이 들어선 종교동(宗敎棟)이 세워졌다. 그러나 공식적으로는 KEDO 요원이나 근로자 외에 어느 누구도 종교지도자의 자격으로는 들어갈 수 없었다.

KEDO 금호지구(琴湖地區) 경수로 직원 및 근로자 생활관 타운 내에 위치한 종교시설 중에 가장 큰 규모의 종교 건축물은 '신포교회'(新浦敎會)였으며 교회가 위치한 곳은 '함경남도 신포시 강상로 동자구 금호리'이다. 교단 소속은 장로교(대한예수교장로회 합신측)이며 교회 설립일은 근로자 숙소에서 첫 예배를 드린 시점으로 볼 때 1997년 7월이다. 또한 1998년에는 힘든 조건에서도 컨테이너를 구입해 정기예배를 드리고 4년이 지난 후 예배당을 건축해 입당한 날은 2002년 4월이다.

그러나 안타깝게도 5년을 넘기지 못한 2006년 1월 7일, 직원과 근로자들이 모두 철수하며 교회운영은 완전히 중단되어 교회당도 무기한 폐쇄되었다. 한 때 1,500명의 남측 직원들과 근로자가 생활관에서 숙식하며 매 주일이 되면 수백 명의 신자들이 출석한 교회가 문을 닫게 된 것이다.

2002년 5월 1일에 KEDO가 주계약(TKC) 변경 계약을 발효하고 같은 해 8월 3일, 드디어 제1호기 콘크리트 타설을 시작했으나 북핵 문제와 관련한 국제정세와 정치적인 문제로 2004년 8월말부터 경수로 사업이 주춤하더니 그해 12월 1일부로 공사가 중단되었다. 이윽고 2004년 12월 말부터는 철수가 시작되었으며 마지막에 철수한 팀은 이듬해인 2005년 1월 28일이며, 최소 인력과 근무자들마저 완전히 철수를 한 날은 2006년 1월 7일이다. 이때부터 남측에서 설립한 기독교 신포교회와 가톨릭 금호성당은 문을 닫고 지금까지 폐쇄된 상태에 있다.

금호지구의 행정구역과 지역적 현황

KEDO 발전소 입지는 금호지구의 일부구역으로서 강상리와 속후리 사이의 금호마을과 어인산 능선에 위치했으며 금호리의 대부분은 발전소 건설을 위해 거의 이주되어 그중 일부만 북쪽 경계 울타리에 근접해 남았다. 또한 주변에는 평라선(평양-나진) 철도가 해안을 따라 달리고 있으며 철로와 더불어 평행한 도로가 있어 함흥-평양-청진으로 연결되었고 신포항을 중심으로 해상교통편이 운행되고 있었다. 당시 상황과 지형을 보다 정확하게 이해하기 위해 북측의 행정구역 개편 역사를 살펴보도록 하자.

KEDO 경수로 건설을 위한 발전소 건설지역과 생활숙소 지역이 위치한 신포시 일대는 함남 동북부 해안에 위치하고 있으며 면적 123 km^2, 인구 150,800명(1991년도 기준) 정도, 동남쪽은 동해에 가깝고 서쪽은 홍원군, 북쪽은 북청군과 인접해 있다. 특히 북청군은 골재원 및 용수원 부지가 위치한 지역이다.

1952년 12월 행정구역 개편에 의하여 북청군 신포면, 양화면, 속후면과 홍원군 용원면 일부가 분리되어 신포군이 신설되었고 1960년 10월 신포군이 신포시로 승격되었으며 이때 9개 리가 홍원군으로 편입되었다. 1974년 1월에 신창군이 폐지되면서 남대천 서쪽의 8개 리가 신포군으로 편입되었던 것이다. 현재의 행정구역은 어항, 포항, 해산, 해암1, 해암2, 광복 1, 광복2, 신흥1, 신흥2, 동호1, 동호2, 마양, 풍어, 연호, 육대1, 육대2 등 16개동과 용중, 신풍, 보주, 부창, 양화, 호남, 남흥, 서흥, 광천, 금호, 오매, 호만포, 강상, 속후, 신호, 양지 등 16개 리로 이루어져 있고 주산업은 수산업이다. 지금은 '강상로동자구'라는 1구와 '광천리, 금호리, 남흥리, 서흥리, 속후리, 오매리, 호남리, 호만포리' 등의 8리로 구성된다.

[그림 55] 신포지구와 북청군이 포함된 함경남도 행정 지도

당시 남측 영토에서 북측의 KEDO 경수로 공사장이나 생활관 부지를 방문하려면 북측과 합의가 된 경우에 한해서 비행기, 기차, 자동차, 선박 등의 교통수단이 모두 가능할 수 있었다. 그러나 북측 사정상 오히려 철로나 육로는 통행이 제한적이며 허락될 수 있는 상황이 아니었다. 그러기 때문에 공사장비나 물자 등을 운반하는 방법은 주로 해상 선박과 대형 바지선을 이용하였으며 이때도 극소수의 운송 관련 인원만 선박에 탑승할 수 있었다. 특별한 경우에는 선박으로 직원이나 근로자들을 운송했으나 대부분의 KEDO 직원들과 근로자들은 항공편을 통해 공사현장을 방문했다.

필자는 당시 자료를 보충하기 위해 박재권 목사, 서훈 박사(국정원 3차장을 거쳐 국정원장) 등 당시 KEDO 현장에서 근무했던 관료들과 책임자, 한전 신우회원들을 비롯한 목회자들을 만나 현장 영상자료와 구두 증언 자료 등을 입수해 당시의 종교적인 상황들을 구체적으로 파악할 수 있었다. 또한 KEDO 금호지구내 교회와 성당 등을 설계한 김정신 교수를 비롯해 1997~2004년까지 약 7년간 KEDO 사진실 소속으로 건설현장에서 근무한 사진작가 석임생(필명 리만근) 선생의 사진 자료도 도움을 받았다. 아울러 KEDO와 한국전력회사의 홍보책자와 자료를 제공받았으며 건축시공기술사였던 이광중(李光重) 선생이 KEDO 현장에서 16개월간 근무한 경험을 토대로 작성한 '현장 보고서'도 제공받아 참조하였다.

신포교회가 세워지기까지

1997년 7월, 근로자 숙소에서 3명이 모여 첫 예배를 드린 신포교회는 그 이듬해인 1998년, 컨테이너를 구입해 첫 예배를 드린 시점부터 그 후 2002년 4월, 예배당을 건축하고 입당한 이후부터는 본격적인 종교활동을 벌였다. 그러다가 2006년 1월 7일, 마지막 잔류 인원들이 완전히 철수하며 교회가 폐쇄되기까지 8년 동안 신포교회는 담임 목회자를 두지 못하고 그 대신 목회자에 버금가는 교역자급의 평신도 지도자들이 교회를 이끌어왔다.

신포교회가 태동된 계기는 KEDO 신포지구 원자력발전소 건설본부의 의무실장으로 부임한 외과의사 출신의 김상현 박사가 컨테이너 교회에서 새벽기도회와 각종 예배를 인도하며 시작됐다. 의무실장으로 부임할 당시의 김 박사는 이미 경기도 수원에 있는 합동신학원 신학대학원에서 신학공부를 하던 전도사 신분이었기에 예배 인도가 가능했다. 그는 1974년 서울대학교 의대를 졸업하고 연이어 대학원을 졸업한 의학박사로서 전주 예수병원, 인천 길병원, 울산 해성병원 등에서 외과과장으로 재직한 경험이 있었기에 의무실장으로 발령받은 것이다.

부임할 당시 40대 중후반의 젊은 나이였던 김상현 전도사는 1974년 서울의대를 졸업하고 전주예수병원에서 외과 코스를 밟은 후 외과 의사가 되었는데 어려서부터 교회를 다녔지만 1980년 군의관으로 복무할 때 유영기 목사(OMF 소속 일본 선교사)를 만나 성경공부를 하던 중에 회심하고 사역자로 헌신하기로 결심했다. 그는 중국 선교의 비전을 가지게 되었고 1991년 서울 할렐루야교회(당시 김상복 담임목사)의 파송을 받아 중국 길림성 연길시에 연변대학과 합작해 병원을 세우고 원장으로 사역하다가 귀국해 1996년 합동신학대학원에 입학해 신학 공부를 하던 중 1997년 9월부터 1999년까지 방북해 약 3년 동안 함경남도 신포 KEDO 의무실장을 맡게 된 것이다.

의무실장을 그만둔 후 귀국해 1999년 합동신학원을 20회로 졸업한 후 그는 대한예수교장로회 합신측 경기중노회에서 목사 안수를 받고 2002~2005년까지 제자교회를 담임하였으며 2002년 5월 4일, 제자교회를 담임하면서 당시 54세의 나이로 인천 간석동에 100병상 규모의 외과병원인 광연병원을 개원했다. 그 후 또 다시 중국 북경으로 건너가 중사모 장애인학원을 2005~2010년까지 운영했으며 2010년부터 현재까지 중국 섬서성 나환자 재활병원인 상락인애원에서 원장으로 근무 중이다.

아무튼 김 박사가 초창기에 컨테이너 예배를 드린다는 소식이 알려지면서 오랫동안 이북교회 재건에 대한 갈증에 목말라 하던 보수교회들은 북녘 땅에 교회가 세워진다는 소식이 전해지자 기독교 신자들이 신포 경수로 공사장 근로자로 지원하기까지 했다. 1994년 이후 북측이 대가뭄과 홍수, 냉해 등으로 식량난을 겪게 되자 한기총을 비롯한 보수 기독교 교단에서는 소위 '북한 교회 재건운동'에 많은 관심을 갖게 되었는데 그런 그들에게 가장 먼저 들려온 소식이 함경남도 신포의 공사 프로젝트였으며 그곳에 교회를 설립하는 것이었다.

이에 발맞춰 신포 경수로 공사를 주도하는 한국전력 그룹에 근무하는 기독교신자들로 구성된 '한전 신우회'가 앞장서서 자신들의 일터인 신포에 교회당을 설립하기로 하고 서울 남포교회(담임 박영선 목사)와의 협력을 통해 교회 설립을 합의하고 컨테이너를 구입해 신포교회가 시작된 것이다. 이와는 별도로 한기총 등 남측의 보수 기독교에서는 당시 신의주 경제특구와 나진선봉 경제특구에 교회를 세우려고 추진했으나 북측 당국이 경제적 이익을 기대할 수 없다는 이유로 교회 설립을 반대해 무산된 상태였는데 이때 신포교회가 성공적으로 설립되는 과정에 대해 큰 관심과 의미를 두고 있었다.

[사진 56] 컨테이너 교회에서 성찬예식을 거행하는 모습(집례자는 김상현 박사, 좌측은 서훈 박사)

역대 사역자들과 컨테이너 교회 시절

신포교회는 1997년 7월에 경수로 건설현장 생활관 타운 내에서 기독교신자인 남측 기술자와 근로자들 몇 명이 참여하면서 시작되었다. 당시 KEDO 건설현장에 한전 기술관으로 파견 근무 중이었던 이수근 집사(서울강동노회 은성교회)의 증언에 의하면 첫 예배는 근로자 숙소에서 세 사람이 모여 예배를 드리면서 신포교회가 시작되었다고 한다. 그 후 점차 확대되다가 1998년 1월에 드디어 현장에 컨테이너 박스를 설치하면서 예배처소를 확보했고 이에 고무된 신자들이 본격적으로 정식 예배를 드리면서 정식 설립되었다.

당시 컨테이너 예배는 20여 명의 근로자들이 예배를 드렸으며 교회조직을 살펴보면 운영위원회가 있고 산하에 총무부, 예배부, 관리부, 봉사부가 활동하고 있었다. 또한 건설현장 지명에 따라 교회명칭을 '신포교회'라 이름을 지었으며 주일 오전 9시와 저녁 7시 30분에 예배를 드리며 화요일과 금요일엔 성경공부, 수요일엔 수요예배(삼일 기도회)를 드렸다. 또한 새벽기도는 매일 새벽 5시 30분에 드렸으며 새벽예배 인도와 설교는 의무실장으로 부임한 김상현 전도사가 담당했다. 한국기독공보의 1998년 3월 28일자 보도에 의하면 그후 신포교회는 매주 화요일 전도 폭발 훈련을 하기도 했으며 1998년 1월 30일부터 2월 1일까지 부흥사경회를 개최하기도 했다.

이처럼 북측 영토에 세워진 컨테이너 교회당에서도 남측교회에서 하는 방법대로 각종 예배와 모임을 활발히 가졌으며 예배인도자(사회자)는 교회 집사들이 돌아가면서 순번대로 맡았고 설교는 국내 유명 목사들의 비디오 설교를 듣는 것으로 대신했다. 또한 새벽기도회 때마다 집사들이 돌아가며 성경 통독을 매일 인도하기도 했다. KEDO 현장에는 공식적으로 목회자나 종교인이 들어 올 수 없기에 드러내 놓고 설교자를 세우기가 어려웠던 것이다.

첫 담임교역자로 활동했던 KEDO 건설본부 의무실장(1997~99년)을 맡은 김상현 전도사가 사역을 마무리할 즈음에는 50~60명의 신자들이 출석했다. 이는 당시 신포교회를 담당한 입양교회(후원교회)였던 서울 잠실 남포교회(박영선 목사 시무)의 적극적인 후원에 힘입은 결과였다. 또한 김상현 전도사 외에도 서훈 박사도 컨테이너 교회를 섬긴 사역자로서 큰 기여를 했다. 그후 서훈 장로는 김대중, 노무현 정부시절에 대북 휴민트(HUMINT, 인적정보망)의 선두주자로서 남북을 많이 오가며 요긴한 역할을 한 것으로 평가받는 인물인데 당시 그가 KEDO 경수로사업지원단장으로 부임해 신포교회를 열심히 섬기기 시작한 것이다.

평신도 지도자로서 서훈 장로가 신포교회를 섬긴 것처럼 현재 캐나다에서 침례교 목사로 사역하는 박재권 목사도 그 당시 신포교회 예배를 이끌며 헌신했던 인물 중 한 사람이다. 당시 평신도 지도자 시절의 박 목사는 신포교회당이 건축된 직후인 2002년 10월부터는 2년간 KEDO 현장 요원으로 근무했다. 그가 경수로 현장에 부임할 때는 남측의 강원도 양양공항에서 KEDO의 VIP 요원들과 함께 북에서 보낸 특별 전세기를 타고 함흥 인근의 선덕공항에 도착해 현장으로 부임했으며 임기를 모두 마치고 다시 남측으로 귀국할 때는 선박으로 출국했다고 증언했다. 그는 방북을 위한 입국과 출국 과정에서 많은 종교적인 간증거리를 갖고 있다고 고백했다.

특히 박 목사는 신포교회 신자들의 영적 생활과 올바른 성경해석을 위해 직접 성경공부를 맡아 가르치기도 했으며 신포교회 청년회에서도 특강을 하는 등 열심히 섬겼으나 교회규칙에 따라 예배시간에는 항상 설교 테이프를 이용해 설교를 듣는 것이 고작이었다. 그후 근본주의를 바탕으로 한 극보수 성향의 침례교 교파 중에 하나인 '말씀보존학회'(대표 이송오 목사) 교단에서 목사안수를 받은 그는 현재 캐나다에서 사역하고 있다.

 KEDO 현장 요원으로 파견된 김상현 박사, 서훈 박사, 박재권 목사 등 독실한 기독교 신자들의 사역 협력뿐 아니라 KEDO 장비관리부장으로 발령받은 이호평 집사나 KEDO 시공단장으로 부임한 최대일 집사 등은 신포교회를 열심히 섬긴 사역자들이었다. 또한 한전신우회(한국전력그룹 선교회)의 헌신적인 노력, 그리고 서울 잠실의 남포교회 측의 전적인 후원의 결과로 북녘 땅에 세워진 신포교회는 자유롭지 못한 상황에서도 8년 동안 그리스도의 빛과 소금의 역할을 다했다.

종교 간의 화합과 조화를 이룬 종교활동

 금호 생활관 타운 부지에는 학교만 빼놓고 모든 시설물을 다 갖추고 있다 해도 과언이 아닐 정도로 생활에 필요한 모든 시설들을 모두 구비하고 있었다. 심지어 교회뿐 아니라 타 종교 분야까지 다양하게 이곳으로 진출하게 된 것이다. KEDO 생활관 타운에 건축된 종교동(宗教棟)은 남북이 통일된 이후에도 북녘 땅에서 펼쳐질 각 종교 간의 현실 세계를 미리 보여주는 좋은 케이스가 되었다. 종교 화합의 장으로서 붉은 벽돌로 지어진 종교동에는 기독교 예배당과 천주교의 성당, 그리고 불교의 법당이 나란히 지어져 사이좋게 입주했다.

KEDO측은 타종교와의 형평성과 행정 편의상 종교구역에는 기독교 교회당뿐 아니라 천주교 성당과 불교 법당까지 일시에 건축한 것이다. 2002년도에 완공된 이 종교동 건축물들은 서울대학교 건축학과 출신인 김정신 선생이 설계했는데 그는 KEDO 금호지구내 교회당, 법당, 성당을 설계한 공로를 인정받아 2004년도에 제10회 가톨릭미술상 본상을 수상하기도 했다. 김정신은 일반 건축물에 대한 설계 작업도 의뢰를 받았으나 국내외 30여 개의 종교 건축물들을 전문적으로 설계하는 등 평소 종교 건축물에 대해 남다른 재능을 지니고 있었으며 주로 아름답고 효율적으로 지어지도록 매우 특별한 교회와 성당을 설계했다.

4년 동안의 컨테이너 생활을 청산하고 교회당을 건축한 신포교회는 종교동 중에서도 가장 웅장하고 규모가 커 중심 건축물이 됐으며 일반 대형교회처럼 각종 부속실들이 즐비하게 있었다. 기독교에 비해서 천주교 신자들과 불교 신자들의 활동은 저조했다. 그러나 세 종교가 함께 모여 '한 지붕 세 가족'의 모습을 보여준 것은 각 종교 간의 공생, 공존, 그리고 상생의 협력관계를 모범적으로 잘 보여준 사례라고 할 수 있으며 통일 이후에도 이웃종교와 서로 경쟁하기보다 서로 배려하고 존중하는 종교가 될 수 있음을 보여 주었다. 내가 믿는 종교가 우선적으로 주도권을 잡으려는 모습은 종교적 허영심과 과욕이며 종교의 기본 본질과 정신에도 맞지 않는다. 그 동안의 남측 사회는 기독교와 천주교와 불교가 공존하는 사회였기 때문에 통일 이후에도 상황은 마찬가지일 것이다.

지금부터 200년 전에 조선 땅에 천주교가 들어왔고, 100년 전에는 기독교가 들어온 이후 기존의 조선 불교와 유교 등과 더불어 각 종교가 서로 큰 불협화음 없이 적절한 수의 신자들을 확보하며 조화롭게 상생하며 지내왔다. 아무튼 이곳 종교동은 기독교를 필두로 천주교, 불교를 믿는 인원들의 예배, 미사, 법회가 제공되어 왔으며 타종교의 행사나 의식들도 거의 일요일에 이루어졌다. 또한 생활타운 주변에 위치한 금호마을 등 북측 주민들은 종교시설에 방문할 수도, 접근할 수도, 이용할 수도 없었으며, 북측 근로자들 또한 종교활동에 합류할 수 없다.

각 종교 모두 목사, 신부, 스님 등 성직자나 종교지도자를 별도로 두지 않았으며 타종교보다 다소 인적자원이 풍부한 개신교회(신포교회)는 선교사나 전도사급 혹은 신학생이나 장로급의 사역자들이 확보되어 큰 지장은 없었다. 천주교나 불교도 자체적으로 대표자를 선발해 그 대표자가 종교 활동을 주도했으며 시기별로 차이는 있으나 참여 인원을 종교별로 대략 살펴보면 기독교 90~100명, 천주교 및 불교 각각 30~40명의 규모였다.

기독교인들과 신앙생활

생활타운 인근의 금호리 마을측은 밤 8시만 되면 하루도 빠짐없이 확성기를 통해서 라디오방송을 뉴스로 내보냈다. 북측 당국과 금호리 마을측은 8시 이전에는 대부분 군가풍의 노래를 틀어주다가 8시 정각이 되면 시보가 울리면서 뉴스를 들려주는 것이다. 동네 공용 스피커로 뉴스를 방송하는 것이 북측 전체 농어촌 마을의 상황은 아닌 듯했다. 이 방송은 아마도 KEDO 타운에 거주하는 남측 직원들과 근로자들을 의식해 일부러 금호리 마을에서만 방송을 하는 것 같았다. 그러

[사진 57] 당시 주일예배를 인도하는 박재권 집사. 훗날 침례교 목사가 되었다.

나 이튿날 새벽이 되면 기독교인들은 어김없이 예배당에 나와 매일 새벽 5시 30분에 새벽예배를 드렸다.

종교동을 건축하거나 각종 종교 의식 등을 거행하는 것들은 북측에서도 공식적으로 승인한 부분이었으며 신포교회가 속한 지역은 KEDO 생활관 영내에 있었기 때문에 치외법권 지역이었으며 북측 당국에서 시비를 걸 수 없는 곳이며 개인의 신앙생활에는 아무런 어려움이 없다.

주일 아침에는 오전 9시에 예배를 드렸으며 저녁에는 근무자들이 퇴근해 숙소로 복귀하면 샤워 후 곧바로 주일예배를 드릴 수 있도록 저녁 7시 30분에 또 한 차례의 예배를 드렸다. 주중에는 화요일과 금요일에 정기적으로 성경공부를 했으며, 수요일에는 수요 저녁예배(삼일 기도회)를 드렸다. 그러나 규칙상 생활 타운 울타리 밖 주민들 혹은 북측이 운영하는 영업장소의 직원들을 대상으로 하는 전도행위는 철저히 금지되어 있기 때문에 전도는 시도조차 할 수 없다.

또한 근로자들이 현장에서 일할 때 북측의 동료 근로자들에게 전도하는 것도 철저히 금지되어 있다. 북측 주민이나 근로자에게 공개적으로 복음을 전하면 안 된다고 못 박았기 때문에 공개적으로 복음을 전할 수 없으며 북측 근로자들은 항상 2인 1조로 그림자처럼 붙어 다니기 때문에 사적으로 복음을 전한다는 것은 불가능하다.

박재권 목사의 증언에 의하면 어느 날 북측 노무자 한 명이 다가와 종교에 대해 묻기에 자신은 예수 그리스도에 대해서 설명을 하고 그분을 믿는다고 했더니 북측 근로자가 박 목사를 향해 하는 말이 "박 선생은 공부도 많이 한 것 같은데 왜 그렇게 무지몽매합니까?"라고 반문하면서 자신들이 믿고 존경하는 대상은 오직 김일성 수령이라며 북 지도자에 대한 전적인 신뢰를 보여 주었다고 한다.

박 목사가 남측으로 귀국하기 며칠 전에는 한전 직원 소속의 신포교회 집사 한 명이 대표기도 시간에 사용하기 위해 메모를 해둔 기도문이 적힌 종이를 무심코 상의 주머니에 넣고 귀국하다가 몸을 검색하는 과정에서 밝혀져 4시간 동안 취조를 당하는 곤욕을 치른 후에 풀려났다고 한다. 그가 장시간 취조를 당할 수밖에 없는 이유는 그의 기도문 내용 중에는 북측을 자극하는 비방 내용들이 가득 적혀 있었기 때문이다.

주말을 맞는 근로자들의 생활상

파견 공무원이나 한전 직원들은 법정시간인 평일 오전 9시에서 오후 6시까지의 근무시간을 지켰고, 토요일에는 오전 근무를 했다. 그러나 그들과는 달리 합동 시공단과 건설관련 협력 업체 직원, 기능직 인력들은 매일 아침 7시에서 저녁 6시까지 근무하면서도 토요일에도 휴무가 없이 격주 일요일에만 휴일을 얻을 수 있었다. 이런 근무형태는 경수로 완공의 특수성이나 조기 단축의 조급함 때문인지는 몰라도 건설 분야의 노동법이 개선되지 않고 있음을 볼 수 있다.

그러기 때문에 격주에 한 번 돌아오는 일요일은 매우 귀중한 날이므로 근로자들은 저마다 보람되고 유익하게 시간을 보내기 위해 세밀하게 계획을 세우고 준비했다. 격주 휴일의 전날인 토요일 저녁은 대부분 회사별로 회식을 하거나 친한 동료나 혹은 같은 집에 거주하는 사람들끼리 모여서 술을 마시는 것이 일상화되었다.

특히 합동 시공단에서는 과음으로 발생되는 타운 내 사고를 방지하기 위해 당직자를 근무하도록 했으며 그와는 별도로 순찰조를 편성해 운영하였다. 순찰조는 저녁 10시 이전까지는 북측 시설물들을 포함한 전 지역을 순찰하였고 10시 이후에는 생활숙소 지역 내에서 벌어

[사진 58] KEDO 직원들과 근로자들이 옥류관에서 회식하는 장면

지는 술자리 위주로 순찰을 했다. 휘황찬란하지는 않지만 나름대로 요란하고 흥겨운 토요일을 밤을 보낸 다음날 일요일은 대부분 늦잠을 자거나 TV시청, 독서, 빨래 등의 개인생활로 하루를 보냈다.

특별한 계획이 세워진 사람들은 자신의 계획대로 무리 없이 보냈다. 바닷가로 나가서 솔밭을 거닐거나 해변에서의 야유회를 하기도 했으며 낚시를 좋아하는 사람들은 바다낚시는 물론 현금호에서의 민물낚시도 즐겼다. 또한 어인산 등반과 테니스, 농구, 족구, 축구, 소프트볼 경기 등으로 여가시간을 보내기도 했다. 이러한 상황에서 종교를 가지고 있는 신자들은 이날을 학수고대하며 기다릴 수밖에 없었으며 대부분의 종교인들과 신자들은 하루 종일 각자의 종교 처소에서 종교의식에 참여하는 것으로 주말을 보냈다.

전력 생산 그 이상의 의미

1994년 10월 북미간의 제네바 합의로 탄생한 KEDO는 2001년 함경남도 신포시 금호리 등 9개 마을을 통합해 개편한 금호지구에서 100만 KW경수로 2기를 짓는 공사를 시작하며 본격적인 활동을 시작했다. 남측이 70%가량의 비용을 지원했기 때문에 남북 협력의 상징적 사업으로 평가됐으며, 2003년이면 경수로 1기가 완공될 예정이었으나 결국 중단되고 모든 근로자들은 2006년에 완전 철수했다. 남측 정부의 경수로사업 지원기획단은 2007년 11월에 해체됨으로써 남측 지원단은 13년 만에 공식 해체된 것이다.

그러나 금호지구 KEDO 경수로 단지는 완공만 됐다면 전력 생산 이상의 의미를 가졌을 것이며 그야말로 평화통일의 시대가 도래 할 수도 있었을 것이다. 국제 외교 차원에서의 북핵 문제가 잘 풀렸다면 북은 안정적인 전력 공급은 물론이고 고정적인 외화 수입도 생길 수 있었다. 경수로 부지 총 270만 평에는 남측과 외국의 기술인력 약 3,600명이 살 수 있도록 20만평의 생활부지가 조성됐기 때문에 완공됐다면 상시적인 외화 수입 창구가 생기는 것이다.

북측이 당시 경수로 부지를 통해 남측과 외국 기술인력으로부터 벌어들인 수입과 그 과정에서 북 근로자들이 벌어들인 임금과 여러 가지 통신운영, 차량, 비행기, 주변의 7개의 봉사소와 식당 등에서 벌어들인 수입도 매우 컸다. 그러나 2002년 10월, 북측이 농축 우라늄을 이용한 핵무기 개발 프로그램을 만들고 있다는 의혹이 제기되며 경수로 건설 공사는 중단됐다. 1997년 8월 19일 오후 2시 경수로 착공식을 한 이후 2006년 1월 8일 KEDO 직원과 남측 공사관계자 등 57명이 강원도 속초항으로 모두 철수하면서 대단원의 막을 내린 것이다.

1994년 10월 북미 제네바 기본합의에 따라 시작된 경수로 건설사업이 11년 3개월만에 종료된 것이며 이는 KEDO가 2005년 11월 집행이사회를 열어 사업종료 원칙에 합의함에 따라 12월에 방북해 결과를 통보하자 북측이 이를 수용해 더 이상 잔류할 필요가 없다고 결정됨에 따라 결행된 일들이다. 경수로 원전 공사는 그 동안 총 34.5%의 공정률을 보였으며 총사업비는 15억 6,200만 달러가 투입됐고 이중 남측이 11억 3,700만 달러(1조 4,000억 원), 일본이 4억 700만 달러, EU가 1800만 달러를 부담했다. 천문학적인 자금이 투입된 경수로 원자로는 현재 고철 덩어리가 된 상태에 있으며 근로자들이 철수한 금호지구 현장에는 93대의 중장비와 190대의 일반차량, 공사자재 등 455억 원 상당의 자재와 장비가 북측의 반출 거부로 남겨지게 됐다.

[사진 59] 총사업비 15억 6,200만 달러를 투입해 34.5%의 공정률에서 중단된 원자력 2호기 모습

KEDO 직원들 가운데는 많은 크리스천들이 있어 금호지구에서 예배를 드리며 근무했는데 평소 그들의 언어와 기도, 찬송을 비롯해 신자로서의 향기 등이 북녘의 주민들과 근로자들에게 어떻게 받아들여졌을지 사뭇 궁금하다. 그러나 그들은 북녘에 두고 온 장비나 쏟아 부은 자금보다는 그 아름다운 자연과 정감 넘치는 북녘 동포들과 나눴던 정들을 못내 아쉬워하고 있었다.

그렇게 많은 돈을 투입하며 피땀 흘려 이룩하고자 했던 남북 화합의 일들을 허무하게 중단하고 돌아와야 한다는 것이 얼마나 안타깝고 가슴 아픈 일인지 이루 말할 수가 없을 것이다. 지금이라도 속히 남북관계가 개선되어 화해와 협력의 시대가 되면 북핵문제와 상관없이 가장 먼저 경수로 건설이 재개되기를 간절히 바란다. 그곳에서 생산된 불빛이 북녘 땅 곳곳에 비추고 그곳에서 생산된 전력이 북의 공장들을 힘차게 가동시키는 그날을 두 손 모아 기도한다.

평양과학기술대학교교회

[사진 60] 평양과기대 교수들과 가족들이 예배를 드리는 게스트하우스 건물 전경

평양과학기술대학을 가다

필자는 2014년 봄, '평양직할시 낙랑구역 승리동'에 있는 평양과학기술대학(이하, 평양과기대)을 잠시 들린 적이 있다. 광활한 대학 부지는 무려 100만㎡ 면적이 되는데 이는 서울 신촌의 연세대 본교 캠퍼스(약 85만㎡)보다 더 큰 규모라서 압도당할 정도이다. 학교측 관계자들

은 마침 다음달(2014년 5월)에 열릴 첫 졸업식 행사를 준비하느라 정신없이 분주한 모습이었다. 이번 졸업식은 핵 문제 때문에 남측 인사는 한 명도 방북 허락을 받지 못했다고 한다.

남북 경제 협력의 상징으로 세워졌던 KEDO 경수로 공사와 개성공단마저 무력화되는 반(反)통일 반(反)평화적 시대 속에서도, 변함없이 굳건하게 운영되고 있는 평양과학기술대학은 마치 우리나라 통일 아이콘의 최후 보루처럼 느껴졌다. 북조선의 교육성(교육부)과 남측의 기독교재단인 사단법인 동북아교육문화협력재단이 공동 투자해 합작한 평양과학기술대학은 모든 교수와 재학생들이 캠퍼스 내에서 영어를 사용해야 하는 규칙이 있다.

그 때문인지 정문과 본관에는 영어로 Pyongyang University of Science and Technology(PUST)라고 표기되어 있었다. 2001년 북 당국으로부터 승인이 떨어진 직후 작성된 계획안에는 2003년 개교할 예정이었으나 여러 난관으로 인해 2002년 6월 12일 착공식을 해 2009년 9월 16일이 돼서야 역사적인 준공식을 했고, 이듬해인 2010년에서야 첫 입학생을 받았다고 한다. 17동의 독립 건물들이 들어선 캠퍼스는 '상상을 뛰어넘는 국제대학'(Global University Beyond Imagination)이라는 모토 아래 '1. 우리 민족의 평화와 발전을 위해', '2. 북측 사회의 국제화를 위해', '3. 북측 경제의 자립화를 위해', '4. 학술 교류를 통해 동북아시아 평화를 도모를 위한다'라는 네 가지 설립 목적을 두고 있었다.

자매학교인 중국 연변과기대를 비롯해 이제 머지않아 나선시(市) 경제특구에도 분교를 설립할 계획이 있다고 한다. 명실공히 하버드대, 옥스퍼드대, 케임브리지대와 같은 세계적으로 손꼽히는 명문대학으로 발돋움하기에 조금도 손색이 없어 보였으며 이런 당찬 추진력은 미국의 실리콘 밸리와 같은 지식산업 복합단지를 만드는 것은 시간문제로 보였다.

방북기간에 북 관료들의 여론을 여기저기 들어보니 북 당국의 전체적인 평가도 평양과기대를 김일성종합대학이나 김책공업종합대학의 이공계와 동일한 수준의 최상위권으로 인정하고 있었다. 이처럼 북 최고의 인재들이 모였으니 인력과 기술, 정보가 집약되는 지식산업의 메카로 자리매김되어 북조선의 산업화, 상업화에 큰 도움을 줄 것 같았으며 경제발전에 큰 견인차 역할을 하는 것은 물론 남북 통일에도 큰 영향을 끼칠 것으로 보였다.

기독교 정신으로 시작된 연변과 평양의 과기대

남북 합작으로 설립돼 운영 중인 평양과기대는 설립총장이던 김진경 박사(Dr. James Chin-Kyung Kim)가 공동총장으로 재직하고 있었는데 그는 중국 연변의 과기대 총장도 겸임하고 있었다. 사회주의 국가인 중국과 이북에서 국제사립대학을 성공시킨 최초의 외국인으로 기록되고 있는 김 총장은 어떻게 이처럼 국경과 이념의 벽을 넘어 강력한 사회주의 국가에 기독

[사진 61] 북조선 교육성 전극만 부상(장관)으로부터 총장 임명장을 받는 김진경 박사(2009.9.16.)

교 정신의 이념으로 학교를 세울 수 있었는지 사뭇 궁금하지 않을 수 없다. 김 총장에 의해 연변, 평양 두 도시에 과기대가 세워진 배경을 잠시 살펴보도록 하자.

김진경 총장은 서울 보성여고 독일어 교사로 재직하다 사임하고 돌연 유럽으로 유학을 떠났다. 유학을 마치고 귀국한 후 부산 고신대학교 대학부를 설립하고 초대 학부장을 역임하던 중 친구에게 배신을 당하고 계획에도 없던 미국 이민의 길을 떠난다. 각고의 노력 끝에 사업에 성공하며 재기한 그는 미국 시민권을 받았고 진로를 놓고 기도하던 중, 중국과 북조선을 위해 헌신하기로 결단한다. 마침 중국으로 갈 수 있는 길이 열렸고, 중국에 진출한 그는 학원사업을 벌여 1992년에는 연변과학기술대학 부속 산업기술훈련학교를 개교했고 이듬해인 1993년에는 연변과학기술대학 본과(4년제) 및 전과(2년제)를 정식으로 개교하는 쾌거를 이뤄냈다.

1996년 9월, 길림성 정부의 비준을 거쳐 연변대학과 통합해 최초의 중외(中外) 합작대학인 연변대학 과학기술학원(이하, 연변과기대)으로 탄생했으며 설립초기 200명의 학생뿐이 없던 단과대학이 2015년 말 현재 1,700여 명 재학생에 300여 명의 교직원, 14개 학과를 갖춘 종합대학으로 성장했다. 이는 중국 전역에 있는 2,600개 대학 가운데 100개 중점 대학 안에 포함되는 것이며 중국 최초의 사립대학이자 최초의 해외투자 유치대학이라는 기록을 남기게 되었다. 한편 연변과기대의 성공사례를 목격한 북측 당국은 2001년 1월, 연변과기대에 대표단을 보내 견학을 마친 후 평양에도 연변과 똑같은 과학기술대학을 세워줄 것을 정식으로 요청해 결국 평양에도 과기대가 설립하게 된 것이다.

여섯 명의 총장체제로 운영되고 있는 평양과기대

　사회주의 국가인 중국과 북조선 땅에 기독교 재단에서 설립한 대학이 세워졌다는 것은 마치 극과 극이 만나는 양상처럼 보였다. 그야말로 '강경 사회주의 국-가'와 '보수적인 복음주의 기독교 학자'라는 서로 다른 종자가 결합해서 맺은 열매라고 볼 수 있다. 독실한 기독교 신자인 김 총장이 이런 결과를 이끌어내기까지의 원동력은 오직 기독교정신에 입각한 '사랑주의'였다. 그는 평소에도 "나는 공산주의자도 아니고 자본주의자도 아닌 사랑주의자입니다"라는 말을 자주 언급했기 때문이다.

　북 당국은 평양과기대 부지를 물색하던 중 장소가 최종 결정되자 북측은 개성공단의 사례처럼 군사기지까지 철수해 이전해줄 정도로 평양과기대 설립에 적극적으로 반응을 보여주었다. 2001년 북 당국으로부터 설립 허가를 받은 김 박사는 북조선 교육성과 남측의 동북아교육문화협력재단(당시 이사장 곽선희 목사)을 오가며 양측이 건립 계약을 체결하도록 역할을 했다. 그후 북으로부터 설립 허가를 받은 지 8년 만인 2009년 9월 16일, 마침내 평양과기대 준공식 및 총장 임명식이 거행되었고 이날 김진경 설립총장을 공동운영 총장으로 임명하는 취임식도 함께 진행했다. 이듬해인 2010년 10월 25일에는 평양과기대 학부와 대학원이 정식으로 강의를 시작했다.

　대동강 남쪽 평양시 낙랑구역에 있는 부지 100만㎡ 위에 건축된 17개 동에 대한 신축비용은 김대중 정부 시절 통일협력기금 10억 원과 기독교계의 모금 440억 원 등 총 450여억 원이 투자됐다. 또한 초창기는 미국과 영국, 독일, 중국, 네덜란드 국적의 교수진 47명이 농생명식품공학부, 정통통신공학부, 산업경영학부 등 3개 학과를 가르쳤으며 보건의료학부와 건설공학부가 신설될 예정이었는데 의과대학은 예정대로 2015년 5월에 신설돼 60명의 신입생을 받았다.

학사 운영에 대해선 김 총장과 북 교육성이 임명한 북측 총장들이 공동으로 50년간 운영하기로 했으며 개교 전에는 정진호 교수가 설립 부총장 역할을 했다. 개교 직후에는 최룡호 관리부총장, 박상익 북측 부총장(과학부), 박찬모 명예총장(챈슬러), 김진경 총장, 허광일 북측총장, 김혁환 학사부총장 등 여섯 명의 총장체제로 출범했다.

김 총장과 허광일 총장은 공동총장이며 두 총장이 쌍두마차로 학교를 이끌어가는 시스템이지만 대외적인 역할과 교내 핵심적인 메인 역할은 김 총장이 거의 다 했다. 2016년 현재는 남측(대외측)의 김 총장과 북측의 박상익 총장이 공동총장으로 근무하고 있으며 전유택 총괄 부총장이 운영실무를 담당하고 있다. 이처럼 평양과기대는 여섯 명의 총장 팀 체제로 꾸려지고 있었다.

또한 초창기에는 평양과기대 설립을 위한 이사회가 조직되었는데 당시 4명의 설립위원회 이사진을 살펴보면 연변과기대 총장인 김진경 박사와 라이스 대학 총장 출신인 미국인 맬컴 길리스(Malcolm Gillis), 포스텍(포항공대) 총장이었던 박찬모, 고려대 총장이었던 김정배 박사(현, 국사편찬위원장) 등 4명으로 구성되었다.

그뿐만 아니라 북측 교육 당국은 남측 교수를 비롯한 해외 교수 임명권과 연구개발센터 등 산학협동단지의 조성 운영권을 모두 김 총장에게 부여했으며 전반적인 과학기술 관련 분야 학사 운영에는 관여하지 않았다. 그러나 북 현지의 다른 대학들처럼 평양과기대 캠퍼스에는 붉은 글씨로 "위대한 수령 김일성 동지는 영원히 우리와 함께 계신다"

라고 세로로 적힌 '영생탑'이 세워져 있고 김일성, 김정일 사상 연구실이 별도로 구비되어 있었다. 재학생들은 사상 연구실을 단체로 찾아와 주기적으로 혁명사상 교육을 받고 있으며 2014년 5월에 개최된 첫 졸업식에는 졸업증서와 함께 나눠 준 성적증명서에 44개 과목을 수료한 내용이 기록돼 있었는데 전체 이수과목 중 3개 과목은 김일성 주석, 김정일 국방위원장, 김정은 국방위 제1위원장의 혁명사 과목이 있었다.

재학생들의 하루 일정과 기숙사 생활

평양과기대 입학생 선발과정은 김일성종합대학과 김책공업종합대학, 원산경제대학, 원산농업대학, 희천공업대학, 함흥공업대학과 같은 중앙과 지방의 좋은 대학에서 1년 혹은 2년간 공부한 학생 중에서 전공과목 성적이 우수하고 영어 실력이 출중한 학생을 낙점해 필기와 면접을 거쳐 최종 선발한다.

대학생은 매년 100명을, 대학원생은 30명 내외를 뽑으며 입학하자마자 학부 대학생은 1년간, 대학원생은 6개월간 영어공부만 집중적으로 교육받는다. 대학생들은 영어공부 결과에 따라 영어 성적에 의해 반 편성을 달리 하며 모든 강의가 영어로 진행되는 과정을 통해 학생들은 영어 실력이 상당한 수준으로 향상되고 있다. 미래에 대한 준비를 놓고 학우들 간에 보이지 않는 경쟁도 있어 대부분 밤잠을 줄여가며 하루 3~4시간밖에 안 자면서 공부에 열중한다.

재학생들의 하루 일과는 아침 6시에 기상을 하며 하루 4교시 강의 수업이 있다. 1교시는 1시간 반이며 휴식시간은 15분이다. 이런 식으로 오전에 2교시, 오후에 2교시로 진행된다. 학생들은 모두 기숙사에서 합숙 생활을 하며, 기숙사 생활을 통해 매일 뜨거운 물을 사용할 수 있고 건물 안에 대중목욕탕도 있어 매일 샤워를 하는 등 편리한 생활을 한다. 기숙사 배치는 대학생은 네 명씩, 대학원생은 두 명씩 룸메이트가 되어 한 방을 쓴다.

그 동안 여학생 전용 기숙사가 없어 여학생은 선발하지 못했는데 2015년 3월부터 10명의 여학생이 입학했다고 한다. 150명의 신입생 중 10명을 여학생으로 받았는데 여학생 10명 모두 북의 최고 영재학교인 '평양 제1고등중학교' 졸업생이다. 앞으로 여학생 수를 계속 늘리려고 기숙사 2개 층을 여학생 전용으로 바꿨으며 장기적으로 여학생 기숙사 건물 한 동을 따로 지을 계획이라고 한다. 더 많은 여성들에게 고등교육 기회를 제공하고, 특히 과학기술 분야에 종사하는 여성 인력 규모를 늘린다는 취지에 북 당국도 공감하고 있다.

식사시간표는 아침은 6시 반부터 학교식당에서 식사를 하며 점심은 12시, 저녁은 오후 6시 반이다. 전반적으로 식량이 풍족하지 않은 상황에서도 학생들과 교직원들의 하루 세 끼 식사가 잘 나오고 있다는 것은 다행스런 일이다. 식사는 뷔페식이며 식판에 각자 자기가 먹을 수 있을 만큼 자가 배식을 하며 메뉴는 따뜻한 쌀밥과 세 가지 반찬과 국이 기본적으로 나온다.

매 끼니마다 식사시간이 되면 학생들과 교수, 교직원 등 900여 명의 대식구가 식당으로 몰려드는데 이런 대식구를 감당하려면 하루 식비로 지출되는 재정이 미화 4,000달러가 지출된다고 한다. 한 달 일정의 봄 방학과 겨울방학이 되면 안락하고 편리한 복지시설 때문에 집에 안가고 학교에 남아 있기를 바라는 학생들도 간혹 있으며 학교 측은 학생들을 배려해 방학을 맞이해 집으로 가는 학생들에게 쌀 25kg씩 보내준다.

영어로 강의를 듣고 인터넷 사용도 가능한 캠퍼스생활

중앙과 지방의 대학 학부과정 1~2년을 마친 학생들 중에서 우수한 성적의 학생들이 선발되어 최고 수준의 교육을 받는 평양과기대는 캠퍼스에서 영어로만 대화하고 영어로 강의를 듣기 때문에 영어는 필수다. 그러나 엄격히 말하자면 입학하자마자 곧바로 영어강의만을 듣는 것이 아니라 학부생들은 1년 동안 문법 위주에서 탈피해 전공과 관련된 '기술영어'(Technical English) 위주로 배워 그 전공과목을 들을 수 있도록 배운다.

반면 대학원 학생들은 6개월 동안 영어만 배운 후에 전공과목을 배우기 시작한다. 개교 당시 대학원 학생들은 토플시험을 치뤘으며 학부생들은 배치시험(Placement exam)을 치뤘다. 배치시험은 영어 수준이 비슷한 학생들끼리 반을 편성하기 위해 학교 측에서 만든 시험제도이다. 그 결과 컴퓨터 공학부 대학원생 두 명과 전자과 학생 한 명 등 모두 세 명이 영국의 웨스트민스터 대학으로 유학을 떠났고 네 명은 중국 연변 과기대로 연수를 떠났다. 영국은 1년 동안의 유학기간에 석사학위를 받고 오는 것이고 연변과기대는 6개월 동안 연수만 받고 오는 것이다.

평양과기대의 전자컴퓨터공학대학은 전자공학과, 컴퓨터과학, 산업자동화학과가 있는데 교육과정은 미국 MIT나 UC버클리와 유사하며 이론과 실제를 중요시해 응용 위주 교육을 하고 있다. 평양과기대 학생들이 주로 사용하는 컴퓨터들은 중국에서 만든 기기들이 대부분이며 제품들 중에서 학교측과 학생들이 가장 선호하는 제품은 미국의 델컴퓨터이다. 그리고 주로 교수들이 외국에서 사용하다 가지고 온 제품을 활용하기도 하며 데스크탑은 펜티엄보다 속도가 약간 빠른 '아이3'를 사용했다.

북은 국내망(인트라넷)과 국제망(인터넷)으로 구분하는데 일반 인민들은 국내

[사진 62] 개교 직후의 컴퓨터실 모습

망만 사용할 수 있고 평양과기대 재학생들은 국제 인터넷망을 사용할 수 있다. 도서관에 가면 학생전용 컴퓨터 30대가 설치돼 있는데 이곳에서만 국제 인터넷 사용이 가능하다. 그렇다고 학생들이 아무 때나 마음대로 사용하는 것은 아니다. 학부 대학생들은 졸업논문을 쓰는 2개월 동안만 구글과 유튜브, 위키피디아 등과 접속해 인터넷을 사용할 수 있는 정도이다.

또한 학교 측에서는 학생들에게 서구 사회의 신용카드를 경험하게 한다는 명목으로 매달 1인당 미화 10달러 상당의 교내 사용 현금카드(직불카드)를 지급하고 있었다. 일반 북 주민들이 평균적으로 받는 월급을 감안하면 평양과기대 학생들이 학교 측으로부터 지급받는 10달러짜리 현금카드는 결코 적은 금액이 아니다. 재학생들 중에서 모범학생들로 분류되는 모범 그룹은 기숙사에서 자정이 넘도록 공부하는 것이 일상이며 이들은 한 달 정도 되는 봄 방학과 겨울 방학 때만 집으로 귀가해 가족들과 지낸다.

북측 재학생들 대상의 채플(예배)은 없다

평양과기대는 설립 이래 지금까지 재학생이나 북측 교수들을 대상으로 캠퍼스에서 예배를 드리거나 혹은 주일예배에 참여하도록 시도한 적이 없다. 원래 채플이란 미션스쿨에서 지역교회의 예배당이 아닌 학교 캠퍼스나 별도의 예배장소에서 실시하는 예배를 의미하는데 채플은 지역교회가 매주 드리는 주일예배와는 달리 주중이나 평일에만 드리는 예배를 말한다.

아울러 채플은 경우에 따라 신자와 비신자가 함께 모여 성경의 교훈을 통해 기독교의 가치관과 인생관을 배움으로 각자의 사명을 자각하고 인격적 변화를 이루도록 도움을 주는 역할을 하는 과목이다. 그러나 원래 평양과기대 설립 모금운동을 할 때의 취지는 학생들이 기독교적 정신과 그리스도인으로서 인격적 삶을 배울 수 있는 기독교 대학의 기능을 지닌 학부, 대학원을 설립한다고 홍보했다. 미션대학은 학

[사진 63] 평양과기대 채플실에서 예배드리는 장면

생과 교수, 교직원을 하나의 복음적 공동체로 묶어주는 역할을 하는 것이 본래의 설립 취지이다.

그러나 막상 개교한 이후에는 북의 특수한 정치 체제와 강력한 이데올로기 정서에 의해 학생들의 강의 커리큘럼과 프로그램에 종교적인 채플을 할 수 없는 입장이 되었다. 또한 평양과기대는 북의 정치 환경이나 체제에 변화를 주기 위한 목적으로 설립된 것이 아니라 과학을 통한 북 사회의 경제 발전과 미래 세대의 풍요를 위함이기 때문에 종교적인 채플은 처음부터 불가능한 일이었다.

그 대신 외국 국적을 포함한 모든 교수들은 거의 기독교 신자들로 선발됐는데 이중에는 기독교 목회자는 물론 장로, 집사 등의 직분자들이 많았다. 영국과 미국을 비롯한 서구 국가에서 신앙생활을 하던 기독교 신자들인 이들은 그리스도적 삶으로 학생들을 가르치고 애쓰는 모습들이었다. 평소 교수들은 명쾌한 강의와 더불어 그리스도인으로서의 인격적 삶을 통해 학생들과 교직원들에게 빛과 소금의 역할을 감당하고 있었으며 그리스도의 향기를 발산하는 것으로 채플을 대신하고 있었다.

특별한 이변이 없는 한 앞으로도 북측 교수들과 재학생을 상대로 행해지는 기독교식 예배는 드릴 수 없을 것이다. 대부분의 학생들의 표정은 매우 밝고 예의 바르고 성실하다. 반면 사상적으로는 철저하게 무장돼 있으며 이미 다른 유명 대학의 학부에서 2년을 마치고 입학한 학생들이기 때문에 이미 주체사상에 대한 이론과 논리가 생활 속에 체화된 상태에 있다. 외부 교수들과 학생들은 종교적인 대화보다는 주로 학문적인 이야기를 많이 나누는데 학생들이 교수들과 이야기를 나눌 때는 기본적으로 두 명의 학생이 동시에 교수와 이야기를 나누도록 규정하고 있는데 이는 외국 교수들은 학생들에게 사적인 질문을 자연스럽게 하는 편이라서 개인적인 일대일 접촉 상황은 가급적 피하도록 하기 위함이다. 개교 초창기에 비해 최근에 입학한 학생들은 훨씬 발랄하고 질문도 많이 해 북 전체의 변화된 분위기를 짐작할 수 있다.

종교적 발언은 없지만 그리스도인의 향기를 뿜는 교수들

외국 국적의 교수들은 월급이나 연봉을 받는 것이 아니고 재능기부식의 자원 봉사로 헌신한다. 국내외를 막론하고 모든 교수들은 무보수로 일을 하며 단지 학교 측에서는 교수들의 체류기간에 숙식만을 제공한다. 교수들 전원이 외국 국적의 기독교 신자들인데 이중에는 한국계 외국인도 꽤 있다. 기독교의 희생정신과 사랑이 없으면 이런 사역을 하기 어렵다. 안타깝게도 북 당국에서는 남측의 교수들을 원하지만 아직도 5.24대북제재 조치가 풀리지 않아 현재 남측 교수는 한 명도 없다.

2010년 10월 개교 당시 교직원은 20명이었으나 지금은 135명으로 늘었으며 이중 외국 국적 교수는 총장과 명예총장을 포함해 80명이다. 이들은 미국과 영국, 캐나다 등 30여개 국가에서 왔다. 교수는 크게 전공과목 교수와 영어와 중국어를 가르치는 외국어 교수로 나눈다. 전공과목 교수는 다수가 박사학위 소지자이나 외국어 교수는 박사학위가 없는 사람도 있다.

평양과기대는 설립 당시부터 지금까지 주로 남측과 해외교회들은 물론 기업과 대학 등에서 헌금과 후원을 보내줘 운영된다. 특히 초창기에는 캐나다 토론토에 위치한 본 한인교회(Vaughan Community Church)에서 많은 투자를 했으며 이 때문에 본 교회는 매년 초청교수

형식으로 교인들 중 전현직 대학교수들이 평양과기대를 방문해 강의하고 돌아간다.

캠퍼스에는 교수 아파트가 있는데 박찬모 명예총장의 숙소는 아파트 5층이고 김진경 총장 숙소는 3층이며 교수들의 식사는 공평하게 학생들과 같이 먹는다. 교수들의 숙소에는 미국의 CNN 방송을 시청할 수 있으며 퇴근 후에도 강의안을 준비하는 등 연구에 몰입하는 경우가 대부분이다. 또한 한인교수들은 주중에는 일찍 일어나 교수 숙소를 빠져나와 게스트하우스로 이동해 새벽기도회를 드리고, 주일에는 주일예배를 드리는 것으로 영적인 갈급함을 채우고 있다.

김 총장과 박찬모 명예총장은 남측과 해외를 부지런히 다니면서 후원자와 자매결연을 모집하는데 이미 포항공대, 고려대, 카이스트대, 건국대, 강원대 등과 학술교류를 맺었다. 모르긴 해도 현재의 남북관계 상황에서는 어렵겠지만 남북관계가 개선된다면 교환학생도 가능할 것이다. 이처럼 모든 교수들은 캠퍼스 생활에서 직접적으로 북측 재학생이나 교직원들에게 전도를 한다거나 성경을 가르칠 수는 없지만 명강의를 통해 자신들의 사상과 의식의 기저에 깔려 있는 기독교 정신으로 수업에 임하고 있다고 한다.

'토마스선교사 순교기념교회' 터전에 세워진 캠퍼스

2002년 6월부터 시작된 평양과기대 캠퍼스 부지조성 터파기 공사장에는 놀라운 사건이 벌어졌다. 마침 현장에서 일하는 인부들에 의해 이름 모를 교회 종탑을 비롯한 교회관련 유물들을 대거 발견한 것이다. 알고 보니 이곳은 대동강변에서 살해당한 영국의 토마스 선교사의 죽음(혹은 순교)을 기념하기 위해 설립된 '토마스목사기념교회당'이 있던 터전이었다고 한다. 1927년 5월 7일, 토마스를 기념하기 위해 창립된 '토마스목사 순교기념 전도회'라는 단체에서 기존의 평양 대동강변에 있던 '조왕리교회'를 '토마스기념교회'로 변경했고, 1933년에는 그의 묘소 가까운 곳에 토마스의 이름 영문 첫 자를 따서 'T자형' 교회당을 신축했는데 그 자리가 바로 지금의 평양과기대 자리였다는 것이다.

원래 '조왕리교회'는 1901년 3월 1일 '평안남도 대동군 남곶면 조왕리'에 세워졌는데 그곳이 바로 지금의 '평양시 낙랑구역 두단동'이며 그 부근 '승리동'에 세워진 평양과기대 신축 공사 현장에서 이 '토마스기념교회당' 터가 발견된 것이다. 그후 캠퍼스가 완공되어 100만㎡의 대지 위에 1단계로 본부동, 학사동, 종합생활관, 기숙사, R&D센터 등 총 17개 동의 건물들을 완공했다.

그 건물들 중 게스트하우스 1층에 있는 예배당(채플룸)에는 매주일 기독교 예배를 드린다. 물론 북측 재학생들과 북측 교수들은 참석하지 않는다. 모두 외국 국적의 교수들과 교직원 그리고 그들의 가족들이 모여 예배를 드리는 것이다. 특별히 대학교회당이 별도로 건축된 것은 아니지만 게스트하우스 예배당에는 매주일 80~100여 명이 자연스럽게 모여 예배를 드린다.

또한 게스트 하우스의 넓은 예배공간에는 주일예배뿐 아니라 매일 새벽마다 30~40여 명 정도가 모여 새벽예배도 드린다. 새벽예배는 주로 한국교회의 예배문화이기 때문에 외국 교수들은 참석률이 저조하고 주로 외국 국적의 한인 교수들과 가족들 위주로 참석을 하며 설교와 찬송 등 한국말로 드려진다.

매주 아침 9시 30분, 게스트 하우스 주일예배

학교 방침상 재학생 대상의 채플은 드릴 수 없지만 그렇다고 해서 교수들과 그의 가족들마저 주일예배를 드리지 않을 수 없었다. 교수들이 주일예배를 드리는 문제는 개교 당시부터 북측 당국과 공식적으로 상호 협의해 승인된 부분이라서 아무런 부담과 문제는 없다.

교수들은 매주일 아침이면 삼삼오오 게스트하우스에 모여들어 예배를 준비한다. 9시부터 준비찬양과 기도를 시작하며 9시 30분에 정식으로 예배가 시작된다. 교수들 중에는 목사와 장로, 집사 등이 있고 대부분 독실한 기독교 신자들이다. 교수들의 부인들이나 가족들도 함께 체류하기 때문에 이들도 예배에 참석한다. 이처럼 교수들끼리 자유롭게 예배 모임을 갖는 것에 대해 북측 당국은 어떠한 제재나 통제를 하지 않는다.

그 동안 개교 초창기 주일예배는 목회자가 아닌 평신도가 인도하며 설교했는데 주로 영어를 가르치는 외국어 파트 교수인 센 폴터(Sen Porter)가 고정적으로 맡았다. 그러나 지금은 매주 교수들이 교대로 돌아가면서 예배를 인도하거나 설교를 담당한다. 센 폴터 교수의 부친은 우리나라 전라북도 전주에서 선교사로 활동한 목회자였으며 폴터 교수도 전북 전주에서 태어나 영어와 한국어가 유창하다.

주일예배는 예배시간 전부터 찬양과 기도로 뜨겁고 열정적인 분위기에서 영어로 진행되기도 하고 때로는 한국말로 진행되기도 한다. 성탄절, 부활절, 추수감사절이나 특수한 행사에는 성만찬식도 거행된다. 현재 주일예배 참석 인원은 매주 평균 80~100명이 예배를 드리며 게스트하우스에서 드리는 자체 예배 외에도 한 달에 두 차례나 혹은 격주 간격으로 누구든지 자유롭게 외부예배를 나가기도 한다. 외부 예배란 봉수교회나 칠골교회로 주일예배를 참석하러 가는 것을 말한다.

특히 김 총장은 여러 외국인 교수들을 이끌고 오전 10시 정각에 드리는 평양봉수교회나 칠골교회 주일예배에 참석하는 경우가 빈번하며 예배시간에는 교수들과 함께 강단 앞으로 나와 특별찬송을 부르거나 강단 위에 올라 간증이나 발언을 하는 경우도 자주 있어왔다. 김 총장은 필자가 봉수교회에서 설교하는 예배시간에 교수들을 이끌고 특송을 한 적이 있었다.

재학생들의 해외 유학과 취업을 통한 국제교류

현재 연간 약 70억 원에 이르는 운영 재원은 정부 및 민간 차원의 지원으로 이뤄지며 특히 교회와 신자들의 지원이 대부분이다. 설립 이

[사진 64] 평양봉수교회 주일예배에 참석해 특송을 부르는 김진경 총장(우측에서 세 번째)과 외국인 교수 일행

후에는 노무현 정부에서 10억 원을 지원받았으나 5.24 조치 후 남측 정부의 지원은 중단된 상태다. 현재는 미국과 유럽의 기독교 단체가 지원하고 있는데 가장 많이 차지하는 비용이 바로 900여 명이 하루 세끼를 먹는 식대와 17개 건물동의 난방비다. 그러나 이런 재정확보의 어려움에도 불구하고 평양과기대는 그 동안 2011년과 2013년, 그리고 2015년 총 세 차례 국제학술대회를 개최했다.

1차 학술대회 때는 노벨상을 수상(2003년)한 미국 존스홉킨스대 교수인 피터 아그레 박사가 참석해 이른바 '노벨상 강의'(Nobel Prize Lecture)를 했는데, 많은 학생들이 감동을 받았다고 한다. 학문적인 것이 아닌 살아있는 지식을 직접 체험했기 때문이다. 2차 대회 때는 전직 미국 우주인 데이비드 힐머스 박사와 영국 저명한 신경학자 닉 스콜딩 교수가 기조강연을 했다.

또한 학생들은 외국 견학도 자주 가는데 주로 가까운 중국을 방문한다. 중국의 대련공대나 IBM, GE, DELL 등에 방문한 학생들은 눈이 휘둥그레지며 문화 충격을 받기도 한다. 유학의 길도 자유롭게 열려 있는데 어떤 학생은 스웨덴으로 유학을 갈 때 유명한 국제 메신저인 '스카이프'로 면접을 보기도 했다.

평양과기대에 입학할 때는 전국에 있는 우수한 학생을 대상으로 선발하는데 당과 군 간부 아들도 있지만 지방의 일반 수재들도 들어온다. 이때 대학 측은 학생들에게 공장이나 농장에서 수습 과정을 경험할 기회도 제공하는데 점점 학년이 올라갈수록 국내뿐 아니라 외국에 진출하는 기회가 많아지도록 한다. 특히 약 60명의 대학원 학생들은 전원이 일정 기간 해외에서 공부할 기회가 주어진다.

2015년 6월에는 학생 3명이 브라질대학 경영대학원(MBA) 코스를 밟기 위해 유학을 떠났는데 영국 캠브리지대학과 웨스트민스터대학 MBA에 유학한 전례가 있지만 브라질대학 MBA 과정 입학은 드문 경우였다. 세계 유명 대학들은 평양과기대 출신 대학원생들의 학구열과 근면을 높이 사고 있으며 학생들은 자신의 전공을 초월해 경제문제에도 굉장히 관심이 많다고 한다. 과거 영국 웨스터민스터대학에 유학 간 어느 학생은 서구의 금융을 배우기 위해서 은행에 취직했으며 돈 버는 것에 대해 굉장한 관심과 열의를 보였다고 한다.

이처럼 대학원생들은 1년 안팎으로 유럽과 중국, 남미 등의 대학에서 유학을 경험하면서 국제사회에 대한 안목을 키우고 당초 입학 목적대로 그들이 북 사회를 어떻게 발전시키고 변화시킬 것인가에 대한 안목을 키우고 돌아온다. 최근 석사 과정을 마친 어느 학생은 스위스에서 클라우드 컴퓨팅을 공부하고 있으며 박사과정을 거친 어떤 학생은 벌써 김일성종합대학에서 교수로 재직 중이라고 한다. 필자가 고려항공을 타고 평양을 빠져나올 때 바로 옆 좌석에는 7명의 남녀 고등중학생들이 빨간 마후라를 착용한 교복을 입은 채 인솔교사와 함께 비행기 안에서 즐거워하고 있었다. 무료함을 달래기 위해 그들과 이런저런 대화를 해보니 학생들은 국비로 한 달간 프랑스로 수학여행을 가는 길이라고 해서 깜짝 놀란 적이 있었다.

첫 회 졸업식과 의과대학 설립

2010년 10월 개교하며 신입생을 받은 평양과기대는 2014년 5월 21일 첫 졸업생을 배출했다. 박사원(석사과정) 졸업식에선 정보통신과 산업경영, 농업식품공학 등 3개 분야에서 44명이 석사학위를 받았다.

또한 2014년 가을 졸업식에는 4년 과정을 마친 학사 학위자 100명을 졸업시키려고 했는데, 우여곡절 끝에 졸업식 해당학생은 99명으로 확정됐으며 이중 22명이 뛰어난 학업 성적으로 우수상을 받았다. 수상자 22명은 내각 교육위원회가 발급한 상장을 박상익 부총장으로부터 수여받았다.

이처럼 학부생 100명, 대학원생 50명으로 출발한 평양과기대는 2013년 초 학부생이 300명, 대학원생 76명으로 증가했다. 첫 졸업생을 배출한 졸업식 행사와 동시에 평양과기대 의과대학동 건축을 위한 기공식 첫 삽도 떴다. 그 후 필자가 확인한 결과 2015년 9월 1일 가을학기에는 치과와 보건과 신입생을 각 30명씩을 받아 60명의 의사 후보생들이 강의를 듣기 시작했는데 선발된 신입생 60명은 이미 다른 대학교 의대에서 4년간 전공을 마친 학생들이었다.

의과와 약학과, 간호과 등 나머지 3개도 2016년 가을학기(9월)에 모집한다는 목표를 가지고 있었으며 이 가운데 간호과만 4년제 학부과정이며, 나머지는 모두 3년제 대학원 과정이다. 2015년 12월 현재 전체 학부생은 500명, 대학원생은 90명 가량으로 늘었다. 이로써 학부 중심의 북 의료교육 체계를 대학원 중심으로 발전시킬 수 있게 됐으며 의대는 미국과 국제사회의 커리큘럼을 그대로 가져와 쓰고 있다고 한다.

북 당국은 평양과기대가 의과대학을 개설하자 평양에서 유명한 김만유병원과 평양구강종합병원을 평양과기대 측에 제공했다. 김만유병원이 위치한 거리는 평양산원, 평양고려의학과학원, 조용기심장병원 등 유명한 병원들이 밀집한 거리로 알려진 곳에 있다. 이미 김만유병원은 '평양과학기술대학 의과대학 부속병원'이라는 새 간판을 걸고 평양과기대 의대생들과 연구에 몰두하고 있다고 한다.

모든 장벽을 허물고 남북 협력의 메카가 되기를

박찬모 박사나 김진경 박사는 평양과기대에서 해킹을 가르친다는 보수세력들의 주장들이 모두 근거 없는 낭설들이라고 일축한다. 그 근거로는 현재 평양과기대 학부는 전자컴퓨터공학부, 농업생명과학부, 국제금융경영학부로 구성돼 있는데 오래 전부터 대북제재조치가 발효된 상황에서 해킹 교육은 불가능하다. 특히 미국 정부(상무성)의 대북제재 목록은 무려 3,000여 종이나 되는데 이 가운데 전자, 컴퓨터, 통신, 정보보안 등은 평양과기대에도 해당되는 것이며 이 분야의 장비는 도입될 수도 없고 직접 가르칠 수도 없다는 것이다.

또한 대체로 이북의 일반 학교의 연구시설이나 장비상황은 충분하지 않지만 SW기술은 선진국 수준이다. 북은 초등학교부터 이미 남측 학생들이 받는 교육의 두 배가 될 정도로 수학교육에 치중한다. 소학교 3학년부터 컴퓨터 교육을 실시하며 영재학교나 인재양성 프로그램들도 매우 우수하다. 컴퓨터는 돈만 있으면 북 주민들과 학생들은 누구나 다 살 수 있다. 레노버나 에이서, HP 등 다양한 브랜드의 PC를 고를 수 있으며 인텔의 최신 칩셋인 'i7' CPU를 탑재한 PC도 쉽게 구입할 수 있으며 북 자체 기술로 제작한 내국인용 태블릿 PC에는 교과서가 전자책으로 탑재돼 있을 정도다.

특히 김정은 국방위 제1위원장 취임 이후 과학기술자의 지위가 높아지고 있으며 당·정에서는 IT인재 양성, 전민과학기술 인재화, 과학화, 정보화를 적극 추진하고 있다. 필자가 김일성대학과 김책공대를 방문했을 때 함경도 청진에서도 김책공대와 김일성공대의 수업을 원격으로 듣는 것을 직접 확인한 적이 있다. 최근 조성된 미래과학자거리와 과학기술전당도 과학기술 인재를 양성하자는 북 최고지도자의 변화의 의지를 담고 있으며 지금까지 내각에서 주도하는 석박사 학위는 관리제도에서 탈피해 모든 대학에서는 첨단과학기술인재들을 키워낼 수 있도록 석사, 박사 학위제도를 만드는 것을 검토하고 있는 것으로 확인되고 있다.

'뽀로로'와 '게으른 고양이 딩가'를 남북합작으로 다시 만드는 날까지

필자의 판단에는 남과 북이 IT분야와 SW분야에서 서로 협력하면 경쟁력 있는 우수제품을 생산할 수 있다는 생각이 든다. 2001년 1월 23일 남측의 (주)하나로통신과 북측의 삼천리총회사가 3D 애니메이션 시리즈인 '게으른 고양이 딩가'를 공동제작하기로 계약을 맺은 후 지금까지 이 만화영화는 국내외 어린이들에게 큰 인기를 끌고 있다. 당시 평양에 세워진 1,000여 평 규모의 삼천리 하나로센터에는 남측의 실무 제작진이 체류하며 힘을 합쳐 공동으로 제작하지 않았는가?
또한 전 세계 어린이들의 전폭적인 사랑을 받고 있는 애니메이션 '뽀로로'는 남측의 아이코닉스가 기획하고 북측의 삼천리총회사가 2002년에 공동개발한 남북합작품이다. 당시 남북합작 '뽀롱뽀롱 뽀로로'가 제작됐고 뽀로로 1기 5분짜리 52편 중 22편이 북에서 제작됐다. 1기 때 캐릭터를 함께 개발했으나 남북관계 영향으로 2기 부터는 북측이 합류하지 못했다.

이처럼 평양과기대는 남북이 합작해 탄생한 대학으로서 이제는 남북 IT협력의 주춧돌 역할을 해야 할 때가 되었다. 남북 IT분야의 차이점을 보면 남측은 HW와 반도체 메모리에 역점을 뒀으나 북측은 HW보다 SW분야에 주력하기 때문에 애니메이션과 기계번역, 의학 관련 SW에 치중해왔다. 이처럼 응용 SW와 운용체계에 중점을 두고 있는 북은 남과 손을 잡고 IT기반 융복합과 여러 가지 기술통합으로 방향을 전환해야 한다. 또한 남측의 기업들은 중국 연변지역에 다양한 IT기업들을 설립해 평양의 과기대 졸업생을 취업시키면 좋겠다는 생각을 해보며, 평양과기대를 통한 남북 교류 협력을 통해 적대적인 남북 관계를 극복하고 협력 관계를 다시 회복되기를 기원해본다.

그러나 2016년 현재 평양과기대의 전망은 그리 좋지는 않아 보인다. 북미, 남북관계 악화 등의 영향으로 학교 후원금과 헌금이 줄면서 매달 정상 경상비 10만 달러의 절반인 5만 달러 정도로 어렵게 운영을 하고 있기 때문이다. 특히 김 총장이 그 동안 각종 비리설에 연루된 것과 2000년 말 대학 건립 당시 거액의 건설비용을 아직까지 갚지 못해 경영난이 가중되고 있다. 여기에다 대학에 설치된 6만 볼트 변압기를 지난 2015년 10월 10일 당 창건기념일까지 교체하기로 계약까지 했지만, 약속을 이행하지 못해 북 당국으로부터 신뢰를 잃었다. 또한 김 총장의 올해 나이가 80세로 은퇴할 연령임에도 불구하고 계속 총장직을 유지하려는 속내를 보이면서 대학 내부에도 갈등이 있다. 새로운 변화를 위해 다시 거듭나는 평양과기대가 되기를 간절히 기도드린다.

평양 형제산교회

[사진 65] 평양 '형제산구역'의 산속에 지어진 '형제산교회당' 전경. 현재 예배를 드리는 용도가 아닌 영화세트로만 사용되고 있다.

평양 형제산교회당을 방문하다

나는 평양시 형제산구역에 자리잡고 있는 일명 '형제산교회당'을 방문하기 위해 평양시내 호텔 숙소에서 '조선예술영화촬영소'를 향해 출발했다. 영화촬영소 구역 안에 예배당이 있기 때문이다. 가는 도중 차량 안에서 여기저기 살펴보니 무슨 닭 공장, 방직공장 등이 보였고

'평양영화필림복사공장'이라는 제법 규모가 있는 시설도 보였다. 또한 길가에서도 '가금공학연구소'와 '형제산구역 청년회관' 등의 간판이 보였으며 여기저기 유명 약수터들이 즐비했다. 그뿐 아니라 협동농장과 '평양철도대학'도 눈에 띄었다. 안내원에게 이 지역의 대중교통에 대해 물어보니 서포에서 서평양역간 무궤도전차와 시내버스가 운행 중이라고 했으며 오래전부터 평의선 철도가 운행되고 있다고 했다. 또한 안내원은 형제산구역에 곧 '예술인의 거리'가 조성될 계획이라는 사실도 자랑스럽게 알려주었다.

목적지에 거의 다다를 무렵 우리 차량은 아주 멋진 절경을 한 곳 지나왔는데 안내원에게 물어보니 그곳이 바로 '서평양습곡'이라고 했다. 습곡은 산 절벽 벼랑의 모습을 하고 있었는데 그 모양이 마치 폭포가 쏟아지는 특이한 형태의 지질로 되어 있었다. 안내원의 말에 의하면 이 지질은 주로 중생대 암석이라고 하는데 지층은 사암, 분사암들이 엇박자층으로 구성되었다고 한다. 지층들은 길이가 120m이며 그 높이는 20m 정도인데 수직단면으로 되어 있는데 육안으로 보기보다는 실제 매우 복잡한 구조라고 한다. 우리나라 중생대 백악기에 발생한 지각운동에 의해 지층이 어떻게 변화되는가를 직접 보여주는 학술적 가치 때문에 북측 당국은 1980년 1월 천연기념물 제23호로 지정했다고 한다.

나와 일행은 출발한 지 30분이 지나자 어느덧 북 최대의 국립영화제작소라고 하는 '조선예술영화촬영소'에 도착해 정문 입구로 들어섰다. 입구에는 경비원이 방문자들을 통제하고 있었고 참관 절차를 마친 우리 일행은 정문에서 가까운 문화성 '혁명사적관' 앞에 도착해 해설사로부터 기념비와 동상 등에 관한 설명을 들었다. 지난 1947년 당시 김일성 수상이 마련해 주었다는 이 광활한 촬영소를 참관하려면 제일 먼저 김일성 주석과 영화 예술인들의 모습을 형상화한 동상군(銅像群)이 조성된 곳을 참관하고 해설을 들은 뒤 통과해야 했다.

해설사의 설명에 의하면 이곳 영화촬영소는 1947년 2월 6일 '국립 영화촬영소'라는 이름으로 처음 창립되었는데 초창기에는 예술영화 촬영보다 주로 기록 영화제작에 치중하였으나 1970년대 중반 들어서 기록영화 제작만을 전담하는 '조선기록영화촬영소'가 별도로 분리되면서 이때부터는 예술영화만 제작하고 있다고 한다.

처음 당도한 건물은 동상군 맞은편에 있는 혁명사적관이었다. 건물 벽면에는 김정일 국방위원장의 지도 아래 문화예술혁명과정을 그린 내용들이 파노라마처럼 펼쳐져 있었다. 또한 1988년 12월에 개관하였다는 혁명사적관 내부 홀에는 북의 대표적 영화인 '피바다'의 제작현장을 굽어보고 있는 김정일 국방위원장의 거대한 벽화가 걸려 있고 내부에는 김일성, 김정일 두 지도자의 각종 혁명사적을 전시하고 있었다. 내부 벽화는 1970년대 당시 김정일 노동당 선전선동부장이 회색 인민복 차림으로 팔짱을 낀 채 당당하게 서있는 모습이 그려져 있었고 그 하단에는 연기와 불꽃이 피어오르는 촬영현장에서 치열한 백병전을 기록하고 있는 영화 제작진들의 모습이 그려져 있다. 결국 벽화내용은 김정일 국방위원장이 영화 제작 현장을 직접 진두지휘하고 있다는 것을 의미하고 있었다.

혁명사적관 참관을 마친 우리 일행은 다시 차량을 타고 이동하면서 여러 세트장을 통과하며 교회당을 향했다. 촬영소 전체 구역은 마치 미국이나 유럽의 명문대학교 캠퍼스처럼 광활했고 우리 일행은 이동하면서도 창밖에 펼쳐지는 풍경과 영화관련 조형물들을 볼 수 있었다. 특히 눈앞에 펼쳐지는 각종 세트장과 다양한 건물들을 지날 때마다 안내원과 해설사가 자세한 설명을 곁들여 주었다. 위압감이 들 정도로 드넓은 구역 안을 차량으로 한참 이동해 이윽고 산 위 아늑한 곳에 위치한 '형제산교회당'과 그 왼쪽 편에 딸린 '목사관'에 당도할 수 있었다.

영화촬영 세트장으로 사용되는 교회당과 목사 사택

나는 촬영소에 근무하는 어느 간부의 친절한 동행으로 인해 참관 내내 매우 기쁘고 즐거운 시간을 보낼 수 있었다. 나의 여러 가지 예민한 질문에 대해 솔직하고 다정다감하게 답변을 해주었고 그가 설명하는 여러 가지 해설들 또한 경직되지 않고 이해하기 쉽게 전달해주었다. 푸근한 언행으로 대해주는 그의 태도는 마치 이웃집 형님처럼 느껴지게 했다. 그의 말에 의하면 원래 이곳 교회당이 위치한 '형제산구역'(兄弟山區域)은 평양직할시의 19개 구역 중에 하나라고 한다. 이 형제산구역 안에 영화촬영소가 위치해 있고 그 촬영소 안에 형제산교회당이 있는 형국이다.

형제산의 대한 유래를 물어보니 "우선 형제산구역의 유래부터 알아야 한다"고 했다. 형제산구역은 1960년에 신설된 행정구역인데 과거 형제산구역의 남서쪽에 위치한 '남형제산면'(南兄弟山面)에서 유래하였다고 한다. 높이 130m가 된다는 남형제산(南兄弟山)은 형산리(兄山里)와 제산리(弟山里)의 경계에 있는 산 이름인데 그 유래는 사이좋게 서로 마주보고 있는 '형산'(兄山)과 '제산'(弟山) 이라는 두 개의 봉우리에서 비롯된 지명에서 따온 것이며 지금은 그냥 형제산(兄弟山)이라고 부른다고 했다. 결국 명칭은 다르지만 같은 장소를 일컫는 말이라

[사진 66] 목사관 내부를 방문하고 소감을 피력하는 필자의 모습. 멀리 류경호텔이 보인다.

고 한다.

물론 이 산위에 지어진 이 예배당은 현재 예배를 드리거나 종교적인 목적으로 사용되는 건물은 아니다. 오직 일반 방문객과 관광객들에게 보여 주거나 전적으로 촬영 용도로만 사용되는 세트장이다. 그러나 과거 해방 전에는 이 교회당이 있던 자리에 실제로 교회당과 수양관이 있던 자리였는데 훗날 이곳에 영화촬영소가 개관하면서 폐허가 된 이 교회당을 다시 개건(리모델링)공사를 해서 영화세트장으로 활용하고 있었던 것이다.

교회당은 내부와 외부 모두 서구식풍으로 건축되었으며 전체 건물에 비해 지붕 한가운데 세워진 십자가는 매우 작고 초라했으며 비뚤어진 채로 세워져 있었다. 예배당 내부는 100명의 인원이 앉을 수 있는 장의자 좌석을 구비하고 있었으며 강단도 멋스럽게 인테리어 되어 있어 실제 이곳에서 예배를 드려도 전혀 손색이 없어 보였다. 또한 유럽

식으로 지어진 목사관은 단조로우면서도 한편으로는 서구의 목가적인 분위기로 건축되어 있었다. 1,2층 모두 전체적으로 매우 편리하고 럭셔리한 구조의 분위기였으며 당장이라도 어느 목사가 나와서 나를 반기며 영접해줄 것만 같았다. 밖에서 바라보는 목사관은 멀리 류경호텔을 배경으로 하고 있어 전망도 매우 좋았다.

서울 종로거리 세트장과 연계된 형제산교회당

이 '형제산교회당'은 야외 세트장 중에 한 곳인 해방정국 시기의 서울 종로거리 세트장과 걸어서 갈 수 있도록 연계되어 있었는데 이 세트장과 야외촬영소는 1982년 4월 건립되었다고 한다. 필자가 거주하는 로스엔젤레스는 세계 영화를 주도하는 헐리우드가 위치하고 있어서 평소에도 영화 제작과 현장을 가까이에서 늘 지켜볼 수 있었으나 필자가 이곳에 당도해보니 헐리우드와는 또 다른 차원의 수준 높은 시설들을 갖추고 있었다. 수백 만평 부지에 조성된 각종 영화관련 시설물들을 보고 필자는 위압감과 함께 놀라움을 금치 못했다. 이곳에서는 야외촬영을 포함해 각본에서 편집에 이르는 영화 제작의 전 공정을 마치 공장에서 제품을 생산하듯 해결할 수 있다고 한다. 실내촬영장, 녹음 및 편집설비, 필름가공설비 등 현대적 시설을 구비하고 있는데, 이 구역에서만 동시에 10편의 영화를 촬영하고 녹음할 수 있는 시스템이라고 한다.

아무래도 방문객들에게 가장 많이 소개되는 명소는 야외촬영거리였다. 조선시대 궁궐 세트장, 조선시대의 한양 거리, 1930년대 경성의 종로 거리를 비롯, 1950~1960년대의 서울 종로 거리, 현재의 조선거리(북조선 거리), 남조선 거리(남한 거리) 등이 세분화되어 조성되어있었다. 또한 일본 거리, 유럽 거리, 중국 거리 등을 비롯해 초가집이 조성된 농촌 마을 등이 평지와 낮은 구릉을 타고 맵시 있게 배치되어 있었다. 이곳의 특징은 북에서 생산되는 거의 모든 영화의 야외장면을 소화할 수 있도록 꾸며져 있다는 것이다. 각 세트장은 반영구적인 콘크리트 구조로 만들어져 있어서 촬영 때마다 건물 외벽에 새로운 간판 등의 장식물을 바꾸면 다양한 연출 장소로 활용되도록 해서 충무로나 헐리우드처럼 일회용 세트장이 아닌 반영구적이었다.

특히 이곳 촬영소는 예술영화만을 창작하는 곳이라서 산하에 '백두산창작단', '대홍단창작단' 등 여러 창작단과 배우단을 운영하고 있다고 한다. 마침 필자가 방문하던 무렵에는 '평양국제영화제'가 개최됐고 내가 이곳을 방문한 날에는 현역 배우들이 모두 영화제 관련 행사장에 참석하는 바람에 직접 만나볼 수는 없었다. 나는 북 인민들이 즐겨보는 '민족과 운명'이라는 연속드라마에 출연한 배우들을 직접 만

[사진 67] 60년대 종로거리 세트장에서 기념 촬영하는 필자와 촬영소 간부 모습

나보고 싶었는데 매우 아쉬웠다.

또한 북에서는 우리가 흔히 말하는 연예인이 되기 위해서는 '2.16 강계 예술대학'이나 각 도에 있는 예술학교 등을 나와야 한다고 한다. 예술학교는 6년제인데 영화, 연극, 음악, 그리고 무용을 가르치는 특수학교라고 보면 된다. 보다 수준 높은 공부를 하기 위해서는 '평양연극영화대학'이나 '평양음악무용대학' 등에 진학하기도 한다.

해방 전에는 이 터 위에 어떤 교회가 들어섰나?

행정구역상으로는 평양시 형제산구역 중당동(中堂洞)에 위치한 이곳 영화촬영소는 1947년 2월에 설립되었으며 현재의 모든 촬영소 시설은 전쟁이 끝난 1955년에 확장공사를 시작해 1957년에 완성했다고 한다. 북 최대 규모의 영화 제작소로서 명성이 높은 이곳은 4개의 대형 촬영장과 각종 야외 촬영거리, 자체적으로 배우 양성소를 두고 있다고 한다.

그런데 이곳 중당동의 유래를 통해 과거 이곳에 세워졌던 교회가 과연 구체적으로 어떤 교파에 속한 교회였으며 어떤 이유에서 이 산위에 세워졌는지 알아보기로 했다. 나는 이곳 형제산교회당 예배터가 해방 전에는 어떤 교회였는지 사뭇 궁금해졌다. 원래 중당동은 1963년에 하당동(下堂洞) 일부를 분리해서 상당동(上堂洞)과 중당동(中堂洞)을 신설했다고 한다. 그래서 그런지 촬영소 사람들과 주변 마을 사람들은 아직도 이곳을 상당동(上堂洞)이라고도 하고 당산동(堂山洞)이라고도 부른다고 한다.

이곳에 세워졌던 교회당과 수양관 터는 당연히 해방 전에는 이곳에서 가까운 평안남도와 평양시의 신자들을 위해 세워졌을 것이다. 평양시의 서북쪽에 위치한 이곳 형제산지역은 북쪽으로 순안구역, 동쪽으로 룡성구역, 서성구역, 남쪽으로 만경대구역, 서쪽으로 평안남도 대동군과 접하는 지역이다. 특히 해방 전에는 대동군의 남형제산면, 부산면, 재경리면 등에 속했으며 1967년대에는 서성구역, 만경대구역, 룡성구역의 일부와 순안군의 일부가 합병해 현재의 형제산구역이 설치되었던 것이다.

1900년대 초반부터 해방 전까지 이 지역 교회들을 관할한 곳은 '조선예수교장로회 총회 평양노회'였다. 지역적으로는 평양시, 대동군, 중화군, 성천군, 강동군, 황주군, 수안군, 곡산군을 포함해서 널리 퍼져 있었고 이 '평양노회' 소속 장로교회들은 조선선교초기와 일제 강점기에서의 교회가 태동되고 성장하던 모판이었으며, 평양대부흥운동의 중심지였다. 그뿐 아니라 1911년 105인 사건, 1919년 삼일운동, 그리고 1935~1945년으로 대변되는 일제 신사참배의 역사적 사건 속

[사진 68] 대동강변이 내려다보이는 개화기 평양 시내 전경

에서도 대부분 흔들리지 않고 민족을 선도했던 교회들이 많았다.

그렇다고 해서 이 지역에 장로교회만 있었던 것은 아니다. 1930년대 중반까지는 장로교와 감리교 사이에 선교구역 분할제가 철저히 실시되었기 때문에 장로교 선교구역에는 감리교가 들어가지 않았고, 반대로 감리교 선교구역에는 장로교가 들어가지 않았다. 한마디로 남의 구역은 침범하지 않기로 한 것이다. 그럼에도 불구하고 평안남도 대동군은 미 북장로교회의 선교구역이었는데도 다음과 같이 여러 감리교회(監理敎會)들이 있었다. 대동강면에는 '사동(寺洞)교회'가 있었고, 율리면(栗里面)에는 '유신리교회,' '홍교동(紅橋洞)교회'(기도처), '현교리(鉉橋里)교회,' '칠산(七山)교회,' '사통교(四通橋)교회' 등이 있었고 고평면(古平面)에는 '두로도(豆老島)교회'가 있었다. 또한 시족면(柴足面)에는 '건지리(乾芝里)교회,' 부산면(斧山面)에는 '명오동(明梧洞)교회'가 있었고 부산면에 '수산리(壽山里)교회,' 용연면(龍淵面)에 '검포리(檢浦里)교회'와 '삼정(三井)교회'가 있었다.

형제산구역에는 현재 가정 교회가 많이 운영되고 있다

그러나 구체적인 사료와 결정적인 증언이 부족한 상황에서는 이 예배당 터가 과거 감리교회인지 장로교회인지조차 밝히기가 힘들었다. 좀 더 많은 자료를 확보한 후에 지속적인 연구가 필요할 듯했다. 이곳 영화촬영소를 오는 도중에 가장 가까운 거리에 있던 교회는 '만경대구역'의 봉수교회당이었다. 현재의 봉수교회당은 가까이서 보는 것보다 오히려 멀리 떨어진 보통강가에서 바라볼 때 그 진가를 발휘하는 것 같았다. 주택가에 자리 잡고 있는 봉수교회당은 먼 거리에 있는 주변 도로를 달리면서 바라보니 숲속과 조화를 이루며 마치 유럽의 작은 궁전을 연상케 할 정도로 아름답게 보였다.

그러나 형제산구역에는 평양에서 매우 많은 가정 교회(처소 교회) 신자들이 거주하고 있는 곳이기도 하다. 2002년 1월 경 조선그리스도교연맹 초청으로 북을 방문하고 돌아온 한국기독교교회협의회(NCCK) 대표단은 형제산구역과 옥류지역의 가정예배처소를 방문하고 돌아온 적이 있었는데 이때 북측의 신자들은 당시 남측의 감신대 총장 김득중 박사가 평신도 성경공부 교재로 제작한 '마가복음 강해' 비디오 테이프를 교재로 사용하고 있는 것을 목격했다.

그 후 3년이 지난 2005년 11월경에는 남측의 감리교 서부연회가 방북대표단을 이끌고 북을 방문할 때도 형제산구역의 가정예배처소를 방문해 북측 교인들과 함께 예배를 드렸으며 필자도 평양 광복거리 가정예배를 비롯해 이곳 형제산구역에서 가정예배를 드린 경험이 있었다. 이처럼 아직도 형제산교회당 주변의 형제산구역에는 해방 이전의 신자들이 그루터기가 되어 아직도 신앙공동체를 이루고 있음을 확인할 수 있었다. 한 가지 확실한 것은 영화촬영 세트장으로 사용되는 이곳 형제산교회당 터전에는 과거 해방 전에는 이름 모를 교회수양관과 교회당이 세워졌던 곳이라는 단순한 사실 하나뿐이다.

평양제3인민병원교회

[사진 69] 평양제3인민병원 본관 전경

'평양제3인민병원'을 가다

북에는 각 구역별로 인민병원을 두고 운영하고 있으며 병원 이름 앞에 아라비아 숫자가 붙은 유명한 인민병원은 모두 세 곳이다. 필자와 일행은 방북 일정을 소화하던 중 '평양제3인민병원'을 방문했다. 곱슬머리에 서글서글한 성격과 후덕한 이미지를 풍기는 50대 초반의 병원 원장의 따뜻한 영접을 받으며 참관을 시작했다. 병원 이모저모를 둘러보며 해설을 곁들인 브리핑을 들었으며 맨 마지막 순서로 원장실로 올라가 대담시간을 보냈다. 잘 알려진 대로 이 병원은 미국의 한인교포 의학박사인 박세록 장로가 주축이 돼 조직한 '북미기독의료협의회'(북미기독의료선교회)의 지원과 주도로 건축한 곳이라서 재미교포 목회자인 나에게는 그 의미가 더욱 크게 느껴졌다.

병원을 참관하며 자세히 살펴보니 임상부문 진료실은 현재 총 27개를 보유하고 있었으며 43개에 달하는 다양한 진료부서가 있었다. 또한 각 부서에는 거기에 걸맞는 다양한 현대식 치료 장비와 기자재들을 갖추고 있었다. 복부초음파실을 지날 때는 결례인줄 알면서도 내부를 직접 들어가 보고 싶은 호기심을 느껴 허락을 받은 후 조심스레 문을 열고 들어가 보았다. 검사실에는 남성 환자를 눕혀놓고 여성 의사 두 명이 첨단장비를 다루며 이곳저곳을 검진하고 있었으며 문 밖에는 환자들이 순서대로 대기하고 있었다. 그밖에도 뇌기능 검사실, 위내시경 검사실, 산부인과, 렌트겐 검사실, 심장기능검사실, 소생과의 집중치료실(ICU), 주사준비실, 입원실 등을 다양하게 참관했다. 그러나 과거 병원 설립 초창기에 '북미기독의료협의회' 회원들과 박세록 장로가 방문할 때마다 예배를 드렸던 작은 예배실 공간은 다른 용도로 사용되어 있고 지금은 존재하지 않았다.

병원 화단에는 흰 돌로 제작된 조형물이 모두 4개가 세워져 있었는데 그중에 3개는 역대 북 최고지도자 3인을 의미하는 조형물들이 정문 입구 좌측 화단에 세워져 있었다. 먼저 김일성 주석을 의미하는 '수령복'(首領福), 김정일 국방위원장을 의미하는 '장군복'(將軍福) 그리고 현재의 김정은 국무위원장을 의미하는 '대장복'(大將福)이라는 글씨가

돌 위에 음각으로 새겨져 있어 눈길을 끌었다. 그리고 입구 우측에는 1995년 11월 22일 날짜로 '충성비'가 세워져 있었는데 이 비문에는 "김일성 주석의 뜨거운 사랑과 배려에 의해 이 병원이 건설되었다"는 점과 "김일성 주석의 유훈 교시를 받든 김정일 국방위원장의 높은 뜻을 새긴다"는 내용이 기록되었다. 또한 "외국에 살면서도 조국의 부강발전과 자주적 평화통일을 위해 북미기독의료협의회 성원들이 뜨거운 애국충정으로 이 병원을 세웠기 때문에 그들의 숭고한 애국심을 길이 전하기 위해 이 비석을 세운다"는 내용들이 적혀 있었다.

원장의 설명에 "이 병원은 '만경대구역'을 포함해 '평천구역', '보통강구역', '광복거리' 등 모두 62만 여 명의 시민들을 대상으로 진료활동을 한다"고 해서 나는 엄청난 업무량에 깜짝 놀랐다. 더구나 하루 평균 2,500명의 환자들을 진료한다고 하니 의료진들의 업무량이 너무 많아 힘들겠다는 생각이 들었다. 입원실은 250여 개이며 환자 침실은 515개가 되었는데 워낙 출입하는 환자들이 많다보니 병원 기자재 지원과 의약품지원 그리고 입원실 확충 등이 더 시급하다고 여겨졌다. 병원 곳곳을 참관하고 난 후 필자와 일행은 원장 집무실에 딸린 회의실에 모두 모여 병원 운영상황과 미주동포들이 의료지원을 할 수 있는 방안들이 무엇인가에 대해 의견교환을 가졌다. 병원측에서 요청한 지원 품목들은 의약품과 각종 장비들이었는데 우선 소화제, 구충제, 아스피린 등 기본적인 상비약과 구강과(치과)에서 필요한 여러 장비들이 시급하다고 했다. 또한 위내시경, 자동인공호흡기, 렌트겐 검사기, 심장 초음파 검사기, 근전도 등이 당장 필요하다고 했다.

그뿐만 아니라 원장의 설명에 의하면 이 병원이 자랑하는 의료기술 중에 으뜸은 '복강경수술'인데 지금까지 헤아릴 수 없을 정도의 많

[사진 70] 좌: 질병예방을 위한 건강상식 게시판을 병풍식으로 만들어 병원 복도에 비치해 매우 이채롭게 보였다. 우: 무상의료 혜택이지만 각 진료과목마다 정해진 가격이 있는데 이 진료비는 모두 정부의 지원을 받는다.

은 시술을 했으나 복강경수술 만큼은 그동안 사고율 제로를 기록했다고 한다. 그뿐만 아니라 그동안의 수술 경험과 축적된 의료기술들을 토대로 모의수술을 거듭한 끝에 복강경을 통한 '충수절제수술'에 성공을 거뒀으며 그 이후 적용범위를 넓혀 담낭절제수술, 정맥류 고위결찰술, 난소난종 적출술 등의 부문까지 창의적으로 적용되었다고 한다. 더 나아가 거기에 머무르지 않고 현재는 복부외과와 비뇨기과, 산부인과에 이르기까지 더욱 확대됐다고 한다. 특히 '충수절제술'과 '정맥류 고위결찰술'은 전 세계적으로 그 어느 나라에서도 볼 수 없는 독보적인 의료기술이라고 한다. 류림 원장은 이야기 도중 남측에서는 일반적으로 '항문'(肛門)이라고 부르는 단어를 자꾸만 '홍문'(紅門)이라고 표현하는 바람에 어감에서 발생하는 차이로 일행들의 웃음을 자아내기도 했다.

'평양제3인민병원'에 마련되었던 예배실

필자가 방문한 '평양제3인민병원'은 미국 북미주에서 활동하는 기독교 의사들이 주축이 돼 건립한 병원이기 때문에 설립 초기에는 병원 내의 작은 공간에 예배실을 마련해 한동안 운영했으나 현재는 이 예배실이 존재하지 않는다. 병원설립과 더불어서 과감하게도 병원 예배실이 확보된 배경에는 박세록 장로의 공로가 매우 컸었다. 1938년 원산에서 출생한 실향민 출신의 박 장로는 1963년 서울대학교 의과대학 졸업 후 1966년 미국에 이민을 온 후 1966~1971년까지 미시간대학교의 William Beaumont Hospital 프로그램을 이수하고 1971년 산부인과 전문의를 취득했다. 또한 1973년 미국 산부인과 학술회원 학위를 취득하고 1989~97년까지 미국 웨인주립대학교와 1997~2003년까지 UC Davis 대학교에서 산부인과 교수를 지내는 등 불임전문분야의 산부인과 전문의로서 왕성하게 활동해왔다.

그러던 중 1987년 12월 웨인주립대학 외래교수 시절 인도 봄베이대학 등 3개 대학에 교환교수로 초빙을 받아 강의를 하며 현지에 의료봉사 활동을 하게 됐는데 이때 헐벗음과 굶주림의 현장을 직접 목격한 경험들을 토대로 미주 한국일보 칼럼에 연재를 했는데 그 기사를 북 고위층이 직접 읽고 연락이 온 것이 계기가 되어 이듬해인 1988년 11월 북측 당국의 공식 초청장을 받게 된다. 그리고 이듬해인 1989년 1월 첫 방북을 하게 되는데 이때 박 장로는 평생 자신이 지닌 북에 대한 부정적인 고정관념과 불신 그리고 선입견 때문에 어떤 상황이 벌어질지 몰라 부인도 데려가지 않고 동역자인 장현식 장로와 함께 평양을 방문했다고 한다. 그러나 북측은 박 장로 일행을 위해 북경공항에 전용 비행기를 보내올 정도로 각별히 환대해주었으며 그 이후 수차례의 방북을 이어가던 끝에 마침내 6년 후인 1995년 평양 중심가 광복거리에 '평양제3인민병원'을 개원하게 된 것이다.

첫 방북 이후 '평양제3인민병원'이 건립되기까지 6년간의 과정을 좀 더 구체적으로 살펴보도록 하자. 첫 방북을 통해 북측의 의료현황 실태와 내부 사정을 직접 목격한 박 장로는 대북 의료선교사역을 굳게 결심하고 귀국한 지 3개월만인 1989년 4월 미시건주 디트로이트에서 '북미기독의료선교회'라는 단체를 발족했다. 또한 기존에 '북미기독의사선교회'라는 단체가 존재했기 때문에 더욱 단합된 힘과 효율적 사역을 위해 두 단체를 통합하기까지 했다. 통합 이후에는 미주 전역에 거주하는 크리스찬 한인 의사들이 결집하며 대북 의료선교 운동은 탄력을 받기 시작했다. 통합된 '북미기독의료선교회'는 초창기 보스톤, 아틀란타, 시카고, 마이애미, 로스앤젤리스, 시애틀 등지에 각각 지부를 두었으며 약 50명의 회원들이 박 장로의 리더십 아래 10차례에 걸쳐서 북을 정기 방문하였으며 매번 방문 할 때마다 정성을 다해 의약품과 기자재들을 운반하며 '사랑의 의료품 나누기 운동'을 펼쳤다.

그러다가 첫 방북 이듬해인 1990년 7월 북 당국으로부터 평양에 병원건립 제안을 받았고 그 후 병원 건설에 대한 구체적인 사업계획을 승인받아 몇 년의 준비기간을 거친 후 마침내 북 의료당국의 전폭적인 지원 아래 1994년부터 본격적인 공사에 착수해 이듬해에 완공할 수 있었다. 1995년 11월 22일에 역사적인 개원식을 거행하게 되는데 완공 당시 병원은 500병상, 분만실 2개, 수술실 3개 등을 갖췄다. 뿐만 아니라 1997년 9월 29일에는 박 장로가 남측 출신의 의사로서는 최초로 북측 환자를 직접 시술을 하는 기념비적인 일을 맞이했는데 이는 북 당국의 신뢰가 얼마나 전폭적이었는가를 알 수 있게 한다.

이뿐 아니라 박 장로의 집요한 협상력과 요청으로 새로 건축된 제3인민병원 건물에 예배실까지 확보하는 데 합의하여 가까스로 병원 안에 예배실 공간을 마련해 박 장로와 북미주기독의료선교회 회원들이 병원을 방문할 때마다 주일예배를 드리거나 공식적인 종교 활동을 하기에 이르렀다. 그러나 병원 원목 사역(Hospital Chaplain Ministry) 시스템이 잘 갖춰진 남측이나 서방세계와는 달리 아직도 기독교라는 종교 자체에 거부감이 있는 북측 사회이다 보니 예배실 운영이나 병원에서의 직간접적인 선교 활동은 생각보다 쉽지 않았다. 또한 병원 예배실 운영은 쉽사리 용인되지 않았으며 이 일로 인해 박 장로 일행의 동포애와 의료사역에 대해 북 의료당국과 정보 당국이 순수성과 저의를 의심하는 계기가 되었다.

결국 그 후 연속으로 발생한 대가뭄과 대홍수, 냉해 등으로 인해 발생한 식량난 등 '고난의 행군' 시기를 거치면서 외국으로부터 많은 대북지원 물자가 반입되고 아울러 선군정치 아래서 군부의 힘이 막강해지면서 결국 박 장로의 병원 예배실 운영을 포함해 대북의료사역 전반에 걸쳐 제동이 걸리고 말았다.

결국 북 당국은 종교적으로나 정치적으로 보수적 성향을 지닌 박 장로에게 '포교를 통한 체제 문란자'라는 혐의를 내리고 '종교를 통한 체제전복세력'으로 규정짓게 된다. 북 당국은 당사자인 박 장로와 '북미기독의료선교회' 측에 경고하고 그들의 활동을 "병원과 의료지원을 빙자한 선교활동"으로 판단해 모든 관계를 중단시키고 말았다. 박 장로는 병원이 개원하던 1995년부터 경고를 받은 1999년까지 거의 5년 동안 '평양제3인민병원'의 명예원장직책을 맡아 20여 차례 북을 왕래

[사진 71] 좌: 병원을 설립한 '북미기독의료선교회'를 기념하는 기념비 앞면. 우: '북미기독의료선교회' 가 기증한 의학서적들이 보관된 평양 인민대학습당 서가 모습

하며 불철주야 노심초사 물심양면으로 크게 헌신한 것은 사실이다. 그러나 북측 사회와 체제를 바라보는 역사적 관점의 차이와 그의 선교적 가치관 그리고 무리한 선교적 성취욕 때문에 결국 순수한 의도로 시작된 대북의료지원 사업은 좌절되고 말았다. 그러나 사회주의 국가인 이북 의료계에서 가장 먼저 시도되고 적용된 병원 원목 사역이라는 점에서 시사하는 바는 매우 컸다.

의료지원사역이 중단된 여러 가지 원인들

박 장로를 비롯해 그가 주도해서 설립한 '북미기독의료선교회'는 제3인민병원 개원을 앞두고 필요한 장비와 기자재를 신축건물에 채우기 위해 '사랑의 의료품 나누기 운동'을 전개해 국내외를 돌아다니며 모금운동을 벌일 수밖에 없었다. 그 결과 마침내 병원 침대 500개를 포함해 기초적인 의료기재들을 서울에서 남포항으로 운반해 재정문제를 해결하는 등 그 수고와 헌신이 매우 컸다. 그들의 헌신과 희생을 기반으로 병원은 예정대로 무사히 개원할 수 있었으며 병원에서 개원예배도 드릴 수 가 있었다.

그뿐만 아니라 최신 의학교과서, 세계의학연구보감 등 700권과 세계 최신 의학문헌 등 총 2,000여 권의 책들을 평양에 보냈는데 이때 운송된 책에는 일일이 '북미기독의료선교회'의 스탬프가 찍혀 있었다. 이처럼 '기독' 혹은 '선교'라는 단어가 들어간 글자가 새겨져 있어서 처음에는 많은 어려움이 있었지만 결국 이 책들은 3,000석 규모의 평양인민대학습당의 중앙도서관 코너에 진열되었으며 북 전역의 의사, 간호원, 약사 그리고 의과대학교 학생들에게 요긴하게 사용되고 있었다.

이처럼 헌신적인 지원과 의료봉사에도 불구하고 북측 당국은 왜 이들의 의료지원사역을 중단시켰을까? 그 원인은 미국과의 적대적 관계에 있는 북측 사회의 특수성을 소홀히 한 데서 발생했다. 반기독교 정서가 팽배한 북은 자신들의 사회주의 체제와 주체적 정서가 위협될 만한 그 어떤 이념이나 사상, 종교행위 등은 일절 수용하지 않는다. 북미기독의사협의회와 박세록 장로는 병원 설립 이후 최소 10년 이상은 공식적인 선교활동을 시도하지 말고 묵묵히 의료지원 사업에만 집중했어야 했다.

박 장로의 입장에서는 병원이 개원된 후 북녘의 환자들이 모여들어 치료받는 모습을 목격한 것이 너무 감격스러웠다고 증언한 적이 있었다. 특히 병원 안에 예배실을 마련했다는 것에 대해 큰 자부심과 사명감을 갖게 되었는데 이는 그의 첫 방북이후 6년 동안 여러 가지 어려운 형편과 복잡한 세계정세와 남북관계의 소용돌이 속에서도 변함없이 정성을 쏟아 부은 결과였기에 가능한 일이었다.

대북지원은 복음을 전제로 해야 하고 마음을 담아서 전해야 합니다. 기독교에 대해서는 북 인민들이 거부감을 드러내기도 하지만 한국교회가 대북지원을 하고 있다는 사실을 그들이 잘 알고 있습니다. 복음이 들어가고 있다는 증거지요. 나는 지금까지 북 정부관리들의 마음을 열려고 목숨을 바쳐왔는데 분명한 사실은 인간의 힘으로는 관리들의 마음을 여는 것은 불가능합니다. 수술 몇 번 해주고 그들의 마음이 열릴 것이라고 생각한다면 오산이고 이는 북의 현실 상황을 잘 모르는 것입니다. 인간이 다 알 수 없는 하나님이 역사하실 방법이 있을 것 같습니다.

이처럼 대북의료지원 사업의 선구적 역할을 담당해왔던 박 장로의 이면에는 북한선교에 대한 남다른 열정이 있었으나 이와 더불어 언론 인터뷰나 교회 강연 등을 통해 평소 북한 당국과 정서가 맞지 않는 자신의 대북관과 선교관을 과감히 드러내기도 했다.

제3인민병원은 분명 환자를 치료하는 병원이지만 이것이 북한선교의 교두보가 되고 요람이 되게 해야 합니다. 특히 병원 안에 있는 예배실이 앞으로 교회가 되고 이 교회를 통해서 복음을 전파할 수 있을 것을 믿으며 육신의 질병만이 아니라 영혼구원의 사역도 함께 할 수 있고 더 나아가서는 말씀을 통하여 하나 된 아름다운 조국의 금수강산이 될 수 있기를 기도합니다.

그러나 병원 예배실이 정식 교회당이 되게 하려는 그의 염원은 결국 달성되지 못했다. 첫 방북 이후 '북미기독의료선교회'를 설립한 그는 1989년에 별도로 자신의 의료사역을 왕성하게 펼치고자 SAM(Spiritual Awakening Mission) 의료복지재단을 창설해 국제총재를 맡아왔다. 뿐만 아니라 그 후에는 '한민족복지재단' 설립을 주도해 이끌어왔으며 '우리민족서로돕기운동' 미주본부 상임대표 등을 역임하는 등 대북지원사업에는 누구보다 앞장서 왔다.

또한 평양에서의 대북 의료사역이 중단된 이후에는 북방의료사역에 더욱 박차를 가하기 위해 2004년 서울에서도 SAM 의료복지재단을 설립했고 박 장로가 총재, 박은조 목사와 이상택 선생이 이사장에 선임됐다.

그리고 그해 7월 22일 외교통상부 산하 법인설립 허가를 기념해 100여 명의 후원이사와 관계자들이 참석한 가운데 축하연을 개최했는데 이때 박 장로는 평소 자신의 시국관과 이념적 성향을 분명하게 드러내 논란을 불러일으켰다.

> (미국에 살고 있는 내가) 한국에 오면 민주주의인지 공산주의인지 헷갈릴 때가 많다. 비전향 장기수가 석방되고 간첩들이 진실된 정치가를 비평하고 판단하는 나라가 됐다. 한국을 위해 기도해야 한다.

그의 이 같은 발언에는 김대중, 노무현 정부 하에서의 관용적인 대북정책을 못마땅하게 여긴다는 의중이 내포돼 있었는데 이는 북의 입장에서 볼 때 매우 불쾌한 발언이었고 남측의 진보 진영에서 볼 때도 형편없는 궤변에 불과하다. 또한 자신이 작성한 평양제3인민병원에 대한 '미래 비전문 1항'을 보면 "최고 권력자들을 치료하여 그들의 마음을 움직여 북한선교가 순식간에 이루어지기를 기도한다"는 취지를 두고 있다. 이는 조선 초기 미국 의료선교사였던 애비슨(Avison) 선교사가 고종의 어의로서 복음을 전파했던 일화를 근거로 북조선의 최고 지도부와 권력자들을 치료해서 전도하겠다는 의도였다. '의료센터 기능을 갖춘 후 최고 권력자들을 치료해 그들의 마음을 움직여 북한선교가 순식간에 이루어지기를 기도한다'는 목적을 북측 당국이 이를 모를 리 없다.

계속해서 미래비전문 조항에는 "북한에 20개의 이동진료차를 보급해 의료봉사자들이 북한 전역 시골곳곳까지 방문해 의료봉사를 하고 교회당을 설립한다"고 되어 있으며 "의료기술학교나 간호학교는 물론 제약회사, 치과기공, 재활원 등을 설립하고 더 나아가 나진선봉지역에 교회와 병원을 설립한다"는 조항도 명시되어 있다. 이런 여러 가지 그의 대북관과 선교관은 결국 북 당국으로 하여금 위협적인 존재로 인식되기에 이르렀다. 그 후 북 당국에 의해 의료사역이 중단된 박장로는 2000년 소위 북한선교의 교두보를 마련하기 위해 신의주와 중국을 잇는 관문도시인 단동에 단동기독병원(CMWM)을 건립한 이래 지금까지 줄곧 의료사역에 전념하고 있다. 이에 대해 그는 "평양과 신의주를 잇는 경의선은 북한뿐 아니라 중국대륙을 거쳐 세계를 향한 복음의 관문이 되는데 신의주와 인접하고 있는 단동지역은 북한선교의 전진기지가 될 것이다"라며 자신의 단동사역 이유를 밝혔다.

이뿐 아니라 SAM복지재단을 재창설해 1998년 9월부터 압록강 두만강을 잇는 단기 의료봉사 루트 개척을 시작해 매년 10여 차례의 단기의료봉사를 펼치고 있는데 이는 하루 평균 200명, 연 평균 50,000

명을 진료하는 규모라고 한다. 또한 중국 심양사랑병원을 개원해 병원장을 지내면서 외래 진료소 사역을 진행하고 있으며 탈북자를 돕기 위해 심양사랑병원 외에도 집안진료소, 장백진료소, 우스리스크진료소를 개설해 탈북자 대상 위주의 의료사역을 진행하고 있다. 한편으로는 SAM의료복지재단이 용천폭발 당시 긴급구호품을 보내거나 비타민 보내기운동, 사랑의왕진가방보내기운동, 겨울나기운동, 분유보내기 운동 등 매년 북녘동포들을 돕기 위한 캠페인을 펼치고 있는데 이는 북측 당국이 매우 싫어하는 사역들과 좋아하는 사역들을 동시에 추진하고 있는 형국이다.

또한 시골에 '왕진가방 보내기'운동이나 신의주 모자강남병원 설립 등 의료지원에도 앞장서 왔고 한민족복지재단을 통해 97년 나진선봉지역에 로뎀제약공장 설립을 시작했고 선봉인민병원 현대화를 추진하기도 했다. 또한 북측 어린이돕기 5대사업으로 어린이병원 현대화, 어린이 심장병센터설립, 어린이 급식, 어린이 집단구충, 사랑의 의

[사진 72] 동포 방문객들이 평양제2인민병원 외부를 참관하는 모습

료품나누기 운동을 지속적으로 해왔으며 한국의 유명제과업체인 고려당을 통해 북측 노동자 32명에게 제빵 기술 훈련을 시킨 후 '평화의 빵' 공장을 라선시에 설립해 매일 15,000개의 빵을 자체 생산해 북녘의 어린이들을 먹이게 했다. 이처럼 북녘 동포들과 어린이들을 지원하는 보건 복지 의료사업은 분단의 깊은 골을 메우고 민족의 화합과 협력의 발판을 마련하는데 크게 기여한 것은 사실이나 아무리 선한 의도라고 해도 북 당국과의 불화와 적대적 관계에서의 지원활동은 매우 위험을 초래하고 기독교의 입지를 약화시킨다.

평양인민병원은 제1, 제2, 제3병원이 운영 중

앞서 밝혔듯이 평양시내 인민병원들 중에 가장 규모가 튼튼하고 역동적인 곳은 평양 제1, 제3병원이다. 평양 제1인민병원은 1945년 평양에서 가장 먼저 설립된 병원이며 설립초기부터 지금까지 평양 시민들을 무상치료 해왔다. 병원 옆에는 계월향이 살던 집을 개조해 '월향전시관'을 만들어 놓고 이곳에서 기념품을 판매하고 있었고 바로 인근에는 개선문이 위치해 있다. 특히 외과병동은 3층 건물인데 소생과(응급실) 1곳과 수술장(수술실)이 6곳, 병실이 75개(4인실, 6인실 포함) 등으로 구성되어 있으며 너무 오래되다 보니 건물 외관과 내부시설이 노후되어 2009년도에 남측의 '하나됨을 위한 늘푸른삼천'(이하, 늘푸른삼천)이라는 단체를 비롯해 몇몇 대북지원 단체들이 이 병원에 대한 개건사업과 의료지원사업을 시작했다.

특히 '늘푸른삼천'은 외과병동 리모델링과 의약품, 의료장비 지원사업을 해왔는데 2009년 당시 병원 보수공사는 1억 원 정도의 비용을 들여 병실과 모든 출입문을 교체하고, 천정과 지붕 공사는 물론 병실 바닥과 내외장 공사를 모두 마치기도 했다. 뿐만 아니라 5천만 원을 더 투자해 환자용 침대 200개를 교체하고, 각종 의약품 5천만 원을 추가 지원했다. 이뿐 아니라 엑스레이(X-ray)와 초음파(복부용 초음파 등), 내시경, 알약 제조기 등이 긴급히 필요해 1억 7,000만 원 어치의 의료 장비를 지원하기도 했다.

남북 관계가 악화되어도 북녘 동포들의 건강을 돕기 위한 순수한 민간차원의 의료지원사업에 찬사를 보낼 뿐이다. 또한 '늘푸른삼천'은 2008년도에는 평양에 '상원통일양묘장'을 조성해 나무종자와 양묘자재를 보냈는데 그 나무들이 지금은 '통일나무'들이 되어 무럭무럭 잘 자라고 있었다. 당시 이 단체가 내세운 구호는 '삼천리 금수강산'이었는데 그 발상이 탁월하고 기발하다는 생각을 했다.

평양제2인민병원도 그동안 남측의 여러 단체들이 의료지원을 해왔다. 특히 2003년에는 '이웃사랑회'(Goodneighbors) 측에서 심장초음파 진단기 소모품과, 골밀도 진단기 부품, 렌트겐 부품, 위내시경 인화지, 핸드피스, 전압안정기 등을 선박으로 운송해 지원하기도 했다. 이처럼 3곳의 유명 인민병원들은 남측이나 미주의 동포들로부터 지원과 협력관계를 유지해왔는데 지금까지 살펴봤듯이 종교적인 문제만 발생하지 않는다면 통일이 되는 그날까지 무난하게 아름다운 관계가 지속되리라고 여겨진다.

선교보다 먼저 평화통일에 집중하고 기여하는 사역을 해야

필자는 여러 가지 대북지원사업 중에 왜 의료지원이 가장 시급하고 중요한가를 잘 알고 있다. 어떤 사회이든 질병과 병고가 존재하기 마련인데 이런 인간 사회생활에 가장 기초가 되는 치유와 의료행위는 사상이나 이념 혹은 정치적 환경에 관계없이 보편성을 지니고 있으며 따라서 매우 절실하고도 현실적이다. 특히 기독교의 사랑을 바탕으로 둔 의료봉사는 선교가 금지되어 있는 북측과 제3세계 지역에 들어가도 전혀 무리가 없고 손색이 없다.

북조선은 그동안 대도시는 물론 면 단위와 시골 농어촌 마을까지 무상치료 혜택을 시행해왔으나 아직도 시골 낙후 지역은 경제적, 인적 자원의 부족으로 그 실효성이 약해 영양 부족과 어려운 생활환경 등으로 인해 간염, 폐결핵, 기생충병 등의 전염병에 노출되어 있고 장마철에는 장질부사, 콜레라 등으로 생명을 잃는 경우도 빈번했던 것은 사실이다. 이처럼 도시를 벗어날수록 의료혜택을 충분히 받을 수 있는 여건이 안 되기 때문에 보건, 복지, 식량, 의료 등의 지원사역이야말로 가장 절실하고 시급하다.

국제법상으로 볼 때 아무리 서로 총을 겨누고 싸우는 적군도 부상을 당하면 치료를 해주고 의료봉사를 해주는 것이 적십자정신이다. 이는 의료봉사의 중립성을 잘 말해주는 것이며 이것이야말로 기독교의 정신을 실현하는 루트가 되기도 하며 일맥상통하는 것이다. 굳이 기독교의 '십자가의 정신'을 언급하지 않더라도 '적십자정신' 만으로도 남북의 평화통일에 충분히 기여하고 북측 동포들을 감동하게 만들 수 있다. 그러나 현재의 대북사역자들은 자신들의 지원사업을 통해 종교적 목적 달성과 조급한 선교적 결실을 염두하고 있기 때문에 실패를 거듭하고 있다. 포교와 선교에 최종 목표를 두고 무리한 계획을 강행하다 보니 자신들의 순수성은 퇴색되고 마침내 그 사역마저 불미스럽게 승단되는 경우가 지금까지 반복되었다.

특히 제3세계의 선교는 항상 새로운 국면을 맞고 있는데 아직도 한국교회와 해외 한인교회들은 사역단체와 교회들 간의 경쟁적인 소모전과 과잉선교 열풍, 그리고 물량공세를 동반한 물질선교, 반짝선교라는 비판을 듣고 있는 실정이다. 일시적 행사에 불과한 이벤트성 선교행사나 단기선교, 비전트립 등 수많은 폐단을 발생시키며 선교허영에 들떠 있다. 이로 말미암아 현지 북녘 사회는 기독교에 대한 이미지나 인식이 부정적으로 변모되고 있으며 선교사들이나 목회자들이 연속으로 체포되거나 억류되고 있다. 이처럼 여러 가지 모순을 안고 있는 대북사역자들의 정책과 전략을 자세히 살펴보면 오히려 그 누구보다 더 반통일적이고 반민족적이다. 이는 후방이나 측면에서 지원하는 교회들과 목회자들의 대북관과 신앙적 가치관이 기독교 근본주의 관점에서 크게 벗어나지 못하기 때문에 발생한 문제들이다.

대북사역을 주도하는 사람들의 민족관, 역사관 등이 변하지 않는다면 통일의 날은 점점 더 멀어질 것이며 북을 객관적으로 보는 시각을 기르지 않고 북이라는 특수한 체제의 현지사정을 정확하게 파악하지 않는다면 대북사역을 중단하는 것이 옳다. 북을 깊이 있게 연구하지 않고 단순하게 자신들의 선교적 열망을 충족하거나 종교적 욕망을 채우기 위한 수단으로 뛰어든다면 모닥불의 불나방 신세가 되고 만다. 겉으로는 하나님의 영광과 복음전파를 내세우며 순교도 각오하고 있으면서도 선교 대상국가와 대상자들인 우리 북녘 동포들을 전혀 고려하지 않는 일방적이고 제국주의적인 선교정책만이 난무하는 실정이다. 이런 모습들은 북측 당국 입장에서 볼 때 매우 무모하고 거만한 종교꾼들과 중세 십자군 같은 위협적인 점령군의 모습으로 비쳐질 뿐이다. 대북사역자들이 북에 대해 매우 편협되거나 몰이해에 가깝다면 파송해서도 안 되고 자원해서도 안 된다.

또한 경제적, 생활적 측면만을 보고 현지 북녘 동포들을 너무 불쌍하게 여기거나 측은하게 생각하는 것도 바람직하지 않다. 빈곤은 절대적인 것이 있고 상대적인 것이 있는데, 북은 남한보다는 생활수준이나 경제적 격차가 있는 것이 사실이지만, 아무리 생활수준이 낮다고 해도 그들은 나름대로의 살아가는 방식이 있고 행복지수가 있다. 또한 북 인민들은 자신들의 존재 이유와 삶의 목적이 분명하게 설정되어 있기 때문에 그들에게 억지로 기독교적 삶의 가치관을 주입하려고 해서는 안 된다.

북녘동포들을 선교의 대상이라고 생각한다면 타문화권 대상자로서 지극히 존중하며 차분하게 그들을 이해하고 소통하는 것부터 배워야 한다. 겸손하게 무릎 꿇고 그들의 발을 씻어주는 낮아짐과 섬김의 자세가 준비되지 않았다면 아직 준비가 안 된 것으로 봐야 한다. 미국과 한국이 북조선보다 경제적으로 월등하다 해서 거만하거나 우월감을 갖는다면 그 사람은 선교의 본질과 목적을 무시하고 자신의 만용과 독선으로 선교에 임하고 있는 것이다. 그런 식으로 무조건 달려드는 사람들 때문에 오히려 북녘 인민들에게 기독교의 복음은 혼란해지고 기독교의 입지가 약화된다. 이제라도 늦지 않았다. 대북사역자들은 통일이 되는 그날까지 순수하게 그들을 도와주고 보호해주는 역할과 책임을 다하면 된다.

평양 조용기심장전문병원교회

[사진 73] 공사가 중단된 건평 3천평 규모의 조용기심장전문병원 전경. 이 건물 2층에 30평 규모의 교회당과 18평 규모의 원목실이 입주하기로 합의하였다. (사진 제공: NCCK 방북 총무단)

평양 '조용기심장전문병원' 건축현장을 가다

필자와 일행은 평양시 대동강구역 동문2동에 위치한 '평양고려의학과학원'을 방문한 후 바로 그 옆 담벼락 너머에 있는 '평양조용기심장전문병원' 건설 현장을 잠시 방문했다. 물론 이곳은 이미 수년 전부터 공사가 중단되어 흉물스런 모습으로 나를 맞이했다. 부근에는 평양의 유명 병원들이 즐비하게 밀집된 곳이라 안내원들과 평양 시민들은 대개 병원 앞 대로변을 '병원거리'라고 불렀다.

조용기심장전문병원은 원래 조용기 목사가 목회하는 서울 여의도 순복음교회의 심장병 무료 수술사역과 관련이 있다. 이 교회는 1984년부터 시작해서 지금까지 5천 명에 이르는 국내외 심장병 환자들에게 무료시술을 펼쳐 왔다. 한국을 포함한 전 세계의 어려운 나라의 환자들을 대상으로 수술을 도왔지만 정작 같은 동포인 북측 어린이들을 돕지 못한 것에 대한 안타까움에서 시작한 병원 설립은 조 목사가 은퇴 직전에 자신의 마지막 인도적 지원사업으로 생각해 큰 의욕을 갖고 추진한 대북 프로젝트였다.

조 목사는 2007년 4월 17일 CTS(기독교TV) '특별대담 한국교회가 말한다'에 출연해 평양에 어린이 심장전문병원을 건립하겠다는 의지를 최초로 밝혔고 이어 5월에 교회 내 재단법인 순복음선교회(이사장 조용기 목사)가 주도해 '북한심장전문병원 건립추진위원회'(위원장 이종근 장로)를 구성했다. 그리고 6월 21일 조용기 목사가 직접 개성을 방문해 조선그리스도교련맹(조그련) 강영섭 위원장과 병원건립에 대한 합의를 이끌어냈고 총공사비 200억이 투자되는 병원 건축 프로젝트를 속전속결로 추진했다.

8월 17일에는 개성 1차 실무회의에서 병원명칭이 '조용기심장전문병원'으로 최종 결정되었고 11월 13일에는 병원 건립에 필요한 10억원 상당의 장비와 건축자재가 경의선 육로를 통해 최초로 북측에 전달된 데 이어 12월 4일에는 드디어 남과 북의 기독교 신자들과 건축, 의료 관계자들이 함께 참석한 가운데 건축부지에서 착공식을, 봉수교회당에서는 착공기념예배를 드리며 본격적으로 공사가 시작됐다.

3만㎡의 드넓은 대지 위에 연면적 2만㎡ 규모로서 지하 1층, 지상 7층에 260개 병상이 들어서며 계획대로라면 2010년 말 개원할 예정이었다. 그러나 착공식 후 공사가 일취월장 무리 없이 진척되던 중 느닷없이 건축 시공사의 부도가 발생해 공사가 어려움을 겪으며 주춤했으나 어느 정도 잘 극복했다. 그러나 연이어 이명박 정부의 5.24 대북 제재조치가 내려져 공사는 전격 중단돼 내가 서 있는 이곳 공사장은 그야말로 거대한 흉물덩어리로 방치돼 있었다.

담장 너머로 바라본 건축 현장의 빛바랜 조감도에 그려진 청사진과 글씨들은 오래 돼서 희미하게 보일 뿐이다. 청사진과 안내판 내용을 물끄러미 바라보니 나도 모르게 한숨이 나왔다. 그러나 이내 정신을 가다듬고 "하루 속히 공사가 재개되어 북의 어린이들에게 높은 수준의 의료서비스가 제공되게 하옵소서"라는 간절한 기도를 드렸다.

병원 안에 세워지는 교회와 원목실

평양 '조용기심장전문병원'이 계획대로 완공되면 건물 2층에는 30평(100㎡) 규모의 예배당이 입주하게 될 예정이었으며 이와 동시에 병원 담당목사(원목, Chaplain)가 근무하는 원목실이 18평(60㎡) 규모로 마련되기로 설계되었다. 이에 대해 당시 건립위원장을 맡은 이종근 장로는 교회와 원목실이 병원에 입주하기까지 북측과 협상했던 이야기를 언급한 적이 있었다.

교회에서 짓는 병원이니 당연히 예배실이 있어야 하며 궁극적인 목적은 예수의 사랑을 직접 전하는 것이니까 그런 터전 때문에 원목실과 예배실이 필요하다.

이처럼 이 장로는 북측 조그련을 설득하고 이해시킨 과정을 증언했다. 약조가 잘 지켜져 원목실과 예배실의 입주가 정상적으로 가능해진다면 분단 이후 남북 교류 역사상 최초로 북측 수도 평양에 남측 목회자가 공식으로 파견될 예정이어서 남북 관계에도 역사적인 새 이정표가 될 것이다. 예배당이 들어서는 것에 대해 순복음교회 신자들과 교역자들도 크게 기대했으며 이에 대해 당자자인 조용기 목사도 조그련측과 병원 MOU를 체결하는 과정에서 예배실과 원목실 입주에 대한 어려웠던 협상과정을 다음과 같이 증언했다.

그게 사실 제일 어려운 문제 중 하나였다. 병원에 원목실과 예배실을 두고 남측이 파견한 목사를 상주시키는 것에 대해 북측이 처음에는 완강하게 반대했다. 하지만 사진을 찍어서 남측의 큰 병원에는 (거의 대부분) 예배실이 반드시 있다는 것을 보여 주었고 더구나 심장전문병원은 교회가 건설한 병원이므로 당연히 원목실이 있어야 한다고 설득했다. 그러자 비로소 북측에서도 예배실 설치와 원목의 파견을 받아들이기로 약속했다.

이처럼 병원교회가 세워진다면 봉수교회, 칠골교회와는 다른 또 하나의 새로운 의미의 교회가 세워지는 기념비적인 사건이 될 수 있었다. 원래 계획대로 병원이 2010년 6월에 완공되면 그해 말 성탄절 무렵에는 정상 진료를 시작할 예정이었다. 그렇게 되면 병원 원목은 260개 병

[사진 74] (좌)조용기심장전문병원 바로 옆에는 고려의학과학원이 운영 중이다. (우) 길 건너편에는 김만유병원(평양과기대 의과대학병원)이 운영 중이다.

상을 두루 돌아다니며 환자들을 위해 기도해주고 병원에 상주하는 남측의 의료진들과 전문 인력들 위주로 예배를 드리고자 했던 것이다.

병원이 정식 개원하면 원목의 주도로 환자와 의사, 직원들을 대상으로 치유목회사역 활동을 시작할 계획이었으나 북측의 사회주의 현실에서 볼 때 많은 장애요인과 어려움이 발생할 것이다. 남측 상주인원을 대상으로 하는 목회 활동은 자유롭게 할 수 있으나 북측 의료진과 직원, 환자들에게 접촉하는 부분은 쉽지 않을 것이기 때문이다.

현재 남측과 해외교회의 후원금으로 평양에 건축해 운영 중인 '평양과학기술대학'의 경우를 보면 기독교의 주도로 건축과 경영을 하고 있지만 학교 내에서 공식적으로는 예배를 드릴 수가 없어 캠퍼스 내 게스트하우스 1층에서 북 당국의 묵인 하에 남측과 외국 국적의 교수들과 교수 가족들만 모여 주일예배를 드리고 있는 실정이다. 북측 교수진들과 학생들은 단 한 번도 예배에 참석하지 않았으며 참석할 수도 없다. 캠퍼스 내에서는 전도나 포교를 할 수 없기 때문이다. 이 부분은 훗날 심장병원이 다시 건축에 돌입하게 된다면 조그련측과 다시 한번 구체적인 규약을 맺어야 할 사안들이라고 한다.

건축이 중단된 여러 가지 이유들

평양 조용기심장전문병원의 공사가 중단된 이유들은 의외로 많았다. 시공회사의 부도로 인한 공사차질과 5.24대북조치로 인한 건축자재 공급 중단이 가장 큰 원인이다. 또한 그 동안 병원건축의 주역인 조용기 목사 본인과 가족들의 여러 가지 재정 비리문제로 인한 법정 소송과 사회적 지탄, 그리고 그로 인해 공사재개에 대한 의욕상실과 병원건축에 대한 의미의 퇴색, 그리고 재정조달 문제 등이 복합적으로 작용했다. 이런 여러 원인 때문에 공사가 중단된 채 기약 없는 세월만 흐르고 있다. 공사가 중단된 구체적인 이유들을 하나씩 살펴보기로 하자.

병원공사의 차질을 빚게 했던 첫 번째 복병은 시공회사인 '인정건설'의 뜻하지 않은 부도사태였다. '인정건설'은 평소 조용기 목사를 지근거리에서 보좌하며 여의도순복음교회 장로회 회장을 맡은 이종근 장로가 직접 운영한 중소 건설업체였다. 조 목사는 심장병원 건립위원장에 이 장로를 임명하고 시공회사 선정도 이 장로가 운영하는 '인정건설'을 선정했다. 그러나 '인정건설'은 심장병원을 착공한 지 반 년만인 2008년 6월 1일 어음 3억 9600만원을 결제하지 못해 1차 부도가 난 데 이어 한 달 후인 7월 2일 150억 원의 어음을 막지 못해 최종 부도처리 됐으며 이에 따라 공사현장으로 북송할 철근 등 제13차 건설자재를 적시에 전달하지 못했다.

당시 인정건설은 2007년도 시공능력 평가순위 324위 업체였으며 시공능력 120위권이던 중소업체였다. 더구나 '인정건설'은 NGO단체인 '국제기아대책기구'에서 시행하는 '낙랑 섬김인민병원'(평양시 낙랑구역 통일거리)의 시공사로 선정되어 이미 평양에서 한창 공사를 진행

중이던 업체였다. 여기저기 산발적으로 벌여놓은 공사들로 인해 '조용기심장전문병원' 건설에 집중할 수 없었고 자금회전이 원활하지 않아 버거운 상태가 되었다. 결국 부도사태가 발생하자 그 여파로 인해 짓고 있던 '낙랑섬김인민병원'도 '조용기심장전문병원'과 함께 공사가 중단되는 어려움을 겪게 되었다.

당시 부도사태가 발생하자 교회 측은 7월 20일, 12명으로 구성된 특별위원회(위원장 김순배 장로)를 조직해 비상대책을 강구해 그 동안 '재단법인 순복음선교회'가 맡아오던 심장병원 공사 추진을 '여의도순복음교회'에서 직접 맡기로 결정하는 등 교회 측이 직접 건축업무를 챙기며 비상사태를 극복하였다. 한편 공사현장에서는 부도사태 여파로 지하층 골조공사를 마친 상태에서 현지에 파견된 남측 기술진들이 철수했고 북측은 남측의 공사감리가 없는 상태에서 평소 500명의 기능공을 투입했던 현장에 약 30명의 소수인원만 투입하며 나머지 지상

[사진 75] 봉수교회에서 착공예배를 드리기 위해 강영섭 위원장과 입장하는 조용기 목사 일행(사진출처: 순복음가족신문)

1층 골조공사를 진행하기도 했다. 남측에서 공사용 자재 철근 등이 반입되지 않으면 그해 10월 말부터는 공사가 전면 중단될 수밖에 없는 긴박한 상황이었다.

애초에 남측의 '재단법인 순복음선교회'와 북측의 '조그련'이 병원 건립에 공식 합의했지만 실무적인 주관사는 남측의 '인정건설'과 북측의 '평양건설총회사'였다. 이 두 회사가 조인해 남북 협력사업의 형식으로 공사를 진행해왔던 것이다. 그러다가 부도사태로 인해 공사가 지연되자 정작 가장 타격을 입은 기관은 북측 조그련이었다. 평소 조그련의 사업을 지원했던 '민화협'도 인정건설이 공사를 맡지 않을 경우 새로운 시공회사와 복잡한 재계약 절차를 밟아야 하는 어려움을 겪게 된 것이다.

그러나 다행히 9월 22일 법원으로부터 회사 회생결정을 받은 '인정건설'은 중단되었던 사업장들을 다시 정상적으로 회복하기 시작했으며 그 후 교회 담임인 이영훈 목사도 2009년 6월 평양을 방문해 병원 공사 진척 상황을 꼼꼼히 확인하기도 했다. 여러 우여곡절 끝에 병원 공사는 7층까지 무사히 골조공사가 진행돼 35~40%의 공정률을 보일 정도로 큰 진척을 보였으나 갑자기 발생한 5.24대북제재조치로 인해 공사가 완전히 중단되는 비극을 맞게 된다.

부도 여파에도 불구하고 여의도순복음교회 측은 5.24대북조치 사태 직전인 2010년 4월 19일까지 총 20차례에 걸쳐 각종 건축자재를 북송했으며 가까스로 40%의 공정률을 보인 상태에서 느닷없이 5.24조치를 당한 것이다. 2010년 3월 26일, 백령도 인근 해상에서 남측 해군소속의 천안함이 좌초해 침몰했는데 이에 대한 원인을 북의 소행으로 판단한 이명박 정부가 그해 5월 24일 북측 선박의 남측 해역 운항을 전면 불허하고 남북교역 중단, 일반 국민의 방북 불허, 대북 신규투자 금지, 대북지원사업의 보류조치를 내렸기 때문에 서울에서 심장전문병원으로 운반할 건축자재와 인력들의 방북이 철저히 금지돼 오늘에 이르고 있다.

5.24대북조치 사태와는 별도로 병원공사가 적극적으로 재개되지 못한 또 한 가지 원인은 바로 조용기 목사와 가족들의 비리혐의 문제였다. 조 목사는 은퇴 이후 지금까지 본인은 물론 부인, 자녀 등의 각종 비리 문제 등으로 수사를 받거나 여러 소송이 진행 중이었다. 조 목사는 교회에 재정 손해를 끼치고 세금을 포탈한 혐의로 기소되어 법정 선고를 받았을 뿐 아니라 2016년 3월에도 800억 원대의 교회예산 횡령의혹으로 소송을 당한 상태에 있어 판결을 기다리고 있을 정도였다. 이런 여러 이유들은 조 목사가 특유의 리더십을 발휘해 인맥과 자금력을 동원해 추진력을 갖고 병원 건축을 재개하고자 하는 의욕을 상실케 했으며 다시 병원 건축문제에 집중할 만한 기력과 마음의 여유를 잃어버리게 한 요인이 됐다.

이런 비리 혐의로 조 목사는 이미 명예가 실추되어 사회적 지탄을 충분히 받았으며 은퇴금을 병원건축에 전액 투자하겠다고 공언했던 만큼 재정 조달 문제도 여의치 않을 것으로 보여 병원 건축은 생각보다 쉽게 진행되지 못하게 될 것이다. 또한 병원 건축 재개가 선뜻 엄두가 안 나는 이유는 또 있다. 병원건물을 완공한 이후에도 연속으로 투자해야 할 일들이 많아 '산 너머 산' 격이고 마치 밑 빠진 독에 물 붓는 일이나 마찬가지다.

병원 설비공사와 건축공사는 여의도순복음교회에서 지도하고 완공 후의 의료기술은 북측과 상호 협력해 지원할 예정이다. 병원에서 일할 의료인력 훈련과 양성 등 후속 조치 등이 태산 같이 남아 있다. 북측 의료진이 남측 병원에 와서 의료기술을 습득하기 위해 훈련을 받거나 독일과 일본에서 훈련받는 것도 고려하고 있다. 심장병원은 매우 전문적인 의료기술을 요구하는 만큼 북측 의료진에게 선진의술을 교육시키는 과정과 지속적인 의료기술의 교류협력에도 많은 투자금액이 절실한 상황이다. 뿐만 아니라 완공되면 남측 의료진 60명 정도가 평양에 상주할 계획인데 이들의 체류비와 인건비 등에 대한 재정부담도 선뜻 공사를 재개하기를 머뭇거리게 하는 요인 중 하나로 작용할 수 있을 것이다.

공사 중단 이후 재개를 위한 노력들

시공사인 인정건설의 부도사태 여파에도 불구하고 여의도순복음교회측은 2007년 11월 최초로 타워 크레인을 북송하는 등 184종의 1차 건설 자재를 보낸 것을 시작으로 그 후 2010년 4월 19일까지 20차례에 걸쳐 총 1,144가지의 건축자재를 북측에 전달했다. 또한 공사가 차질 없이 진행될 수 있도록 건설현장에서 근무하는 북측 인부들을 위한 식자재, 주방기구까지 전달하며 꼼꼼하게 공사를 진행해왔다. 완공 후 내부 시설과 의료장비까지 갖춰지면 남측 의료진 상주와 북측 의료진 훈련까지 지원할 예정이었다. 그러나 5. 24조치로 모든 물자 수송이 중단되면서 현재 6년째 공사가 중단됐다.

그럼에도 불구하고 여의도순복음교회의 담임 이영훈목사와 원로 조용기 목사는 이런 악조건에서도 병원건축에 대한 의지를 굽히지 않았다. 2011년 11월 2~5일까지 한국기독교교회협의회(NCCK) 회장 신분으로 교단 대표자들을 이끌고 평양을 방문했던 이영훈 목사는 조그련 측의 병원공사 재개 요청에 대해 "2012년 4월 15일(태양절)까지 완공하는 것을 목표로 공사를 진행하겠다"고 굳게 약속하고 귀국했다.

그러나 그의 소원대로 그해에도 공사가 이뤄지지 않자 이듬해인 2012년 1월 신년 기자간담회에서 다시 한 번 "병원은 현재 공정율 35% 정도이고 8층 규모의 외부는 이미 지어졌다. 남북관계가 경색돼 1년 6개월째 공사가 중단된 상태지만 곧 공사가 재개돼 올해 안에 준공할 수 있도록 노력할 것이다. 북쪽에서는 계속 자재를 보내달라고 요청하고 있다"며 강한 의지를 나타냈다. 그러나 안타깝게도 그 해도 역시 남북관계에 아무런 변화가 없자 이듬해인 2013년 1월 신년기자회견에서 또 다시 "남북관계가 경색돼 평양에 짓고 있던 조용기심장전문병원 공사가 3년째 중단된 상태이며 새 정부가 들어서고 남북 교류의 창구가 다시 열리면 최우선적으로 병원 공사를 재개할 생각이다. 공정이 35%

[사진 76] 공사가 중단된 조용기심장전문병원 건물을 배경으로 셀카를 찍고 있는 필자

가량 진행됐으므로 2~3월쯤 공사를 재개하면 오는 2013년 11월엔 병원을 마침내 준공할 수 있을 것이다"며 의지를 계속 굽히지 않았다.

그러나 그해도 또 다시 아무런 변화가 없자 이듬해인 2014년 1월에는 당사자인 조용기 목사가 직접 나서 새해맞이 대담프로(C채널방송)에 출연해 병원 건축에 대한 의지를 다시한 번 피력해 병원 건립에 대한 희망을 포기하지 않았음을 보여주었다. 다행스럽게도 남측정부의 통일부는 조 목사의 신년대담 이후인 2014년부터 건축 자재를 보내는 것에 대한 허가를 했으나 이번에는 정작 북측에서 건축자재와 물건들을 받지 않겠다며 거부해 공사가 재개되지 못하는 실정이다.

공사재개를 위한 여의도 측과 조그런 측의 막후 교섭

2010년도에 발생한 5.24대북제재조치 때문에 공사가 전격 중단되어 그 이후로 건물 내부와 외부는 시멘트 속의 철근들이 모두 녹슬고 곳곳이 형편없이 망가지고 부식돼버려 흉물스럽게 변모하고 있었다. 그러나 병원공사 재개 여부를 놓고 북측 조그런과 남측 여의도순복음교회는 서로의 입장과 이익을 염두하고 보이지 않는 심리전 상태에 있는 듯 보였다.

물론 그 동안 양측 모두 각자 나름대로의 입장에서 애착을 갖고 시작한 남북 합작 공사였기 때문에 공사를 재개하려 쌍방 모두 노력했지만 중단된 지 6년의 세월이 흘렀기 때문에 혹여 공사를 재개한다 해도 처음부터 다시 손을 봐야 할 정도로 심각한 상태가 됐다. 몇 년 동안 폐허가 되다시피한 공사현장을 바라보는 조그런 측은 이미 완공에 대한 기대를 포기한 듯 보였다. 차라리 중단된 이 건축물을 재빨리 다른 용도로 활용하기 위한 대책을 간구하는 중에 있는 듯했다.

현재 양측이 서로 이 문제를 놓고 간접적인 교섭 중에 있으나 현재까지 특별한 묘책이나 대안은 없는 실정이다. 2015년에는 조그련 측이 순복음교회 측에 팩스 공문을 보내 이 병원 건물에 대한 재활용 방안에 대해 통보를 했으나 순복음교회 측은 이에 대해 이러지도 저러지도 못하는 처지에 빠졌다. 조그련 측의 입장에서 볼 때 더 이상 방치하다가는 그마나 재활용할 수 있는 기회마저 놓치기 때문에 차라리 이 건물을 평양 시민들을 위한 복지관이나 다른 용도의 건물로 사용할 계획을 추진하는 것 같았다.

그 동안 수십 억을 투자해 지하 1층 지상 7층에 260개 이상의 병상이 입주할 외형을 갖춘 이 건물을 그냥 허무하게 철거해버리기에는 북측 입장에서도 너무 아깝게 생각한 것이다. 건물이 위치한 지역이 워낙 평양 한복판 인구 밀집 지역인데다 많은 시민들이 왕래하는 교통의 요지라서 현재 상태가 미관상 보기 흉할 뿐 아니라 좋은 몫에 자리잡은 부지가 오랜 기간 무용지물 상태로 전락된 것이 생산적이지 못했기 때문이다.

특히 심장병원 공사 현장 인근에는 북에서 가장 유명한 대형 산부인과병원인 '평양산원'을 비롯해 북 고려의학(한의학)의 총본산인 '고려의학과학원'과 '고려의학종합병원', 평양과기대 의과대학병원(김만유 병원) 등이 즐비하게 있는 곳이라서 아마도 조그련이 다른 용도로 재활용한다 해도 시민들을 위한 의료복지 관련시설물로 다시 재건축할 확률이 높아보였다.

소떼 방북처럼 조목사가 건축자재 싣고 직접 방북해야 해결된다

필자가 진단해 볼 때 병원건축을 다시 시작할 수 있는 특단의 조치와 방법은 있다. 조용기 목사가 평양을 직접 방문한다면 이명박 정부의 5.24대북제재조치 이후 최근 박근혜 정부의 개성공단 폐쇄조치까지 이어진 경색된 남북 관계의 문을 활짝 열어젖히는 상징성을 지니게 될 것이다. 그러나 조 목사가 여러 가지 눈치를 보며 방북을 늦출수록 그만큼 상징성은 떨어질 수밖에 없다.

조 목사의 방북은 그 동안 추락한 한국교회의 신뢰도를 회복하는데 기여를 할 수 있을 것이고 조 목사 자신의 명예도 회복할 수 있는 좋은 기회가 된다. 한국교회의 신뢰도가 추락한 배경에는 어느 누구를 탓할 수 없을만큼 총체적인 요인들이 작용하고 있으며 그 문제의 한 부분은 조 목사의 책임도 매우 큰 비중을 차지한다. 이런 상황에서 조 목사가 전격 방북 한다면 한국 사회의 부정적인 인식을 다소 씻어내고 진보, 보수를 아우르는 전 국민적인 공감대를 형성할 수 있을 것으로 본다. 또한 조 목사의 방북은 은퇴 이후 그 동안 불거진 비리문제로 얼룩진 자신의 명예와 신뢰도 추락을 회복하는 유일한 길이기도 하다. 이번 기회를 놓치면 사후에도 실추된 명예와 신뢰도가 영영 회복이 불가능할 수도 있다. 그러나 현 상황에서 용기를 내서 전격 방북한다면 그 동안의 따가운 시선도 한꺼번에 상쇄할 수 있을 것이며 국제사회의 주목도 받을 수 있을 것이다.

지난 1998년 6월, 84세의 나이로 소떼를 이끌고 판문점을 넘은 정주영 현대그룹 명예회장에게서 구체적인 사례를 찾을 수 있을 것이다.

정 회장처럼 조 목사도 병원 건축자재를 싣고 직접 판문점을 넘어 평양에 가야 한다. 당시 정 회장의 방북은 단순한 대북지원이 아닌 김영삼 정부시절 굳게 닫혔던 판문점을 민간교류 차원에서 처음으로 열었다는 점에서 큰 평가를 받았기 때문이다. 그로부터 3년 뒤 세상을 떠난 정 회장은 6년 전 대통령선거에 출마해 받았던 여러 오해와 부정적 이미지를 단번에 날릴 수 있었고 일반 국민들의 가슴속에 대체로 존경받는 기업인으로 확고히 자리매김 할 수 있다.

또한 심장병원이 새롭게 재개되려면 병원 명칭도 바꿔야한다. 원래 이 심장병원은 그냥 일반인 대상 병원이 아니라 '어린이전용 심장병원'이다. 그렇다면 병원이름을 '평양어린이심장병원'이라고 짓든지 아니면 어른들도 이용할 수 있는 병원일 경우 그냥 '평양심장전문병원'이라고 지으면 된다. 굳이 조용기 목사의 아호인 '영산'(靈山)이나 실명인 '조용기'(趙鏞基)라는 명칭이 삽입될 필요가 없다고 본다. 또한 사회주의 국가의 특성상 원색적인 기독교 색채를 거부하는 북측의 형편을 고려해 '예수', '기독교', '복음' 등의 용어를 일부러 사용해 조그련 측의 입장을 곤란하게 할 필요도 없으며 기독교에서 병원을 세웠다는 생색도 낼 필요가 없다.

디트리히 본회퍼(Dietrich Bonhoeffer)는 "하나님 앞에서, 하나님이 없는 것처럼 살라"고 강조했다. 마치 '하나님 없이, 하나님 앞에' 서는 것처럼 그저 묵묵하고 진실하게 선한 사업에 집중하면 시간이 지나면서 북의 인민들이 더 먼저 기독교를 알게 되고 고마워하게 될 것이다. 북측 사회는 원래 국가적으로 사회적으로 크게 공헌한 인물의 이름을 학교나 공공기관의 이름으로 명명하는 경우가 흔한 나라다. 심장병원 공사현장 바로 길 건너편에 있는 '김만유 병원'은 재일교포 기업가인 김만유 씨의 이름을 따서 지은 것인데 현재는 '평양과기대 의과대학병원'으로 바뀌었다.

지금 남과 북, 북과 남의 교회는 화평케 하는 자나 화해자를 간절히 기다리고 있다. 그 적임자가 바로 조용기 목사라고 생각한다. 이 역사적인 기회를 조 목사는 놓치지 말아야 한다는 생각이 들었다. 남북의 오작교 역할을 감당하는 심정으로 새로운 병원 이름을 들고 새롭게 심장병원을 재건해야 한다. 얼음처럼 차디찬 남북 관계가 따뜻한 예수 그리스도의 사랑으로 녹아지고 북측에도 하나님의 은혜가 편만히 퍼져 나가게 하려면 그 방법이 최선일 것이다. 평양심장병원이 남북 동포들에게 사랑의 화촉이 되고 화해와 협력의 전초기지가 되어 북의 어린 새싹들과 인민들의 육체와 영혼을 치유할 병원과 교회로 거듭나기를 바란다. 내 눈에는 지금도 북녘의 심장병 어린이들이 눈에 아른거린다.

평양국제외국인교회

[사진 77] 1992년 방북 시 김일성 주석을 접견하며 성경책을 선물하는 빌리 그레이엄 목사

　프랭클린 그레이엄(Franklin Graham) 목사는 미국의 국제구호단체 인 '사마리아인의 지갑'(Samaritan's Purse)과 '빌리 그레이엄 전도협 회'(Billy Graham Evangelistic Association)의 회장으로 왕성하게 활동하 고 있는 인물이다. 특히 '사마리아인의 지갑'은 미국 정부가 지정한 5 개 대북지원 NGO 중에 하나로, 1990년대부터 북에서 의료봉사를 제

공해 왔고 미국이 지원한 식량 가운데 량강도와 함경북도 지역의 분배를 다른 NGO와 함께 맡기도 했다. 그가 방북하는 형식은 당시 북미 간에 추진 중인 비정부 차원(Track-II)의 접촉 방식이었으며 지금까지 북측에 1천만 달러 이상의 구호물품들을 지원할 정도로 그는 북측에 애착을 갖고 있으며 남달리 친밀한 관계를 유지하고 있다.

심지어 어느 해 여름철에 대홍수가 발생하자 그해 7월 31일, '사마리아인의 지갑'을 통해 무려 830만 달러어치의 의약품과 긴급 구호물품을 75톤이나 싣고 보잉 747 전세기를 이용해 직접 평양까지 날아가 당국에 전달할 정도의 영향력을 발휘했다. 자신의 본거지인 미국 노스캐롤라이나주 샬럿시를 출발한 미국 국적 민항기(KALITTA AIR)가 직항으로 북 영공을 통과한 것은 매우 이례적인 사건이며 이는 한국전쟁 이래 처음 있는 일이었다. 이런 상황에서 그레이엄 목사가 평소 '평양국제외국인교회' 건축 계획에 대해 북측 당국에 요청한 사안에 대해 김정은 위원장이 UN주재 북측 대사를 통해 최종 승인했음을 통보했다는 보도가 2013년 3월 말경 국내외 언론을 통해 알려졌다. 필자는 보도 이후 지금까지 교회 건축 상황이 어떻게 진행되고 있는지 미국에서 평양을 방문할 때마다 그 진위여부를 파악하며 자세히 알아보았다.

'평양국제외국인교회' 설립 요청과 승인에 대하여

필자가 확인한 바로는 평양시에도 매 주일이 돌아오면 평양 주재 외국인 기독교 신자들도 교회에 가서 가끔 예배를 드리며 자신들의 신앙생활을 유지하고 있었다. 현재 북의 공식적인 개신교회당은 봉수교회와 칠골교회당 두 곳이 있으며 선국적으로는 각 시도에 510여개의 가정 교회와 처소 교회가 활발히 운영되고 있었다. 그러나 북측 목사가 설교하는 주일예배시 외국인들을 배려한 설교 통역과 언어소통 문제에 대한 대책이 전무하여 외국인 신자들이 신앙생활 하는 데 큰 불편을 겪고 있었다. 평양에 주재하는 외국신자들은 대개 관광객들을 비롯해 외교관, 공관 직원들, 기업인들, 유학생, 각종 교원, 국제구호단체 직원 등 다양한 데도 불구하고 이들을 위한 전문적인 영어 예배는 안타깝게도 전무한 실정이다.

이런 상황에서 미국의 세계적인 부흥사 빌리 그레이엄(Billy graham) 목사의 장남 프랭클린 그레이엄 목사가 평소 북을 드나들면서 이런 외국인 전용교회의 필요성을 몸소 절감했는지 그가 직접 나서서 외국인 전용 교회 설립을 물밑으로 추진하고 있었다. 나는 그런 소식을 접한 후에도 그냥 그런가보다 하고 잊고 지냈는데 그 후 몇 년이 지난 2013년 초 봄에 북으로부터 마침내 승인이 났다는 뉴스가 보도됐다. 나는 순간적으로 북측 당국이 자국의 수도 심장부에 외국인 전용 교회 건립을 승인했다는 것은 매우 이례적인 일이라는 생각을 했으며 아울러 이렇게 쉽게 승인이 난 것에 대해 의아한 생각마저 들었다. 그러나 한편 승인이 된 것이 분명하다면 이는 아마도 세계적인 빌리 그레이엄 목사가 명문 가문이기에 가능했을 것이라고 판단했다.

그레이엄 목사는 2012년도에 교회 설립의사를 북측 당국에 전달했다고 했으나 실제로는 그보다 3년 전으로 더 거슬러 올라간다. '사마리탄스 퍼스'의 켄 아이작스 부회장은 당시로부터 4년 전인 2009년 1월 19일에 방송된 인터뷰에서 "실제로는 그레이엄 목사가 2009년 1월 13~15일까지 방북 중일 때 북 정부 당국자에게 교회설립을 허용해줄 것을 최초로 요청했다"고 확인해주었기 때문이다. 이것이 사실이라면

[사진 78] 빌리 그레이엄 목사 3대가 한자리에 앉은 모습. 좌부터 윌 그레이엄 목사, 프랭클린 그레이엄 목사, 빌리 그레이엄 목사

정식으로 요청한 지 4년 만에 이루어진 쾌거였다.

나는 교회 승인 문제에 대해 여러 가지 궁금증을 품고 있던 중 조그련(조선그리스도교련맹)의 오경우 서기장에게 "빌리 그레이엄 목사의 아들 프랭클린 그레이엄 목사가 요청한 평양국제외국인교회를 조선(북측) 당국이 승인한 것으로 알고 있는데 현재 어떻게 추진되고 있습니까?"라고 물었다. 그러자 오 목사는 전혀 금시초문인 듯 매우 의아해하며 이 사실을 모르는 듯 했다. 그는 "최 목사님 말씀이 사실이라면 아마도 우리 조그런과는 아무런 관계가 없고 외무성과 관련이 있는듯 합니다"라고 짧은 답변을 던져줄 뿐이다. 뭔가 북측 내부에서 착오가 있든지 아니면 내가 알지 못하는 다른 무언가가 진행되고 있다는 느낌을 받았다.

이에 필자는 그레이엄 목사가 정식 요청한 민원을 북측에서 접수하는 과정을 자세히 알아보았으며 아울러 요청을 접수했을 경우 북 당국이 어떤 방식과 절차로 최종 승인하는지에 대해서도 알아보았다. 또한 알아보는 과정에서 4대에 걸친 빌리 그레이엄 목사의 가문과 김일성 주석 가문과의 관계에 대해서도 구체적으로 알게 되었다.

교회 건축 요청에 대한 '접수통보'인가, 아니면 '승인통보'인가?

그레이엄 목사가 '평양국제외국인교회' 설립에 대한 제안을 북 당국에 요청한 시점은 2009년과 2012년 두 차례에 걸친 방북기간이었다. 그의 제안을 접수한 기관은 북측 기독교를 이끄는 담당기관인 조그련 측이 아니고 외무성 쪽이었다. 그리고 그 후 2013년 3월말에 국내외 언론으로부터 북측이 승인했다는 보도가 나왔다. 당시 유엔주재 북측 신선호 대사에 의해 그레이엄 목사에게 직접 통보되었다는 것이다.

승인 여부와 관련된 북측의 통보는 3월말경이 맞다. 그레이엄 목사는 신 대사의 요청에 의해 뉴욕의 어느 식당에서 점심식사 회동을 했으며 그 자리에서 대화가 이뤄진 것은 틀림없는 사실이었다. 그러나 필자가 그레이엄 목사 측과 북측 당국에 확인한 결과 언론보도 내용은 실제 사실과는 차이가 있었다. 당시 신 대사는 김정은 국방위원회 제1위원장(현, 노동당 국무위원장)이 그레이엄 목사 측의 민원 요청을 긍정적으로 접수했다는 것을 고지한 것이지 건축을 허락한다는 의미의 최종 승인을 통보한 것이 아니었다.

그레이엄 목사의 뒷이야기를 들어보니 신 대사를 만나는 이 자리에서 교회 승인 건 외에 당시 국내외적으로 센세이션을 불러 일으켰던 농구스타 데니스 로드먼의 방북 계획을 미리 알게 되었다고 한다. 아무튼 그레이엄 목사는 신 대사에게 전해들은 이야기를 2014년 4월 2

일자로 '빌리 그레이엄 전도협회' 홈페이지에 공개함으로 세상에 널리 알려지게 됐다. 그레이엄은 〈Praying for Bolivia, North Korea, America〉라는 제목의 '기도편지' 중 〈북한을 위한 기도〉에서 다음과 같이 언급했다.

North Korea, by contrast, is an atheistic nation almost entirely closed to the Gospel. It has been in the news a lot recently as tensions have been rising. This may be the most dangerous area of the world right now. I have visited North Korea several times, as my father and mother did before me, and I have prayed–along with many others–for any opportunity God might give to crack the door open even a little. On my last visit I proposed to North Korean officials that we build a new international church in Pyongyang, the capital, for foreign diplomats, business people, and humanitarian teams who are based there.
Recently in New York, I had lunch with the North Korean ambassador to the United Nations. He informed me that the proposal has been received favorably by the country's new leader, Kim Jong Un. Of course, that doesn't mean we can start building. Even if official approval is eventually confirmed, we will have many steps to work through. Pray about this, that God will open the way to proceed. A new church building for foreigners is a small step, but God can do amazing things from a small start. Ask the Lord that someday soon "a nation which knows you not will run to you" (Isaiah 55:5). Pray for Christians on both sides of the dividing line, north and south, and pray that God would bring peace to the Korean Peninsula.

그러나 국내 언론은 이 기도편지 내용을 곡해하거나 과장하여 마치 김정은 위원장이 교회 건축을 정식으로 승인한 것처럼 보도한 것이다. 이와 관련해 그레이엄 목사는 다음과 같이 해명했다.

우리 부모님이 그랬듯이 나 또한 그 동안 몇 차례 북을 방문했다. 그 때마다 주님께서 어떤 일이든 조금이라도 문을 열어주시길 바라며 기도해왔다. 내가 북을 마지막으로 공식 방문했을 때 북 관계자에게 외국 대사관 직원과 사업자, 체류 중인 인도주의자(구호단체 직원)들을 위해 수도 평양에 국제교회를 세울 것을 제안했다. 이에 대해 뉴욕에서 점심식사를 요청한 북측 대사는 희망적인 통보를 해주었다. 내가 정식으로 요청한 서류가 김정은 지도자(당시 국방위원회 제1위원장)에게 순조롭게 잘 전달되었다는 통보였다. 하지만 이것은 교회를 당장 건축하라는 의미는 아니며 앞으로 교회 건축을 위해서는 아직 여러 가지 과정이 많이 남아 있을 것이다.

편지 글을 공개한 이후 그레이엄 목사는 연이어 미국 시사지 'US뉴스앤드월드 리포트'와의 인터뷰에서도 이 사실을 다시 공개했다. 마침 이런 사실들을 발표할 무렵 북미관계와 남북관계가 원만치 않은 시기였는데 김정은 위원장이 한반도 전시상황에 대해 발표할 때였고 남북관계 경색으로 개성공단에 남측 근로자 진입이 저지되던 때라서 그의 발표내용은 당시 국내외적으로 매우 특별하게 받아들여졌다.

기자들 앞에 선 그레이엄은 신 대사와의 뉴욕 회동에서 통보받은 내용은 교회 건축에 대한 최종 승인이 아니었기 때문에 앞으로 건축하게 될 교회 위치나 건물 규모, 목회자 파송 등에 관한 구체적인 내용은 언급을 할 수 없었다. 단지 "앞으로 수주일 내로 실무 팀을 북으로 보내서 교회 건축 관련 사항을 협의할 계획이다. 승인에 대한 김정은 위원장의 긍정적인 답변이 당장 교회당 건축 공사를 시작해도 된다는 의미는 아니며 아직 실무 대표단의 방북 시기도 확정되지 않은 상태다"고 밝혔다.

필자는 그 이후의 진척 상황이 매우 궁금하지 않을 수가 없었다. 그러나 '빌리 그레이엄 전도협회'와 '사마리아인의 지갑' 측에 확인한 결과 그레이엄 목사의 교회설립 요청에 대한 북측의 '긍정적 접수'와 '긍정적인 입장'에서 아직도 크게 진도가 나가지 않은 상태였다. 결론적으로 말한다면 UN주재 신대사의 통보 내용은 "그레이엄 목사 측의 교회 건축 요청 서류를 김정은 위원장에게 잘 보고(전달)했으며 순조롭게 매우 긍정적으로 검토하고 있다"는 내용이 전부였다.

빌리 그레이엄 목사 가문과 김일성 주석 가문의 인연

그렇다면 어떻게 이런 종교적인 업무를 북 최고지도자가 직접 챙길 수 있었는가에 주목할 필요가 있다. 그것은 바로 빌리 그레이엄 목사의 부인 루스 벨(Ruth Bell)과 장인 르므엘 넬슨 벨(Lemuel Nelson Bell) 선교사의 평양과의 인연으로 시작된다. 넬슨 벨 선교사의 사위 빌리 그레이엄 목사, 외손자 프랭클린 그레이엄 목사, 증외손자 윌(Will) 그레이엄 목사에 이르기까지 가문 4대가 북과 인연을 이어가고 있기에 가능하다고 여겨졌다.

특히 빌리 그레이엄 목사는 노년에 두 차례나 북을 방문했으며 그의 사모 루스 그레이엄 여사 역시 자신이 청소년기를 보냈던 북조선을 수

[사진 79] 4대를 이어오는 빌리 그레이엄 목사 가문. 좌부터 장인 넬슨 벨 선교사, 부인 루스 벨 그레이엄 사모, 빌리 그레이엄 목사, 프랭클린 그레이엄 목사, 윌 그레이엄 목사

십 년 만에 다시 방문하기도 했다. 또한 장남 프랭클린 그레이엄 목사와 손자 윌 그레이엄 목사는 최근까지 북을 다섯 차례 방문하며 대북 구호 사업을 하고 있는데 이처럼 4대에 걸친 빌리 그레이엄 목사의 가문과 김일성 주석 가문의 관계에 대해서 구체적으로 살펴보도록 하자.

빌리 그레이엄 목사는 21세 때인 1939년 남침례교회에서 목사 안수를 받았고 1943년에는 보수신학교인 휘튼대학을 졸업하자마자 일리노이주 '제일침례교회' 담임목사로 부임해 1945년까지 목회를 했다. 빌리 그레이엄은 이 교회에서 목회하는 동안 중국 의료선교사였던 넬슨 벨 박사의 딸 루스 벨과 결혼식을 올린다. 빌리 그레이엄의 장인 넬슨 벨 선교사는 중국 신장지역에서 활동한 선교사이자 의사로서 훗날 세계적으로 명성이 높아진 사위와도 견줄만한 훌륭한 선교 사역자였다고 전해진다.

청소년 시절을 평양에서 보낸 빌리 그레이엄 목사의 부인

중국에서 의료 선교사로 활동했던 넬슨 벨 박사는 로사(Rosa), 루스(Ruth), 버지니아(Virginia), 크레이튼(Clayton) 등 네 자녀를 두었는데 이 자녀들은 모두 당시 평양과 깊은 인연을 맺는다. 둘째 딸 루스 벨도 다른 자매들과 같이 고등교육을 받기 위해 평양에 있는 외국인학교에 입학했다. 당시 평양 외국인학교는 아시아 최고의 명문 기숙학교로서 매우 유명한 학교였고 이곳에서 배출된 많은 졸업생들이 미국의 명문 대학에 합격했기 때문에 당시 아시아에서 활동하던 선교사들은 자신들의 자녀들을 매우 안전하고 유명한 평양 외국인학교에 입학시키려고 애썼던 것이다.

넬슨 벨 선교사는 미국 버지니아 롱데일 출신으로서 미국 장로교단에서 파송 받은 의료선교사였는데 1916~1941년까지 25년 동안 중국 상하이에서 300마일 떨어진 장쑤성에서 병원 의료선교사역에 전념했다. 그의 네 자녀 중 둘째 딸이 바로 빌리 그래이엄 목사의 부인이 되는 루스 벨 그레이엄(Ruth Bell Graham)이다. 루스는 1920년 아버지가 사역하던 중국에서 출생했는데 당시 그의 부친은 선교지인 중국에서 간혹 조선의 평양을 오가며 의료사역을 펼치거나 자녀들의 학업을 보살폈다.

당시 동양에 주재하던 선교사들이 그러했듯이, 벨 선교사도 어쩔 수 없이 둘째 딸 루스가 11살 되던 해인 1931년, 평양으로 유학을 보냈으며 여학생 루스는 이후 6년 동안 평양에서 청소년 시절을 보냈다. 1934년에는 평양에 있는 장로교단에서 운영하는 선교학교를 졸업하기도 했고 그 후 17세가 되던 해인 1937년까지 외국인학교를 다니며 청소년기의 학창시절을 평양에서 보냈다. 그 후 벨 선교사는 자녀들을 모두 미국으로 귀국시켰고 자신도 1941년 일본의 진주만 공격 직전에

[사진 80] 1920~30년대 평양외국인학교 모습

미국으로 영구 귀국하며 선교사를 은퇴하고 북캐롤라이나 몬트릿(Montreat)에 거주하며 은퇴 이후의 사역을 이어갔다.

　루스 벨이 평양외국인학교에 입학하던 1931년 당시 아버지 벨 선교사는 37세였으며 당시 김일성(김성주, 1912년 4월 15일생)은 중국에서 항일 투쟁에 돌입하기 시작한 19세의 혈기왕성한 청년이었다. 또한 부친 김형직(1926년 6월 5일 타계)은 항일 투쟁 활동 중이었으며 남편과 자녀들을 돌보던 모친 강반석은 39세(1932년에 타계)였다. 특히 벨 선교사가 딸들을 데리고 중국과 평양을 오가며 학업과 의료선교에 열중하던 시기에 김일성 주석의 외할아버지 강돈욱 장로는 대동 창덕소학교를 운영하면서 당시 서산지방 일대에 기독교 계몽운동과 교육사업에 앞장섰던 인물이었다. 심지어 강 장로의 행적은 1927년 7월 4일자 동아일보 신문에 보도가 될 정도였다. 이 당시 김일성 주석의 칠골가문 어른들과 벨 선교사와의 관련 여부는 아직 구체적으로 밝혀진 내용은 없으나 더 연구해야 할 부분이다.

그 후 루스 벨은 평양 외국어학교를 졸업하고 곧장 미국으로 건너 갔고 그가 20세가 되던 해인 1940년 시카고의 휘튼대학에 입학했는데, 그곳에서 복음의 열정이 가득한 빌리 그레이엄을 만나 교제하던 중 3년 후 결혼을 하게 된다. 그녀에게 있어 평양이란 청소년시절을 보낸 마음의 고향이며 인생의 가치관을 형성했던 소중한 도시였다.

두 차례에 걸친 빌리 그레이엄 목사의 방북

빌리 그레이엄 목사는 자신의 부인 벨 그레이엄이 평양에서 학창시절을 보낸 인연 때문에 비록 북미관계가 적대적인 상황에서도 김일성 주석과 그의 가문에 대해서 매우 호의적이었고 폭넓게 이해하는 편이었다. 결국 빌리 그레이엄은 장남 프랭클린 그레이엄 목사를 대동하고 1992년과 1994년 1월 두 차례에 걸쳐 북을 방문했으며 두 번째 방북시에는 평양 봉수교회에서 부흥회를 직접 인도하기도 했다. 또한 두 차례 방북할 때마다 김일성 주석을 접견하기도 했다.

빌리 그레이엄이 방북 할 무렵에는 모스크바와 동유럽 공산권 국가, 그리고 중국에서의 연속적인 집회를 하던 시기였는데, 이는 소련 체제의 붕괴와 더불어 그의 공산권 전도 집회는 많은 정치적, 종교적 의미를 내포하며 다양한 해석을 낳던 시기였다. 그런 시기에 맞춰 추진된 그의 방북은 국제적으로 큰 반향을 불러 일으켰으며 국내외 언론은 온통 그의 평양 방문과 김일성 주석과의 회동에 쏠렸다.

한창 공산권 국가들의 전도 집회를 인도하고 있던 1992년, 빌리 그래함은 오랜 준비 끝에 평양 방문에 성공할 수 있었다. 당시 미국의 모든 외교 채널과 중국 및 로마 교황청과의 교섭에도 불구하고 일절 반응을 보이지 않던 북 당국은 미국 컬럼비아 대학의 한국학연구센터 소장인 스티븐 린튼 박사의 주선으로 반응을 나타내기 시작했다. 그는 조선 선교사의 아들로 한국에서 성장해 한국어와 영어에 능통했던 인물이다. 한국어를 잘하는 린튼가의 어른 중 한 명인 드와이트 린튼 목사가 빌리 그레이엄 목사의 통역으로 함께 들어갔다.

일이 성사되자 그레이엄 목사는 전격적으로 평양을 방문해 김일성 주석과 회담하게 된다. 평소 정치적 중립을 항상 강조하던 빌리 그레이엄이었지만, 당시 긴장 관계에 있던 미국의 조지 부시 대통령의 밀서를 김일성 주석에게 전달하는 역할을 하기도 했다. 92년에 이어서 94년 정초에도 그레이엄 목사의 두 번째 방북이 추진됐는데 이때는 더 긴박한 분위기 속에서 진행되었다. 당시 미국 언론은 북이 핵무기를 개발하려는 의도가 있다고 몰아붙였고 국제기구의 핵 사찰도 순조롭게 진행되지 않았기 때문에, 당시 빌 클린턴 행정부는 북의 핵시설

[사진 81] 평양을 방문한 빌리 그레이엄 목사가 봉수교회에서 설교하는 모습. 통역은 드와이트 린튼 박사가 담당했다.

공습을 포함한 다각도의 정책들을 고려하고 있던 중이었다.

이 시기에 빌리 그레이엄 목사가 다시 김일성 주석을 방문해 양국 간의 현안 문제를 깊이 논의했던 것이다. 클린턴의 친서가 전달되었고 다시 김 주석의 친서가 그레이엄에 의해 백악관으로 전달되었다. 그 후 빌리 그레이엄은 그 내용에 대해서 끝까지 침묵했지만, 그의 자서전에서 "만약 6개월 후에 김일성 주석이 갑자기 서거하지 않았다면 남북관계에 커다란 변화가 있었을 것"이란 여운을 남기기도 했다.

그레이엄 목사는 김 주석과 환담할 때 정중하고 격조 높은 대화 방법을 사용했다고 증언했으며 직접 김 주석에게 성경책을 선물했고 인간의 사후(After Death) 문제에 대해 언급했다. 이때 김 주석은 빌리 그레이엄 목사의 전도를 진지하게 경청했으며 과거의 일보다 앞으로 전개될 미래 세계에 대해 깊은 관심을 표시했다고 한다. 미국의 성직자가 정치문제나 현실문제가 아닌 종교적인 가치관이나 신의 문제 등 영적인 주제를 가지고 북의 최고지도자에게 이야기를 나눌 수 있었다는 것은 대단한 배려라고 볼 수 있다. 김 주석은 외부 인사와 만날 때 주로 듣는 입장보다는 말하는 입장이 일반적이었기 때문에 그레이엄 목사로부터 죽음과 영생의 문제에 대해 이야기를 들었다면 그만큼 성실한 자세로 그를 맞이했다고 볼 수 있다.

다섯 차례에 걸친 프랭클린 그레이엄 목사의 방북

프랭클린 그레이엄 목사는 그 동안 북을 다섯 차례 방문했다. 1994년도에는 아버지를 동행해 방문하였고 2000년, 2002년에 이어 2008년과 2012년도에 방문해 북의 식량과 농업 자재 전달 등 인도주의적

지원을 꾸준히 해왔다. 그가 이끄는 '사마리탄스 퍼스'는 2013년도 예산이 무려 4억 2,200만 달러에 달하며 이 기금은 북한을 비롯한 전 세계 구호활동을 하는 데 투명하게 사용되는 재정이다.

빌리 그레이엄목사의 장남인 그는 현재 '빌리 그레이엄 복음전도협회' 총재이자 기독교 구호기관 '사마리탄스 퍼스'의 대표인데 특히 복음전도협회는 윌 그레이엄이 부회장을 맡으면서 3대째 목회를 이어가고 있다. 프랭클린 그레이엄 목사 부자는 그 동안 북 지원금과 구호품들을 감독하거나 별도로 지원하는 사업을 지속적으로 해왔다. '사마리탄스 퍼스'는 홍수로 피해 지원 이후에도 90톤의 구호물자를 전달하기도 했는데 이 단체는 미국에서 허가받은 5개의 비정부 운영기관의 하나이기 때문에 지원된 구호품들은 미국 정부에 의해서만 북에 전달되는 시스템이다.

아버지의 후광과는 상관없이 그 뒤를 이어 미국에서 가장 영향력 있는 복음주의 설교자로 자리매김하는 데 성공한 프랭클린 그레이엄은 심지어 조 바이든 미국 부통령을 만나 "엄격한 대북 제재조치가 인도주의적 대북지원과 교회 건립을 어렵게 할 수 있다"는 우려를 전달할 정도로 건전한 친북성향을 지니고 있으며 백악관과 직통으로 영향력을 행사하는 인물이다.

특히 지난 2008년 7월 31일~8월 3일에 걸쳐 나흘간 방북해 봉수교회에서 설교를 했으며 그밖에도 많은 구호활동을 했고 만수대의사당에서 김영대 최고인민회의 상임위원회 부위원장을 만나거나 내각의 박의춘 외무상을 만나는 등 외교적 활동도 병행했다. 또한 당시 북 기독교를 이끌어가는 조그련 강영섭 위원장, 리정로 국제부장 등 기독교 지도자들을 만나기도 했다. 정태양 외무성 미주국 부국장 등 지도

급들과 가진 환영 만찬 자리에서는 "나는 여기에 정치인이나 외교관의 자격으로 온 것이 아니라, 예수 그리스도의 대사로 평화의 메시지를 전하러 왔다"며 단호하게 자신의 방북 목적을 밝히기도 했다.

또한 당시 북핵문제와 미국의 테러지원국 해제 조치 등 민감한 사안의 북미간의 외교 관계 회복 움직임에 대해서도 "나의 기도는 미국과 북한의 관계가 보다 강화되는 것이며, 이 일을 실현하기 위해 내가 할 수 있는 모든 일을 할 것을 서약한다"고 밝힐 정도로 화평케 하는 자로서의 역할을 자임했다. 이 밖에도 그레이엄 목사는 방북 기간 중 '사마리아인의 지갑'과 '빌리 그레이엄 전도협회'가 미국 국무부 산하의 국제개발처와 함께 지원하고 있는 사리원의 한 병원을 방문하기도 했다.

서로의 신뢰 속에 차분한 기다림이 필요하다

이번에 교회설립 요청이 긍정적으로 접수가 된 결정적인 계기는 빌리 그레이엄 목사에 이어 프랭클린 그레이엄 목사의 행적이 북 당국으로부터 큰 신뢰를 받은 결과였으며 미국에서 가장 큰 영향력을 행사하는 목회자였기 때문에 가능했다. 이처럼 같은 동포가 아닌 미국의 목회자가 북에 대한 애정을 가지고 화해의 사도가 되기를 자처하고 있는 상황에서 남측과 해외의 한인 기독교인들도 외면할 수 없을 것이다. 복음의 영향력과 혜택을 크게 받지 못하는 북녘의 동포들을 방문하거나 최고지도자를 만난 빌리 그레이엄 목사와 그의 아들 프랭클린 그레이엄의 모습은 기독교의 정신과 기독교인의 자세가 무엇인지 깊이 통찰하게 한다. 북을 단지 구제의 대상으로만 여기는 기존 자세로는 진정한 대북사역과 통일운동은 성공할 수 없다.

　더구나 교세를 과시하고 물질적 풍요를 자랑하면서 교만한 동정심으로 접근하는 대북선교 전략은 북 동포들의 마음을 움직일 수 없다는 것을 알아야 한다. 단순하게 북 영토에 교회당을 짓고 구호기금을 전달하는 것으로는 마음을 움직일 수 없다. 북 당국이 프랭클린 그레이엄 목사의 요청을 긍정적으로 접수하고 교회설립 승인에 대해 긍정적인 반응을 보였다는 것은 여러 가지를 함축한다. 앞으로 이 국제 외국인 교회가 실제로 건축되기까지는 많은 우여곡절이 예상되며 예기치 않은 일들로 건축 계획이 무산될 수도 있으나 시간을 두고 인내하면서 차분하게 한 단계씩 과정을 거치면 된다. 그러나 주일 예배 시 평양주재 외국인 신자들을 배려한 설교 통역과 언어소통 문제에 대한 대책이 해결되지 않는다면 이 같은 민원 요청은 끊이지 않고 계속될 것이다.

[사진 82] 농업 지원을 하기 위해 황해도 사리원을 방문 중인 프랭클린 그레이엄 목사

평양국제하베스트교회

[사진 83] 북 '조그련'과의 마지막 협상차 방북한 미국 '조기련' 임원들이 칠골교회 앞에서 기념촬영하고 있다. 좌에서 세 번째부터 박희민 이사장, 조그련 강영섭 위원장, 김대평 목사, 조명호 집사, 이성우 목사

'평양국제하베스트교회' 설립이 추진되다

평양에 주재한 외국인 신자들을 위한 '평양국제하베스트교회' 설립 프로젝트는 미국에서 컴퓨터사업을 하며 IT기업 NOVA를 경영하던 조명호 대표에 의해 처음 시작됐다. 2001년 1월 북측으로부터 'IT

산업 육성 전략 계획'에 대한 전문가 의뢰를 받으며 북측과 관련을 맺기 시작한 조 대표가 그 후 북 정보화산업을 위한 대동강변 IT단지 프로젝트를 직접 추진했고 그 과정에서 IT단지 조성과는 별도로 교회설립을 제안한 것이다.

당시 북에서의 조 대표의 위상은 고위층들은 물론 김정일 국방위원장을 여러 차례 접견할 정도로 중요한 위치였으며 평양 대동강변 IT단지 조성은 북 당국이 국가적으로 큰 관심을 나타내던 대형 프로젝트였다. 이에 북측은 조 대표의 IT단지 조성 제안을 받아들여 평양의 국제전시장 인근 부지 25,000평을 제공키로 약속하고 곧이어 조감도 제작과 현지 토지측량까지 모두 마쳤다. 평소 독실한 기독교신자였던 조 대표는 평양을 왕래하며 외국인 신자들을 위한 교회 건축의 필요성을 몸소 절감했다. 따라서 교회설립은 조 대표가 2002년도 들어 북측 지도부에 직접 제안하면서 IT산업단지 조성과 동시에 시작된 선교 프로젝트인 셈이다.

이에 북 조그련(조선그리스도교련맹) 측은 2004년 가을에 외국인 전용 교회 설립에 대해 정식 승인을 내렸고 준비위원회에서는 교회 이름을 '평양국제하베스트교회'(Harvest Church)라고 명명했다. 'Harvest'는 '가을추수'라는 뜻 외에도 여러 가지 함축적인 의미를 내포하고 있다. 외국인 전용 교회로 건축되는 이 교회당은 1,772평의 부지에 건평 639평, 지하 1층과 지상 3층에 1천 명을 동시에 수용할 수 있는 규모이며 건축비가 총 600만 달러가 투입되는 공사였다.

교회당이 완공되면 북 최대 규모를 자랑하는 기록과 동시에 북 영토에 건축되는 최초의 민간교회가 되는 기록도 갖게 된다. 그러나 조 대표가 IT단지 조성을 위한 재정을 준비하던 중 북측에서 공사 추진을

2년간 연기해달라는 요청을 해오면서 단지 조성 사업과 교회 건립 사업이 잠시 답보 상태에 빠졌다. 또한 그뿐이 아니었다. 사업을 추진하는 과정에서 북 당국이 두 차례에 걸친 교회당 변경 요청을 하는 바람에 건축에 큰 차질이 생겼으며, 엎친 데 덮친 격으로 이 모든 프로젝트의 핵심 당사자였던 조명호 대표가 갑자기 지병으로 타계하는 바람에 대동강변 IT단지조성 프로젝트와 평양국제하베스트교회 건축 프로젝트는 전격 중단되어 지금까지 무기한 연기 상태에 있다.

특히 이 교회 건축 프로젝트는 조 대표가 단독으로 추진했던 것이 아니라 남측의 '한민족복지재단'과 미국 남가주와 북미주의 대북단체들과 여러 교회들이 주축이 된 '조국사랑기독교선교연합회'(조기련) 명의로 건립하는 형식이었다. 이처럼 미주 한인 교계와 대북사역 단체들은 큰 기대를 갖고 건축 완공에 전념하던 중에 여러 장애 요인으로 추진하지 못한 것에 대해 지금도 아쉬워하고 있다. 필자는 이 모든 추진 과정을 다시 종합적으로 살펴보고 남과 북 모두에게 유익한 방법과 합의점을 모색해 보고자 한다.

김정일 국방위원장을 여러 차례 접견한 조명호 집사

'평양국제하베스트교회' 설립과 평양 '대동강변 IT단지' 조성이 추진되던 무렵에는 이미 북이 국가적으로 21세기 경제 발전을 좌우할 핵심 산업으로 인식하고 있었으며, 1991년 이후 김정일 국방위원장이 직접 컴퓨터 프로그램 개발 강화, 조기 교육 실시 등을 진두지휘 하던 시기였다. 특히 2001년 1월에는 중국 상해의 포동 지역을 시찰해 IT 분야에 대한 특별한 관심을 보이며 모든 문제를 새로운 관점에서 풀어가는 '신사고론'을 제시하기도 했다.

또한 귀국 즉시 IT인력 양성과 대외 협력 기반 강화에 주력할 것을 선포하고 미국에서 IT기업 NOVA를 운영하는 조명호 대표에게 직접 의뢰해 「IT산업육성 전략계획서」를 작성토록 하여 IT분야의 자문역할을 구했다. 북은 이 전략계획서를 토대로 '국가종합발전계획'을 추진했고 그것이 인연이 되어 김 국방위원장과 조 대표와의 만남은 시작됐다. 조 대표의 자문을 받은 김 국방위원장은 2004년 1월에도 중국을 방문해 "20세기가 기계산업시대였다면 21세기는 정보산업시대가 될 것입니다"라고 교시를 내리기도 했다.

조 대표는 이런 북측의 국가 발전 계획의 조언자이자 협력자로서 김정일 국방위원장과 여러 차례 만남을 갖고 북의 인재들을 모아 IT인재를 양성하기 위한 방안을 논의하던 중 대동강변에 IT단지조성 프로젝트를 체결했다. 아울러 그는 교회 집사로서 자신의 기독교 신앙과 선교적 사명감에 의해 평양에 IT산업단지를 조성해주고 그 대가로 단지 내에 국제하베스트교회를 세우기로 협상한 것이다.

미주의 대북사역 연합 단체와 교회 건축을 함께 추진하다

한편 2004년 9월 20일 미국 로스엔젤레스 소재 나성영락교회에서는 한미 대북 선교 단체들이 한데 모여 남북 관계와 대북사역의 현황을 파악하고 향후 남북교류와 선교의 올바른 방향 정립을 위한 목적으로 포럼이 개최됐다. 이날 행사는 분단 60주년을 앞두고 대북사역 단체들이 서로 협력 방안을 모색하는 최초의 연합 모임이었다. 1부 행사를 마치고 '평양국제하베스트교회' 설립 계획에 대한 발표가 있었고,

2부에는 여러 논찬자의 발표가 있었고 NOVA의 조명호 대표도 교회 설립 준비위원장의 직책으로 발표를 통해 교회 설립 준비 상황을 보고했다.

그 후 두 달 후인 11월에 조 대표가 직접 방북해 북측에 교회 설립 계획을 구체적으로 소개하고 조선노동당 중앙당 21국의 협조 하에 대동강변 IT단지 조성 사업과 교회 건축 사업을 다시 추진하기 시작했다. 그 동안 IT단지 조성을 위해 재정을 준비하던 중 북측에서 공사 추진을 2년간 연기해 달라는 요청을 해오면서 2년간 휴면 상태에 있었기 때문이다. 그 후 2005년 2월 24일 미국에서 '조기련'(조국사랑기독교선교연합회)라는 연합체가 결성되며 조 대표가 이 연합체와 함께 하베스트교회 건축을 공동으로 추진하기로 결정했다.

건축 예산은 총 600만 달러(한화 60억 원)가 책정되었으며 건축 설계와 시공은 남한의 (주)희산건축(Hee-San Arcihtects &Associates)에서 맡았고 곧 계획안과 설계도면, 조감도를 완성했다. 공사 기간은 1년을 잡아 2006년에 완공을 목표로 잡았으며 대동강 정보기술산업(IT단지) 부지 안에 교회당을 건축하기로 했다. 예배당 외에도 부대시설로 초, 중, 고교 과정의 외국인 학교를 설립해 운영하기로 했고, 주 건물인 교회당 외에 서구식의 대형 벨이 부착된 종탑과 편리한 숙박 시설과 사무실, 식당, 정원 등의 시설을 조성하기로 했다.

기공식은 2005년에 구성될 예정인 합의체(북미주 지역과 미국 남가주의 대북 단체들과 교회들이 주축이 되어 조직한 '조기련'을 말함)가 조직되면 곧바로 착공식에 들어가기로 했다. 우선 희산건축(구, 동림건축)이 완성한 교회 조감도와 설계도는 즉시 북 조그련 측에 전달됐다. 또한 조명호 대표는 하베스트교회 설립을 단독으로 추진하지 않고 자신이

[사진 84] 미국 나성영락교회에서 개최된 '조국사랑기독교선교연합회'(조기련) 창립대회 참석한 임원들과 관계자들. 앞줄 좌에서 네 번째가 조명호 대표, 여덟 번째가 분당샘물교회 박은조 목사 등이다.

미국에서 합의체로 조직될 '조기련'에 소속되어 공동으로 추진하기로 했다. '조기련'은 대북사역 전문 단체들과 후원 교회들이 연합해 2005년 4월 4일 창립식을 했으며, 이날 창립식에서는 '평양국제하베스트교회' 외에도 북 영토 24개 도시에 교회를 재건하는 프로젝트를 세웠으며, 이 모든 플랜은 남측의 '한민족복지재단' 측과 협력하여 추진하기로 결의했다.

조기련 소속 단체들은 남측의 '한민족복지재단'(이사장 최홍준 목사, 장기천 목사)을 주축으로, 미국에는 '노바'(NOVA) 조명호 대표를 비롯해 '카트리지선교회'(최형술), '세계어린이사랑회'(장철익 목사), '중국동포크리스천연합회'(최민 목사), '조국사랑네트워크'(제임스 강 이사장, 이성우 목사), 'OMF 제다(GEDA)'(최영태 목사), 'VOWE #37'(김대평 목사), 'GAP선교회'(박원철 목사), 'C.C.C. 북한선교부'(안강희 목사), '페니선교회'(박영선 목사), '단미션'(유진소 목사), '기윤실'(유용석 장로), '변강의 뿌리'(대표 박원걸 장로), '세계문화체육재단'(대표 전동석) 등 미주 한인 교계 대북사역 단체들을 포함해 현재 북에 억류중인 캐나다 큰빛장로교회(임현수 목사) 등 모두 16개 단체들이 포함됐다.

북 당국으로부터 교회 건축 승인이 떨어지자 '한민족복지재단'과 북미주 지역 9개 북한선교 단체가 시행처로 참여했는데 이 단체들은 기독교 정신으로 대북사역을 펼치고 있는 15개 민간단체와 40여개 교회가 연합한 합의체다. 교회설립준비위원장은 조명호 대표가 직접 맡았으며 건축 협정대상(MOU)은 북 조그련으로 결정됐다.

'조국사랑기독교선교연합회'(조기련) 창립 대회와 교회 설립 경과보고

미국에서 '조기련'이라는 연합체가 결성되고 두 달 만인 2005년 4월 4일 오후 3시에 드디어 로스엔젤레스 소재 나성영락교회에서 창립 대회를 열고 이사장에 박희민 목사를 선출했다. 대회에서는 창립 선언문을 통해 광복 60주년을 맞아 한국교회와 미주 한인교회들 그리고 대북사역단체들이 연합해 사역할 수 있는 여러 비전과 사역 방향을 제시했으며 이날 남측의 '한민족복지재단'과의 동역을 최종 결정했다.

또한 상설기구 설치를 통해 '교회재건운동본부장'에 NOVA 대표 조명호 집사를 선출했으며 평양에 세워질 국제하베스트교회를 이 연합체와 함께 추진하기로 결의했다. 연합회 조직을 보면 법인 이사장에 박희민 목사, 부이사장에 장철우, 박성규, 민종기, 송영걸, 송상철 목사, 운영이사장에 차현회 목사, 자문위원장에 풀러신학교 선교대학원장 박기호 교수, 실행위원장에 이성우 목사, 상임총무 데니스 한, 사무국장 나승렬 등을 확정했다. 한편 이날 창립식 기념 세미나에서 조명호 대표가 다음과 같이 경과보고를 했다.

> 제가 미국서 컴퓨터 사업을 하던 중 2002년 북측의 IT산업육성을 위한 마스터플랜을 추진하면서, 북측 지도부에 선교적 차원에서 평양 주재원들을 위한 교회 설립을 제안했습니다. 북측은 평양의 국제전시장 인근 부지 25,000평을 제공키로 약속했고 곧이어 조감도 제작과 현지 토지 측량까지 마쳤지만 제가 재정을 마련하던 중 북측에서 2년간 공사 추진에 대한 연기를 요청해왔고, 저 또한 당시 신병 문제로 사업 추진에 어려움을 겪었던 시기였습니다. 지난 2004년 11월 북을 다시 방문해 교회 설립을 위한 계획을 소개하고 북 조선노동당 중앙당 21국의 협조 하에 현재 사업이 다시 추진되고 있는 중입니다. 그러나 북측에서는 칠골교회 재건축을 대안으로 제시했지만 기존의 방안을 추진하기 위해 북측과 협의 중입니다.

조 대표의 브리핑은 참석자들과 연합 단체 관계자들에게는 매우 신선하게 받아들여졌으나 조 대표 자신은 북 조그련 측의 의도와 계획을 간파하지 못한 듯했다. 북측이 칠골교회당을 리모델링해서 사용하라는 쪽으로 방향을 틀었다는 것은 이미 새로운 교회 건축에 대한 의도가 전혀 없다는 것을 의미하고 있음을 간파했어야만 했다.

북 조그련 측의 1차 변경 요청에 대한 대책

앞서 밝혔듯이 북 조그련 측 강영섭 위원장은 2005년 2월에 방북한 조명호 대표에 게 "국제하베스트교회를 신축하지 말고 칠골교회 개건공사(증개축 리모델링)를 해서 그 교회를 외국인 전용교회로 변경하는 것이 좋겠습니다"라는 입장을 전달했다. 기존 하베스트교회 설립 프로젝트에서 벗어난 전혀 다른 제안을 했던 것이다. 사회주의 체제하에서 조그련은 중앙당과 밀접한 관계에 있고 북 체제 내부에서의 여러 가지 역학적 관계로 인해 쉽게 교회당 건축을 허락할 수 없음을 반증하는 제안이었다.

선군정치 하에서 당과 군에는 강경 노선의 인물들이 많다. 이들은 특히 해외의 보수 기독교 단체들이 북측 영토에 자꾸만 교회당을 건축하는 것을 원치 않을 것이다. 필자의 방북기 중에 '평양봉수교회 편'에 보면 남측 장로교 통합 측의 지원으로 건축되던 봉수교회당 지붕에는 제작해간 쌍 종탑이 끝내 올라가지 못한 채 미완성 작품처럼 서 있음을 밝힌 적이 있었다. 그 이유는 당시 군부 강경파들이 "평양 하늘 아래 십자가를 높이 세울 수 없다"는 완강한 반대 때문이었다.

이런 사정과 이유 때문에 조그련은 둘 사이에서 이러지도 저러지도 못한 채 입장이 난처하게 되었다. 결국 조그련은 교회 건축 프로젝트를 수용하면서도 다른 한편으로 제한을 가할 수밖에 없었고 그 대안으로 칠골교회를 리모델링 후 사용하라는 방안을 제시한 것이다. 이에 대해 미국 '조기련' 측의 박희민 이사장은 여러 가지 대책을 간구한 후 두 가지 결론을 냈다.

첫째, 북측 요청에 대한 우리 측 입장은 어떻게 하든지 북에 교회를 하나라도 더 짓는 것이 중요하기 때문에 원안대로 칠골교회가 아닌 제3의 장소에 건축할 수 있도록 허락해줄 것을 북 당국에 요청한다.

둘째, 두 가지 모두 수용하는 방안을 채택해서 북측이 원한다면 하베스트교회 신축과 함께 칠골교회 증개축까지 모두 맡는 방안도 고려한다.

한편 이날 대책을 마련하는 자리에서 "훗날 국제하베스트교회가 완공되어 정상적으로 운영되면 건축에 기여한 미주 한인교회들을 평양하베스트교회에서 초청해 여러 가지 프로그램을 진행할 수 있도록 하겠다"는 약조를 이미 북 조그련 측으로부터 받았다는 내용도 공개됐다. 양측 모두 서로의 주장을 포기하지 않는 가운데 일관성이 없어 보였다. 한편 이날 결의된 내용은 "하베스트교회 신축을 굽히지 않겠다"는 것으로 결론이 났으며 이런 요구 문서를 다시 북 조그련 측에 전달하기로 했다.

북 조그련 측의 2차 변경 요청에 대한 대책

2005년 4월말에 "하베스트교회 신축을 굽히지 않겠다"는 '조기련'의 요구문서를 전달하기 위해 방북한 조명호 대표는 북측의 요청에 대한 대안책을 전달했으며 이 문제와는 상관없이 하베스트교회가 세워질 장소를 최종적으로 결정하고 귀국했다. 그러나 북 조그련은 이듬해인 2006년 들어서 또 다시 국제하베스트교회 건축 프로젝트에 대한 변경을 요청해왔다. 이번에는 하베스트교회 건축에 앞서 평양 시내에 사회복지관을 먼저 건축해달라는 요청이었다. 이와 같이 두 번에 걸친 교회 변경 요청으로 인해 원래의 교회 건축 계획은 큰 난항을 겪으며 진퇴양난에 빠지기 시작했다.

원래 교회 건축 승인은 2004년에 정식으로 통과되었고 공사 기간

1년이 지난 2006년이면 완공될 예정이었다. 그러나 이제는 완공은 커녕 프로젝트 자체가 무기한 연기되거나 완전히 무산될 위기에 놓인 것이다. 평양에 사회복지관을 먼저 지어달라는 북측의 요청은 교회 건축 준비에 들떠 있던 '조기련' 담당자들에게는 날벼락같이 절망적인 소식이었다. 이미 중견 건설 회사에 설계와 시행 등 건축 절차를 모두 맡겼고 설계도와 청사진 등을 이미 북측에 제출한 상태였는데도 불구하고 아직 착공식조차 못했으니 답답할 노릇이었다. 결국 이와 관련해 수차례의 자체 협의를 거친 조기련 지도부는 북측의 교회 변경 요구를 모두 거절하기로 결론을 내리면서 교회 건축 계획은 더 깊은 수렁으로 빠져들기 시작했다.

미국의 조기련 측은 기존 칠골교회당을 허물고 다시 재건축하는 것보다 새롭게 하나를 더 짓기를 원하기 때문에 원래 약속했던 제3의 장소를 달라고 수정 제의를 했으나 이에 북측은 반대급부로 사회복지센터를 지어달라고 한 것이다. 그럼에도 불구하고 조명호 대표는 몇 차례 더 방북을 했고 뒤이어 미국의 조기련 측 임원들이 최종적으로 결정을 내리기 위해 2006년 3월에 방북을 결행했다.

이때 방북 대표단에는 남측 인사 1명이 포함됐다. 그 동안 북측이 하베스트교회 건립에 남측 교회가 관여하는 것을 반대해 왔으나 이번에는 다행스럽게도 남측 인사를 포함시켰다. 건축준비위원회 입장에서 볼 때 건축예산이 600만 불인데 100만 불은 미주에서 마련할 수 있으나 나머지 500만 불은 남측 교회들과 단체들에서 마련해야 하기 때문에 남측을 배제하는 것은 매우 부담스런 일이었는데 이번 방북에 남측 인사를 허락한 것을 다행스럽게 여겼다.

미국의 '조기련' 실무팀으로 구성된 방북단에는 조명호 집사를 비롯해 박희민 목사와 김대평 목사(Vowe 37 대표), 이성우 목사(실행위원장)등 5명이 함께 했다. 이들은 2006년 3월 11~14일까지 나흘간 평양 사회복지센터 건립 문제를 협상하기 위해 평양에 도착했다. 이들은 북측 조그련 위원장 일행과의 협의를 통해 북측의 교회 변경 요구를 모두 거절하기로 통보하고 교류 증진만큼은 계속 이어나가기로 하고 두 가지를 합의했다.

첫째 미국내 목회자들의 연차적인 방북과 미주의 한인 청소년과 대학생들이 여름방학 기간 등을 이용해 평양을 방문하는 문화 체험을 가능하도록 한다. 둘째, 북미간의 관계 개선을 위해 새들백교회 릭 워렌 목사와 오글비 목사, 잭 헤이포드 목사 등 미국의 저명한 목회자들의 방북을 추진하기로 한다.

당시 방북단의 실행위원들은 릭 워렌 목사 등의 방북이 경색된 북미 관계를 푸는 데 크나큰 역할을 할 것으로 기대하고 가능한 빠른 시일 내에 성사시키기로 합의했다. 특히 양측은 미국의회 상원 채플린 목사이자 국가조찬기도회를 이끌고 있는 오글비 목사가 방북을 한다면 그 자체로서 북미 간에 큰 의미가 있으며 새로운 전기를 가져올 수도 있을 것이라고 내다보고 조속히 추진하기로 합의를 본 것이다. 또한 2006년 9월말에 캐나다 토론토에서 개최되는 통일포럼에 북 조그련 강영섭 위원장을 초청하는 것도 추가로 합의했다.

[사진 85] '평양국제하베스트교회' 설립준비 핵심위원들. 좌부터 조명호 설립준비위원장, 박희민 이사장, 이성우 실행위원장

지병으로 인한 조명호 대표의 타계와 북 조그련의 한계

그러나 안타깝게도 '평양국제하베스트교회' 설립준비위원장을 맡은 조명호 대표는 건강이 좋지 않은 상태에서도 두 번에 걸친 북측 요청을 받아들이며 건축이 성사되도록 열정적으로 업무를 보는 과정에서 암으로 유명을 달리하고 말았다. 평소 미국 남가주 소재 '오렌지카운티한인교회'(담임 남성수 목사)에서 안수집사 장립(2003년 10월 5일)을 받고 신앙생활을 해오던 조 집사는 오래전부터 암과의 사투를 벌이며 투병생활을 해왔고 다행히 신앙으로 극복했다. 2005년 5월에는 자신이 출석하는 교회에서 건강을 회복한 드라마틱한 내용으로 신앙 간증을 할 정도로 건강이 회복되었으나 그 이후 대북사역과 비즈니스로 인해 격무에 시달리면서 다시 쇠약해지며 투병하다가 2006년 12월 11일 안타깝게도 운명한 것이다.

그는 투병 중에도 IT정보기술업체를 운영하며 대북 사업을 병행했는데 조 대표의 갑작스런 타계로 평양 대동강변 IT산업단지 조성과 국제하베스트교회 건축을 비롯한 평양사회복지관 건축에 대한 추진은 탄력을 잃으며 무기한 연기됐고 10년이 지난 2016년 현재까지도 답보상태에 머물러 있다.

지금까지 살펴보았듯이 보수적인 남측 교회나 해외 한인교회가 주도해서 북측 영토에 교회당을 짓는 프로젝트는 성사시키기가 매우 힘든 일이다. '평양국제하베스트교회' 건축은 착공조차 못해 실망스럽지만 이것을 교훈 삼아 북측과의 사업은 단기간에 성과와 결실을 보려고 무리하게 밀어붙이거나 청사진 한 장만 들고 이미 다 이룩한 듯 생색낼 수 있는 일이 아니다. 대북 사업은 인내심을 가지고 장기간에 걸쳐 철저히 준비해야 하며, 특히 북측 인민들과 관료들의 역사 인식과 그들의 정치 체제 이해, 북 사회 상황에 대한 몰이해로는 저들을 이해시키거나 설득할 수 없다.

북측 인민들의 입장과 정서를 배려하지 않고 제국주의적 선교나 근본주의 기독교 관점에서의 일방적 선교 개념으로 무조건 교회당만 지으려 한다면 이는 매우 무모한 일이며 실패한 사역에 불과하다. 설령 교회당이 원하는 대로 건축되었다 한들 건축 이후의 철저한 사후 대책과 대안이 없다면 차라리 건축을 시도하지 않는 편이 오히려 나을 것이다. 이미 남한의 예장 통합측이 주도해서 동평양 지역 대동강변에 건축한 '평양제1교회당'(제1기도처소)은 수억을 투입해 준공했으나 사후 운영 대책이 전혀 없어 결국 건물 일부는 아무도 사용하지 않는 텅 비어있는 공간으로 방치되어있고 나머지 건물은 거대한 온실로 사용되고 있는 현실임을 알아야 한다.

지금도 북 중앙당과 군부에는 대남 강경파가 존재하는 것이 현실이며 이들의 대남 정책과 인식은 아직도 반미, 반기독교정서에서 크게 벗어나지 않고 있는 실정이다. 특히 그들은 보수적인 남한 교회와 해외 한인교회들이 반공, 반북 사상을 품은 채 북 영토에 교회당을 짓는 것을 매우 경계하고 있다. 복음을 전파하기 위해 북 영토에 교회당을 지으려는 순수한 행위를 저들은 오히려 스파이 혐의나 체제전복 세력으로 오해할 소지가 많기 때문에 교회당 건축을 순수하게 허락할 리 없다. '평양국제하베스트교회'를 신축하는 대신 기존 칠골교회를 허물고 다시 재건축해서 사용하라는 제안과 평양사회복지센터를 건축해 달라는 제안은 조그련의 입장에서도 어쩔 수 없이 권한 밖의 일이며 인민들과 당의 방침을 받드는 행위일 뿐이며 거기까지가 조그련의 한계이다. 모든 대북사역자들에게는 민족의 앵글에서 북을 바라보는 내재적인 접근 방식이 절실하다.

평양 장대현교회

[사진 86] 1907년 당시 평양 장대재에 있던 장대현교회당 모습

예장 합동 측의 '평양 장대현교회' 복원 건축

대한예수교장로회(합동) 교단은 대한예수교장로회(통합) 교단과 함께 한국 개신교에서 쌍벽을 이루는 양대 산맥이다. 이 두 교단은 평소에도 서로 앞서거니 뒤서거니 하며 교세 경쟁을 벌였는데 북에 교회를 설립하는 대북사역에서도 서로 경쟁적인 구도를 형성하고 있었다.

이런 상황에서 이번에는 예장 합동측이 평양에 교회를 설립하려다 실패한 이야기를 하려고 한다. 예장 합동 총회임원들과 '총회남북교회교류협력위원회'(총회남북교류위)가 지금부터 10년 전인 2005년 11월 11~17일까지 방북단을 구성해 평양의 '봉수 빵 공장'을 방문하면서 이야기가 시작된다.

이들은 방북 기간에 '조선그리스도교연맹'(조그련) 위원장 강영섭 목사를 만나 2007년에 개최할 '평양대부흥운동 100주년' 기념 프로젝트 중 하나인 '평양 장대현교회' 복원에 대해 설명하면서 북측이 동의와 승인을 해줄 것을 구두와 서면으로 요청했다. 이날 핵심 실무자였던 합동 총회 총무인 이재영 목사는 강영섭 목사 일행과 만난 자리에서 '평양 장대현교회' 복원에 대한 임원회 결의 사항을 알리고 협조를 요청하자 뜻밖에도 북측 강 목사는 "장대현교회가 있던 곳에는 현재 인민대학습당이 세워져 있기 때문에 그 자리에 옛 장대현교회를 복원하는 것은 힘들겠지만 인근 부지에 세우는 것은 가능할 것입니다"라며 긍정적으로 답변하면서 북측의 긍정적인 검토가 시작됐다.

강 목사는 그 자리에서 교회 복원 건축뿐만 아니라 인민병원도 함께 설립해줄 것을 요청했으며 심지어 콩기름과 방한복 등을 지원해줄 것도 남측 방북단에 요청하기까지 했다. 당시 남측 방북단 구성원은 예장 합동 총회장 황승기 목사, 총무 이재영 목사 등 총회 임원들과 박계윤 장로가 위원장으로 있는 '총회남북교회교류협력위원회'가 함께 참여했다. 남측의 예장 합동 대표단이 이날 북 조그련 위원장 측을 만나 협상한 것을 계기로 이때부터 '평양 장대현교회' 복원 건축 추진은 본격적으로 시작하게 된 것이다.

이들 대표단은 본국으로 돌아가 2006년 2월 3일 '대전새로남교회'

[사진 87] 인민대학습당 전경. 북 조그런측에서는 장대현교회가 인민대학습당 부근이라고 언급했으나 필자가 확인한 결과 그곳은 남산현감리교회가 있던 자리였다. 장대현교회는 실제 만수대언덕 인근에 있던 것으로 확인됐다.

에서 총회 임원과 각 노회장, 기관장 등 교단인사 300여 명이 모여 '평양대부흥 100주년 기념사업 비전 선포식 및 지도자 세미나'을 갖는 자리에서 이 같은 방북 결과를 공개했고 교회 복원 설립 프로젝트를 교단 차원에서 적극 추진하기로 결의했다. 이날 총회 임원들과 총회남북교류위의 설명을 들은 참석자들은 해방 전 평양대부흥운동이 시작된 발원지인 장대현교회당을 복원하는 것은 교회사적으로 매우 의미 있는 일이며 이를 성사시키기 위해서 20여억 원의 재정을 들여 설립할 것을 협의하며 본격화됐다.

조그런 측 '장대현봉사센터'로 명칭과 용도 변경을 요청

예장 합동 총회 이재영 총무와 최병용 서기 등은 대전에서의 선포식을 마친 사흘 후인 2006년 2월 7일 중국 북경에 도착해 조그런 강영섭 위원장을 만나 장대현교회 복원 공사에 대한 구체적 협상에 들어갔다. 이튿날인 8일 정오에는 북측이 운영하는 식당인 '은반관'에서 강영섭 위원장과 이정로 국제부장, 김현철 전도사 등 북측 대표단과 만나 연속 협의에 들어갔다. 그러나 조그런 측은 "장대현교회당이 있었던 원래 부지 근처에도 현재 대형 공공건물이 들어서 있어 짓기가 불가능하고 그 대신 상징적인 의미로 현재 칠골교회당 맞은편에 연건평 1만 2,000평 규모의 부지가 있는데 그곳에 '장대현봉사센터'라는 이름의 복합건물을 건립합시다"라는 안을 제시하기에 이르렀다.

강 위원장 측이 준비해온 제시안은 매우 구체적이었다. 4~5층 규모의 사회봉사센터를 짓되 1층에는 장대현기념교회당과 수영장이 동시에 들어서고, 2~3층에는 기념관과 복지시설을 건립하는 방안을 제시한 것이다. 조그런 측은 단지 교회당뿐만 아니라 평양 시민을 위해 봉사기관을 제공하는 것도 중요하다는 입장을 보인 것이다. 종교적인 색채만 짙은 것보다는 의료 복지 등이 들어서는 복합 건물로 활용하는 방안을 제시한 것이다. 이로서 예장 합동 측이 결정해 내놓은 장대현교회 복원 건축 프로젝트는 '장대현봉사센터'로 변경되어 대체될 처지에 놓이게 된 것이다.

한편, 예장 합동 측이 장대현교회 건축을 조그런 측에 요청할 무렵에는 조그런 측이 정신없이 분주하던 상황이었다. 당시 예장 통합 측에서는 '평양봉수교회' 재건축과 '평양제1교회' 신축, 그리고 '제1온실'과 '제2온실' 건축, '평양신학원' 신축 등 엄청난 종류의 건축 프로젝트를 꼼꼼하게 성사시키던 시기였으며, 남측의 감리교단에서도 평양신학원 운영을 책임지기 위해 조그런 측과 추진하던 시기였다. 그런 복잡한 상황에서 예장 합동 측마저 가세해 '평양장대현교회'를 복원한다며 서두르는 모습을 보니 벌여놓은 사업이 많았던 조그런의 입장에서 볼 때 교통정리를 할 필요성을 느꼈던 것이다. 이러다간 평양 시내 한

[사진 88] 북측이 직영하는 북경의 '은반관' 식당에 모인 양측 대표단. 좌부터 예장 합동 이재영 총무, 장차남 부총회장, 조그련 강영섭 목사, 황승기 총회장, 김원삼 기독신문사 사장

복판에 남측에서 세운 교회들이 우후죽순처럼 여기저기 세워질 판이었기 때문이다.

 한편 북경에서의 협상을 마친 강영섭 목사는 북경 일정을 마치고 2월 11일 세계교회협의회(WCC) 제9차 총회가 열리는 브라질로 이동했고 회의 참석 일정을 마치면 다시 북경으로 돌아와 예장 합동 측 대표단을 다시 만나 협상을 마무리하기로 하고 양측은 헤어졌다. 북경에서 조그련이 요청한 요구사항을 접수한 예장 합동 측 대표단은 '장대현봉사센터' 건립 예산에 애초보다 더 많은 액수인 30억 원 정도가 소요될 것으로 예상하고 총회 산하 전국 교회가 모금에 동참하도록 한다는 방침을 세워놓고 귀국 직후인 2월 20일 총회 임원회에 이 같은 협상 결과를 보고했다. 임원회의 보고 후 회의 결과에 따라 다시 2월 25일 북경에서 조그련 측과 만나 완전한 매듭을 짓기로 했다. 이런 와중에도 예장 합동 교단은 평양봉수교회 부설 '봉수 빵공장'을 비롯해 콩

기름을 지원하는 사업 등을 계속 지원했다.

'장대현봉사센터' 제안을 수용하기로 결의

한편 황승기 목사가 위원장으로 있는 예장 합동 총회정책실행위원회는 2월 20일 총회회관 대회의실에서 제90회기 제1차 회의를 열고 북측의 요구대로 '장대현봉사센터'를 추진키로 결의했다. 이날 회의에서 실행위원들은 총회 서기 최병용 목사와 총무 이재영 목사로부터 "현재 북측에는 칠골교회와 봉수교회가 있는 관계로 독자적인 장대현교회 설립은 어렵다는 것이 북 조그런 측의 입장이다"라는 보고를 받기에 이르렀고 '평양 장대현교회 복원사업'을 '장대현봉사센터 건립사업'으로 변경해 달라는 북의 요청을 받아들이기로 합의했다. 이제 교회 복원사업은 봉사센터 건립사업으로 그 영역이 더 확대되게 된 것이다. 그러나 건립사업 명칭은 북측의 요청을 약간 변경해 '교회' 라는 단어를 집어넣어 '장대현교회봉사센터'로 하자는 내용을 조그런 측에 통보하기로 한 것이다.

사실 해방 전 장대현교회가 있던 자리에 현재 다른 대형건축물들이 들어선 상태여서 복원 위치를 놓고 적지 않게 고심을 해왔던 합동 총회측은 차라리 조그런 측 제안대로 봉사센터 위치가 칠골교회 맞은 편으로 결정된 것을 다행스럽게 생각하게 됐다. 또한 북측이 그 곳 외에도 봉사센터의 위치를 평양 순안공항에서 평양시로 들어오는 관문지역에 세우는 것도 물색 중인 것으로 알려져 오히려 상징적인 측면에서 더욱 의미가 있을 것으로 파악돼 총회 임원들은 모두 환영하는 분위기였다. 그렇게 될 경우 과거 장대현교회 터전 위치를 고집할 필요가 없을 뿐만 아니라 봉수교회와 평양신학원 그리고 칠골교회 등 평양의 핵심 종교 시설물들과 불과 1km 안팎에 자리하게 돼 더 좋은 결과를 얻을 수 있을 것으로 전망한 것이다. 이날 회의에서 실행위원들은 이념과 사상을 떠나 봉사센터 건립은 매우 바람직하다는 데 의견과 인식을 같이하고 총회 산하 전국 교회가 적극 협력하는 방안을 모색했다.

'교회' 명칭을 넣는 문제로 난항을 겪다

한편, 예정대로 예장 합동 총회 황승기 총회장, 이재영 총무, 장차남 부총회장, 김원삼 기독신문 사장 등 예장 합동 총회 관계자들은 2월 25일 북경에서 조그련 위원장 일행을 다시 만나 협상에 들어갔다. WCC 총회에 참석하고 브라질에서 돌아온 강영섭 위원장은 협상단원으로 조그련 이정근 서기, 김현철 위원 등과 북측 협상단을 구성해서 테이블에 나왔다. 이들 양측은 이번에도 북측이 운영하는 식당 '은반관'에서 만나 심도 있는 논의를 했으나 '교회' 명칭을 넣는 문제 때문에 서로 양보하지 못한 채 결국 서로의 입장 차이를 좁히지 못했다.

남과 북의 대표단은 '장대현봉사센터' 건립 자체에 대해서는 원칙적으로 의견이 일치한다는 사실을 확인했지만 봉사관 명칭에서 '교회'라는 단어를 삽입하는 문제에 대해서는 조그련 측이 난색을 표시해 결국 이 부분에서 합의점을 찾지 못하고 다음 회의에서 또 다시 다루기로 결정했다. 조그련 강영섭 목사는 '장대현교회봉사관' 대신에 그냥 '장대현봉사관'이라는 명칭을 사용해 달라는 입장을 끝까지 고수했다. 강 목사는 이에 대한 항변으로 "6.15공동선언 이후 북남이 하나 되고 민족통일과 복음화를 위해 남조선 측의 도움이 절실한 이 시기에 굳이

'교회'라는 이름을 넣음으로써 그 의미가 축소되기를 바라지 않습니다"며 '교회' 명칭 삭제를 줄기차게 요청한 것이다.

원래 이번 남측의 협상 대표단들은 북의 요구대로 추진할 예정이었으나 본국의 총회 관계자들이 "혹시 북측 당국의 사정상 이 건물을 교회 용도와는 무관하게 사용할 가능성이 있으니 반드시 교회 명칭을 넣어야 한다"는 최종 합의안을 마무리했기 때문에 대표단도 어쩔 수 없었던 것이다. 그러나 이날 남측의 건물명칭 변경 요구를 북 조그련이 완강히 거절하며 협상은 마침내 결렬됐다. 장대현교회 복원 건축프로젝트는 계획 자체가 무산될 위기에 놓이게 된 것이다.

남측의 '장대현교회봉사센터' 요청이 마침내 결렬되다

이처럼 북경 협상에서 남북 양측의 이견으로 합의 도출이 실패하자 복원 프로젝트는 차질을 빚게 됐다. 방북 대표단은 4월 16일로 예정된 남북 간의 협상을 부활절이 지난 이후인 5월경에 다시 만나 협의키로 했다. 귀국 후 보고를 받은 총회 실행위 위원들은 '교회'라는 명칭을 포함시키는 조건으로 건립을 허락한다는 단서를 붙여 대표단에게 협상을 일임했던 것인데 결국 실패하고 돌아가자 할 말을 잊은 듯했다.

그러나 총회 실행위원들은 북측의 명칭 거절은 이미 예상했던 것이라서 출발하기 전에 이런 부분을 미리 지적했음에도 불구하고 협상 대표단은 북에 대한 이해나 조그련을 상대할 만한 사전 전략과 대책이 매우 미흡하였음을 지적했다. 그러나 북측의 요구를 전적으로 수용하지는 않았지만 성사될 것을 대비해 총회 실행위는 구체적인 건축 준비 작업에 들어갔다. 신축될 장대현봉사센터는 폭 40m, 길이 60m에 4,

5층 규모가 될 예정이며 건축예산으로 총 30억 원 이상을 책정했다. 그러나 일부 실행위원들 중에는 교회 복원 프로젝트가 결국 복지시설 타운으로 변경됨에 따라 장대현교회 복원의 상징적 의미가 크게 훼손되고 희석된 것에 대해 불만과 아쉬움을 나타내며 반대의사를 보였다.

나머지 실행위원들도 '봉사센터'라는 명칭만을 사용할 경우 교회와는 무관한 일반건물이 되기 때문에 완공 후에는 북측이 다른 용도로 사용할 확률이 많다는 지적에 동의하며 반대 의견들이 잇따랐다. 결국 남측 협상 대표단은 지속적으로 센터건물에 '교회'라는 명칭을 넣어 달라며 조그련 측에 정식으로 요청했으나 난색을 표해 결국 모든 계획은 물거품이 됐다. 그 후 양측은 현재까지도 봉사센터에 '교회' 명칭 사용 여부 문제로 프로젝트는 답보 상태에 빠져있다. 남측의 주장은 평양에 건립하는 건축물은 단순히 사회봉사나 구제를 위한 차원만이 아니라 당시 '평양 장대현교회'가 100년 전 조선교회 부흥운동의 시발점이었던 장소라는 상징성을 포기하지 않으려는 것이었기에 포기할 수가 없던 것이다. 반면 북측은 남측의 여러 기독교 교단들로 인해 갑자기 불어난 교회 건축 제안들에 대한 교통정리의 필요성을 느껴 자신들의 주장을 포기할 수 없었던 것이다.

결국 예장 통합 측에 의해 평양에서 경기도 이천으로

예장 합동 측의 '평양장대현교회' 복원 프로젝트는 북 조그련 측의 견해 차이와 예장 합동 측 대표단의 북에 대한 몰이해와 협상 능력 부재 등으로 결국 결렬되고 말았는데 정작 100주년이 되는 해인 2007년 들어서자 '평양장대현교회' 복원 사업은 예장 합동 측이 아닌 예장 통합 측에 의해 세워지게 됐다. 평소 예장 합동 측과 경쟁 관계에 있는 예장 통합 측은 비록 평양의 옛 장대현교회터는 아닐지라도 남측 영토인 경기도 이천군에 교회를 복원해 기념하기로 한 것이다. 꿩대신 닭인 셈이다. 그리고 다른 경쟁교단이 협상에 실패하자 잽싸게 프로젝트를 가로채온 격이다.

이 사업을 주도한 주체는 예장 통합 측 총회장을 지낸 한영제 장로였다. 한 장로는 경기도 이천에 '한국기독교역사박물관'을 개관했는데 한 장로가 관장을 맡고 한국교회사에 권위자인 감신대 이덕주 교수가 부관장을 맡으면서 100주년이 되는 해인 2007년에 맞춰 복원한 것이며 결국 2007년 9월 20일 경기도 이천 소재 '한국기독교역사박물관' 옆 부지에서 '평양장대현교회' 준공식을 갖고 일반인들에게 공개되었다.

100년 전인 1907년 당시 모습으로 평양 옛 터전에 세운다는 예장 합동 측의 프로젝트는 결렬되고 그와는 별도로 예장 통합 측 기관과 인사들에 의해 5분의 1 크기로 재현된 것이다. 이천시 대월면에 세워진 교회당은 크기는 축소됐지만 옛 모습과 풍습을 그대로 재현했으며

[사진 89] 경기도 이천에 설립된 '평양 장대현교회' 본당. 실제 크기를 5분의 1로 축소해 복원했으며 남녀를 구분해 앉았기 때문에 ㄱ자형이다.

남녀를 구분해서 앉았던 기역자(ㄱ)형으로 지어졌고 종탑도 그대로 세웠다.

복원된 교회는 원래 크기인 396㎡(120평)에서 82.5㎡(25평)으로 축소됐을 뿐 100년 전 당시 장대현교회를 거의 그대로 복원했으며 마당 한 켠에는 당시 모습대로 투박한 모양의 십자가가 세워졌고 지금은 흔히 볼 수 없는 성미함(쌀을 걷는 함)과 연보함(헌금함)도 비치했다. 또한 예배당 내에는 평양의 선교 역사와 초기 선교 관련 자료가 전시돼 있다. 예배당 외부에는 마포삼열, 리길함, 한석진, 길선주 등 평양 지역 선교 개척자들의 기념비와 '평양 장대현교회' 비석을 세워 평양대부흥의 성령을 이어받는다는 뜻을 분명히 했다.

평양의 옛 장대현교회 자리가 있던 언덕에는 2007년 당시 '최고인민회의 의사당'(일명 만수대 의사당)과 김일성 주석 동상이 세워져 있었다. 장대현교회당이 있던 장대재 언덕은 북 인민정권이 들어선 후 '만수대'라는 혁명적 명칭으로 개명되어 만수대의사당이 들어섰고 그 앞에는 1972년 당시 김일성 수상의 60회 생일을 기념해 20m 높이의 초대형 동상이 세워졌다. 그 후 김정일 국방위원장이 타계한 후에는 반년 후인 2012년 4월에 김 국방위원장의 동상도 추가로 세워져 현재 두 지도자의 대형 동상이 자리 잡고 있는 형국이다.

과연 북이 교회 건축을 원하는가?

철저한 사회주의국가 수도인 평양 한복판에 해방 전에 있었던 교회당을 다시 복원한다는 것이 과연 무슨 의미가 있을까? 그리고 그 일이 과연 잘 성사될 수 있을까? 이런 질문들은 당시 상황을 지켜보던 필자의 커다란 호기심과 관심사였다. 그러나 결과는 '평양대부흥 100주년 기념'이라는 행사 타이틀이 무색하리만큼 북 조그런 당국과 공감대를 형성하지 못했을 뿐 아니라 북 사회 전체 현실에서 볼 때 이 프로젝트 자체가 기본적으로 수용할 수 없는 것이었다. 북측 당국은 해당 교단의 이벤트성 사업으로 받아들일 뿐이었다.

비교적 종교의 자유에 제한을 받지 않고 교회 설립 또한 자유롭게 할 수 있는 남측 영토에서 교회를 세우는 것과 철저한 사회주의 국가인 북측 영토에 교회를 세우는 것은 그 의미와 시사하는 바가 다르다. 그래도 협상 당시 북측이 승인한 '장대현'이라는 이름으로라도 봉사센터를 세웠다면 지금은 그 건물이 아주 유용하게 사용되었을 것이다. 남측 협상단이 교회 명칭을 넣는 문제를 고집하지만 않았다면 성사됐을 것이다.

북의 진정성은 북 영토에 교회당을 하나 짓는 것보다 남북 통일 문제와 민족의 자주적인 공조 문제에 더 큰 관심이 있다. 북 조그런 측은 그런 차원에서 교회당 건축보다는 남측 교회와 연대하고자 하는 의도가 더 중요했을 것이다.

아무리 남한 교회가 수십억 원의 예산을 들여 제3, 제4의 교회들을 평양에 건축한다 해도 과연 보수적인 남한 교회들이 생각하는 선교 효과를 거둘지에 대해서는 계속 의문이다. 만일 30억 원 이상이 책정된 이번 4, 5층 규모의 '평양 장대현봉사센터'가 칠골교회 앞에 실제로 건축되었다면 현대그룹 정주영 회장이 평양에 세운 류경체육관처럼 남북 교회 간의 교류와 협력의 장으로 사용됐을 것이며 남북 화합에 의미를 부여하는 상징물이 됐을 것이다.

그래도 '장대현'이라는 이름 석자라도 들어간 봉사센터를 세웠다면 필자는 아마 칠골교회에서 예배를 드리고 나서 맞은편 봉사센터를 방문해 가볍게 운동을 하거나 문화 생활의 여유를 즐길 수 있었을 것이다. 지금은 북측 영토에 교회당을 하나 더 짓거나 북한선교가 시급한 것이 아니다. 더 중요하고 촌각을 다투는 일은 서로 화해를 도모해 평화를 성사시키는 일이 급선무이기 때문이다.

나진선봉교회

[사진 90] 고기잡이 선박 서너 척이 나진만 앞바다에서 여유롭게 고기를 잡고 있다.

나진선봉(라선시) 경제특구를 가다

  함경북도에 있는 라선특별시(羅先特別市)는 '라진'(羅津)과 '선봉'(先鋒)이라는 두 도시를 통합해서 만든 해안도시를 말하며 북조선의 13개 경제특구 중에서 가장 오래된 곳이다. 현재 중국 여권 소지자라면 조선족이든 한족이든 라선시를 입국해 비지니스와 관광이 가능하며 북 당국에서는 원칙적으로 남한 국적자를 제외하고는 세계 어느 나라든 비자 없이 누구나 입국이 가능하도록 규정을 세웠으나 경우에 따라서는 간혹 반드시 비자를 발급 받아야 입국이 가능하기도 하다. 북측 전문 여행사를 통해 입국할 경우 자신의 방문 신청서와 함께 방북 목적과 간단한 자기소개서를 제출한 후 비자를 발급 받으면 된다. 그러나 라선시와 그 외 여러 지역을 동시에 여행해야 할 경우에는 반드시 누구든지 북 당국으로부터 정식 비자를 받아야 한다. 필자는 그동안 북중 간에 인적, 물적 왕래를 목적으로 조성한 도로, 철도, 항만 등 이른바 '조중(북중)통상구로'라고 일컫는 다양한 교통로를 차례대로 모두 방문했다.

2015년 12월에는 가장 마지막으로 중국 훈춘에서 라선시로 입국하는 권하통상구에 도착했는데 추운 겨울 날씨임에도 불구하고 이미 화물자동차와 각종 트럭, 버스, 대형 컨테이너 차량 등의 행렬들이 끝없이 일렬로 늘어서 입국을 준비하고 있었다. 이들은 수속을 밟고 국경을 통과하기 위해 순서를 기다리고 있었는데 너무 많은 차량들이 길게 늘어서 있다 보니 운전자들은 아예 시동을 끄고 기다리고 있었다. 권하세관에서 수속을 마치면 두만강 다리를 건너 라선시에 있는 원정리 통상구를 거치는데 중국 측 권하세관과 라진시 원정세관은 오고가는 차량들의 출입국 수속으로 몹시 분주했고 생각보다 출입국 수속이 지체되는 듯했다.

권하통상구에서 라선시에 진입하는 다리 밑에

[사진 91] 권하세관을 통과하기 위해 끝없이 늘어서 있는 차량 행렬을 배경으로 삼은 필자

는 두만강이 유유히 흐르고 있고 매우 노후하고 오래된 다리는 출입국하는 차량들을 힘겹게 지탱하는 듯 보였다. 현재 북중 합작으로 공사를 하고 있는 두만강 신철교는 오래된 다리와 함께 대비되면서 붐비는 차량 행렬들과 함께 매우 역동적으로 보였다. 두만강 유역 황금 삼각주에 잇닿아 있는 나진선봉지구는 면적이 무려 741 평방킬로미터(㎢)이며 인구 20만 명에 육박하다고 한다. 푸른 동해바다가 펼쳐진 나진만에 아늑하게 위치해 있는 라선시는 최근 경제특구에 걸맞는 개방 정책과 아름다운 풍치로 많은 외국의 신규 투자자들과 관광객들을 유혹하고 있다.

이제 필자는 이곳의 교회 이야기를 해보려고 한다. 라선시는 외국인들과 해외동포 기업인들이 상주하고 있거나 장단기적으로 체류하는 특수한 경제 구역이기 때문에 반드시 교회당이나 성당이 한두 개 정도는 존재하리라고 여겼으나 확인 결과 라선시에는 공식적인 교회당이나 성당은 존재하지 않았다. 아니 정확히 말하자면 외부 요인에 의해 존재할 수 없었다. 라선시에도 평양처럼 공식적인 교회당이 세워져 있을 것 같지만 실제로는 북측의 여러 가지 사정과 상황 때문에 아직까지 남한 교회 측이나 해외 교회가 주도하는 교회당 건축을 허용하지 않고 있으며 봉수교회나 칠골교회처럼 북 조그련 산하의 교회당도 아직 세워지지 않고 있었다.

특히 남한 교회는 그동안 각 교단 차원에서 많은 교회들과 대북지원 단체와 선교 단체들을 통해 나진선봉지역에 교회당을 설립하고자 무던히 안간힘을 써왔으나 모두 허사였다. 외국인들이 정식으로 투자하기 시작한 이래 20년 동안 남한의 교회들과 해외 한인교회들은 다방면에 걸쳐 교회당 건축을 성사시키고자 무던히도 수고를 아끼지 않았으나 교회당 건축은 차치하고 오히려 나진선봉지역에서 기독교 선교사들의 체포 사태와 억류, 구금 사태가 빈번하게 발생하는 단골 장소가 되고 말았다.

　필자는 이번 방북기를 통해 그동안 한국교회의 수많은 교회들과 단체들이 나진선봉에 교회당을 건축하려고 시도했으나 최종 단계에서 결국 실패할 수밖에 없었던 원인과 문제점을 알게 되었다. 비즈니스 활동을 위해 장단기적으로 체류하는 외국인들과 해외동포 경제인들이 많이 왕래하는 경제특구에서 왜 이같이 체포나 억류 사건들이 연속으로 발생하는지를 심각하게 고민하며 필자는 남과 북과 해외동포 모두가 합의하고 공유할 수 있는 기독교적인 공동의 가치가 무엇인가를 생각했다. 그리고 그 대안책이 무엇인가를 심각하게 고민하며 연구하는 계기가 되었고 이를 위해 가장 이상적인 대북사역과 선교 방식은 무엇인가를 살펴보았다. 지금으로부터 20년 전 미국 남가주에서 라선시로 건너가 현재까지 염소농장을 운영하는 크리스 김이라는 재미 교포와 미국의 대북 구호 단체인 만나미션 소속의 내과의사 이영호 박사의 사례를 통해 그리스도인으로서 진정한 동포애와 신앙의 삶이 무엇인지 엿볼 수가 있었다. 통일지향적인 대북사역을 현장에서 묵묵히 실천하는 그들의 모습에서 진정한 대북사역의 모델과 선교적 대안을 제시하고자 한다.

　또한 필자는 앞으로도 나진선봉에서의 공식적인 교회 설립은 요원하고 불가능한 것인가에 대한 물음과 함께 북 경제특구의 상징인 라선시에서의 종교 허용과 종교 자유의 범위는 어디까지인가를 점검해보았다. 현재 북미 대결전과 남한의 극우 보수 정권과의 대결 구도에서는 어쩔 수 없이 라선시에서의 강경한 종교 제한 정책을 펼 수밖에 없는 북측의 입장도 생각해보았다. 또한 그동안 라선시에서 체포되고 억류된 대표적인 사례들 중에서 미국의 전용수(에디전) 목사, 배준호(케네스배) 선교사 그리고 캐나다의 김재열 선교사와 임현수 목사 이상 4인의 사건을 통해 왜 하필 자신들이 헌신적으로 대북지원 사업을 하는 현장에서 이와 같은 불미스러운 사건이 발생했는가를 객관적으로 살펴보았다.

라선시에서는 예배를 통해 북 인민들을 끌어들이거나 기독교를 전파하는 행위는 일절 금기시되어있다. 공식적인 교회당은 없어도 북 당국에서는 라선시에 상주하는 해외동포나 외국인들이 자체적으로 주일예배를 드리는 행위는 전혀 문제 삼지 않고 있기 때문에 그곳에 거주하는 미국교포 크리스 김과 그의 가족들과 사역 일행들 그리고 만나미션의 이영호 박사와 같이 정기적으로 방문해서 의료봉사를 하는 사역자들은 라선시에서 어떤 방식으로 예배 공동체를 운영하는지를 살펴보고자 했다.

8.15전에 이미 해방된 나진선봉의 역사적 유래

먼저 나진선봉의 역사적 유래와 배경을 잠시 살펴보면, 선봉군은 라선특별시에 딸려 있는 군(郡)으로서 옛 이름은 웅기군(雄基郡)이라고 한다. 웅기는 해방 전부터 내려오던 경흥군을 대부분 포함했다. 한반도 최동북단에 있는 양항이었던 웅기는 일제강점기에는 일제에 의해 만주와 일본을 잇는 종단항으로 선택되었고, 소련이 일본과의 전투를 위해 웅기를 지나 한반도 북동부로 진격할 때 최초로 상륙한 지역이 바로 이곳이었다. 조선의 독립을 위해 무장투쟁을 했던 독립 운동가들은 당시에도 항일투쟁의 방편으로 소련군과 함께 이곳으로 진격해 상륙함으로써 조선 최초로 8.15 이전에 이미 해방된 역사적인 지역이다.

한반도의 최동북단이지만 우리나라의 일부였던 웅기 지역(라선 지역)이 이처럼 일제강점기가 극에 달하던 시기에 본토의 해방에 앞서 먼저 광복을 맞이했다는 것은 매우 이례적이고 역사적으로도 큰 의미가 있다. 북 당국은 이 사건을 두고 소련이 대일 선전포고를 하기 하루 전 날에 김일성 주석의 주도로 조선인들이 앞장서서 일본에 대한 공격을 가장 먼저 개시했다고 설명하고 있으며 그래서 원래 명칭이 웅기군(雄基郡)이었는데 그 지명을 '선봉군'(先鋒郡)이라고 개칭했다고 한다.

아무튼 2015년 현재 라선특별시는 20동 12리에 인구가 20만 명에 육박한 196,954명이라는 설명을 들으니 인구 200만 명을 꿈꾼다는 라선경제특구의 당초 목표가 점점 이뤄지는 듯했다. 라선시의 행정구역 개편 역사를 잠시 살펴보면, 1991년 12월 나진선봉 지역을 '자유경제무역지대'로 선포하여 경제특구로 지정한 북 최고인민회의는 이후 1993년 9월에는 라진선봉시로 개편하고 직할시로 승격시켰다. 그 후 98년 말부터 '자유경제무역지대'라는 명칭에서 '자유'라는 단어를 삭제하고 그냥 '경제무역지대'로 명명되었으며, 2000년 8월 중순부터는 도(道)급인 라선직할시로 승격됐고 행정구역 명칭을 '라선시'로 요약해 호칭하기 시작했다. 이듬해인 2001년 3월에는 직할시이며 경제무역지대로 선포했던 라선시를 다시 함경북도에 소속된 시의 하나로 편입시켰다.

그동안 라선시는 직할시였기 때문에 함경북도라는 도명이 붙지 않았다. 이에 따라 당시 직할시는 평양시, 남포시, 개성시 등 3개시로 줄었는데 이는 행정개편상 라선시를 함경북도에 포함시키면서 일반

시로 격을 낮춘 것이다. 이어서 2004년 1월에는 함경북도 라선특급시가 되었다가, 다시 2010년 1월 4일 도급인 라선특별시로 승격되어 오늘에 이르고 있다. 이처럼 이곳 라선특별시는 다른 지역보다 행정 구역이 자주 개편되었는데, 이는 그만큼 북 당국과 최고지도부의 관심이 크다는 것을 반영하고 있다고 여겨졌다.

해방 전 나진선봉에 세워졌던 교회당들

라선특별시는 1991년 12월 자유무역지대로 지정된 후 95년부터 외국의 투자자들이 본격적으로 들어오기 시작했고, 특히 나진선봉에 대한 국제투자 설명회가 열린 다음부터 전례 없이 외국의 투자가 활기를 띠고 있었다. 현재 170개 업체가 입주해 활발한 기업 활동을 하고 있는데 그중 대부분은 중국기업이며 그 뒤를 이어 미국과 유럽의 기업들도 상당수가 포함되어 있다. 필자는 나진선봉은 과연 어떤 곳이며 어떻게 해서 경제특구로 지정되었는지 사뭇 궁금하지 않을 수 없다. 아울러 해방 전에는 이곳에 교회당들이 얼마나 세워졌으며 어떤 방식으로 운영되었는지 궁금해 오늘날의 나진선봉 경제특구 지역에 해방 전부터 존재했던 교회들을 살펴보았다.

필자가 파악한 바에 의하면 해방 전에는 이곳 나진선봉지역에 25개의 교회들이 운영된 것으로 확인되었으며 아직 확인이 되지 않은 교회들이 몇 개 더 남아있다. 먼저 라진지역에 있던 교회들 중에서 확인된 곳은 총 8개 교회당이었으며 교파는 대부분 장로교회였다. 나진제2교회, 석포교회, 장산교회, 경성읍교회, 나진교회, 나진제일교회 등 6개 교회이며 나머지 2개교회인 경성교회, 사직동교회는 교파가 무엇인지 불확실하다.

또한 선봉지역은 총 17개 교회가 확인되었는데 장로교단을 살펴보면 조산동교회, 대암동교회, 서수라교회, 서포항교회, 웅기교회, 고무산교회, 황만동교회, 대진교회, 부령교회 9개 교회이며, 성결교단은 라진교회, 웅기중앙교회, 굴포교회 3개교회이고, 침례교단은 신상교회, 고성동교회, 홍의동교회, 웅기교회, 사회교회, 고무산교회 등 6개 교회이다. 특히 장로교 소속의 고무산교회와 달리 같은 이름이지만 교단이 다른 고무산교회는 함북선이 지나고 무산선이 갈라지는 곳에 있던 '고무산(古茂山) 침례교회'를 말한다. 당시 함경북도 부령군(富寧郡) 서상면 무릉리에 있었으며 부령군은 회령의 남쪽, 청진의 북쪽, 무산의 동쪽에 있는 군이며 '고무산'이라는 명칭은 '옛날에 무산이 있던 지역'이라는 뜻이다.

그러나 분단 이후 6.25전쟁을 치룬 후 현재까지 라선시 지역에는 평양처럼 북 당국과 조그련에서 공식적으로 세운 교회당은 존재하지

[사진 92] 항만에 쌓인 석탄을 운반하기 위해 대형 포크레인이 작업을 하고 있다.

않으며 남한 교회나 서방세계에서 세운 교회당도 존재하지 않는다. 다만 크리스 김처럼 라선시에 주재하는 해외동포 사역자들에 의해 합법적으로 드려지는 교회 공동체는 여러 개가 존재하고 있다.

왜 경제특구가 되었나?

라선시의 기독교 실태를 파악하기 위해서는 먼저 경제특구 지역으로서의 라선시를 이해할 필요가 있다. 북조선의 특구는 경제개발특구와 관광특구로 나눠지며 모두 13곳이다. 먼저 '경제특구'는 신의주, 황금평(위화도), 평성, 남포, 강령, 해주, 개성, 온성, 라선 등 9곳이며 '관광특구'는 백두산, 칠보산, 원산, 금강산 등 4곳이다. 특히 라선 경제특구는 전체 특구 중에서 가장 먼저 지정된 곳이다.

그리고 라선특구에 이어 2002년 9월 12일에는 북 최고인민회의 상임위원회에서 전격적으로 '신의주 특별행정구'가 발표되면서 국내외에서 큰 반향을 불러일으켰고 그 결과 나진선봉지역의 경우처럼 일시적으로나마 남한에서는 대북 투자 열풍과 대북 선교 열풍이 불기도 했다. 그러나 신의주 특구장관으로 임명된 중국의 양빈 회장의 구속으로 모든 특구 계획이 수포로 돌아가고 말았다. 그 후 개성공업 특구와 금강산 관광특구 등이 연이어 지정되면서 이 네 곳은 북측의 대표적인 4대 특구로 인식되었다.

4대 특구는 북 당국에 의해 북한 영토 전체를 동서남북의 구도 하에 설정한 지역으로서 북 전체의 경제성장을 유도해나가는 동시에 외국인의 투자 사업을 계기로 세계 경제와의 조화와 대외 교류를 확대하려는 의도가 있는 것이다. 그러나 신의주 특구는 특구장관 구속 이후 현재까지 시작조차 못하고 중단된 상태이며 금강산 관광은 이명박 정부 하에서, 개성공단은 박근혜 정부 하에서 폐쇄 조치를 당해 남측과의 직접 교류는 중단된 상태에 있으나 나진선봉지역만큼은 유일하게 남측이나 해외동포 기업과 종교 단체와의 교류가 명맥을 유지하고 있는 실정이다.

북측 최초로 선포된 나진선봉 자유경제 무역지대는 최고인민회의를 통한 김일성 주석의 최종 재가에 의해 1991년 12월에 전격 발표되었다. 이는 현재 북측에 매장된 원유 매장량이 세계 12위권 안에 드는데 그중에서 나진선봉의 육지와 인근 해역에 엄청난 원유가 매장되어 있기 때문에 원유를 채굴하거나 정제하는 산업 시설이 필요했으며 또한 원유로 각종 석유화학 제품을 만드는 공장들과 기업들이 필요했기 때문에 자유무역지대로 선포된 것이다.

이에 따른 외국의 투자가들과 각종 기업들의 입주를 위한 인프라 구축을 위해 특구 지정이 불가피했으며 추후에는 자유무역지대의 목적과 취지가 더 광범위해져 중국의 홍콩특구의 의미로까지 확대되었던 것이다. 마침 자유경제무역지대로 지정될 무렵에는 구소련과 동구권 국가들의 해체 사태 발생했고 유엔개발계획(UNDP)에서 추진하는 두만강지구 개발 계획 등이 경제특구로 지정되는 데 간접적으로 작용하기도 했다. 그 결과 남측과 해외동포들의 대북 투자 열풍과 대북 선교 열풍이 거세게 불었던 것이다.

나진선봉지역에 교회를 설립하려다 실패한 사례들

나진선봉지역이 경제특구로 지정된 역사는 그리 오래되지 않았지만 그동안 국내외 수많은 기독교 교회와 단체가 다양한 대북지원 사업에 앞장서 왔다. 특히 이들은 다양한 방법의 선교적 지원 사업을 하면서 자연스레 교회당을 건축하려는 시도를 해왔으나 20년이 넘도록 아직까지 한 번도 성사된 적은 없다. 그 이유는 북을 제대로 이해하지 못한 상태에서 성급하게 교회당만을 세우려 했기 때문이다. 1991년 12월에 자유무역구로 지정된 후 95년부터 본격적으로 외국 투자자들이 들어오기 시작했고, 나진선봉 국제투자 설명회의가 열린 다음부터는 외국의 투자가 전례 없이 활기를 띠게 되었다. 특히 남한의 교회들과 기업들도 투자에 대한 관심이 높아지며 남측의 기독교를 대표하는 기관들이 나진선봉에 교회당을 건축하기 위해 많은 힘을 쏟아 부었으나 종국에 가서는 모두 결렬되거나 실패한 것이다.

1991년 9월 서울 소망교회 곽선희 목사가 대북지원 문제를 논의하기 위해 방북을 시작하며 물꼬를 트기 시작했고, 그 후 95년과 97년에도 평양을 방문해 나진선봉지역에 과학기술대(과기대) 건립 문제를 논의한 그는 종교인 중 가장 먼저 방북했다. 곽 목사는 대북지원 부문에서도 정주영 현대그룹 회장보다 앞서 북측에 소 떼를 전달했는데 당시

[사진 93] 좌로부터 신원그룹 박성철 회장, NCCK 김동완 총무, 남북사랑나누기협의회 김민숙 사무총장, 한기총 산하 북한 교회재건위원장 박태희 목사

곽 목사가 담임을 맡고 있는 소망교회를 다니던 정 회장의 아들 정몽준 전 의원(집사)이 곽 목사의 '소떼 방북' 모습을 보고 부친에게 건의해 1998년 정주영 현대그룹 회장도 '소떼 방북'이라는 세기적인 이벤트로 국내외에 큰 이슈를 불러 일으켰던 것이다. 정 회장의 소떼 방북은 경색된 남북 관계 회복에 큰 역할을 했으며 이어서 수백억 원대 프로젝트인 평양 과학기술대 건립에도 모든 지원을 아끼지 않았다. 그의 능력과 협상력은 연변과 평양에 과학기술대를 건립하는 데 중추적인 역할을 감당했으나 현재 라선시 과기대 설립은 유보되었다.

92년 1월에는 분단 후 최초로 남한 개신교계를 대표한 지도자의 방북이 성사됐다. 당시 남측의 권호경 한국기독교교회협의회(NCCK) 총무가 북측의 고기준 조선기독교도연맹(조기련) 서기장의 초청으로 방북해 김일성 주석도 면담하고 조기련 위원장 등 핵심 관계자들과 회담을 갖기도 했고 서울에서 열리는 NCCK 총회에 참석하겠다는 약속을 받아내는 등 역사적인 방북을 했다.

이 당시부터 지금까지 미국과 캐나다를 비롯한 미주지역과 유럽지역의 헤아릴 수 없을 정도의 수많은 한인교회들과 기독교 단체들이 라선시에 유치원, 고아원, 양로원, 병원 등을 설립했으며 식량지원과 의료지원 사업을 해왔다. 또한 각종 농업 기술지원과 농업 자재지원, 소, 돼지, 염소 등의 가축 농장 운영과 지원 등을 아끼지 않았는데 이중에서 가장 두드러진 지원 단체는 한민족복지재단과 만나미션, 기윤실 등이며 두레공동체의 지원 사업도 돋보였다. 그밖에도 이름 없이 은밀하게 라진선봉을 후원하는 보건, 복지, 식량, 의료 지원 사업을 벌이고 있는 한국교회와 해외 한인 기독교 단체들은 헤아릴 수 없이 많이 생겨나기 시작했으며 교회 건축과는 별도로 이들 대북지원 단체들은 지금도 꾸준하게 활동하고 있다.

최초의 라선시 교회당 건축 계약자는 신원그룹

분단 이후 가장 먼저 북 나진선봉 경제특구에 교회당 설립을 타진하고 계약한 곳은 교회가 아닌 기업이었다. 1995년 1월 당시 크리스천기업이면서 남측의 종합 의류 회사였던 신원그룹이 국내 최초로 나진선봉지역에 교회당 설립 투자를 위해 박성철 회장이 직접 북측의 김정우 대외협력추진위원회 위원장과 만나 합의를 통해 성사시켰다. 이 교회당은 나진선봉지역에 거주하는 현지 인민들을 위한 교회가 아닌 그곳에 상주하는 외국인들을 위한 용도였으며 설계상으로 450석 규모로 건축할 계획이었다. 그러나 계약 성사 후 2~3개월 안에 곧 착공될 예정이었으나 여러 가지 제약과 장애 요인 등으로 결렬되고 결국 훗날 나진선봉이 아닌 개성공단에서 교회당을 건축하기로 합의되어 개성공단 부지 내에 3,000석 규모의 개성신원교회가 세워진 것이다.

당시 대한기독교성결교(기성) 교단에 소속된 신길교회 장로로 재직 중이던 박 회장은 그 직전에도 방북 시 성경과 찬송 30권을 평양 봉수교회에 전달하기도 하는 등 남북교회 교류에 매우 적극적이었다. 당시 교회 건축이 성사되었다면 평양 봉수교회와 칠골교회에 이어 북에서 세 번째 세워지는 민간 교회 기록을 세울 뻔 했으나 결국 나진선봉지역에 건축하려는 계획은 무산되고 그 이후 경기도 개성공단 내에 교회당이 건축되어 그동안 활발하게 운영되어 오던 중 박근혜 정부 하에서의 개성공단 폐쇄조치로 교회당 운영도 중단된 상태에 있다.

한국교회 리더였던 '강남 4인방 목사'들의 교회당 건축 시도

1995년 5월 3일에는 신원그룹 박성철 장로의 뒤를 이어 통일원(통일부의 전신)의 승인을 받은 가톨릭 신부들과 개신교 목사들 8명이 나진선봉지역의 교회당 건축과 의료지원 등의 문제를 협상하기 위해 방북했다. 당시에도 지금처럼 북핵 문제의 유엔 안보리 회부 등 남북 간 극단적인 긴장 관계가 조성될 수 있는 상황임에도 불구하고 지금과는 달리 각종 민간 교류를 단계적으로 활성화해나가는 차원에서 기독교 성직자들의 방북을 지원한 것이다. 북측이 제네바에서 합의한 핵협상 불이행으로 국제적 대북 제재와 남북관계가 긴장상태에 빠지려는 움직임 속에서도 경제 교류는 물론 사회, 문화, 종교 교류는 단계적이고 지속적으로 추진하던 시국이었다.

이들 8명은 북 대외경제협력추진위 김정우 위원장 명의의 초청장을 받고 5월 15일~6월 20일까지 1주일간 방북했는데 당시 개신교의 홍정길 목사(남서울교회), 이동원 목사(지구촌교회), 옥한흠 목사(사랑의교회), 하용조 목사(온누리교회) 등 개신교의 핵심 리더들인 이들은 이른바 '강남 4인방 목사' 혹은 '복음주의 4인방 목사'로 별칭되는 이들이었다. 이들은 개신교를 대표해 나진선봉에 교회당을 세우는 방안을 협상하고자 중국을 경유해 방북을 했다. 한편 이들은 나진선봉 교회를 설립하는 문제 외에도 조선 최초의 교회로 기록되는 황해도 소래교회의 유적지 복원 문제도 협의하려는 목적이 있었으나 준비 미흡과 북에 대한 이해 부족으로 결국 모두 결렬되고 말았다. 그 후 4인방 목사 중에서 홍 목사만이 '남북나눔운동'을 비롯해 활발한 대북지원을 하고 있다.

한편 개신교의 '강남 4인방 목사'들과 함께 방북한 가톨릭 사제들은 당시 김상진 신부(성베네딕도 수도원), 김영환 총장(대구가톨릭대 의학부), 김석좌 원장(예수의 작은 마을), 안경렬 신부(반포 천주교회)였다. 천주교 측은 나진선봉 지역에 200병상 규모의 가톨릭교회 병원 건립

[사진 94] '복음주의 4인방' 혹은 '강남 4인방 목사' 등으로 불린 한국교회 리더들이 1995년 5월 방북해 나진선봉의 교회 건축을 타진했으나 결렬됐다. 좌측부터 하용조, 옥한흠, 이동원, 홍정길 목사가 차량을 타고 이동하는 모습

등 의료선교 문제를 협의했으며 북측과의 협상은 급진전되어 2년 후인 1997년 4월 안동교구장 두봉 주교 등 가톨릭교회 성직자 9명이 참석한 가운데 병원 기공식을 거행했다. 그리고 공사를 시작한 지 8년 만인 2005년 8월 5일에 준공식을 했던 것이다. 남측 가톨릭교회의 이름으로 북측 영토 라선시에 건설된 의료 시설로서는 분단 이후 처음이며 운영은 베네딕도수도회가 맡았다. 수도회 측은 북측과의 계약을 통해 외국인 의사를 파견할 수 있다는 조항을 명시함으로써 나중에 남측 의사가 방북해 진료할 수 있는 길을 열어 놓았다. 북 당국에서는 '라선시인민병원'으로 부르는 '라선국제가톨릭병원'은 현재 대지 5,000여 평에 지상 3층, 연건평 1,530여 평, 100병상 규모의 기초적 종합병원을 운영 중에 있다.

한국기독교교회협의회(NCCK)의 교회당 건축 시도

1997년 3월에는 뉴욕에서 남북미 3국간의 교회협의회에서 남북의

교회 대표들이 머리를 맞대고 회의를 개최했고 이어 6월에는 독일 라이프치히에서 열린 '독일교회의 날' 행사에서 남북의 기독교 대표 양측이 다시 만나면서 나진선봉의 기독교 타운 건립 제안이 본격적으로 시작됐다. 남북의 대표들은 우선 나진선봉에 기독교 선교 센터를 설립하기로 합의하였고 이를 구체화하기 위해 3개월 후인 1997년 9월 23~30일까지 김동완 NCCK 총무와 김영주 NCCK 일치협력국장이 직접 방북해 강영섭 조기련 위원장과 세 차례 회담을 갖고 나진선봉지역에 교회당 건축과 기독교 종합 복지 타운을 건설하는 문제를 협의했다.

김동완 총무 일행의 방북은 92년 1월 NCCK 총무였던 권호경 목사의 방북에 이어 5년 만에 이뤄진 것으로서 당시로서는 북 영토에 교회당 설립이 가능한 지역은 자유무역지대 경제특구로 지정된 나진선봉이 유일했기 때문에 그곳에 교회당 건립을 추진하려고 했던 것이다. 그러나 북측 영토에 남측 교회가 주도해서 교회당을 건축하는 문제는 그리 쉽게 진척되지 않았다. 북측 조기련의 요구 사항과 남측 대표단의 대북 인식과 선교관의 차이로 인해 결국 교회 건축 계획은 무산되었다.

예장 합동 측 교단의 교회당 건축 시도

1998년 9월에는 대한예수교장로회 합동 측(예장 합동) 총회에서 주도해 나진선봉에 교회당 건축을 추진하기 시작했다. 교단 총회 산하 '북한 교회재건위원회'(북재위)가 '라진선봉시 동명동'에 있는 대지 약 2,000평방미터를 50년간 임대해 교회당을 건립키로 결정하며 교단 차원의 교회당 건축이 본격화됐다. 그러나 애초에 라선시 행정경제위원회의 김수렬 위원장 측과 협상한 주체는 '남북사랑나누기협의회' 사무총장 김민숙 장로였다. 김 장로는 북측과의 협상에 따라 동명동 교회당 설립과 부지사용 승인을 받았으며 9월 7일 대전중앙교회에서 열린 북재위 임원회에서 합동 측 교단과 협력해 교회당 건축을 추진하기로 한 것이다.

김 장로는 당시 두 차례에 걸쳐 라진선봉시를 방문해 현지 유치원과 탁아소 등지에 직접 밀가루 등 식량을 전달하면서 라진선봉 행정경제위원회와 친분을 맺어 오던 중 98년 8월 12일 교회당 설립 승인서를 발급받고 대지 임대계약도 맺게 된 것이다. 라진선봉시 측과 맺은 대지 임대계약은 전체 3,000평방미터이며 이중에서 1,000평방미터는 공장을 건립하고 나머지 2,000평방미터는 교회당 용도로 사용할 수 있도록 되어 있었다. 또 대지 1평방미터 당 임대료는 25불로 모두 합하며 총 75,000불이 소요되는 금액이었다. 공장부지 1,000평은 통합 측의 어느 장로가 임대해서 고추장 공장 용도로 사용하기로 했다. 북재위는 북측에 계약금 2만 불을 지불하고 9월 10일 나머지 중도금 2만 불을 라진선봉 행정경제위원회 연길 대표부를 방문해 지급할 예정이었으며 나머지 최종 잔금은 교회 건축 현장을 방문해 직접 전달할 계획이었다.

그러나 교회부지 임대비 5만 불은 총회 남북통일기금 등의 지원을 받아 자체 충당할 수 있었지만 추후 교회당 건축 비용은 교단 산하 각 교회들이 건축비를 투자하는 방식으로 추진하기로 했다. 그러나 김민숙 장로와 북측과 사이에 이뤄진 임대계약은 당사자들의 서명만으로 이루어지는 등 계약상의 미흡한 부분이 발견되었고 건축에 따른 재정적인 문제도 봉착하면서 건축 계획은 전체적으로 난항을 겪게 되었다.

라선시와 직접 협상을 했던 김 장로는 북측에서 요구한 "교회 건물만 단독으로 들어서는 것을 허가해 줄 수 없으니 십자가는 세울 수 있도록 하겠다"는 조건부 수락을 완전 승인된 것으로 오해하는 등 현실적인 문제들이 노출되었다. 결국 총회 북새위 측의 재정적인 문제와 북측의 여러 가지 제한적인 조건 제시로 인해 교회당 건축 계획은 무산되었다.

한국기독교총연합회(한기총)의 교회 건축 시도

그 후 새천년 밀레니엄을 한 달 앞 둔 1999년 12월 한국기독교총연합회(한기총) 산하 '북한 교회재건위원회'(북재위)에서는 2000년대의 첫 사업으로 라선시에 교회당을 건축하기로 전격 발표를 했다. 북재위 위원장 박태희 목사는 3기 활동 목표를 밝히면서 2000년도 첫 사업으로 나진선봉지역에 교회를 설립할 계획이라고 밝히고 구체적인 프로젝트를 발표했는데 그는 이에 앞서 98년 7월 위원장으로 취임하면서부터 임기 중에 나진선봉에 교회당을 건립하기 위해 온갖 노력을 기울여왔다. 99년 11월에는 나진선봉 연길 대표부 리형철 대표를 만나 라선시 교회 부지와 건축비 등을 5만 달러에 계약까지 하고 귀국했다.

그러나 북측은 교회 재건에 대해 민감한 반응을 보였음에도 불구하고 우선 4만 달러를 지급하고 나머지 1만 달러는 북 현장에 들어가 지급하기로 하는 등 북재위 지도부는 북측 영토에 교회당을 건축하는 사업에 사활을 거는 듯했다. 원래 북 당국은 고추공장과 메리야스, 양말 등을 생산하는 공장을 지어 줄 것을 요청해 이를 수용하면서 교회당 건축 이야기가 자연스레 나오기 시작된 것인데 북측의 사정을 무시하고 교회당 건축 일념으로만 너무 앞서간 것이다. 결국 라선시에 건축하려던 한기총의 교회당 건축 숙원 사업은 남측 교회들의 비협조와 한기총 지도부들의 북에 대한 이해 부족 등으로 인해 무산되고 말았다. 당시에도 북한에 교회를 재건하겠다는 한기총의 정책은 많은 우려를 낳았으며 남한 교회가 갖고 있는 교단과 교파 경쟁 그리고 개교회 중심의 이기적인 성장주의와 그에 따른 성공주의의 산물들을 라진선봉에 그대로 이식시킨다는 것은 차라리 교회가 없는 편이 낫다는 비판여론이 있었다. 북측의 입장은 전혀 고려치 않는 일방적이고 공격적인 선교 방식을 고수한 한기총의 교회 건축 염원은 결국 물거품이 되었다.

북측은 라선시에 교회당을 건축하는 것을 부담스럽게 여긴다

필자는 교회 건축 시도가 연이어 실패한 사례들을 위와 같이 살펴보면서 한국교회와 해외 한인교회들이 나진선봉을 마치 사냥꾼의 먹잇감이라도 되는 양 점령군 같은 선교 방식을 자행하는 태도를 보았다. 이들의 이러한 잘못된 선교관을 바꾸지 않으면 라선시에는 영원히 교회당이 세워지지 못할 것이며 선교 사역자들의 체포와 억류 사태는 계속될 것이라고 판단되었다.

한국교회는 선교 100년이 되기 훨씬 전부터 어느새 '예수와 성공'을 함께 품고 달려가기 시작했고 민족을 위한 교회가 아니라 개인의 성공을 위한 종교로 전락했으며 우리는 지금 그 결과를 지켜보고 있다. 해방 전부터 우리나라의 교회는 '예수와 민족'을 품었으며 모두가 존경하는 민족 지도자들은 교회를 통해 배출되었으나 현 시대는 역 현상이 일어나고 있다. '예수와 통일'이라는 봉사와 섬김의 정신으로 다시 민족 앞에 서서 북을 올바로 이해하고 자주적인 민족정신으로 돌아가 통일지향적인 목회와 선교를 지향해야 통일은 앞당겨질 것이다. 북한선교의 목적이 아니더라도 우리 민족의 통일은 그 자체가 북 인민들에게 복음을 전할 수 있는 가장 확실한 기회를 갖게 된다는 점에서 중요한 선교적 과제로 인식해야 한다.

[사진 95] 미주 기윤실 책임자인 유용석 장로. 그는 20년간 봉사하면서 나진선봉지역의 대북지원 사업을 해왔으며 그가 목격한 무분별한 선교 방식을 지양할 것을 권유하고 있다.

그럼에도 불구하고 대부분의 한국교회와 해외 한인교회들은 일방적으로 들이대는 근본주의적이고 제국주의적 선교 방식만을 고집하고 있다. 로스앤젤레스 기독교윤리실천운동(LA기윤실)에서 20년 넘도록 실무 책임자로 일하고 있는 유용석 장로는 그동안 대북지원사업을 위해 수 십여 차례 라선시를 방문한 전문적인 대북사역자이다. 그동안 북 당국은 LA 기윤실을 통해 벌인 프로젝트들이 기독교 단체에 의한 사업임을 알고 있었음에도 불구하고 조용히 묵인해준 것은 기윤실 사역자들이 철저하게 정치적으로 자유로웠기 때문이다. 평소 경건과 절제 그리고 타인에 대한 온유함과 배려심으로 신앙생활을 해온 유 장로는 대북 선교를 하는 교회나 단체들의 잘못된 방식들에 대해 지적했다.

북은 기독교를 아주 싫어한다는 것을 알아야 해요. 그럼에도 불구하고 기독교가 여러 방면에서 자신들을 돕고 있기 때문에 받아주고 있는 것이지요. 라선시에서 선교적인 봉사를 하는 사역자들이 가장 조심해야 하는 부분은 절대 이념적이거나 정치적 발언을 해선 안 됩니다. 또한 그들에게 예수를 믿으라고 노골적이든 은밀하게든 접근하는 것은 어리석은 일입니다. 나진선봉의 거리나 건물 등 어디서든지 전도하는 모습이 발견되면 시시각각 모두 다 상부에 보고가 되며 이로 인해 해당 사역자는 위험에 처해질 수 있기 때문에 그런 방식으로 전도를 한다는 것은 어리석은 일입니다.

유 장로의 염려처럼 현재 거의 대부분의 대북지원 사역자들은 선교적인 목적 하에 봉사하고 있다고 해도 과언이 아니다. 그들은 때가 되거나 기회를 엿보다 주민들을 상대로 전도 행위, 예배 행위 등 선교 활동을 시도하려고 한다. 그리고 발각되면 경고 조치를 당하기도 하며 여러 차례의 경고를 무시 할 경우에는 체포되어 억류되어 결국 재판을 받아 노동교화형 같은 실형을 언도 받는다. 한국교회와 해외 한인교회들은 지금까지 북이 가장 싫어하는 점령군식 혹은 제국주의식 선교 방법을 가장 최선의 방법인 양 밀어 붙이고 있으나 실상은 오히려 북에서의 기독교 입지를 더 좁아지게 하고 말았다.

왜 유독 라선시에서 선교사들의 억류 사태가 발생하나?

1993년 이전까지는 남한 사람들이 합법적으로 북에 들어갈 수가 없었으나 노태우 정부 시절인 1992년 남북의 최고지도자가 서명한 남

[사진 96] 잘 정돈된 도시의 시가지 모습을 갖추고 있는 라선시 전경

북기본합의서에 따라 합법적인 방북이 시작되었다. 이와 더불어서 해외동포들의 방북도 문전성시를 이루기 시작했으며 특히 이때부터 경제특구로 지정된 나진선봉을 비롯해 북측 영토 내에서 남한과 해외동포 사역자들이 구금되거나 억류되는 사건들이 발생하기 시작했다. 억류자들은 대부분 대북지원이나 구호 활동을 하는 기독교 사역자들이었으며 지금도 억류되어 있거나 노동교화소에서 수형생활을 하고 있는 실정이다. 북에서 체포된 외국 국적의 해외동포나 남한 국적의 기독교 사역자들에 대한 북 당국의 사법 절차를 간단히 살펴보면 대략 다음과 같다.

우선 북 정보당국이나 보위부에서는 특정인에 대해 의심이 가거나 신고가 접수되면 혐의를 증빙하기 위해 은밀하게 내사를 벌이거나 증거를 확보하기 위한 치밀한 계획을 세운다. 그러다가 혐의가 입증될만한 결정적인 증거가 확보되면 범법 행위 현장을 덮치거나 결정적인 순간에 체포해 신병을 확보한다. 그리고 집중 조사를 통해 혐의가 인정되면 이때부터 법적 조치에 들어가는데, 그 과정을 보면 대략 '체포-제한 조치-집중 조사-구금-기소-재판-형집행-교화소 수형생활' 등의 절차를 밟게 된다. 서방세계에서는 이런 전체적인 과정을 통틀어서 그냥 '억류'라고 표현할 뿐이다.

보위부나 북 정보 당국에서 가장 예민하게 여기는 죄목은 간첩 행위나 체제전복 혹은 최고지도자를 중상모략하는 언행들이다. 이러한 혐의들은 심각한 중범죄로 취급당하며 그중에서도 최고지도자와 관련된 소위 '최고존엄 모독'과 관련된 혐의는 무기징역이나 종신노동교화형 혹은 처형 등의 판결을 내린다.

북이라는 국가는 헌법상 종교의 자유를 인정하고 있으며 실제 인민들의 사회생활면에서도 종교의 자유를 허용하고 있다. 그러나 주체사상과 사회주의 철학에 무장된 인민들은 대부분 종교에는 관심이 없다. 이는 분단 70년 사회체제와 조미 대결전 시스템이 그렇게 만든 것이다. 알기 쉽게 말한다면 북 당국은 인민들의 종교를 권장하지도 않고 압제하거나 핍박하지도 않는다. 헌법상의 종교의 자유는 타국인들이나 해외동포들에게는 제한이 있도록 법제화되어 있다. 자국민이 아닌 외국인들이 북 영토 내에 들어와서 북 당국의 승인을 받지 않은 상태에서 비합법적, 불법적으로 선교나 포교 활동을 하는 행위는 일절 허용하지 않고 있는데 그 이유들은 간단하다. 현재 북은 한국전쟁 정전 이후 지금까지 미국과 지속적인 대립 관계에 있는 상황이며 최근 들어서는 더욱 악화되어 적대적인 관계에 있는 만큼 기독교 복음 전파를 가장한 선교사들과 목회자들을 체제전복 세력으로 간주하거나 경계의 대상으로 여겨 철저히 제한하고 있기 때문이다. 또한 남한 소속의 선교사가 중국을 경유해 북에 들어오거나 미국 등 서방세계 선교사가 북에 들어와 활동하는 경우 대부분 보건, 복지, 의료, 식량 등의 지원과 농어업지원, 공장 설립과 기업 활동 등을 통해서 라선시에 발을 들여놓는다. 그 이후 어느 정도 기반을 닦거나 북 당국이나 관료들, 인민들의 신뢰를 어느 정도 얻는 단계에 도달하면 노골적이거나 은밀한 선교 행위에 돌입하는 경우가 허다했고 결국 발각되는 사태가 꼬리를 물고 발생하고 있는 것이다.

그러기 때문에 라선시를 정기적으로 왕래하거나 장기 체류하는 대북지원자들이나 크리스천 기업인들은 항상 자신이 보위부의 블랙 리스트에 올라가 있다는 것을 명심해야 하고 항상 자신들을 예의주시하거나 상시적으로 수사선상에 올려놓고 있다는 것을 알아야 한다. 특히 북 당국은 4대 경제특구에서 자본주의 폐단이 유입되지 않도록 차단하기 위해 다양한 경로와 정보력을 동원해 체제를 지키고 있으며 의혹이 가는 인물들의 일거수 일투족을 체크하고 있다. 특히 라선시에서는 입국한 모든 사역자들의 활약상이 노출되고 있음을 알아야 한다. 북 정보 당국이 자신의 행동을 전혀 모르고 있는 것이 아니고 알고 있으면서도 묵인하거나 모르는 척 할 뿐이다. 또한 북 보위부나 정보당국은 혐의점이 발견된다고 해서 마구잡이식으로 체포하거나 억류하지 않는다. 그동안 라선시에서 발생한 억류 사태의 사례들을 통해 공통적으로 확인된 것은 무작정 느닷없이 체포하지 않고 혐의가 엿보이면 사전에 서너 차례 경고하거나 알기 쉽도록 주의를 준다. 그래도 끝까지 경고를 무시하는 경우에는 시간적인 여유를 주면서 체포와 억류로 이어지는 것이다.

라선시에서 발생했던 대표적인 억류 사례들

라선시에서 선교와 전도 혹은 포교 활동의 목적으로 성경책이나 종교 경전 혹은 전도용 책자나 전단지, CD/DVD 등을 배포하는 행위는 매우 무모하고 위험한 행동이다. 또한 예배 시간에 은밀하게 북 인민들을 끌어들이는 행위들은 북 당국에 의해 범죄 행위로 간주되기 때문에 즉시 체포되거나 억류 조치를 당해 법적인 심판을 받는다. 평소 라선시나 북조선 본토를 자주 왕래하는 대북사역자들이 더욱 조심해야 할 부분은 북에 방문할 때 뿐 아니라 남한이나 해외에 가서도 대북 관련 발언들을 조심해야 한다. 일반 교회나 기독교 기관 혹은 교회 연합 행사나 국내외 선교 대회에 초청을 받아 강연이나 간증, 강의, 설교를 할 때 북 체제나 최고지도자를 노골적으로 비판하거나 험담하면 그것이 결국 빌미가 되어 신변에 불리해진다.

특히 대북사역자들은 직책과 업무의 특성상 강연이나 언론 인터뷰, 방송 출연에 자주 노출되기 쉬운데 이때 자신의 발언이 북 당국에 모니터링 된다는 사실을 명심해야 한다. 특히 요즘은 자신의 각종 집필 활동과 강연 내용들이 인터넷에 공개되는 경우가 많기 때문에 항상 언행에 신중해야 한다. 자신이 하고 있는 대북사역을 은퇴하고 회고록을 쓰는 경우가 아니라면 언제나 보안 유지와 언행에 유의하는 것이 좋다. 통상적으로 대부분의 사역자들이 단골 메뉴로 실수하는 부분이 소위 '북한 붕괴 예측 발언'과 '북 지도자에 대한 험담' 그리고 '북 체제 비판'이기 때문에 공개 석상에서는 이런 함정에 빠지는 일이 없도록 해야 한다. 한편 대북사역자들은 북을 악마화하고 적대적 대상으로 취급하는 사대주의 수구세력들의 대북관을 답습할 것이 아니라 보다 더욱 객관적인 시각으로 북을 바라보고 평가할 수 있는 식견과 지식을 갖추는 것이 중요하다.

북 인민들은 '유일사상 10대 원칙'을 헌법의 의미보다 더 소중하게 여긴다. 이 10대 원칙에 위반되면 중범죄에 해당되기 때문에 체포되면 사법부나 군법에 회부되어 처벌을 받을 수밖에 없다. 필자가 여러 차례 방북하면서 파악한 바로는 북 당국은 순수한 차원에서의 개인의 종교생활이나 신앙생활은 전혀 문제 삼지 않는다. 방북 시 개인적으로 드리는 예배나 기도는 물론 함께 방북한 단체나 그룹에서 드리는 기도 생활과 예배 활동도 전혀 문제 삼지 않는다. 그러나 북 인민들이 보는 공개된 장소나 인민들을 예배 장소로 끌어들이는 행위는 철저히 금지하고 있으며 인민들에게 직접 전단지를 배포하며 기독교를 전파하는 행위도 강하게 제한하고 있다.

이에 필자는 그동안 나진선봉지역에서 발생한 수많은 억류 사례들 중에서 대표적인 사례들 몇 가지만 선별해 경각심을 갖도록 할 것이며 선교 전략과 방법상의 문제점을 발견하여 대안을 제시하고자 한다. 우선 1998년 6월 나진선봉지역에서 간첩 혐의로 체포돼 3개월(103일간)간 억류된 후 풀려난 미국 LA의 이광덕 목사가 그 대표적 사례에 해당된다. 이 목사의 체포는 미국 국적 목회자에 대한 최초의 억류 사태였다. 그 후 2007년 11월 3일 캐나다 시민권자인 김재열 목사가 라선시에 자신이 설립한 치과병원에서 "인민들이 보는 공공장소에서 종교 행위를 했다"는 혐의 등으로 억류되었고, 이어서 2009년 12월 25일 성탄절에는 "김정일 하야", "정치범 수용소 해체"라는 허무맹랑한 주장을 하며 방문 비자도 없이 두만강을 무단으로 건너 월북해 체포되어 43일 만에 석방된 로버트 박 사건이 발생했다. 미국 시민권자로서 교포 2세 청년인 그는 평소 기독교 근본주의 신앙을 소유한 상태에서 북 최고지도자를 악으로 규정하고 그 같은 행동을 했던 것이다.

이어서 2010년 11월에는 미국과 한국 두 곳에 각각 본부를 두고 있는 보수적인 북한선교 단체인 '모퉁이돌 선교회' 소속 선교사로서 미국 시민권자인 전용수 목사가 북측을 자극하는 공격적 선교 행위로 인해 억류된 사건이 발생했다. 이어서 2012년 11월에는 미국의 '예수전도단' 소속 선교사인 미국 시민권자 케네스 배 목사가 종교 활동을 통한 정부 전복 혐의로 북 당국에 체포되어 이듬해 4월 '국가전복음모죄'로 노동교화형 15년형을 선고받고 수형생활을 하다가 미국인으로는 가장 최장기간인 2년간의 복역생활을 하던 중 석방되었다.

이어서 2015년 1월 31일에는 캐나다 시민권자로서 전문적인 대북 사역 활동을 하던 임현수 목사가 라선시에서 평양으로 이동한 후 억류되어 그해 12월 16일 북 최고재판소에서 국가 전복 음모 등의 혐의로 종신노동교화형을 선고 받고 현재 복역 중에 있다. 임 목사는 연락이 두절된 지 6개월만인 7월 30일 평양 인민문화궁전 기자회견장에 나타나 "공화국의 최고 존엄과 체제를 중상 모독하고 국가 전복 행위를 감행했으며 이 모든 행적이 범죄 행위임을 솔직하게 인정합니다"라는 사죄문을 읽어내려가는 모습이 언론에 공개되며 억류 사실이 최초로 확인되었다.

또한 2015년 4월 8일에는 미 서부 LA에 본부를 둔 민간 구호 단체 '위트 미션'(Wheat Mission) 대표로서 왕성한 대북 구호 활동을 해온 한국계 미국인 서계옥 권사(미국명 산드라 서) 억류됐다가 보름 만에 석방되어 추방당한 사건이 발생했다. 한국어로 '미주 밀알선교단'이라는 단체를 이끌며 수 십 년 넘게 대북지원 활동을 해온 그녀는 미국에서 활동하는 대북사역자들 중에서 가장 오래돼 대북사역의 '대모'로 불렸다. 기독교 정신에 바탕을 두고 의약품과 의료기기, 식량, 의류, 신발, 담요 등을 지속적으로 지원해왔고 장애인 복지회관을 건축하는 데도 크게 일조하는 등 북한의 신뢰를 받으며 활동해왔다. 심지어 과거에는 미국에서 북을 갈 때 서 권사를 통해서 북측 비자를 받을 정도였다.

그러나 북 정보 당국에서는 3월말 방북 시 갑자기 억류했는데 그 혐의를 들어보면 "근 20년 동안 무상기증의 명목으로 조선(북한)에 드나들면서 반공화국 모략, 선전 행위에 가담했으며 지난 1998년부터 조선(북한)에서 인도주의 활동을 하면서 사진과 동영상을 제작 연출해 우리 조선을 모략해왔다. 이는 공화국의 자주권을 침해하고 공화국 법을 위반한 씻을 수 없는 범죄 행위라는 것을 인정하고 사죄를 했다. 그러나 공화국 법의 관대성과 산드라 서의 연령을 충분히 고려해 추방하기로 결정하였다"는 것이다.

당시 70대 후반의 고령에도 불구하고 대북지원에 헌신한 서 권사는 지병과 고령이라는 이유로 특별 배려를 받고 재판 없이 석방된 것이다. 서 권사가 억류될 무렵 북에서는 1월 임현수 목사 체포 사건 외에도 2월에는 평양에 상주하던 독일 구호단체인 '세계기아원조'(Welt-fungerhilfe)의 평양사무소장을 맡고 있는 레기나 파인트를 추방하는 등 대북지원 단체와 사역자들에 대한 대대적인 단속과 검증 작업을 벌이던 시기였다. 서 권사가 결정적으로 체포된 사유들 중에 하나는 비공식적으로 이산가족들과 관련된 업무를 보는 과정에서 혐의가 발각된 듯했다. 그 후 미국 얼바인 온누리교회를 출석하던 서 권사는 북에서의 억류 충격과 지병으로 인해 이듬해에 LA에서 향년 80세로 병사했다.

그리고 가장 최근에는 미 동부 버지니아주의 박시몬 목사가 설립한 '미주북한선교회' 소속 선교사인 김동철 목사가 2015년 10월 2일 라선시에서 간첩 혐의로 체포됐는데 그는 이듬해인 2016년 4월 29일 열린 재판에서 '국가 전복 음모' 등의 죄목으로 10년 노동교화형을 선고받고 현재 복역 중이다. 또한 현재 북에는 남한에서 북으로 건너가 억류된 목회자와 선교사들도 여러 명이 있다. 2013년 10월, 기독교한국침례회 소속 김정욱 선교사가 체포돼 간첩 혐의로 무기노동교화형을 선고받아 복역 중에 있으며 대한예수교장로회 합동중앙총회 소속의 김국기 목사와 최춘길도 체포되어 2015년 6월 23일 무기노동교화형을 선고받고 현재 복역 중에 있다. 아래에서는 미국 시민권 목사 중에 최초로 억류된 남가주의 이광덕 목사를 필두로 전용수 목사와 케네스 배 목사의 사례를 살펴볼 것이며, 이어서 캐나다 시민권자인 김재열 목사와 임현수 목사의 사례를 들 것이다. 마지막으로 가장 최근에 노동교화형을 선고 받은 미국 시민권자 김동철 목사의 사례를 살펴보면서 나진선봉의 억류 사태에 대한 해법과 대안책을 찾고자 한다.

1) 최초로 억류된 미국 교포 이광덕 목사

미주 국적의 해외교포들이 북에 억류된 사건은 그리 오래전의 일이 아니다. 미국 LA에 거주하는 이광덕 목사는 미국인 역사상 최초로 라선시에서 억류되었는데 그는 평소 1970년대부터 LA한인사회에서 한국문화를 미 주류사회에 전파시키고 북조선과 중국과의 문화 교류에 힘써온 인물이다. 평양 출신의 실향민인 그는 한국전쟁 때 단신 월남한 뒤 60년대 초 도미, 목사 안수를 받았으며 이후 '아주문화중심',

'고려문화센터' 등의 단체를 만들었으며 남가주 한인사회에 '한국문화회관'을 건립하기도 했으며 그동안 수십 차례 북을 오가면서 이산가족 상봉과 대북지원 활동과 투자 사업, 문화 교류 사업 등을 벌여 왔다.

[사진 97] 미국 시민권자로서 최초로 라선시에서 억류된 이광덕 목사가 자신이 설립한 '한국문화회관' 설립기념식에서 발언하고 있다.

당시 LA에서 베벌리장로교회를 개척하여 목회를 하던 중 고령으로 인해 은퇴한 그는 대북사역에 집중하며 지난 92년에는 한국 기독교가 모은 '사랑의 쌀' 800톤을 북에 전달하는 데도 큰 역할을 했으며 96년 12월 라진선봉시 행정경제위원회 김경운 위원장으로 부터 고려문화센터 지사 설립과 투자유치권을 위임받을 정도로 북과 두터운 교류관계를 맺은 인물이었다. 또한 남한 내 기독교 인사들의 도움으로 나진선봉 인근에 국수공장을 설립했던 그가 1998년 5월말 라선시에서 간첩 활동을 한 혐의로 느닷없이 체포된 것이다. 당시 북 공안당국에 여권을 압수당한 채 조사를 받았고 그때부터 8월말까지 무려 3개월간 억류된 것이다.

이 목사가 억류된 주원인은 간첩 혐의였으며 특히 북 보위부는 국가안전기획부(안기부)와 이 목사와의 관계를 집중 추궁했는데 북측은 이 목사 자신은 물론 한국과 중국 미국 등에 있는 친지들까지도 안기부와의 관련성을 캐기 위해서 집중 조사를 했다. 어느 날 이 목사가 북 인민들이 들고 다니는 일종의 식량주머니를 중국화폐 100위안에 구입한 적이 있었는데 북측은 이런 행위가 어려운 식량 사정을 외부에 유출시키는 간첩 행위로 간주했던 것이다. 또한 그가 LA이민사회에서 한국문화를 미국인들에게 알리는 비영리단체를 운영하며 한때 청와대 등으로부터 직접 지원을 받기도 했는데 이 목사의 이런 이력도 북 당국에서는 의혹의 대상이 되었던 것이다.

한편 이 목사는 간첩 혐의 외에도 북과 체결한 투자 계약을 이행하지 않았다는 경제사범 혐의가 추가되었다. 이 목사가 38만 불에 달하는 장공장과 국수공장 투자계약을 라선시 측과 맺었으나 아무런 통보 없이 계약 기간을 위반해 북측에 122,000불의 재정적 손해를 입혔다는 혐의를 받고 손해 배상을 요구받기도 했다. 그러나 계약 건은 애당초 장공장과 국수공장을 두레마을 김진홍 목사가 책임진다고 약속해서 북측과 계약을 추진했으나 나중에 김진홍 목사 측에서 번복하며 취소하는 바람에 문제가 발생하며 이 목사가 책임을 뒤집어쓴 것이다. 결국 이 목사는 북측이 요구하는 금액의 일부를 미국의 가족을 통해 송금하고 나서야 석방되었다. 항간에 알려진 대로 122,000불 전액을 송금했다거나 거액의 벌금을 내고 풀려났다는 루머는 사실이 아니다.

평소 북조선뿐 아니라 한국 정부와도 교류가 활발한 이 목사는 '라진고려식품합영회사' 대표 자격으로 라진선봉에 위치한 국수공장의 노후 설비 교체와 장공장 설립 등을 목적으로 자주 방북했으며 97년 7월부터 라진선봉시 행정경제위원회와 식품회사를 합영('합작'의 북한어)으로 운영해 왔다. 이 목사의 혐의 중에 하나는 오랫동안 이산가족 상봉 활동을 벌여오는 과정에서 남쪽에 친지를 둔 북 주민의 편지를 남측에 전달하기 위해 은밀히 건네받은 것이 단초가 됐으며 그 외 여러 가지 혐의가 될 만한 사안들이 누석돼 발생한 사건이었다. 이 목사의 억류 사건을 통해 얻은 교훈은 북측과 계약을 할 때는 책임질 수 있는 범위 내에서 서명해야 하며 일단 계약을 성사시켰을 경우 철저하게 신용을 지키는 것이 중요하고 부득이한 사정이 발생할 경우에는 납득할 만한 사유를 북측에 고지해서 일방적으로 재정적, 인적 손해를 끼치는 일이 없도록 해야 한다. 또한 남측 정보기관이나 중요한 핵심 권력 기관과 연관이 있을 경우에는 사전에 미리 고지하여 북측에서 오해를 사는 일이 없도록 해야 한다.

2) 캐나다 시민권자 김재열 목사의 사건

캐나다 에드먼튼에서 치기공으로 일하다 뒤늦게 목사 안수를 받은 김재열 선교사는 북 주민에 대한 보건, 복지 의료지원을 위해 1997년 라진에 치과병원에 해당하는 '라진구강예방원'을 개원했고 그 후 '고려의학병원'(고려한방병원), '산원병원'(산부인과), '창평유치원', '장애인 치료센터' 등의 의료시설들을 연이어 지원해오던 중 갑자기 억류되어 3개월 동안 구금당한 사건이 발생했다. 캐나다 시민권자인 그는 과거 북한선교를 준비하기 위해 전 재산을 정리한 뒤늦은 나이에 신학을 공부해 미주한인예수교장로회 캐나다노회에서 목사 안수를 받고 노회와 에드먼튼 제일장로교회 파송 선교사로서 라선시에 파송된 상태였다.

파송되기 전부터 북을 선교지로 정해 놓고 라선시를 드나들며 자신이 봉사할 수 있는 기반을 다져오던 중 북 당국의 승인과 협조 하에 구강병원을 설립해 라선시 인민들을 대상으로 의료와 교육 활동을 왕성하게 펼쳐왔다. 병원은 2,300평의 대규모 시설이었으며 김 선교사와 함께 일하는 북측의 의사와 간호사도 모두 합치면 100명이나 될

[사진 98] 자신이 설립한 치과병원에서 공개 예배를 드린 혐의로 억류되었던 김재열 선교사

정도였다. 그처럼 헌신적인 의료 봉사 활동에 주력해왔던 그가 2007년 11월 3일 느닷없이 "인민들을 선동해 교회를 세우려고 한다"는 죄목으로 북 보위부에 의해 억류된 것이다.

그러나 평소 북 당국은 김 선교사의 봉사 활동과 치과진료소 설립 등을 전폭적으로 지원해 주었으며 영주권에 해당하는 '거주권'도 발급해주었다. 심지어 종교적으로도 배려를 해 그가 활동하고 있는 지역에 거주하는 외국인들을 대상으로 예배 참여 권유 활동을 허락해주는 등 전폭적인 지원과 배려를 아끼지 않았다. 알고 보니 김 선교사가 억류된 단초는 노트북 컴퓨터에서 시작되었다. 2006년 7월 하순 라선시에서 캐나다로 출국하려던 김 선교사는 중국 훈춘지역 쪽에 있는 권하통상구(권하세관)을 통해 출국하기 위해 라선시 쪽에 있는 원정출입국 사무소를 통과하던 중 검문검색 과정에서 노트북을 압수당한 것이다. 노트북 안에는 그동안 라선시에서의 다양한 활동 내용과 영상물들이 상당수 담겨 있었는데 북 당국과 보위부에서 볼 때 이런 자료들이 북 당국을 위협하는 결정적인 요소로 판단한 것이다.

노트북은 압수당했으나 그 후 8월말에 캐나다 방문을 무사히 마치고 다시 라선시에 입국한 김재열 목사는 예전처럼 의료 봉사를 하던 중 두 달이 지난 어느 날 전격 체포되며 보위부의 집중 조사를 받게 된 것이다. 노트북에 있던 각종 자료와 영상물들을 확인한 북 정보당국은 조사하는 과정에서 "최고존엄을 모독하고 인민들을 선동해 교회를 세우려고 했다"는 혐의가 추가되었으며 결국 본인으로 하여금 그런 내용의 자술서를 작성하기에 이르렀으며 그 이후 자신이 체류하는 호텔숙소에서 석 달 동안 구금된 상태로 지냈다.

사업상 외국에서 라선시를 방문한 장기 체류자가 평소 자신의 호텔이나 숙소에서 주일예배나 각종 예배를 드릴 경우 북 정보당국은 아무런 제재를 가하지 않으며 문제를 삼지 않는다. 하지만 인민들이 드나드는 공공장소나 공개 장소에서의 예배는 불허한다는 규정이 있는데 김 목사는 이런 규정을 따르지 않고 자신이 진료하는 치과 공간에 딸린 임시 숙소에서 북 의료진들과 인민들이 드나드는 가운데 예배를 드린 것이 발단이 됐다. 이와 관련해 북 당국은 평소 김 목사에게 여러 차례 지적을 했으나 이를 무시하며 공개 예배를 강행하자 결국 법적인 제재 조치에 들어간 것이다.

이에 대해 북측 관료들은 라선시를 방문한 캐나다 영사에게 아래와 같이 자신들의 입장을 항변하기도 했다.

우리가 감내할 수 있는 한계가 있는데 여러 차례의 경고를 무시한 김 목사님의 처신은 그 수위를 넘어선 것입니다. 그러나 간첩 행위 같은 심각한 반체제 행동은 아니기 때문에 본인이 잘못을 시인하기만 하면 곧 문제가 해결될 것으로 봅니다. 그러니 이 문제는 결코 종교 탄압의 측면으로 보아서는 안 됩니다. 전적으로 김 목사님이 우리 공화국의 원칙을 무시한 것에 따른 결과일 뿐입니다.

당시 캐나다의 한인교단과 노회, 에드몬튼 지역 연합교회 등은 그의 석방을 위해 기도하는 한편 구금 직후인 12월부터 대사관과 영사관에 팩스와 이메일을 보내는 등 구명운동을 진행해왔고 캐나다한인회 총연합회는 토론토, 오타와, 밴쿠버 등 11개 지역 캐나다 한인회장들이 서명한 진정서를 연방정부에 보내 억류 문제에 대해 정부가 개입할 것을 촉구하기도 했다. 구금 직후인 12월 20일 결국 캐나다 영사가 라선시를 직접 방문해 김 목사를 면담했고 이듬해 1월 둘째 주에 이 문제 해결을 위해 또 다시 방북해 김 목사와 40분에 걸친 면담을 했다. 결국 2008년 1월 23~25일까지 리프먼 캐나다 대사가 라선시를 방문해 김 목사를 면담하고 북 당국과의 협상을 통해 재발 방지를 약속한 1월 26일, 구금된 지 85일 만에 석방되어 본국으로 출국했다.

3) '모퉁이돌 선교회' 소속 전용수 목사 사건

미국 남가주 오렌지 카운티에 아내와 1남 1녀를 두고 있는 전용수 목사(영어명 Eddy Jun)는 평신도로 신앙생활 하던 중 나성순복음교회에서 장로로 임직 받고 다시 얼바인 소재 베델한인교회로 옮기면서 신앙생활을 이어가던 중 2000년대 초반에 베델한인교회를 떠나 가까운 곳에 본부를 두고 있는 '모퉁이돌 선교회'를 통해 공산권 선교사 훈련을 받은 후 중국선교사로 파송되었다. 그는 중국 현지에서 목사 안수를 받고 다시 라선시를 오가며 다양한 선교활동을 펼치는 북한선교사가 되었으며 선교적 기반을 다지기 위해 라선시에서 농기계 생산 공장인 '나선변강뜨락또르' 공장을 운영해왔다.

전 목사는 평소 중국에서 정기적으로 수입한 뜨락또르(트랙터)를 라선시 인민들에게 기증하기도 했으며, 자신의 공장에 근무하는 북측 근로자들에게 대우도 매우 잘해주어 라선시에서 신망이 높았다. 그러나 라선시 당국으로부터 거주권을 받지 못한 전 목사는 중국 훈춘에 셋집을 얻어 생활하며, 한 달에 한두 차례 정도 라선시를 왕래하며 사업을 운영해왔는데 이는 북 당국이 미국 국적의 신분을 지닌 전 목사의 장기 체류를 부담

[사진 99] '모퉁이돌 선교회' 소속의 전용수 (에디전) 선교사의 모습

스러워하여 승인하지 않았기 때문이다. 그런 연유로 인해 평소 전 목사가 라선시를 방문하면 체류하는 기간이 그리 길지 않았으며 대부분 중국에서 자신의 업무를 봤다.

또한 전 목사가 라선시에서 트랙터 공장을 차리며 북측 기업과 계약을 맺을 때 북측은 이윤의 30%를 기증할 것을 요청해 명시하기도 했다. 그 후 중국 산동성과 천진시 등지에서 18마력에서 최고 90마력짜리 트랙터를 한 달에 100여대 가량을 라선시로 반입했으며 이때마다 전 목사는 북측과의 약속대로 트랙터 중에서 30%는 북측에 기증했고, 나머지 70%는 판매를 했으며 트랙터를 정비하거나 수리를 해주는 사업도 병행해왔다. 이 트랙터 공장은 평소 북측 노동자 50여 명을 고용했는데 그들에게 급여와 대우도 잘해주어 매달 50kg의 식량을 무상으로 나눠주거나 계절별로 옷을 사주기도 했다. 또한 1인당 월급을 인

민폐로 120원을 지급하는 등 다른 기업들 보다 대우가 남달라 라선시 간부들 자녀들이 많이 근무했다고 한다.

그러나 전 목사는 선교 전략 차원에서 트랙터 공장을 운영했던 것이며 그 이면에는 선교회의 방침과 전략에 의해 움직였던 것이며 이로 인해 2010년 11월 전격 체포된 것이다. 그가 체포되자 북측은 처음에는 그의 혐의를 밝히지 않은 채 기소할 방침이라고만 밝혔으나 곧 이어 "미국인 전용수가 조선에 들어와 반공화국 범죄 행위를 감행해 지난해 11월 체포됐으며 해당 기관의 조사를 받았다"고 공개했다. 조사 과정에서 심한 구타를 당하는 등 강도 높은 조사를 받기까지 했다. 북 당국은 "조사 결과 전용수가 공화국을 반대하는 엄중한 범죄 행위를 감행하였다는 것이 밝혀졌으며 (중략) 본인도 자기의 범죄 행위에 대해 솔직히 인정했다"고 발표하기에 이르렀다.

또한 전 목사의 체포와 동시에 중국 조선족 동포 두 명도 체포되었는데 이들 중 한 명은 거의 3년 동안 전 목사와 함께 동거동락하며 함께 일했던 조선족 동포였다. 이들도 라선시로 입국하자 전 목사와의 관련성과 혐의를 입증하기 위해 집중 조사를 받았으며 체포되어 조사를 받는 과정에서 구타를 당했다고 한다. 북 당국은 혐의점을 발견하지 못하자 두 명을 다시 중국으로 추방했다. 당시 이들의 증언에 의하면 억류중인 전 목사도 심한 구타를 당해 몸을 가누지 못하는 상태였다고 전했다. 이 사건으로 인해 '나선뜨락또르공장'은 잠정 휴업 상태에 들어갔으며 공장은 문을 닫았다.

그러나 조사하는 과정에서 보위부가 밝혀낸 것은 '모퉁이돌 선교회'가 추구하는 지하 교회 활동에 대한 혐의점이었다. 전 목사가 소속한 선교 단체는 국내외에서 가장 자극직이고 노골적인 대북 선교 활동을 하는 곳으로 유명하며 특히 입체적인 지하 교회 운동과 북측말로 번역된 성경책 반입 사업에 주력하는 단체로 소문난 곳이다. 특히 이 단체는 자신들의 선교 활동을 외부에 홍보하고 국내외 교회들로부터 재정 후원을 받기위해 컬러판으로 매월 정기 간행물을 발간하고 있었다. 이 잡지는 우편물이나 인편으로 전 세계 안가는 곳이 없을 정도로 널리 퍼져있는 상태에 있는데 보위부에서는 잡지를 통해 이 단체가 북측 영토 내에 이미 점조직으로 넓게 퍼져있다는 사실을 파악하고 집중 취조했던 것이다.

북 당국이 전용수 목사 억류 사건에 대해 얼마나 예민하게 생각했는가는 지미 카터 전 미국 대통령의 방북을 통해 확인할 수 있다. 카터는 북측 지도부에 전용수 목사의 석방을 정중히 요청했으나 단칼에 거절당했다. 이에 대해 당시 카터 대통령은 자신의 재단에서 운영하는 '카터센터' 사이트에 방북 보고서를 올리면서 북측에 의해 차갑게 거절당한 사실을 아래와 같이 밝혔다.

> 나는 평양을 방문한 첫날 인도적 차원에서 '에디 전'(전용수 목사)을 석방해 달라는 서면요청서를 박의춘 외무상에게 전달했으나 그는 다음 날 김영남 최고인민회의 상임위원장을 만나는 자리에서 '당신의 요청을 받아들일 수 없습니다'라고 단호하게 잘라 말했다.

그러나 라선시 보위부에서는 트랙터 공장 운영 외에 이미 전 목사의 은밀한 지하 교회 활동과 성경 반입 활동 전략에 대해 이미 경고한 바 있으나 이를 무시하고 지속적인 활동을 벌이다가 결국 체포된 것으로 확인되었다. 그리고 조사 과정에서 자신들이 파악한 실태보다 의외로 넓게 확산돼 있다는 사실을 발견하고 강도 높은 조사를 벌였던 것이다.

한편 전 목사가 체포되자 그의 가족들과 소속한 선교 단체에서는 카터 전 대통령과 미 의회 관계자들에게도 구명을 요청했으며 당시 오렌지카운티 지역의 공화당 연방 하원의원으로 활동하는 친한파 의원 에드 로이스(하원 외교위원장)에게 도움을 약속받기도 했다. 그 후 일이 순조롭게 진행되어 조사를 마치고 억류 상태에 있던 전 목사는 북 당국으로부터 가족과 전화 통화를 허용 받는 등 완화된 분위기에서 억류 생활을 보냈으며 미국의 요청에 따라 전 목사를 석방하기 위한 스웨덴 외교관들은 전 목사를 무려 8차례 면담했으며 계속해서 다각도로 노력한 결과 2011년 4월 27일 미국의 로버트 킹 북한 인권 특사가 직접 방북해 북 지도부에 유감을 표시하고 재발 방지를 약속하는 교섭을 벌인 결과 이튿날인 4월 28일 억류된 지 6개월 만에 전격 석방됐다.

이 사건을 통해 알 수 있는 것은 전 목사가 속한 선교 단체가 추구하는 '민족복음화'와 '예수민족화'라는 극단적인 신앙관과 '평양에서 예루살렘까지'라는 캐치 프레이즈는 그릇된 선교 개념에서 비롯됐다. 이런 식의 방법은 통일을 이뤄야 할 우리 민족 전체 공동체에게 유익하지 못하다. 대한민국은 개신교만 존재하는 것이 아니다. 천주교, 불교, 유교를 비롯해 다양한 종교들이 공존하는 사회이며 통일의 주체는 다양한 종교를 믿는 모든 이들이 해당된다. 통일지향적인 관점에서 볼 때 타종교도 함께 공유하고 동참하는 원칙이 있어야 하며 제국주의적 선교나 외재적 접근방법이 아닌 내재적 관점에서의 북한 이해가 선행되어야 한다.

4) '예수전도단(YWAM)' 소속 배준호 목사 사건

2012년 11월 '종교 활동을 통한 정부전복' 혐의로 라선시 보위부에 체포된 케네스 배(Kenneth Bae) 선교사의 사례를 살펴보도록 하자. 그는 2013년 4월 국가전복음모죄로 노동교화형(징역) 15년형을 선고받고 수형생활을 하다가 2년만인 2014년 11월 9일 석방되었는데 이는 한국전쟁 이후 미국인으로서는 가장 최장기간인 735일간의 억류 기록이다. 이 사건을 표피적으로 볼 때 단동에서 여행사를 운영하던 배 선교사가 관광 목적의 외국인들을 인솔해 라선시에 입국했다가 체포된 것으로만 알려졌다.

그의 아버지는 남한의 유명한 프로야구팀 한화 이글스(빙그레 이글스)의 초대감독이자 MBC 청룡팀을 이끈 배성서 감독이다. 배 감독은 평북 영변이 고향인 실향민이었기 때문에 평소 부친의 영향을 받은 배 선교사는 성장 과정에서 북에 대한 남다른 애정과 비전을 지니게 되었다. 특히 배 감독은 영남대학교 야구감독 시절 스파르타식 훈련으로 유명해 이현세의 만화 '공포의 외인구단'의 실제 배경이 된 인물로 유명세를 탔던 인물이다. 1968년 8월 1일 한국에서 태어난 배 선교사는 당시 홍정길 목사가 개척한 남서울은혜교회 중등부에서 신앙생활을 하다 1986년도 18세의 나이로 미국에 이민을 떠났다. 그 후 오레곤 주립대학과 샌프란시스코 신학대학을 졸업하고 커버넌트 신학대학원에서 목회학 석사를 마치고 미국 장로교(PCA)에서 강도사 직분을 받고 남침례교에서 목사 안수를 받았다.

2005년 하와이 코나 열방대학 DTS를 통해 중국에 전도 여행을 하던 중 북한선교에 대한 소명을 받아 2006년 로렌 커닝햄 목사를 통해 중국 대련으로 파송을 받게 된다. 구체적으로 설명하자면 그는 2006년 미국의 '예수전도단'(Youth With a Mission 이하 YWAM)이라는 선교 단체에서 중국으로 파견한 선교사 신분이었다. 예수전도단에서 운영하는 국제적인 선교프로그램인 '제자훈련학교'(Disciple Training Schools)를 중국에서 운영하기 위해 파견된 실무자였던 것이다. 해당 프로그램은 일반 사람들을 기독교로 개종시키는 데 필요한 선교 기술을 집중적으로 가르치는 학교로 보면 된다.

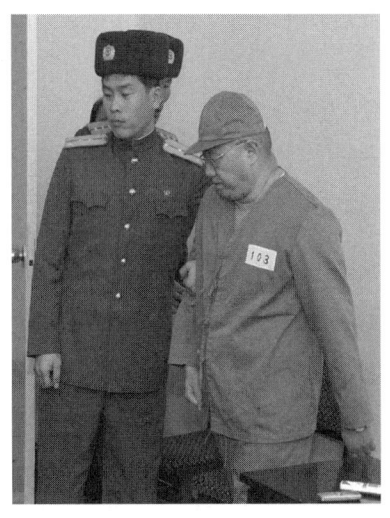

[사진 100] 수감된 케네스 배 목사가 외부인 접견을 위해 이동하는 모습

또한 배 목사는 2008년에는 전략상 '단둥 완방 여행 컨설팅'이라는 외국인 투자 기업을 단둥시에 개설했고, 2011년 10월에는 '사람, 문화, 자연을 사랑하며'라는 캐치프레이즈를 내걸고 '네이션스 투어'(Nations Tour)라는 여행사를 설립했는데 이 회사는 나진선봉만을 전문으로 여행하는 관광여행사로 특성화했다. 중국과 북을 가르는 압록강이 내려다보이는 지역에 사무실을 차린 배 목사는 자신의 여행사를 통해 방북할 때마다 선교 활동을 위한 사업을 진행했다. 2010년부터 공식적으로 이북 투어를 시작한 그는 당시 외국인들이 드나들며 24만 명이 거주하는 나진선봉지역을 자신의 선교사역지로 구별하며 열정을 부은 것이다. 그는 라선시에서 공식적으로 영어도 가르치고, 장마당 출입

도 했으며 산에 올라가는 것도 허락 받았고, 아이들과 어울려 운동하는 것도 허락을 받을 정도로 북 당국의 신임을 얻었다. 그러나 배 목사는 억류되기 한 해 전인 2011년 12월 미국의 어느 한인교회에서 행한 55분 가량의 강연을 보면 그가 어떤 대북 선교관을 지니고 있는지 확인할 수 있다.

예수께서 내가 북한을 잇는 '경로'(channel)가 되길 원하신다. 올해 북한에 들어가는 단기 선교단에 몇 차례 참여할 것이다. 나는 이미 중국에 문화 교류 회사를 운영 중이다. 북한 주민들을 가르치거나 먹이고 보살필 외국인들을 그동안 많이 확보했다. 많은 이들이 북한에 들어가고 싶어 한다. 어느 동료 선교사를 통해 북한에서의 선교 활동에 관해 처음 소개받았으며 여행사 일을 통해 내가 할 일을 탐색할 수 있었다. 사람들이 자유롭게 오고갈 수 있다면 벽이 훨씬 더 빨리 무너질 거라 생각했다. 지난해부터 나진과 선봉지역을 통해 관광객 차원에서 외국인 입북이 가능하다는 말을 들었다.

또한 그가 2011년 북에 들어가기 전 남긴 서한을 보면 YWAM과 연계해 중국 땅에 기독교 대학인 '열방대학'을 창립하려고 시도하기도 했다. 서한에는 "우리는 평양에서 예루살렘까지 복음을 전파할 준비가 돼 있다. 대북 선교 활동을 위한 작업을 모두 한 곳에서 처리할 수 있는 새 캠프를 개설할 예정이다"라는 내용이 담겨 있으며 문서의 마지막에는 중국내 YWAM 책임자로서 배 목사가 직접 서명하기도 했다. 이후 배 목사는 "서방세계와 북한의 다리 역할을 하겠다"고 다짐하고 23번에 걸쳐 투어를 하던 중 억류 사태의 발단이 된 18번째 입국을 하기 위

[사진 101] 케네스 배 선교사가 사용하는 교회소 내부 모습
(2013. 7. 3.)

해 검문검색을 하는 과정에서 컴퓨터 외장하드가 발견된 것이다.

외장하드에는 그동안 미국 등에서 만든 동영상들과 지난 6년간 발송한 선교 편지, 선교 활동 영상물들이 들어 있었고 길거리에서 구걸하는 고아(꽃제비)를 촬영한 것 등이 다수 들어 있었다. 이런 자료들은 충분히 북 당국을 자극할 만한 내용들이었다. 결국 이 사건은 북 정보 당국으로 넘겨져 하드에 담겨진 자료들이 불온한 것이라고 판단한 북 당국이 집중 조사를 벌이기 위해 그가 입국 시 체포했고 그 과정에서 실제 여행사 대표가 아니라 선교사라는 신분이 밝혀지면서 심문이 더 확대되었고 다양한 포커스로 취조가 이뤄졌던 것이다. 결국 여러 혐의가 발견되면서 기소를 당했는데 가장 결정적인 혐의는 '여리고작전'이었다. 여리고작전은 개신교에서 가장 많이 사용하는 프로그램으로서 구약성경 '여호수아서 6장'에 나오는 여리고 성을 무너뜨리는 내용을 삶에 적용한 것이다. 여리고 성 같은 난공불락의 큰 문제를 해결하기 위해서 기도하면서 성 둘레를 여러 차례 반복적으로 돌면서 정성을 보이면 한 순간에 성이 무너진다는 상징적인 행사인데 배 목사는 이 여리고작전이라는 프로그램을 만들어 250명의 대학생들을 라선시에 입국 시킨 혐의를 받은 것이다. 북측에서는 오해를 살만한 행위였던 것이다.

결국 그의 죄목은 형법 제60조(국가전복 음모죄)에 따라 반공화국

적대범죄 행위 혐의가 확증되어 15년 노동교화형을 선고받고 복역하기 시작했다. 당시 북측이 주장한 배 목사의 혐의내용들을 요약하면 다음과 같다.

> 배준호는 지난해 11월 3일 모략 선전물을 가지고 나선시로 입국하다가 현행범으로 체포, 기소됐다. 2010년 12월부터 2012년 3월까지 반공화국적인 종교 활동으로 우리 제도를 붕괴시킨다는 소위 '예리코(여리고)작전'을 직접 계획하고 그 실현을 위해 학생 250여 명을 관광 목적으로 나선시에 들이밀었다. 배준호는 또한 모략 선전의 신빙성을 부여하기 위해 '디에크의 밀착취재, 북한을 가다', '15억 중국, 그리고 지구상 마지막 폐쇄국 북한'을 비롯한 여러 편의 반공화국 동영상을 수집, 제작해 많은 사람들에게 보여주면서 공화국 정권 붕괴에 나서도록 적극 부추겼다. 배준호는 국제예수전도단의 선교사로 지난 6년 동안 중국에 모략 거점을 세우고, 공화국 인민과 중국인, 외국인을 대상으로 한 '반공화국 강의'로 우리 정부를 붕괴시키려고 시도했다. 재판심리 과정에서 배준호는 자기의 범죄 사실에 대하여 전부 인정했으며, 그의 범죄는 증거물들과 증인들의 증언에 의하여 객관적으로 명백히 입증되었다. 그의 범죄는 사형 또는 무기노동교화형에 해당하는 엄중한 범죄이지만 본인이 자기 범죄를 솔직하게 고백하고 인정한 것을 고려하여 15년 로동교화형을 선고한다.

15년을 선고받고 외국인 특별교화소에서 수형생활을 했던 배 목사는 훗날 석방된 후 자신이 유일한 죄수였고, 30명의 간수들과 함께 지냈다고 증언했다. 1주일 중 6일 동안 콩 심기를 하거나 농사를 짓고

[사진 102] 필자가 평양을 방문해서 만난 케네스 배 담당 주치의 김명옥과 담당 간호사의 모습. 이들은 평양국제친선병원 소속이며 이 병원에 입원한 배 목사를 정기적으로 치료했으며 국가행사 기간 중에 해외에서 방문한 동포들을 치료하기 위해 호텔 의무실에 파견 나와서 필자와 재회하기도 했다.

혹은 땅을 파는 노동을 했는데 3개월이 지난 후 몸무게가 27kg이 빠지며 영양실조로 병원에 실려가게 됐다는 것이다. 당시 필자는 방북시 평양국제친선병원에 근무하는 배 목사의 담당 주치의인 서미옥 의사와 간호사를 만난 적이 있었으며 그들을 통해 배 목사의 근황과 건강상태에 대해 파악할 수 있었다. 국가행사 기간에는 외국에서 방문한 해외동포들을 위해 호텔에 위생실을 설치하는데 이때 이들이 필자가 투숙한 호텔 룸을 담당했기 때문에 가능한 일이었다.

북조선의 노동교화형은 노동을 통해 자신의 죄를 뉘우치며 근면하고 성실한 사회인으로 변화받기 위해 교양을 받는 곳이다. 살인, 강도, 절도, 강간 등 일반 형사범과 사기, 횡령 등 경제사범 가운데 형량 2년 이상의 판결을 받은 중범죄자들에게만 노동교화형이 선고된다. 배 목사가 억류된 후 한국과 미국 등 서방세계에서는 그를 위한 석방 노력을 다각도로 기울였으며 교회 신자들과 목회자들 그리고 그의 부모 형제를 비롯한 가족, 친지들의 기도와 노력들이 있었으며 17만 명의 서명운동 그리고 교화소로 전달된 450여 통의 편지가 그에게 희망을 주었다고 한다. 드디어 2년 째 되던 2014년 11월 어느 날 20명이 넘는 사람들이 교화소를 찾아와서 그를 데리고 가면서 석방이 됐고 마침내 미국 워싱턴주 루이스-맥코드 미군 기지에 무사히 도착해 가족들과 상봉했다.

진정한 북한선교는 실천과 행함이다

올바른 선교는 선교 대상국가에 대한 정확한 이해와 그 이해를 통해 그 민족에 대한 선교 정책이 수반되어야 한다. 선교는 사고(consideration)의 대상이기보다 '실천과 행함'(Acting & Doing)이다. 나를 비움으로써 상대를 채우고, 내가 주림으로 상대가 배부름이 되고, 내가 주는 것으로 상대가 풍성해지는 삶 자체가 선교이다. 그러기 때문에 대북 선교에서 가장 우선시해야 할 것은 북 인민들에 대한 문화와 상황 이해를 통한 정서의 교류와 소통이다. 70년간 단절된 대화를 다시 이어가기 위한 소통이 무엇보다 중요하며 상대에게 무한한 그리스도의 사랑을 아낌없이 주어야 한다. 안타깝게도 현재 일반 인민들의 기독교에 대한 인식은 아직까지도 부정적이며 기독교를 비롯한 일반 종교에 대해서는 미신처럼 인식하고 있다. 특히 미국과 직접적인 관련이 있는 기독교라는 종교에 대해서는 아직도 반감을 지니고 있다.

이런 상황에서 대북지원 사업을 가장해 점령군식 선교를 목적으로 라선시를 상대하는 것은 북에 대한 기독교의 이미지를 부정적으로 심어줄 뿐 아니라 기독교의 입지를 약화시키는 행위이다. 지금이라도 한국교회와 해외 한인교회들은 종교적 욕망과 목표를 잠시 내려 놓고 라선시 경제특구를 활성화시키려는 노력에 주력하고 북 당국을 안심시켜야 한다. 그리고 동시에 서로 적대적 관계에 있는 북조선과 미국이

화해와 협력을 하는 관계가 되도록 메신저 역할을 해야 한다. 그동안 전쟁을 경험한 남한의 올드 세대의 목회자들은 아직도 공산주의는 무신론이며 반종교적이라는 인식이 지배적이며 '공산주의는 악마'라는 공식을 떨치지 못하고 있다. 그러나 이런 원칙적, 체험적 반공주의를 극복하고 넘어서야만 통일의 길목에 진입할 수 있다.

"북한은 악의 세력이므로 도와줘서도 안 되고 대화 자체도 해서는 안 된다"는 입장보다 북을 동반자의 입장에서 어려운 부분을 인도적으로 돕고 경제 활성화를 지원하는 것이 조국통일과 한반도 평화에 도움이 된다. 북한선교의 목적이 아니더라도 조국통일은 그 자체만으로도 인민들에게 복음을 전할 수 있는 가장 확실한 기회를 갖게 된다는 점에서 중요한 선교적 과제로 인식해야 하지 않을까?

라선시에서는 어떻게 대북사역을 해야 하나?

현재 북 경제특구인 라선시와 중국을 오가며 활동하는 많은 대북사역 단체들이 있지만 그들은 지금까지 줄곧 동일한 시행착오들을 반복하고 있다. 필자는 그들이 지금까지 무엇을 잘못하고 있는지 살펴보며 선교 활동과 복음 전파라는 종교적 의무와 사명 이전에 기독교 사역자들이 갖춰야 할 기본적인 것들이 무엇인지 고민해왔다. 또한 어떻게 사역을 해야 북측 당국도 받아들이면서 동시에 민족을 위하고 통일을 앞당길 수 있는가를 검토했다. 잘 알려진 북한선교 단체들의 선교 보고를 들어보면 마치 007작전을 능가할 정도로 은밀히 진행되거나 사선을 넘나드는 긴장 속에 진행되는 것처럼 보이며 갈수록 지능화되고 음성적으로 전환되고 있다. 그러나 종교적 열정은 뜨거운데 세부

[사진 103] 미주 기윤실(기독교윤리실천운동본부)의 책임자 유용석 장로가 라선시를 방문해 활동하는 모습. 기윤실의 봉사 활동은 북 당국으로부터 전폭적인 신뢰를 받고 있다. (한가운데가 유 장로)

전략과 목표는 어설프고 치밀하지 못하며 반통일적이다.

그런 것들이 사실이라면 반대로 북 보위부나 통전부 등 정보당국도 이에 뒤처지지 않고 이전보다 더 첨단 방법을 동원해 은밀한 선교 활동을 색출할 것이며 자신들의 영토에서 더 이상 지하 교회가 확산되거나 뿌리내리지 못하도록 발본색원할 것이다. 그 결과 지금도 북에 파견된 미국과 남한 출신 선교사들과 목사들이 체포되어 억류되거나 노동교화형을 언도받고 복역 중에 있는 현실이다. 북 정보당국은 평소 적대적, 공격적으로 입체적인 선교 활동을 하고 있는 사역자들을 감시해야 할 의무가 있기 때문에 국내외에서 벌어지는 선교 현황을 실시간으로 모니터링을 하며 수집하고 있을 것이고 반면 선교 사역자들은 활동 반경이 좁아지거나 입지에 제약을 당하고 있다.

일반 방북자들이 북 본토를 방문할 경우에는 일요일이 돌아오면 평양 봉수교회나 칠골교회 등을 찾아가서 예배를 드릴 수가 있지만 라선시 경제특구에서는 외국인들이나 해외동포들이 찾아 가서 예배를 드릴 수 있는 공식적인 교회당이 없어 불편하다. 그렇기 때문에 자체적으로 혼자 예배를 드리거나 방북 일행들이 있을 경우 함께 예배를 드릴 수밖에 없는 실정이다. 기독교인들은 일요일이 돌아오면 언제 어디서든 어떤 상황에서도 주일예배를 철저하게 드리려는 의무감이 있기 때문에 북 당국도 이 문제를 시급히 해결되어야 할 것으로 보인다. 그러나 라선시에서 예배를 드릴 때는 본인이 공식적으로 체류하는 호텔이나 숙소에서만 합법적으로 드릴 수 있으며 숙소 외 다른 장소에서의 예배는 불법으로 간주된다.

방북 중에 예배를 드리기 위한 용도나 단순하게 매일 읽기 위한 목적으로 성경책 한 권 정도 가방 속에 소지하는 것은 출입국 검문 시 전혀 문제가 되지 않는다. 다만 한 권 외에 대량 반입을 한다든지 종교 전문 서적 등을 대량으로 소지할 경우에는 방북 목적을 의심받을 수가 있다. 그래서 기독교 측에서는 라선시가 개방된 경제특구라고 해도 노골적으로 기독교 복음을 전파하는 행위는 불가능하기 때문에 인도주의적 구제 사업을 통해 간접적으로나마 예수 그리스도의 향기를 전하고 있는 실정이다. 그러기 때문에 차라리 성경책을 가져가기보다는 자기 자신이 성경책이 되는 것은 어떨까 하는 생각을 해보았다. 왜냐하면 그리스도인들에게는 자기 몸이 바로 성경 자체이며 자신의 삶을 통해 그리스도의 향기를 보여줘야 하기 때문이다.

대북사역을 하는 기독교 신자들이 그동안 할 수 있는 일들이란 고작 방북 기간 중 식당에서 식사 감사기도를 하거나 호텔 숙소를 나오는 날 (체크아웃 타임) 다른 사람이 읽을 수 있도록 숙소에 성경책을 놓고 나오는 정도에 불과했다. 필자의 경우에는 청소와 세탁 등 룸서비스를 맡은 호텔 봉사원들에게 팁을 놓고 호텔을 떠날 경우 단순하게 1달러짜리 지폐 한두 장을 의미 없이 두고 나오기보다는 예쁜 카드를 미리 준비해서 고마움의 내용을 카드에 적어 2달러짜리 신권 지폐와 함께 정중하게 놓고 나온다. 경험상 대부분의 북 안내원들이나 관리들은 2달러 지폐가 행운을 불러 온다며 선호하고 있는 것을 목격했기 때문이다. 이런 사소한 것 하나라도 소중하게 신경 쓸 때 북녘 동포들에게 그리스도인의 이미지를 더욱 좋게 하는 방법이라고 생각했던 것이다.

앞에서는 미국과 캐나다 출신의 선교사들이 라선시에서 억류된 사건을 살펴봤는데, 계속해서 최근에 억류돼 무기노동교화형을 선고받은 캐나다 시민권자 임현수 목사와 임 목사 억류 이후 가장 최근에 체포되어 10년 노동교화형을 선고받은 미국 시민권자 김동철 목사의 사례를 살펴볼 것이다. 그리고 그동안 나진선봉에서의 억류 사태에 대한 전체적인 문제점을 파악하고 그 대안책을 찾고자 한다. 아울러 그리스도인으로서 모범적인 대북사역을 수행하고 있는 미국 국적의 크리스 김과 이영호 박사 등의 사례를 살펴보며 진정한 대북사역이 무엇인지를 제시할 것이며 대북사역자들이 갖춰야 할 기본적인 요건들을 제시하고자 한다.

임현수 목사의 재판정을 통해 바라 본 북한선교

2015년 1월 30일 경제 협력 사업 등과 관련한 실무 면담을 목적으로 라선시에 입국한 캐나다 국적의 임현수 목사는 31일 평양의 부름을 받고 이동한 후 장기간 소식이 끊겼으며 그 후 6개월만인 7월 30일 평양 인민문화궁전 기자회견장에 나타나 국내외 기자들 앞에서 그동안 억류된 경위와 자신의 혐의에 대해 설명했다. 그리고 사흘 후에는 평양 봉수교회 주일예배 시간에 나타나 자신의 잘못을 뉘우치는 종교적인 참회문을 발표했다. 그리고 임 목사는 또 다시 5개월만인 12월 16일 자신의 범죄 혐의에 대해 판결을 받기위해 재판정에 나타났다. 평양 시내 중심부에 위치한 최고재판소 법정에서 실시된 재판에는 국내외 기자들과 참석자들이 100여 명 정도 참석할 정도로 열띤 관심을 보였으며 공개 형식으로 진행된 재판 실황은 북한의 '우리민족끼리' 방송에 의해 서방세계에 공개됐다. 아나운서의 브리핑은 다음과 같다.

2015년 12월 16일 조선민주주의인민공화국 최고재판소에서 특대형 국가전복음모를 감행한 재캐나다 목사 림현수에 대한 재판이 진행되었다. (중략) 재판에서는 조선민주주의인민공화국 형법 제 60조 국가전복음모죄에 해당하는 피소자(피의자) 임현수에 해당하는 사건 기록을 검토하고 범죄 사실을 확정한 기소장이 제출되었으며 사실심리가 있었다. (중략) 림현수는 미국과 남조선 당국의 반공화국 적대 행위에 추종하여 조선의 최고존엄과 체제를 악랄하게 헐뜯고 모독하다 못해 공화국을 무너뜨리려는 흉심 밑에 국가전복음모를 기도한 모든 사실들을 인정했다. 이어 피의자의 범죄 사실을 입증하는 증인과 증거물들이 제시되었다.

특이한 사실은 이날 법정 안에는 대형 TV 한 대가 준비됐는데 검찰이 임 목사의 범죄 증거자료인 동영상을 방영하기 위한 목적이었다. 방송 모니터 내용들은 놀랍게도 평소 임 목사가 한국과 미국에서 강연하거나 설교한 내용들이 요약되어 편집된 영상물이었다. 화면 자막은 대부분 영어로 나왔으며 방송국 이름을 표시하는 화면 우측 상단에는 'JSTV LWGMC'라는 글자가 떠 있었다. 이 방송국은 미국과 한국에서 방영되는 기독교 전문 채널인 '예수위성방송'이라는 매체

[사진 104] 평양 최고재판소에서 시작된 임현수 목사 재판에서 검사가 판사에게 제출한 범죄혐의 증거물 영상물이 법정에 설치된 대형 TV에 나가는 장면. 화면 상단에는 'JSTV LWGMC(예수위성방송국 생명수선교회)'라는 미주 한인 선교 방송국 자막이 떠 있다.

를 뜻하는데 JSTV는 LWGMC(Living Water Global Mission Conference, 생명수 세계 선교회)라는 단체와 같은 재단이며 산하에 신학교도 운영하고 있다. 예수위성TV는 1988년 미주에서 시작된 위성방송이며 미국 Los Angeles 코리아타운에 본사가 있고 한국에는 부산 범일동에 지사가 있는 선교방송이다.

 이날 법정에서 틀어준 영상물은 임 목사가 강연한 영상을 평소 JSTV에서 방송한 것이었는데 북 정보당국과 검찰이 이 동영상을 입수한 것이다. 검사들은 이 방송 내용과 여러 강연 영상들을 재판부에 증거 자료로 제시했으며 법정에 앉아있던 방청객들과 기자들은 숨을 죽이며 방송을 시청했고 임 목사도 피의자석에 앉아 고개를 숙인 채 듣고 있었다. 증거 자료들은 주로 임 목사가 남한 교회들과 미국 교회들의 초청을 받고 강연하거나 설교한 장면들이었으며 대부분 체제를 비판한 내용들이다. 법정에 울려 퍼진 이 목사의 설교내용을 들어보자.

정권을 잡고 있는 극소수의 사람들, 그것은 아주 '악'(惡)입니다. 악 그 자체야. 악한 영들인데, 텔레비전에서 보여주는 평양의 '쇼'(Show) 하는 모습은 10%도 안 되는 북한의 모습을 겉으로만 보시는 거고, 아주 공포 정치가 돼가지고 점점 더 상황이 심해집니다. (중략) 북한에서 복음의 씨만 뿌리기만 하면 교회가 나올 수 있는 준비된 기회가 오리라 생각을 하고…"

증거 자료들은 대략 이런 내용들이었다. 이날 검사는 논고를 통해 임 목사를 사형에 처할 것을 재판부에게 요청했다. 그러나 변호인은 변론을 통해 사형이 아니라 다른 형벌을 내려주기를 요청했고 결국 재판부는 임 목사에게 '무기노동교화형'을 판결하는 것으로 결론을 냈다. 그렇다면 임현수 목사가 기자회견을 통해 또박또박 읽어내려간 자신의 혐의점들을 살펴보도록 하자.

내가 저지른 가장 엄중한 범죄는 공화국의 최고존엄과 체제를 심히 중상모독하고 국가전복 음모행위를 감행한 것이며 캐나다, 미국, 일본, 브라질, 한국 등(을 다니며) 교회에서 사역 보고를 하면서 공화국(북한)을 비난했다. 또한 공화국 인민들이 심장으로 받드는 수령영생위업과 주체혁명위업계승에 대해 미국과 서방세계에서 떠들어대는 것과 똑같은 악담을 늘어놓았다. 이것은 신성한 국가에 대한 가장 모독적인 도전이며 극단적인 망동이었다. 공화국에 대한 이러저러한 지원의 명목으로 각지를 돌아친(돌아다닌 것도) 것도 미국과 남조선(남한) 당국의 반공화국 압살 정책에 편승하여 북의 체제를 뒤집어엎고 종교국가를 세우기 위한 거점을 꾸리기 위한 데 있었다.

그리고 1996년 몽골에서 현지 미국 대사를 만나 한해 500여 명의 탈북자를 한국으로 보내는 일에도 관여했으며, 캐나다 큰빛교회가 세운 중국 길림성 도문시 월청진 마패교회를 탈북유도 거점지역으로 삼았다. 또한 미국 필라델피아 '안디옥교회'(담임목사 호성기), 미국 휴스턴 '언덕교회'(담임목사 옥승웅), 미국 로스엔젤레스 '은혜한인교회'(담임목사 한기홍), '벧엘교회'(원로목사 손인식), 미국 뉴욕 '예일교회'(담임목사 김종훈), 미국 '세인트루이스교회'(담임목사 김경식), 브라질 상파울루 '동양선교교회'(담임목사 황은철) 등이 반북 운동을 하고 있는 교회들이다. 이어서 남조선(남한)에는 서울 '사랑의교회'(담임목사 오정현), 강원도 춘천시 '한마음교회'(담임목사 김성로), '대학생선교회'(대표 박성민), 경남 양산 '세계로교회'(담임목사 손현보), 서울 강동구 '광성교회'(담임목사 이성근), 서울 영등포구 '한성교회'(담임목사 도원욱), 서울 강남 '모자이크교회'(담임목사 박종근), 인천 '선목교회'(담임목사 최선규) 등도 마찬가지로 반북 운동을 하는 교회들이다.

이들 교회들은 공화국에 대한 허위와 날조, 기만으로 빚어진 설교를 하는 것은 신앙심에 어긋나는 행위이며 정의와 진리, 선의에 대한 부정이고 배반이다. 진정으로 종교인으로서의 신앙 양심에 충실하다면, 민족의 화합과 통일에 도움이 되는 선한 일을 하여야 할 것이다. 나는 소위 동족을 사랑한다고 하면서 동족이 가장 미워하는 대역죄를 지었으며 다시 한 번 공화국 전체 인민들과 온 민족 앞에 나의 형언할 수 없는 대역죄를 머리숙여 깊이깊이 사죄합니다.

위 내용들은 북 당국이 공개한 기자회견 전문이다. 혹자들은 이 발표문과 참회문 등은 임 목사가 직접 작성한 것이 아니라 북 당국에서 의도적으로 작성한 것을 임 목사가 읽어내려 갔을 뿐이라고 주장하기도 한다. 그러나 필자가 볼 때 발표문은 임 목사가 작성했으며 스스로 그 내용들에 동의를 하고 인정했다고 보인다. 사흘 후인 8월 2일 일요일에는 평양 봉수교회 주일예배에 참석해 예배가 끝날 무렵 광고 시간을 이용해 강단 앞에 나와 미리 준비한 속죄의 참회문 원고를 읽어내려 갔고 이 장면도 이튿날 공개됐다.

> 저는 커 가면서 '민족복음화'와 '예수민족화'라는 극단적인 신앙관으로 세뇌되었고, '고난의 행군' 시절에 목격한 북한의 참상이 지도부의 잘못 때문에 비롯되었다는 비판을 했습니다. (중략) 사람들의 이야기를 들으면서 수령님은 정말 소박하고 겸손하고 인간적인 풍모를 지닌 분이라는 걸 알게 되었습니다. 신앙자로서 양심에 어긋난 행위를 한 사실을 반성합니다. 대역죄를 머리 숙여 깊이 사죄하기 위해 이 자리에 섰으며 두 번 다시 신앙에 어긋나는 악행은 하지 않겠다고 맹세합니다.

그러나 임 목사의 이런 속죄와 참회의 발언에도 불구하고 2015년 12월 16일 최고재판소에서는 '국가전복음모' 등의 혐의로 '무기노동교화형'을 선고했고 임 목사는 현재 교화소에서 복역 중이다. 임 목사의 사례를 통해 확실히 파악된 사실은 비록 종교 집회 현장이라 해도 반북적인 발언들은 이처럼 자신의 신변과 사역에 치명적일 수 있다는 것이다. 북에서는 체제와 최고지도자를 비판하는 것을 엄격히 금하고 있으며 이를 '1호 범죄'라 하여 중형에 처하고 있기 때문에 북을 드나드는 대북사역자들은 조심해야 한다. 아무리 20년 가까이 북 주민들의 생활을 개선하기 위한 대북지원 사업을 대가없이 했어도 1호 범죄에 걸려들면 정상 참작이 안 되며 가차 없이 준엄한 처벌을 받는다.

그러기 때문에 평소 북을 왕래하는 사역자들은 일관성 없는 자신들의 이중적인 언행을 삼가해야 한다. 비근한 예로 북측 관리들이나 인민들 앞에서는 아부성 발언을 남발하면서도 남한이나 미국에 도착하면 북을 비방하며 돌변해버린다. 사역자들 중에는 북에 대한 자신의 선입견과 검증되지 않은 여러 가지 낭설들을 토대로 명확한 근거 없이 체제를 비판하거나 지도자를 모함하는 이가 더러 있다. 이들은 자신의 지나친 반북 발언들이 기독교 사역의 진정성을 훼손 받고 있다는 것을 인지해야 하며 동시에 북측으로부터는 심각한 오해를 불러 일으켜 자신의 신변이 위험해진다는 것을 명심해야 한다.

보는 바와 같이 평소 임 목사가 인도주의적인 차원과 종교적 긍휼 차원에서 대북지원 사업을 아무리 거창하게 벌였다 하더라도, 북 당국은 자신들의 정당성을 위협하거나 폄하한다고 판단하는 인물에 대해서는 더 이상 좌시하지 않는다. 아울러 주권국가로서 헌법과 사회법 등의 법치가 있다는 사실을 대외적으로 보여주면서 강력한 법적 조치를 행동으로 보여준다. 법정에서 증명된 임 목사의 발언들에서 볼 수 있듯이 보수 기독교의 북한선교관은 북한 체제와 정부를 부정하거나 소위 '북한 붕괴론'을 단골 메뉴로 삼고 있다. 대북 선교 정책도 경제적으로 어려움을 겪는 이들을 순수하게 섬기려는 진정성보다는 개종이나 지하 교회 같은 종교적 성과와 이익을 염두에 두고 있다. 북 당국 입장에서 볼 때 이런 현상들을 구제 사업을 가장한 일종의 기독교 점령군이나 십자군식으로 비쳐질 수 있으며 더 나아가 기독교 종교국가를 세우려는 체제전복 음모로 받아들인다.

20여 년간 많은 것을 희생하며 인도주의적 지원 사업을 해왔던 임 목사에게 북 당국이 이토록 엄중한 처우를 한 것은 이런 일들이 더 이상 되풀이 되지 않도록 본보기를 보여주기 위한 것으로 보였다. 현재 임 목사는 노동교화형이라는 수형생활을 통해 자신이 20년 간 벌여온 대북사역을 전반적으로 돌이켜보며 많은 것을 반성하고 가치관도 새롭게 형성되는 계기가 되어 대북관이 많이 달라졌을 것이다. 또한 남북의 문제를 바라보는 임 목사의 역사 의식도 대폭 전환되었을 것이며 자신과 전혀 다른 이데올로기를 따르는 북 인민들에 대해 새로운 이해를 하고 있을 것으로 보이니 만큼 하루속히 석방되는 것이 좋을듯하다.

라선시를 비롯한 경제특구에서 이처럼 빈번한 억류 사태가 발생한다면 북 입장에서도 결코 유익한 일이 아니다. 외국의 투자가 점진적으로 증가하는 상황에서 시장을 확장하고 개방해야 하며 외부 투자자들로 부터 많은 사업을 유치해야 하는데 억류 사태가 자주 발생하면 외국인의 투자와 경제 활동이 위축되거나 백지화될 수 있다. 특히 외국의 투자가들 중에는 기독교인들이 다수를 차지하기 때문에 종교 문제로 인해 긴장 상태가 고조되는 상황에서는 경제특구로서의 기능이 상실될 수 가 있다.

가장 최근에 억류된 미국 시민권자 김동철 목사

임현수 목사가 기자회견을 마친 얼마 후 2015년 10월 2일, 라선시에서는 또 다시 억류 사태가 발생했다. 한때 미국 버지니아주의 박시몬 목사가 설립한 '미주북한선교회' 소속 선교사였던 김동철 목사가

[사진 105] 수갑을 찬 모습으로 재판정에 들어서는 김동철 목사의 모습. 재판부는 이날 김 목사에게 10년 노동교화형을 선고했다.

간첩 혐의로 체포된 것이다. 김 목사는 체포된 이듬해인 2016년 4월 29일 열린 재판에서 '국가전복음모' 등의 혐의로 10년 노동교화형을 선고받고 현재 복역 중이다. 마침 필자가 백두산을 등정하고 중국 연길에 체류 중일 때 라선시를 여행하고 돌아온 조선족 동포들을 통해 최근 미국 국적의 조선족 목사가 체포됐다는 소문을 들을 수 있었다.

한국에서 고등학교까지 졸업한 김 목사는 미국 워싱턴 DC로 이민을 온 후 청소와 햄버거 장사 등을 통해 돈을 벌면서 이민생활의 기반을 닦았고 후에 편의점 등의 자영업으로 자수성가했던 인물이다. 결혼 후 슬하에 딸 두 명을 둔 그는 텍사스에 있는 댈라스침례신학대학을 졸업하고 달라스에서 개척 교회를 설립했으며 그곳에서 침례교 목사 안수를 받고 본격적인 목회자의 길에 접어들었다. 그 후 신학대학에서 박사학위까지 취득한 그는 미국에서 30년 이상 체류하며 시민권을 취득했으며 워싱턴 인근 버지니아주 페어팩스에 거주하며 편의점을 운영하였으나 아내와 이혼하는 아픔을 겪었다.

그러나 미국으로 유학 온 북 출신의 조선족 여성을 만나면서 교제를 하던 중 2001년 그녀와 함께 북한선교를 목적으로 중국 옌지로 건너가 결혼식을 치뤘고 슬하에 아들 한 명을 두었다. 마침 부인의 친정이 함경도였는데 그는 종종 중국에서 함경도 지역과 라선시를 오가며 대북 사업과 선교 사역을 병행했다. 사업 수완이 좋았던 김 목사는 라선시의 호텔 외에도 청진시에서도 소규모 봉제 공장을 운영하기도 했으며 중국 훈춘에도 작은 가게를 운영하는 등 방대한 규모는 아니지만 많은 사업을 벌였다. 중국과 북을 오가며 활동하던 그는 간혹 1년에 한두 차례 정도 미국을 방문해 북한선교 집회를 가졌으나 미국에는 특정한 교회에 소속되거나 전문적으로 후원하는 단체는 없었다.

김 목사 내외는 북 당국이 보낸 10월 10일 노동당 창건 70주년 기념식 초청장을 받고 2015년 9월 30일 부인과 함께 자신의 승용차를 몰고 훈춘을 거쳐 라선시로 들어간 후 라선시에 있는 자신 소유의 '두만강호텔' 안에서 체포됐다. 나선지구의 군사기밀이 담긴 자료를 건네받다가 갑자기 들이닥친 정보부 요원들에 의해 연행된 것이라고 한다. 그가 체포된 장소는 10여 년 전 당시의 화폐로 1,200만 위안(약 21억 6,000만 원)의 거액을 들여 건축한 4층짜리 호텔이었으며 이날 부인은 체포되지 않았다.

한편 김 목사가 체포되기 전에는 1930년대 일제강점기 하에서 항일투쟁을 하던 김일성 대장을 위급한 상황에서 구해낸 중국인 장울화(張蔚華) 집안과 친분을 쌓으며 동업자 관계를 유지했다. 2015년 1월에는 두 차례에 걸쳐 길림성 푸쑹(撫松, 무송)에 있는 장울화의 손자 장치(張琪)를 찾아가 라선시에 요양원을 설립하는 사업을 논의하기도 했다. 잘 알려진대로 장울화는 24세의 나이에 1937년 일경에 붙잡혔으나 함께 활동한 김일성의 은닉처를 숨기기 위해 사진 현상액(독극물)을 마시고 목숨을 끊으며 김일성의 목숨을 살려주었다. 훗날 김일성 주석은 이 사건을 두고 자서전 『세기와 더불어』에서 자세히 소개했으며, 항일투쟁 당시 자신의 목숨을 구한 생명의 은인 세 명 중에 가장 첫 번째로 장울화(장위화의 한국식 한자음)를 꼽았다. 두 번째 은인은 평양역에서 발생한 폭탄 테러를 막은 소련군 노브첸코 중위, 세 번째는 중국 길림 감옥에서 구출해준 손정도 목사이다.

북 당국은 이들 3인의 후손들을 평소 '연고자 가족'으로 분류해서 특별대우를 해주고 있으며 김정은 위원장도 장울화의 기일이 되면 해마다 푸쑹에 있는 묘소에 조화를 보내고 있으며 주요 국가기념일에는 장치와 장진취안 등 장울화의 자손들을 귀빈으로 초대하는 등 끈끈한 교류를 이어오고 있다. 평소 김동철 목사도 북측 당국과의 관계가 원만했는데 2015년 4월에는 라선시에 세워진 김일성 김정일 두 지도자의 동상 제막식 행사에 장치의 이름으로 화환을 보내기도 했다.

그런데 어떻게 해서 김 목사가 '국가전복음모죄'와 '간첩죄'로 유죄 판결을 받고 10년 노동교화형을 언도 받았는지가 처음에는 의문이 들 수밖에 없었다. 재판에 앞서 2016년 3월 김 목사는 평양 인민문화궁전에서 기자회견을 열고 "지난 2011년부터 남조선 정보기관원들의 지원을 받아 공화국(북한) 내부 정보를 남조선 정보기관에 전달하는 역할을 했다"고 시인했으며, 북 당국은 그 이후 방송 매체를 통해 "2013년 4월 남조선의 수구 세력 인사들에게 포섭된 김 목사가 전직 북측 군부의 간부에게서 군사기밀이 담긴 USB와 카메라를 넘겨받으려다 중국 국경 지대에서 검거됐으며 현지 주민을 돈으로 매수해서 군사기밀을 빼냈다"고 발표했다.

그 후 '우리민족끼리' 방송자료 화면을 보면 재판정에서의 담당검사는 "김동철 목사는 사회주의 제도를 전복하려는 목적으로 범죄를 저지른 만큼 엄중한 심판을 받아야 한다"고 재판부에 요청했으나 변호인은 "김동철 목사가 나이가 많은 만큼 강성부흥하는 공화국의 모습을 직접 목격할 수 있도록 형량을 낮춰 주기를 요청한다"고 발언함으로써 재판부는 10년 노동교화형을 선고했다.

'크리스 김'을 통해 본 성육신적 사역과 사랑

'성육신적 선교'라는 것은 타문화권 선교를 하는 선교사들이 선교지 국가의 원주민들과 동일화(identification)되는 것을 말하는데, 이는 현지인의 의식주 생활을 무조건 모방한다고 되는 것이 아니라 선교사의 진정한 마음의 태도가 어떠한가에 달려있다. 가장 먼저 인간 대 인간의 신뢰감이 확보된 후에 인간과 하나님과의 관계를 소개하거나 맺어주는 역할이 가능하기 때문이다.

성경에서 그 대표적 실례가 예수 그리스도의 성육신 사건이다. 기독교에서는 하나님이 인간의 육신을 입고 이 세상에 탄생한 날을 가리켜 성탄절(크리스마스)이라고 부르며 인간의 몸을 입고 이 세상을 찾아온 예수의 탄생 사건을 신학적으로 성육신(成肉身 Incarnation) 혹은 도

[사진 106] 크리스 김 가족이 거주하는 신해리 살림집(좌측)과 주택 단지

성인신(道成人身)이라고도 부른다. 하나님의 영원한 아들이 동정녀 탄생을 통해 본래 자신이 지녔던 신성에 인성을 취한 것으로서 그 결과 예수는 완전한 하나님이며 완전한 인간이 된다. 이처럼 하나님이 사람의 몸을 입고 이 땅에 내려와 세상 사람들과 함께 동고동락 했듯이 타문화권 선교사는 선교지 주민들을 겸손하게 섬기며 동등한 가운데 동고동락할 때 복음이 그들 내면세계에 깊숙이 파고들어 영혼을 일깨워 주고 예수 그리스도의 사랑으로 인도된다는 것이다.

성급하게 선교의 결실을 맺으려고 하거나 선교지의 주민들에게 신뢰감을 얻으려는 목적을 버려야 한다. 대북사역자들은 종교적 목적달성에 집착하지 말고 이런 성육신적 원리를 통해 사랑을 실천할 때 기독교가 우리 민족의 통일에 기여하고 이질화된 남북 민족이 서로 하나 될 수 있는 소통과 가교 역할에 기여 할 수 있다. 그래서 필자는 라선시 신해리에 20년 가까이 거주하며 그리스도의 사랑을 말없이 실천하는 '구리스 선생'(크리스 김)을 매우 좋은 케이스로 생각하고 있다. 신해리를 비롯한 그 지역 사람들은 평소 크리스 김을 매우 좋아하고 전폭적으로 신뢰한다. 그렇다고 해서 그가 동네 주민들을 종교적으로 선동하거나 예수를 믿으라고 전도지를 돌리거나 강요한 적도 전혀 없다.

독실한 기독교 신자인 크리스 김은 미국 시민권자로서 미국 명문대에서 컴퓨터공학을 전공하고 실리콘밸리에서 안정적인 직장생활을 하던 중 이곳 신해리에서 염소농장을 운영하며 자리를 잡았다. 마을길도 넓히고 농사도 짓고 상수도 하수도 공사도 하고 인민들과 동고동락하며 모범적으로 살아왔다. 신해리는 동해가 내려다보이는 비포장도로를 따라 운치 있게 펼쳐진 곳에 아늑하게 위치해 있는 평화로운 농어촌마을이다. 크리스 부부는 슬하에 예슬과 지성이 남매를 두고 있고 미국 국적의 백인 수의사도 크리스 김 가족들이 신해리에 정착한 초기부터 함께 15년을 살고 있다. 크리스 김의 부인은 『재미동포 아줌마 북한에 가다』 저자인 신은미 박사의 사촌 여동생이다.

미국에서 잘나가던 그들 가족들이 왜 여기 와서 이렇게 고생스럽게 살고 있을까? 신은미 박사의 방북기를 읽어보면 그 의미를 어느 정도 이해할 수 있다. 신은미 박사를 안내했던 안내원은 크리스 김 부부가 잠깐 자리를 비운 사이에 의아한 표정으로 신 박사의 남편인 정태일 선생에게 다음과 같은 질문을 던졌다.

• 그런데 선생님, 선생님 사촌 동생 분은 미국에서도 좋은 교육을 받고, 유능한 컴퓨터 공학자로 대접도 잘 받고 직장도 훌륭했다고 들었는데, 왜 이곳에 오셔서 어려운 고생길을 마다치 않고 계시는지 모르겠단 말입니다. 늘 감사한 마음으로 바라보고 있지만, 한편으로는 어떻게 저럴 수 있는지 궁금해서리…."

■ 이해하기 힘드실 겁니다. 김 선생님도 저분이 기독교인인 것 아시지요?

• 네, 잘 압니다만, 그것이 어떻게 련계(연관)가 되는지, 그건 모르겠습니다.

■ 참 설명이 힘든 이야기인데… 기독교인들은 하늘에 신(하나님)이 있다고 믿습니다. 그 신이 인간을 창조했으니 우리 인간들은 그 신의 자식인 겁니다. 우리가 그 신의 자식이니 그 신이 얼마나 우리를 사랑

하겠습니까. 그러니 신의 자식인 우리도 그 뜻을 따라 다른 사람에게 사랑을 베풀며 살아야 한다고 믿고, 행하는 겁니다. 그렇기 때문에 기독교인은 자신을 희생하며 남을 위해 살아가는 것을 기쁨으로 여기는 거지요. 또한 자신들의 삶을 자신들이 좌지우지하는 것이 아니라 하늘에 계신 신이 하는 일이라고 생각합니다. 나도 잘 모르긴 하지만 대충 그런 이야기입니다. 솔직히 나도 집사람이 교회에 나가니까 가끔 골프 약속 없을 때 할 수 없이 끌려가는 정도라서 충분히 설명을 잘 못하겠네요.

• 그리스도 교인들은 다 그렇게 삽니까?

기독교인들은 모두 그렇게 사냐고 묻는 안내원의 의아한 물음에는 크리스 김과 그의 가족들이 이곳에서 살아온 삶의 궤적들을 압축한 말이다. 20대에 소명을 받은 크리스 김은 입술이나 말로만 떠드는 선교

[사진 107] 크리스 김 가족들과 함께 신해리에 사는 미국인 수의사(좌측)와 크리스 김의 딸 예솔과 아들 지성이가 산에서 캐온 더덕을 다듬는 모습 (사진 제공: 신은미 박사)

를 하는 것이 아니라 아무 말 없이 온 몸으로 행동하고 실천하는 '성육신적 삶'을 살아왔다. 거창한 것이 아니라 그저 인민들과 함께 먹고 마시며, 울고 웃는 평범한 소시민적 삶을 살아왔을 뿐이다. 그는 현재 염소농장 운영과 더불어서 중국 단동(연길)에서 라선시를 전문으로 여행하는 '크라운여행사'를 운영하며 신해리 마을과 이웃 주민들의 사랑을 듬뿍 받고 있으며 라선시 인민위원회의 인정과 신뢰도 받고 있다. 오히려 인민들이 먼저 크리스 김 가족들이 독실한 크리스천인 것을 알아챘고 예배를 적극 권장하기도 한다.

그렇다고 북측 당국이 그를 경계를 하거나 의혹을 살만한 언행을 한 적이 결코 없다. 그리고 한 주간을 열심히 살고 매주 일요일이 되면 가족들끼리 모여 예배를 드리거나 친분이 있는 해외동포 대북사역 지원자들과 함께 주일예배를 드린다. 이들이 드리는 예배는 북 당국이 허락하는 공식적인 종교 행위이고 공개적이고 합법적이다. 필자는 크리스 김에게서 특권을 포기하고 희생을 감수하는 태도를 엿볼 수 있었다. "나는 더 이상 미국시민권자가 아니라 라선시 인민이다"라는 생각을 지니고 평범하게 사는 그의 모습에서 그곳의 상황에 맞춰 신해리 사람으로 살아온 진솔한 신자의 모습을 발견했다.

올바른 대북사역을 제시한 노르웨이 출신의 프랭크 잰슨

이미 몇 년 전에 고인이 됐지만 외국인으로서 북을 이해하고 교류했던 프랭크 잰슨이라는 기독교 신자가 떠오른다. 그는 일찍이 1979년부터 북에 대한 비전을 품고 발을 들여놓은 후 2000년 초반까지 지속적으로 왕성한 사역을 했던 유럽의 기독교 신자인데 그가 평소 강조했던 말을 들어보자.

남북이 전쟁을 하는 것은 너무 비싼 대가를 치르는 것이며 양측의 군대를 유지하는 것도 지출이 크다. 중요한 것은 우리가 섬기는 대상의 정체성이 무엇인가 하는 것과 하나님은 북한에 대하여 어떤 마음인가 하는 것을 스스로에게 물어야 할 것이다. 이 물음이 없으면 놀라운 일은 없을 것이다. 북한의 사회적인 틈새를 노리고 그 빈 공간에 기독교 복음을 심으려고 하는 경우가 많은데 결국 그것은 인본주의적인 것이다. 남과 북이 단절된 문제를 해결할 방법은 우선 소통이다. 복음전파보다 소통과 교류가 가장 우선이다.

프랭크가 북에 대한 비전을 품은 지 1년 뒤인 1980년 한국 정부로부터 에너지 부족 문제를 해결하기 위해 북에서 석탄을 구입해달라는 부탁을 받고 본격적으로 북과 교류하게 되는데 프랭크는 목회 활동을 하지는 않았지만 노르웨이의 정치와 경제 분야의 지도자로서 늘상 기도하는 사람이었다. 또한 노벨상을 수여하는 평가단에 포함되어 있어, 김대중 전 대통령이 노벨평화상을 받는 데도 드러나지 않도록 일조했다. 프랭크의 말에 좀 더 귀를 기울이여 보자.

당신이 북한선교사가 되기 원한다면 당신에게 가장 중요한 것 중 하나는 상대에게 귀를 기울이는 것이다. 선교 활동에서 성공하기 위해서는 가장 먼저 상대의 이야기를 경청해야 한다. 북한 사역자들은 말하는 것보다 우선 듣는 것에 집중해야 한다. 다른 문화권에 들어간다면 그들의 문화를 알기 위해 좀 더 귀기울여야 하며 그런 후에야 그들과 대화를 나눌 수 있는 것처럼 이런 원리가 바로 나의 대북사역의 초점이다.

프랭크가 강조한 것처럼 우리가 섬기는 대상의 정체성이 무엇인지 알아야 한다. 그리고 하나님은 어떤 마음으로 북을 바라보고 계시는가를 묵상하는 것이 필요하다. 하나님이 북을 조건 없이 사랑하시는 것 같이 우리 마음도 북에 대한 사랑으로 충만할 때 비로소 대북사역을 시작해야 한다. 선교 한답시고 북 인민들에게 다가가 무조건 가르치거나 주입시키려는 것이 아니라 지금은 그들을 바라보고 필요가 무엇인지 듣고 배워야 한다. 그리고 어떻게 그들의 필요를 충족시켜 줄 수 있는가를 질문하는 일부터 조용히 시작해야 한다. 어떤 사역자들은 다짜고짜 복음을 전파하거나 지하 교회를 세우려는 생각을 하고 있는데 지금은 그런 타임이 아니다. 하나님이 독생자 예수를 내어주기까지 우리를 사랑하시는 것처럼 그런 사랑이 자신에게 있는가를 질문하며 그들의 삶의 현장에 직접 들어가 낮아지며 겸손히 섬기며 함께 더불어 살아갈 때 그들은 초대하며 신뢰할 것이다.

라선시에서 빵 공장과 병원 사역을 하는 '미국 만나미션'

크리스 김이나 플랭크 잰슨 외에도 스벤에릭 요한슨 선교사도 매우 긍정적인 대북사역자 중에 한 명이다. 또한 라선시에서 빵 공장과 병원을 건립해 정기적으로 후원하고 진료하는 미국 만나미션의 사역도 매우 바람직하고 객관적이다. 특히 만나미션에서 대표적으로 사역하는 이영호 박사는 한때 채플실을 만들어놓고 자체적으로 주일예배를 드리거나 기도를 할 정도로 북으로부터 신뢰를 얻은 인물이다.

현재 그는 정기적으로 라선인민병원을 진료하는 것 외에도 시골에 세운 결핵요양원을 방문해 진료하고 있는데 백내장 팀 수술은 1년 2회(봄가을) 정기적으로 실시하며 그 외에도 의약품 지원과 치과, 내과 진료를 하고 있다. 대북지원팀이나 NGO관계자들 중에는 대부분 목사, 신학교수들이나 독실한 신자들이 많아서 라선시를 방문할

[사진 108] 라선시에서 빵 공장과 병원을 운영하는 만나미션 USA 소속의 이영호 박사. 매년 정기적으로 의료봉사를 하는 그는 주일이면 대북지원 사역자들과 함께 공식적으로 예배를 드린다.

때마다 자체적으로 예배를 드리고 있다. 미국에 거주하는 한인 기독교인들로 구성된 미국 만나미션은 1999년부터 라선시에 빵 공장을 설립하고 현재까지 지속적으로 지원하고 있다. 1997년 나진에 밀가루 80톤을 전달한 것을 계기로 구제 사역을 시작한 이후 1998년에는 트럭 9대 분량의 밀가루를 지원해오다가 현지 관계자들의 제안으로 1999년 9월 빵 공장을 설립해 매일 12,000개의 영양빵을 나진과 선봉지역 탁아소와 유아원에 공급해왔다.

또한 2003년 10월 9일 엑스레이를 비롯해 내시경 검사시설 등 최신의료장비를 갖출 나진신흥병원을 설립했는데 이는 하루에 1,000명 이상의 환자들을 치료할 수 있는 종합 진료소 규모이다. 라선시로부터 부지를 임대 받아 이처럼 나진신흥병원과 어린이 영양빵 공장을 건축하게 된 것이다. 특히 병원은 2,500평 대지에 2층 건물이며 내과, 외과, 소아과, 산부인과, X-레이과, 병리과, 한방과 7개 부문으로 나뉘

어져 있고 초기에는 북측 의사와 간호사 25명과 중국 의사 5명이 진료를 맡고 있으나 지금도 상주하는 의료진이 부족하다.

이처럼 만나선교회는 '독자기업'이라는 독자적인 형태의 대북 사업 모델을 만들어냈는데 평소 계약이라는 개념이 별로 없는 북측 사회에서 외국의 독자 기업이 존재한다는 것은 불가능했으나 설립자인 신종현 장로가 수년간 노력한 끝에 성사됐다. 독자 기업은 외국 기업에서 직접 직원을 고용하고, 그 직원이 북 영토 내에 상주하면서 모든 사업을 운영하는 기업 형태를 말하는데 만나선교회가 고용한 중국인과 조선족 직원이 라선시에 상주하면서 자재 관리부터 생산, 배급까지 일련의 과정을 담당해왔다. 사역의 결정권도 북 당국이 아닌 미국 만나선교회의 임원들에게 있어서 안정적인 사역이 가능하고 배급의 투명성과 효율성도 높다고 한다.

특히 신흥종합병원은 미국의 만나의료팀을 현지로 보내 북측 의료진에게 최신 의료 기술을 전수해주고 있기 때문에 북 전체에서도 손꼽히는 의료 기술을 보유하고 있는데 심지어 대형 병원에서도 1차 검진 이후 확진(1차 검진을 확인하는 검진)이 필요한 경우에는 만나종합병원에 보낼 정도라고 한다. 또한 만나선교회는 75곳의 탁아소와 유치원 등에 빵을 제공하는 것 외에도 두 달에 1만 권 이상 생산할 수 있는 학습장(노트) 공장을 설립해서 6살부터 11살까지는 칸으로 된 공책을, 11살 이상은 줄로 된 공책을 2005년부터 공급해왔다. 북측 인민들은 17년 넘도록 아무런 조건 없이 묵묵히 빵을 나눠주고 있는 만나미션을 바라보며 만나미션이 무엇을 하는 곳인지, 왜 이런 일을 하는지 모두 잘 알고 있다.

'통일지향적 대북사역'을 해야 한다

이제라도 한국교회는 라선시에서의 경쟁적인 선교 정책을 중단하고 통일지향적인 정책으로 전환해야 한다. 과거에 가지고 있던 막연한 선교 열정과 자기만족을 위한 선교 과시욕을 버리고 진정한 의미의 조용한 선교 혁명이 일어나야 한다. 소위 '북한선교'를 하려면 북한 영토에 교회당을 세우고 수천 권, 수만 권의 성경책을 배포해야 하는 것으로 많은 사역자들이 알고 있다. 이런 분별없는 과잉 선교가 진정한 선교를 방해하고 여러 사람들에게 어려움을 당하게 한다. "나 하나쯤이야" 하는 태도가 아니라, "나 하나로부터"의 마음가짐으로 통일지향적인 선교가 무엇인지 고민해야 한다.

필자는 그동안 한국교회의 무모한 북한선교 정책이 하루 빨리 수정되고 전환되어야 함을 강조해왔고 동시에 사역자들에게는 대북사역의 패러다임 전환을 요청해왔다. 그동안 대북사역자들을 볼 때마다 안타깝고 아쉬웠던 점들을 몇 가지 언급하고자한다. 대북사역자들은 사역의 특성상 복음 전파 이전에 민족 화해와 협력 정신을 지녀야 한다. 그

[사진 109] 한국 가톨릭 측에서 설립한 라선인민병원 모습. 가톨릭의 의료 사역은 북 당국으로부터 큰 신뢰를 받고 있다.

리고 한국교회는 북에 대한 팩트에 관심을 갖고 객관적 해석을 하는 일에 사회적으로 가장 먼저 앞장서야 한다. 북에 대한 올바른 정보와 자료 수집이 필요하다면 기존 보수언론에만 의존하지 말고 12정탐꾼들 중에 여호수아 갈렙만이 올바른 관점에서 리포트를 작성해 모세에게 제출했듯이 하나님의 관점에서 북을 바라보고 해석하는 관점이 필요하다. 또한 현재 시행되고 있는 북조선의 기독교 정책과 종교 자유에 대한 정확한 개념 이해가 필요하다. 그리고 북 당국이 왜 그토록 지하 교회와의 전쟁을 선포하고 있으며 이에 따른 대북 선교사들의 억류 사태와 추방 사태가 왜 발생하는지 근본적인 원인을 분석해야 한다.

또한 이북의 교회들을 무조건 매도할 것이 아니라 가정 교회와 처소 교회 그리고 공식적인 교회당에 대한 정확한 이해와 함께 한국교회의 통일의 파트너인 조선그리스도교연맹(조그련)에 대한 올바른 이해와 파트너십이 절실하다. 또한 일제강점기 역사와 더불어 분단사와 한국전쟁사 등에 대한 객관적인 역사 이해는 물론 북미 관계와 국제질서에서의 대북 정책에 대한 객관적 소신이 있어야 한다. 더불어 대북사역자들은 대북사역의 한계와 현실을 인정하고 북에 대한 내재적 이해와 접근을 위해 대폭적인 인식의 전환이 필요하다. 아울러 북을 일방적으로 왜곡한 행태에서 벗어나 역사적, 시사적 재해석 능력을 자체적으로 갖춰야 한다. 이를 위해 "북한을 바로 알고, 바로 알리는 운동"이 한국교회와 해외 한인교회 내부에서 일어나야 한다. 정확하고 객관적인 대북 자료만이 올바른 선교 정책을 수립하는 데 도움이 될 수 있고 중보기도를 하는 데 활용될 수 있다. 또한 북에 대한 객관적인 진실만이 올바른 통일 정책 활용도 가능하다. 그렇지 않으면 모두가 뜬 구름처럼 허상을 잡을 뿐이다.

그리고 대북사역자들은 소위 북한붕괴나 흡수통일(혹은 북진통일)의 잘못된 통일 망령과 통일관에서 벗어나 민족 공조와 상생의 평화통일을 지향하는 통일 관점이 필요하다. 대북 풍선 전도지 삐라 살포행위처럼 잘못된 선교관은 현지 사역자들을 오히려 더욱 어렵게 하거나 오히려 기독교의 이미지와 입지를 제한한다. 남북 간의 '화해'는 정치적 이슈가 아닌 복음적 이슈이기 때문에 지금은 선교 활동보다도 남북 간의 소통과 화해의 중계자 역할이 필요하다. 언론과 학교교육에서 제공된 반공 이데올로기로 인해 형성된 부정적인 대북관은 대북사역에 있어서 치명적이다. 반북 의식의 고착화에서 한국교회와 사역자들이 먼저 벗어나야 한다. 북에 대해 무조건 부정적으로 대하는 '적대세력-냉소세력-비판세력'을 '이해세력-우호세력-소통세력'이 되도록 사역자들이 앞장서야 한다.

또한 북의 실체를 축소하지도 말고 과장하지 않아야 하며 민족의 앵글로 접근하여 객관적 시각에서 바라봐야 한다. 남북이 적대적, 대립적 상황일수록 한국교회가 직접 나서 양측의 '만남과 교류', '소통과 통합', '유대와 연대'의 단계를 넘어 '민족 공조'에 이르도록 힘써야 한다. 그렇기 때문에 필자는 남북을 셔틀 왕래하며 남과 북의 모든 국립묘지를 일일이 찾아 다니며 우리 민족의 역사 화해를 모색하며 용서와 화해의 불씨를 지폈던 것이고, 북측에 있는 교회들과 종교들을 빠짐없이 참관하여 우리 민족을 향한 하나님의 뜻과 섭리를 그리스도의 사랑으로 순응하고 싶었던 것이다.

제2부
북녘의 가정/처소 교회와 종교단체 편

17. 가정 교회와 처소 교회

18. 조선그리스도교련맹

19. 평양신학원

가정 교회와 처소 교회

[사진 1] 평양 순안구역 가정 교회 신자들이 예배드리는 모습(2011년 12월)

북조선 '가정 교회'를 가다

1953년 정전협정 이후 본격적으로 전후 복구 사업이 시작되자 기존 기독교 신자들과 조기련(조선기독교도련맹) 측은 기독교를 믿는 인민들의 신앙생활 유지에 대한 가장 올바른 대책이 무엇인가를 고민하며 방법을 모색하기 시작했다. 정치적, 사회적으로 격동기와 과도기를 맞아 종교 문제가 매우 절박한 문제이긴 했으나 그렇다고 성급히 처리해서는 안 될 문제이기 때문에 일시적 대안이 아닌 본질을 붙잡고자 했던 것이다. 여러 우여곡절 끝에 그렇게 시작된 것이 바로 '가정 교회'였으며 이로써 북측 기독교 공동체는 전 세계 기독교 2천년 역사에서도 매우 보기 드문 독특한 교회 형태인 가정 교회 제도를 정착시키며 기독교의 새로운 역사를 기록하며 어느덧 60년의 세월이 지났다.

정확히 말하자면 가정 교회는 그 이전으로 거슬러 올라가 1945년 8.15해방 직후 북조선 인민정권이 들어서면서부터 태동되었다. 해방정국 이후 6.25전쟁 직전의 기간에도 새로운 교회 제도로 자리 잡기 시작한 가정 교회는 전쟁 직후에는 이전보다 더 열악한 상황에서도 조기련의 주도로 가정 교회가 재정비되며 전국으로 퍼져나갔다. 원래 김일성 위원장이 이끄는 당과 내각은 교회, 성당, 사찰 등을 우선적으로 복구하려 했으나 인민들과 민중들의 반대로 소극적으로 전환되었다. 일제 강점기 36년간 조선의 가톨릭과 개신교, 불교가 워낙 친일행각을 자처했던 것을 대중들이 모를 리 없었다. 그래서 인민대중들은 역사 청산과 친일친미 사대주의 청산 차원에서 가톨릭 성당과 개신교 교회당을 복구하는 것은 물론 교회 조직이 활성화되는 것조차 꺼려하고 혐오스러워할 정도로 반대했던 것이다.

그런 와중에도 가정 교회와 처소 교회가 그 대안으로 탄생하게 된 것이다. 북측의 '가정 교회'는 그 명칭이 '처소 교회', '가정예배처소', '가정예배소' 등 여러 가지로 불려진다. 가정 교회는 분명히 당과 정부, 조기련(현재 조그련) 등에서 인정하는 공식적인 교회이며 이와는 별도로 조그련에 소속되지 않고 독자 형태로 모임을 갖는 다양한 종류의 처소 교회 공동체들도 연이어 생겨났다. 제도화된 형식에 얽매이지 않고 순수한 신앙공동체를 이루고자 형성된 가정 교회와 처소 교회들은 지금은 연대활동을 하고 있으나 초창기에는 주로 개별적으로 활동했다. 이 북조선의 가정 교회와 처소 교회들은 우리가 알고 있는 음성적이고 불법적인 '지하교회'가 아니며 북측 당국에서 승인한 공식적이고 합법적인 교회공동체들이다.

필자는 그 동안 방북시 봉수교회, 칠골교회 외에도 형제산구역, 옥류구역, 순안구역 등 전 지역에 산재한 다양한 형태의 가정 교회들을 방문해 북녘의 성도들과 함께 예배를 드렸다. 북측 당국은 1970년대부터 해외동포와 남측 목회자들이 방북할 때마다 부분적으로나마 가정 교회 예배처소를 간간히 공개했으며 이때 공개했던 교회들은 주로 평양지역과 평안남도 그리고 강원도 원산지역에 집중된 것으로 파악됐다.

1997년 당시 가정 교회 현장을 직접 탐방한 백종현 선생의 증언에 따르면 당시 처소 교회를 담당한 교역자들의 명단까지 확보됐다. 대략 살펴보면 평양 낙원동 처소 교회는 김용거 전도사(82년)가 책임을 맡았으며, 경상골 예배처소는 변소정 전도사(82년), 대동강구역 예배처는 김운봉 전도사(87년), 성천구역 처소 교회는 조성철 전도사(88년), 남산구역 처소 교회는 백봉일 전도사(97년) 등이 담임을 했었다. 교회 분포는 평양특별시에 30개소를 비롯해 남포직할시 30개소, 개성직할시 30개소, 평안남도에 무려 60개소가 있었으며 기타 지역에 40개소가 있었다. 당시에는 양강도, 자강도 지역에는 가정 교회가 없었으나 2016년 현재는 몇 군데 세워져 있다.

그 후 봉수교회당과 칠골교회당이 건축되면서 가정 교회 신자들이 두 교회당으로 유입된 것은 사실이지만 크게 영향을 받지 않고 있으며 완공 이후로도 가정 교회들은 변함없이 왕성하게 활동해 오고 있다. 2000년대 들어 최근까지는 남측의 한국기독교교회협의회(NCCK) 관계자들이나 해외교포 목회자들이 방북

[사진 2] 가정 교회 주일예배도 가급적 여성 신자는 조선옷(한복), 남성은 인민복이나 양복을 입고 참석한다.

하면 주로 평양 시내에서 가까운 평양 순안구역, 옥류동구역, 형제산구역 등의 처소 교회와 가정 교회들 위주로 공개했다.

아코디언, 구성지고 흥겨운 찬송가를 연주하다

가정 교회란 기존 교회의 예배당에서 주일예배를 드리는 것이 아니라 각 지역별로 조직된 기독교 공동체에 소속된 신자들이 교회당 대신 신자의 주택을 빌려 거실이나 큰 방안에서 주일예배를 드리는 것을 말한다. 가정 교회는 정식으로 주일예배를 드리는 곳이기 때문에 현재 남한 교회들이 시행하고 있는 구역예배나 목장 모임, 셀 조직 모임과는 다른 차원의 조직이다. 각 가정 교회 책임자는 예배 장소로 제공될 수 있는 여건을 갖춘 주택을 선택해 매주 일요일마다 모여 주일예배를 인도하거나 설교를 하며 주 중에도 신자들의 각종 모임을 주관하기도 한다.

또한 책임자는 조그련과의 유기적 관계를 유지하며 가정 교회 신자들의 신앙생활을 돕거나 형편을 돌아보며 조그련과의 행정적인 관

계가 지속되도록 하고 있다. 북측의 가정 교회는 전통적인 교회 구조에서 탈피해 신약성경의 가정 교회나 중국의 처소 교회처럼 조직화되어 정치적 상황에 협력하거나 대처하기도 하며 사회적으로는 드러나지 않게 매우 조용히 신앙인의 본분을 다하고 있는 상황에 있다.

필자가 볼 때 처소 교회는 주일예배 시간에는 피아노나 오르간을 대신해 아코디언으로 찬송가 반주를 한다. 기존 교회들이 반주자를 두는 것처럼 반드시 아코디언 연주자가 있는 것으로 확인됐다. 평소 피아노와 오르간에 익숙한 나는 구성지고 색다른 아코디언 연주가 더 신기하고 은혜롭게 받아들여졌다. 또한 설교자와 인도자가 별로도 조직된 경우도 있지만 아예 책임을 맡은 목사, 전도사, 장로가 직접 설교와 예배 인도를 겸하는 경우가 대부분이었다. 때로는 피아노를 갖춘 가정 교회도 있었다.

또한 요즘은 보기 드물지만 90년대 말에서 2000년대 중반까지는 가정예배를 마치고 나면 VCR에 비디오 테이프를 넣고 성경공부를 하는 경우도 빈번했다. 비디오 테이프를 넣는 기계는 이미 단종되고 최근에는 DVD, CD를 넣는 콤보 플레이어가 유행하는 추세이기 때문에, 북측 가정 교회를 후원하려면 콤보 플레이어와 아코디언 지원이 절실하며 DVD로 제작된 신학 교재와 성경공부 교재도 필요한 실정이다.

가정예배소는 지금까지 대부분 장로, 집사 등 평신도 중심으로 운영되었으며 책임자는 거의 전도사와 목사들이며 한 사람의 교역자가 여러 교회를 순회하며 관리하기도 한다. 그러나 전문적인 교육을 받은 목회자의 수급이 원활하지 않은 상황이라 가정 교회 예배는 질적인 부분에서 열악하며 지방으로 갈수록 더하다. 열악한 지방의 가정 교회들의 경우에는 설교자도 없이 인도자에 의해 성경 본문만 신자들끼리 서로 돌아가면서 읽고 기도하고 찬송하는 것으로 주일예배를 대신하기도 한다. 1972년 평양신학원 건립 이후 그 동안 100명이 넘는 목회자들이 배출됐으나 그래도 아직까지 턱없이 부족한 상태다. 따라서 일부 가정예배소는 책임자가 직접 설교할 수 없는 경우 봉수교회와 칠골교회 담임목사 들의 설교 테이프를 시청하며 예배를 드리기도 한다.

과거 조그련 관계자들은 국제회의 석상에서 남측과 해외동포 목회자들을 만날 기회가 있을 때마다 가정 교회에서 사용할 VCR(비디오 테이프 플레이어) 지원을 요청해온 적이 있었다. 그런 연유로 NCCK와 한국기독교장로회(기장 측), 감리교 등이 VCR 수백 대를 지원하기도 했다. 2002년도에는 NCCK 대표단이 형제산지역과 옥류지역 가정예배처소를 참관할 때 서울 감신대 총장 김득중 박사의 '마가복음 강해' 비디오 테이프를 틀어놓고 성경공부 교재로 활용하는 장면을 목격하기도 했었다.

이들이 목격한 테이프는 80~90년대에 남한에서 초교파적으로 운영한 '성서통신대학'의 교재로 제작됐던 것이며 '한국비디오선교회'가 제작했던 것이다. 테이프 안에는 남한 교회의 여러 유명 목사들의 설교와 신학 교수들의 성경강해가 한 편당 20분짜리 분량으로 담겨져 있었으며 당시 재미교포 한인 목사가 북측 조기련에 50개를 전달하면서 시작된 것이다. 그 후 이 테이프들은 전국의 각 가정 교회에 복사판을 보급했으며 가정 교회뿐만 아니라 김일성종합대학과 평양신학원, 봉수교회 등에서 신학교재용과 성경공부용으로도 사용되었다.

전후 '미제 타도' 열기 속에 '소단위화'로 신앙 유지

6.25전쟁 후 북의 각계각층 전 인민들로부터 빗발치듯 몰아치는 미제타도의 열풍 앞에 미국의 브랜드 종교처럼 여겨지는 기독교는 한풀 꺾일 수밖에 없었다. 그런 가운데도 신앙을 유지하려는 기존 신자들과 기독교 공동체들은 그루터기로 남기 위한 자구책으로 '소(小)단위화'가 필수적이었으며 그렇게 시작된 가정 교회와 처소 교회는 지난 수십 년간 변함없이 정착되면서 매우 익숙한 형태의 '북조선 사회주의 가정 교회'로 정착됐다. 이와 관련해 1985년 방북한 세계교회협의회(WCC) 관계자는 보고서에 다음과 같이 적었다.

> 사실 연맹(조기련)은 평양에 교회 한 곳을 건축하자고 요청한 바 있다. 그러나 이 같은 조기련의 제안을 거절한 것은 가정 교회 공동체 그룹들과 가정 교회 신자들이었다. (중략) 북조선 신자들은 30여 년 이상을 개인들 가정집에서 예배를 드려왔다. 그것은 편법만이 아니었다. (중략) 그들은 오랫동안 그렇게 해왔기 때문에 "별 쓸모없고 외형만 번지르르한 교회건물은 필요 없다"고 잘라 말했다.

기존 평양의 가정 교회 신자들의 입장에서 볼 때 벽돌로 지어진 교회당은 '손님을 맞이하고 행사를 개최하는 회관'의 의미 정도로만 여겨졌던 것이다. 내가 만난 가정 교회 신자들은 '교회는 건물이 아니라 예수를 구세주로 믿는 사람들의 공동체이다'라는 것을 강조하기라도 하듯 기존 서구식 기독교가 유지한 전통적인 형식을 탈피한 듯 보였다. 이와 같은 가정 교회 형태는 비단 북조선만이 아닌 중국과 러시아 등 대부분의 사회주의 국가의 교회들에게서 나타나는 일반적인 현상이기도 하다.

한 곳의 가정예배소는 신자들이 대략 10~12명 단위로 모이며 매우 가족적이고 단합된 모습으로 예배를 드리고 있으며, 이들이야말로 북조선 기독교의 중추적인 기둥이라는 것은 확실히 알 수 있었다. 남한 교회가 '건물 중심의 교회'라고 한다면 북조선 교회는 '가정 교회 중심'이라고 보면 될 것 같다. 80년대 말 들어서 봉수교회가 건축되고 90년대 초 들어서 칠골교회가 연이어 건축되면서 북조선 기독교의 흐름과 무게 중심이 건물 교회 형태로 옮겨진 듯 보이긴 했으나 이는 일시적인 현상일 뿐 가정 교회는 그 후로도 두 교회당과 아랑곳하지 않고 지금까지 건재하며 유지되고 있다.

교회와 신자들의 수치에 민감한 필자는 방북할 때마다 조그련 오경우 서기장에게 꾸준히 질문한다. 오 서기장의 말에 의하면 현재 북에는 520여 곳의 가정예배소가 있다고 못을 박았으며, 85년에는 "25개 가정예배소가 증가했다", 93년에는 "10여 개소의 가정예배소가 새로 생겼다"는 등 예배처소의 지속적인 증가를 주장해왔다. 그 후 97년에는 당시까지 500여 곳으로 알려졌었으나 조그련 강영섭 위원장에 의해 520여 곳으로 수정 발표됐고, 2010년도에 들어서 최근 5년 동안 필자가 직접 확인한 결과 520개의 통계수치는 큰 변동 없이 그 상태로 머물러 있다.

알려진 바로는 평양특별시, 남포직할시, 개성직할시 등 특별시 또는 직할시에 30여 곳씩, 평안남도에 60여 곳, 그 외 도시에 40여 곳씩 존재하고 있으며 최근 들어 양강도와 자강도에도 가정 교회가 조직되어 운영 중이다. 평양지역의 경우, 한때 50여 곳까지 늘어났으나 봉수교회와 칠골교회가 건립됨에 따라 이곳으로 흡수돼 현재 30여 곳이 있으며, 특히 강원도 원산지역의 경우 시내에만 8곳의 예배처소가 있다. 지금까지 가톨릭과 개신교 모두 원산지역에 많은 신자들이 밀집된 것으로 확인되고 있으며, 심지어 개신교의 조그련 측에서는 봉수, 칠골교회에 이어 제3교회 설립 부지로 원산시를 강력히 추진하려는 계획을 세운 적도 있을 정도로 많은 신자들이 활동하고 있다.

가정 교회와 기존 교회당 조직과의 관계

봉수, 칠골교회처럼 가시적인 건축물로 지어진 교회와 일반 주택에서 드리는 가정 교회는 어떤 관계인가? 내가 볼 때 이 두 가지 형태의 교회는 독자적으로 고유한 특성을 지니고 있으면서도 한편으론 서로 협력하며 유기적인 관계를 가지고 있었다. 봉수교회당이 완공되면서 그 텅 빈 교회당 좌석들을 평양시 광복거리에 밀집된 가정 교회 신자들로 채웠으며 칠골교회의 경우도 마찬가지였다. 그렇다고 기존의 가정 교회가 문을 닫고 폐쇄된 것은 전혀 아니다.

칠골교회의 경우는 기존 광복거리 가정 교회 신자들을 흡수했다기보다는 오히려 가정 교회 신자들에 의해 칠골교회당이 건축된 케이스였다. 칠골교회당이 세워진 직접적인 계기는 그 동안 가정 교회나 처소 교회에서 자체적으로 예배를 드리던 다수의 신자들이 광복거리 새 아파트촌으로 이주하면서 교회당 건축 민원을 제기하면서 시작됐기 때문이다. 민원을 접수한 김일성 주석이 1989년 5월, 김정일 비서를 대동하고 광복거리를 현지지도 하면서 칠골교회 건축이 가시화됐다. 이때 김 주석은 유년시절에 다녔던 교회들을 떠올리며 과거 '하리교회'(下里敎會)가 있던 자리를 물색해 적당한 장소에 건축하면서 그곳 지명을 적용해 '칠골교회'라 명명한 것이다.

한 가지 유념할 것은 거의 대부분의 남한 교회와 해외 한인교회들은 북조선의 가정 교회를 지하교회로 오해하고 있다. 그러니 다시금 말하거니와 필자가 언급한 가정 교회는 지하교회가 아니니 혼동하면 안 된다. 지하교회는 외국에서 입국한 사역자들이 북 당국의 승인을 받지 않고 비합법적으로 교회를 조직해 음성적으로 선교와 목회를 하는 교회이다. 그러나 가정 교회는 북조선 정부와 당의 승인 하에 조그련에 소속된 합법적인 기독교 공동체를 말한다.

이승만 목사와 경상(慶上)골 예배처소

동평양 쪽 대동강에서 강 건너 서남쪽을 바라보면 경상골과 만수대의 경치가 한 눈에 바라보인다. 이런 아름다운 풍광 속에 위치한 경상(慶上)골 인근의 평양시 중구역에는 독특한 형태의 가정 교회가 자리잡고 있다. 한 평생 미주에서 통일운동을 하며 북조선과 활발한 교류를 했던 이승만 목사는 타계하기 전에 가정 교회와 관련된 여러 가지 증언들을 필자에게 전해준 적이 있다. 이승만 박사는 주류사회인 미국 장로교의 총회장을 지낸 명망 있는 목회자였는데 그의 설명에 의하면 봉수교회가 건축되기 훨씬 이전에도 이미 규모가 큰 새로운 형태의 가정 교회들이 운영되고 있었음을 알 수 있다.

그 중 한 가지 실례를 든다면 1986년 봄에 미국그리스도교협의회 대표단과 방북한 이 목사는 일정 중에 시간을 내 가정 교회들을 탐방했다. 방문단장 엡스 목사를 비롯한 미국 목사 일행들은 이승만 목사

[사진 3] 평양봉수교회 담임으로 새로 부임한 송철민 목사와 대화하는 이승만 목사와 필자

와 함께 평양의 '경상골(慶上) 예배처소'를 방문했는데 이 교회는 과거 해방 전 평양에 있던 '창동(倉洞) 교회'와 '성곽(城郭) 교회' 신자들로 구성된 교회였다고 한다. 이 경산골 예배처소는 일반교회당 신자들 규모보다는 작고 가정 교회 신자보다는 훨씬 큰 규모였다고 한다. 창동교회는 1905년 1월 22일, 평양 장대현교회에서 세운 교회인데 설립 당시 출석신자는 40명이었으나 1930년대 들어서는 교인수가 무려 2,000명이 되었다고 한다.

이 목사가 방문한 교회는 경상골 언덕 위에 있었는데 '경상골'이라는 지명은 원래 모란봉 남쪽 기슭에 있는 골짜기 이름인데 그 유래를 살펴보면 원래 평양사람들은 을밀봉에 오르는 것을 경사스럽게 여겼는데 이 봉우리에 오르는 첫 어귀라 하여 '경상골'이라 불렀다고 한다. 경상골 막바지에는 '청년공원'이 있고 대동강 기슭을 따라 내려오면 현대적인 아파트들과 냉면으로 유명한 '옥류관'이 나온다.

경산골 예배처소는 그 주변 경관이 수려할 뿐 아니라 신자들의 믿음도 열정적이고 매우 진실해 보였으며 일반교회들처럼 그 역할과 기능을 다하고 있어 미국 방문단 일행들이 충격을 받았다고 한다. 당시 방문단 일행은 귀국길에 서울을 들려 1986년 4월 30일, 엡스 목사와 함께 종로에 있는 '한국교회 100주년기념관'에서 방북 보고회를 갖기도 했다고 한다. 그 후 나와 이승만 목사는 평양에서 만나 다시 경산골 예배처소를 방문해 예배를 드렸으며, 그 당시와 거의 규모나 방식이 변함없다고 귀띔해주었다. 이처럼 북측은 곳곳에 가정 교회, 처소 교회와는 또 다른 형태의 교회형태가 존재하고 있다.

이영빈 목사와 강원도 원산의 가정 교회

독일에서 거주하는 '조국통일해외기독자회' 소속 이영빈 목사는 "남과 북이 1986년 스위스 글리온에서 처음 만나 교류하기 훨씬 이전부터 북에는 가정 교회가 존재하고 있었다"고 증언했다. 1981년 처음 방북한 이영빈 목사는 당시 원산의 가정 교회 예배에 직접 참석한 이야기를 다음과 같이 회고했다.

가정 교회는 내가 북에 사시는 아버지와 편지를 교환하면서 이미 확인했던 바라 크게 놀라운 일은 아니었지만 교회들은 곧 자연 소멸될 것 같은 인상을 받았어요. 왜냐하면 평양에 10여 곳, 원산에 4~5곳이 있다는 가정 교회들은 약 5,000명 교인들 중에 가장 연소한 사람이 55살이라고 하더군요. 또한 나는 평양과 원산에서 조기련 당국으로부터 허가를 받아 가정 교회에서 설교를 했는데 신자들이 아닌 당원들도 그 자리에 참석했는데 반응이 아주 좋아서 기대 이상이었어요. 그들은 '모든 기독교인들이 당신만 같다면 우리도 기독교인이 될 수 있을 것 같다'고 말했어요. 훗날 평양 봉수교회를 담임했던 이성봉 목사님은 그 당시 내가 설교했던 원산 가정 교회에서 장로로 봉직하고 계시면서 가정 교회를 이끄셨던 분인데 나중에 봉수교회로 발령을 받으셨습니다.

이 목사가 우려한 부분은 신자들의 나이가 모두 고령이라 신앙의 대가 끊길 것을 염려한 것이다. 그러면서 그는 81년에 이어 95년에도 방북했는데 두 차례의 방북을 비교하면서 첫 번 방문 때보다 기독교 상황이 아주 좋게 달라졌다고 증언했다.

처음에 저희가 방문했을 때 교인들이 묻더군요. '이 목사님, 앞으로 우리가 뭘 해야 합니까?' 그래서 '지금 신앙생활을 어떻게 하냐'고 물었더니 '우리는 그저 모여서 찬송 부르고 기도드리는 일이 전부입니다'라고 하더군요. 정말 내가 보니 신자들의 성경책은 귀퉁이가 반질반질 닳아 없어질 정도였어요. 그들은 더 이상 전도하는 것도 어렵고 심지어 자식조차 설득시킬 수 없는 형편에 이른 것을 답답해하면서 '우리가 이런 상태를 대비할 준비가 있었나요?'라고 반문하더라구요. 그때 나는 '여러분들 스스로 국가가 못하는 것에 대한 대안을 찾아보라'는 말만 해줄 뿐이었지요. 그런데 그 후 95년도에 다시 방문해보니 이북 주민들이 기독교에 대한 태도가 180도 달라졌어요. 전에는 교인이라고 나서는 것이 마치 죄 지은 사람처럼 부끄러웠고 또 기독교인들은 자신이 미국 숭배자가 아님을 일부러 밝혀야 했는데 지금은 기독교인들이 통일운동에 앞장서기도 하고 또 기독교도련맹이 북조선 외무성이 해내지 못하는 일들을 하고 있어 사회단체 중에서도 기독교의 위상이 크게 높아졌습니다.

이영빈 목사의 증언처럼 북측에는 가정 교회가 못자리 역할을 하며 신앙 1세대들의 안식처 역할을 감당했으나 세대교체 문제가 해결되지 못해 신앙의 계보를 이어가는 문제에 있어서는 특별한 대책이 없는 것으로 보였다. 가정 교회는 그 후 500곳으로 확산되었고 1972년 평양 신학원이 개교하며 제1기 신학생을 선발한 뒤 졸업생들을 배출해 가정 교회 책임자로 파견하고 있다. 그 후 학교는 운영비

[사진 4] 한국 정부로부터 두 차례 입국 금지를 당한 후 50년 만에 독일에서 귀국하는 이영빈 목사 내외 모습

문제로 어려움을 겪다가 잠시 중단된 후 2000년 9월에 재개원해 오늘에 이르고 있다. 현재 7명의 교수진이 12명의 학생을 가르치고 있다. 신학생들의 출신지역은 대부분 평양, 해주, 원산, 청진 출신이 가장 많았으며 이들은 졸업 후 다시 자신들의 고향이나 새로 발령받은 사역지로 파견되어 가정 교회 목회를 해왔으며 지금까지 봉수교회와 칠골교회를 담임한 목사들은 이성봉, 백봉일 목사를 비롯해 대부분 가정 교회 출신 목회자들이다.

그 후 1988년 6월 15일 WCC(세계교회협의회)에서 아시아 국가를 담당하던 박경서 박사는 만경대구역의 '성천 가정예배소'를 방문했으며 2005년은 남측 감리교 서부 연회가 윤연수 감독을 단장으로 한 대표단이 평양 '순안구역 가정예배 처소'를 직접 방문해 예배를 드리고 돌아간 적이 있다. 이때 함께 참석한 오경우 서기장은 "지금 우리 공화국에서 신앙 생활하는 기독교인들은 매우 성실하고 번영한 모범적인

삶을 살고 있으며 이런 모습을 보고 기독교인이 되려고 하는 인민들이 점차 늘어나고 있다"고 증언했다. 그럼에도 불구하고 가정 교회는 그동안 명맥이 유지되는 차원에 머물며 때로는 활성화되거나 때로는 침체되는 양상을 반복해왔다.

또한 10여 년 간 전국에 있는 가정 교회를 다니며 지도를 하다 최근 평양 칠골교회 담임목사로 부임한 백봉일 목사는 가정 교회 책임자 시절을 회고하며 "주일에 출석하는 가정 교회 교인수는 평균 10~15명 정도이며 보통 가정 교회에 새로 출석하는 교인은 1년에 고작 1~2명 정도이며 전도가 잘 되지 않는다. 공화국 인민들은 자기 자신을 믿는 주체사상과 하나님을 믿는 신학의 차이 때문에 쉽게 예수를 믿지 못하고 있다"고 하소연하기도 했다.

북조선 기독교에 대한 허정숙의 증언

오래 전 북을 방문한 재미교포 홍정자 여사(홍동근 목사 부인)는 평양 만수대의사당에서 노동당 중앙위원회 정치국 비서이며 조선 해외동포원호위원회 위원장을 지낸 팔순의 허정숙 여사와의 만남을 가졌다. 홍정자는 고령의 할머니가 된 허 위원장과의 진솔한 대화를 통해 북조선 기독교에 대한 진솔한 이야기를 들을 수 있었다고 했다. 허정숙은 1981년 이래 통일을 위해 해외 목회자, 학자, 그리고 사업인 등 해외동포들과 연대해 통일운동을 펼치며 지도해온 인물이다. 서울에서 태어난 허정숙은 기독교 학교인 배화여고를 다녔는데 세월이 흘러 원로 여성혁명가의 모습으로 홍 여사와 대면한 것이다.

세간에서는(서방세계) 우리 웃사람들(북조선 사람들)이 종교를 탄압한 줄로 잘못 알고 있다. 전쟁 중에 교회당이 벽돌 하나 안 남고 파괴된 것은 미군의 무차별 폭격에 의한 것이었고 하층 극렬분자들에 의해 더러 불행한 일들이 있었다. 그리고 백 년이 걸려도 재건 못하리라고 미국이 야유할 만큼 온 나라가 잿더미가 된 상황에서는 가장 먼저 인민들이 먹을 것, 입을 것, 어린 것들 공부시키는 일이 현실에선 너무도 긴박한 문제들이라 교회당 먼저 지어줄 겨를이 없었다. 그 대신 장소를 가리지 않고 누구나 예배할 수 있도록 '가정예배처소'가 마련되었으며 이때 수령님도 신자들을 직접 보살펴준 경우가 상당히 많았지.

허정숙은 그 중 한 예를 들어 일제하 독립운동 지도자였던 도산 안창호 선생의 누이동생 안신호 권사의 경우를 들었다고 한다. 미주 독립운동가로 존경받는 도산 안창호는 북측 입장에서 볼 때 '민족개량주의자' 혹은 '친미주의자'로 오랫동안 비판해온 인물이었다. 안신호는 해방 후 북조선 인민정부가 들어선 후에도 이에 아랑곳 하지 않고 기독교 신자로서 매우 철저하고 독실한 신앙생활을 했기 때문에 북 당국으로부터 종교인으로 분류되기까지 했다.

홍정자의 설명에 의하면 1945년 해방이 되자 평양으로 귀국한 김일성은 환영대회가 끝난 후 북조선 인민위원회를 조직해 이끌던 중 안신호와 그 일가족을 찾아 보도록 지시했고 그 결과 안신호

[사진 5] 노년의 허정숙 위원장의 모습

가 남포(진남포)에 살고 있는 것으로 파악되자 안신호에게 '남포시 여맹위원장' 직책을 비롯해 '조선민주려성동맹 중앙위원회 부위원장' 등 요직에 임명했다. 이듬해인 1946년 민주주의 정당, 사회단체, 행정국, 인민위원회대표협의회에 참가해 김 주석을 만난 안신호가 그 자리에서 평범한 종교인에 불과한 자신에게 그처럼 중책을 맡겨주고 국사를 논하는 자리에 불러준 데 대해 감사를 표하자 김 주석은 다음과 같이 답변했다고 한다.

> 공연한 이야기를 다 하십니다. 북조선 임시 인민위원회는 노동자, 농민을 비롯하여 지식인 기업가, 종교인 등 각계각층을 망라한 인민의 참다운 민주주의 정권이기 때문에 인민 정권을 수립하는 회의에 응당 애국적인 종교인도 참가하여야 합니다. 남포시 여맹위원장이야 일제 놈들에게 오빠인 안창호 선생도 잃었고 아들도 잃었으며 지금 새 민주조선 건설을 위하여 높은 애국심도 가지고 헌신하고 있지 않습니까. 우리는 종교인들의 신앙생활을 반대하지 않습니다. 그런데 일부 기독인들은 신앙생활을 한다고 하면서 미국 놈들을 하느님처럼 숭배하고 있습니다. 하느님을 믿을 바에야 '조선의 하느님'을 믿어야지 무엇 때문에 '미국의 하느님'을 믿겠습니까. 미국 놈들을 믿었댔자 얻을 것이란 아무 것도 없습니다.

당시만 해도 안신호는 교회뿐이 모르는 보수적인 기독교 신자였으나 그 후 진보적이며 적극적인 민주 인사가 되어 북조선의 건국 사업에 몸과 마음을 다 바쳐 일했다고 한다. 그 후로도 국가와 김 주석으로부터 크나 큰 정치적 신임을 받은 안신호는 여러 차례 최고인민회의 대의원에 선출되어 국사를 논하는 큰 대회 또는 회합에 참석했는데 어느 날 김 주석이 동석한 자리에서 동료들로부터 우스갯소리 아닌 비웃음을 당한 일이 있었다고 한다.

어머니(안신호)는 식사를 받고서는 왜 졸군(졸고 있는) 하십니까? 이제는 해방이 되었는데 예수 믿는 것은 그만두어야 하지 않습니까?

그러자 김 주석은 그들의 빈축을 가로막으며 이렇게 말했다고 한다.

몇 십 년 믿어 오던 예수를 어떻게 갑자기 그만두겠습니까? 우리나라의 일이 잘 되게 해달라고만 빌면 일 없습니다. 우리는 그가 어떤 종교를 믿든 간에 그가 지니고 있는 애국심의 깊이와 건국 사업에 어떻게 나서고 있는가를 먼저 보아야 합니다. 종교를 믿는다고 덮어놓고 색안경을 끼고 보거나 멀리하며 차별 대우를 해서는 안 됩니다.

이와 같이 북조선의 종교 정책이나 김일성 주석의 종교관은 우리가 알고 있는 기존 사실과는 많은 차이가 있는 대목이다. 그 후 가정 교회 정책을 펴는 데 있어 매우 중요한 역할을 감당했던 안신호 권사는 중요 직책과 고위 간부를 지내면서도 성경책을 끼고 살다시피 하면서 가정 교회 중심의 신앙생활을 평생 유지했다.

국가의 중요 직책을 수행하면서 성경책을 끼고 산 안신호 권사

1884년 11월 남포에서 태어난 안신호(安信浩) 권사는 1963년 2월

6일, 약 80세의 나이로 세상을 떠나기까지 북조선의 교육자, 사상가로서 또한 기독교 정치인으로서 매우 왕성한 활동을 했다. 김일성 주석은 그의 회고록『세기와 더불어』에서 해방 이후 안신호가 성경책을 들고 다니면서 여성동맹 일을 잘 수행한 신실한 기독교인이었다고 소개한 바 있다. 해방 직후 남포 방면에 안신호가 살고 있다는 보고를 받은 김일성 위원장은 안신호를 먼저 찾았다.

그 당시 남포지구에서는 김경석 동무가 파견원으로 활동하고 있었다. 그래서 그에게 안신호를 찾을 데 대한 과업을 주었다. 며칠 후 남포에서 안신호를 찾았다는 통보가 올라왔다. 김경석 동무에게 전화로 그 녀자의 경향이 어떤가고 물으니 그는 밤낮 성경책만 끼고 다니는 녀자인데 독실한 신자 같다고만 대답하였다. 나는 안신호가 이름난 애국렬사의 동생이기 때문에 종교를 믿어도 애국심만은 있을 것이니 당적 영향을 주면서 잘 이끌어보라고 김경석 동무에게 말하였다. 김경석 동무는 알겠다고 대답하면서도 별로 시답지 않아 하였다. 신자들이라면 덮어놓고 색안경을 끼고 보는 때여서 우리가 그렇게 루루이 강조했음에도 불구하고 신자들을 경원시하는 폐단이 쉽사리 없어지지 않고 있었다. 몇 달 후 김경석 동무는 나에게 안신호가 입당하였다는 것과 그가 성경책 속에 당증을 넣어가지고 다니면서 새 조선 건설에 헌신 분투하고 있다는 반가운 소식을 전해주었다.

김 주석의 설명처럼 사회주의 크리스천이 된 안신호를 비롯해 영향력 있는 여러 저명한 인사들에 의해 북조선의 기독교는 가정 교회 형태로 명맥을 이어갔으며 이들이 중추적 역할을 감당하게 된다. 전

조선노동당 간부였던 신평길의 보고서에도 1960년대 이후 북 당국은 기독교 믿음을 포기하지 않고 신앙생활을 계속해온 기독교인들에게 소위 '풀어주는 사업'의 일환으로 가정예배를 공식적으로 허용하는 조치를 취했다고 증언했다.

특히 당시 50대 이상의 연령을 지닌 신자들 위주로 모인 가정예배소는 평남 선천, 황해도 신천 등 해방 전 기독교가 부흥했던 지역에 200여 개가 허용되었으며 평남 남포에는 안신호가 주도하는 가정예

[사진 6] 안창호의 여동생 안신호 권사의 가족 사진. 남편은 김성탁, 딸은 김선덕

배처소, 강원도에는 도당위원장 김원봉의 모친 김 모씨가 운영하는 가정예배처소, 평양 만경대지역은 김일성 주석의 외가 친척인 칠골 강선녀 권사가 주도하는 가정예배처소, 함경남도는 영흥의 장관급 간부 문만옥의 모친 황 모씨 중심의 가정예배처소 등 모두 200여 곳이 활발히 운영되었으며 이 가정 교회들이 모체가 되어 2016년 현재는 513개의 가정 교회가 있는 것으로 확인되고 있다.

이처럼 초창기는 저명인사나 고위 간부급 인사 혹은 그들의 부모를 위시한 가족과 일가친척 혹은 친지들 중심의 가정예배소가 많았으며 아울러 당시는 그들 자신이 가정 교회의 자생적인 리더가 되었다. 안신호 권사는 도산 안창호의 여동생으로서 백범 김구와 맞선을 보고 약혼까지 했으나 곧 파혼했다. 백범의 아내가 될 뻔했던 안신호 권사

는 그 후 세월이 흘러 1948년 평양에서 개최된 남북 연석회의에 참가한 백범을 수십 년 만에 만나 옛 연인으로서 동지로서 그의 안내를 맡기도 했다.

이처럼 가정 교회 터를 닦으며 사회주의 체제하에서도 모범적인 신앙생활을 해온 안신호는 생의 마지막 순간까지 민족통일을 위해 봉사하는 삶을 살았다. 교회를 위해서도 열정적으로 헌신하며 힘든 정치적, 사회적 여건에서도 그리스도인으로서 꿋꿋이 신앙을 지켜나간 인물로 평가된다. 그녀가 생애를 마치고 타계하자 북 당국은 국가차원에서 배려해 김규식, 조소앙, 엄항섭 등 민족주의 독립운동가들이 누워 있는 국립묘역인 신미리 애국열사능에 안장토록 했다.

봉수, 칠골교회 분위기와는 다른 가정 교회 예배

북에는 2016년 현재 전국적으로 520개소의 가정예배소가 확실히 존재한다. 가정예배소의 최초 기원은 해방 공간과 더불어 북측 지역에 인민정부가 들어서는 특수한 환경을 배경으로 처음 발단이 됐다. 6.25 전쟁을 치루고 상흔과 반 기독교적 정서속에서도 기독교 신앙을 유지하기 위한 풀뿌리 신자들에 의해 자생적으로 생겨난 독특한 형태의 교회가 된 것이다. 당시는 전쟁 폐허로 인해 벽돌로 건축된 가시적인 교회당과 종교시설물들이 거의 전무한 상태인데다 목회자들의 대다수가 월남해버려 교역자 수급마저 원활하지 않은 최악의 상황이었기 때문에 생존을 위한 자구책이었다고 볼 수 있다.

그 결과 가정 교회는 전문적인 목회자 대신 주로 전도사를 중심으로 장로, 집사, 권사 등 평신도 지도자들이 책임자로 세워졌으며 때로는

[사진 7] 남한 교회 방문단이 가정 교회에서 북측 신자들과 손을 잡고 주일예배의 마지막 폐회찬송을 부르는 모습

조선기독교도련맹(조기련) 소속 목회자 한 명이 여러 개의 가정 교회를 순회하며 관할하기도 했다. 한 가지 주목할 사실은 이런 가정 교회 시스템은 비단 개신교에만 국한되지 않고 훗날 천주교에도 적용하여 현재 장충성당 외에도 여러 개의 가정 교회를 두고 있으며 남한 교회로부터 이단으로 분류된 통일교도 북에 가정 교회가 몇 개 정도 있다.

봉수, 칠골교회의 경우 주일예배가 끝나면 신자들이 썰물처럼 빠져 나가지만 가정 교회의 경우는 달랐다. 주로 신자들이 거주하는 주택의 응접실이나 안방에서 드려지는 가정 교회는 주일예배가 끝나도 대부분의 신자들이 귀가하지 않고 계속 남아 간단한 식사와 친교 시간을 갖는다. 또한 예배순서는 일반 교회당에서 드리는 예배순서와 동일하며 설교내용은 민족우월주의, 국수주의적인 내용, 그리고 민족통일에 대한 염원이 곁들어져 있으나 성경 본문에서는 결코 벗어나지는 않았다.

대표 기도의 내용은 신앙(종교적 믿음)과 교양(도덕과 윤리차원)의 경계선에 있는 듯했으며 아무래도 권선징악을 떠올리는 내용으로 기운다는 생각이 들었다. 기도 담당자는 대개 열정적으로 기도하는 편이었고 때로는 감정에 복받쳐 울먹이기도 한다. 어떤 이는 간절한 음성으로 기도문을 읽어 내려가기도 하고 어떤 이는 아예 기도문 원고를 보지 않고 눈을 감고 기도를 했으며 회중들은 기도내용에 공감이 되거나 기도가 절정에 오를 때 '아멘'으로 화답했다. 또한 가정 교회 신자들에게 있어 가장 즐거워하는 시간처럼 보이는 회중 찬송시간에는 감동과 은혜가 조화된 듯한 분위기가 느껴진다. 애절함과 즐거움이 뒤섞인 영성을 소유한 듯한 상태에서 찬송가를 부르는 듯 보였다.

또한 일부의 오해나 우려와는 달리 예배 참석자나 설교 내용을 감시하기 위한 보위부원이나 감시원은 존재하지 않았으며 매우 자유스러운 분위기에서 예배가 드려지는 것을 확인할 수 있었다. 이런 그릇된 염려를 하는 부류들은 대개 가정 교회와 지하교회를 이해하지 못한 혼선에서 비롯된다. 북의 가정 교회나 처소 교회를 모르면 북 기독교의 전체 실상을 모른다고 볼 수 있다. 현재 북 기독교의 모체가 되며 주류를 형성하고 있는 가정 교회와 처소 교회를 전혀 모르면서 그동안 북에 대한 종교 탄압과 종교 자유를 문제 삼는 경우가 허다했기 때문이다. 이에 필자는 계속 이어서 북 기독교에 대한 근본적인 이해를 돕기 위해 가정 교회와 처소 교회가 탄생하게 된 배경과 역사적 환경 등을 살펴보고자 한다.

북 기독교 당국은 광고나 홍보를 하지 않는다

그동안 필자가 북측 기독교를 팀빙하고 이를 종합적으로 이해하는 과정에서 발견한 분명한 사실 중에 하나는 북 당국이나 해당 기관인 조선그리스도교련맹(조그련) 등은 자신들의 교회 실태에 대해 일부러 외부에 드러내거나 미주알고주알 설명하는 법이 없다. 또한 자신들의 자국 내에 활동하는 기독교에 대해 자본주의식의 광고나 홍보 방법을 사용하지도 않았다. 자본주의 사회처럼 자신들을 적극 홍보하거나 증명하기 위해 광고나 선전을 하려고 애쓰지 않았으며 잘 알려지지 않은 가정 교회와 처소 교회의 실체를 외부세계에 알리는 일들도 자제하고 있다. 기존 봉수, 칠골교회 외에도 여러 유형의 교회들과 신자들이 있건만 공개하지 않는 이유는 여러 가지가 있을 것이다.

그렇지 않아도 남한과 서방세계는 북이 종교를 탄압하고 인권을 억압하고 있다며 몰아붙이는 상황임에도 불구하고 북 당국은 조금이라도 자신들의 진실을 알리면 좋으련만 아랑곳 하지 않고 자기 증명에 매우 인색하다. 오히려 필자가 방북할 때 마치 유적을 발굴하듯 여기저기 탐방해 기독교의 실상을 확보해 외부세계에 알려야 하는 현실이다. 필자는 이런 부분 때문에 오히려 북측 기독교가 더 진정성 있어 보였다.

북 당국은 자신들의 억울함을 증명하거나 외국에 보여주기 위한 교회가 아니라 그냥 진솔하고 소박하게 외래종교를 자신들의 것으로 소화하며 드러나지 않게 무인하고 있는 것이다. 이에 대해 필자는 종교를 대하는 북측 인민들이 우리와는 종교를 대하는 정서와 문화가 사뭇 다르기 때문에 발생하는 현상으로 받아들일 수밖에 없었다.

기독교라는 종교를 민족종교로 정착시키다

북 일반 인민들은 과거 60년의 세월이 흐르는 동안 사회주의와 주체사상 외에는 그 어떤 다른 종교문화나 사상을 쉽게 접하지 못했다. 그런 그들에게 그들만이 지니고 있는 고유한 북조선식 기독교 전통을 싸그리 무시하고 남한 교회나 미국 교회 방식이 아니라고 무조건 폄하하면 안 된다는 생각을 하게 됐다. 특히 북을 습관적으로 비판하는 세력들은 "북측 교회는 대남선전용, 대외과시용, 홍보용, 외화벌이용의 목적으로 설립됐으며 겉은 진짜교회처럼 보이지만 실상은 가짜 교회다"라며 매도한다. 심지어 "봉수, 칠골교회 교인들은 모두 가짜이며 그들 대부분 노동당 당원이나 그 가족들이며 실제로는 예수를 전혀 믿지 않는 사람들"이라며 근거 없는 모함을 한다.

그러나 북 인민들은 자신들이 피땀 흘려 지켜온 민족정신과 자주정신의 바탕위에 주체문화가 훼손되지 않는 범위 내에서 매우 조심스럽게 가정 교회를 이끌어왔고 몇몇 교회당들을 건축하며 예배를 드려왔다. 필자가 관찰해보니 북측 기독교 공동체들은 정전협정 이후 지금까지 주체문화가 뿌리내리며 자연스럽게 토착화되었으며 기독교의 정체성은 주체문화와 공존하며 민족종교화 되어 가는 과정에 있었다. 기독교라는 거대하고도 세계적인 종교를 자신들만의 고유한 민족종교로 정착시킨 유일한 국가는 지구상에 이북사회뿐이 없는 것 같다.

북을 비판하는 사람들은 아마 북측교회도 남측이 믿는 방식대로 믿어야 된다고 생각하는 것 같다. 북 교회에 대한 실체를 제대로 알아보지도 않고 미국의 시각에 의해서 해석되고 제공된 정보와 남한의 정권에 의해 재생산된 정보에 의해 터무니없이 왜곡되고 있다. 특히 북

교회에 대해 무조건 부정적으로 생각하며 진정성부터 의심하는 행위들은 북 기독교 실상을 파악하는 데 전혀 도움이 되지 않는다.

북에는 진짜 기독교가 없다며 단정 짓는 사람들은 도대체 북으로부터 어떤 종교 활동의 모습을 목격해야 속 시원하게 종교의 자유가 있다고 말할 것인가? 아마 그들의 생각 속에는 종교적 가치보다 정치적 가치가 앞서기 때문에 "북에는 종교의 자유가 없다"고 주장하는 것 같다. 비근한 예로 남한과 서방세계의 비판세력들은 6.25전쟁 직후에는 북 사회를 종교의 무덤이라고 비판했다가 실제 종교인들이 모임을 갖고 왕성한 활동을 하게 되자 이번엔 십자가가 걸린 교회당이 없기 때문에 종교가 없다고 비판했다. 그 후 북측이 교회당을 건축하자 이번엔 형식적인 가짜 교회라며 매도하고 비판해왔다.

가정 교회는 '주체적 신앙'의 모델 케이스인가?

가정 교회들이나 칠골, 봉수교회를 막론하고 필자가 탐방한 모든 기독교 공동체들은 토착화의 과정을 착실히 진행시키고 있었으며 이렇게 된 이면에는 단재 신채호나 김일성 주석처럼 민족주의 종교관에 뿌리를 둔 사상들이 영향을 끼친 듯 보였다. 단재의 명언으로 잘 알려진 아래의 글은 정확한 출처는 확인되지 않았으나 각 나라마다 외래종교를 받아들임에 있어서 새겨 둘 만한 교훈을 담고 있다.

> 우리나라에 부처가 들어오면, 조선의 부처가 되지 못하고 '부처의 조선'이 된다. 우리나라에 공자가 들어오면, 조선을 위한 공자가 되지 못하고 '공자를 위한 조선'이 된다. 우리나라에 기독교가 들어오

면, 조선을 위한 예수가 아니고 '예수를 위한 조선'이 되니 이것이 어쩐 일이냐. 이것도 정신이라면 정신인데 이것은 노예정신이다. 자신의 나라를 사랑하려거든 역사를 읽을 것이며 다른 사람에게 나라를 사랑하게 하려거든 역사를 읽게 할 것이다.

그러나 필자가 볼 때 위의 글은 다음에 나오는 단재의 신문 기고문에서 추가되거나 편집된 듯 보였다. 1925년 새해를 맞은 단재는 1월 2일자 동아일보 "낭객(浪客)의 신년만필(新年漫筆)"이라는 연재물을 통해 당시 유행하던 사회운동에 대한 논평과 전망을 제시하며 다음과 같이 역설했다.

… 이해문제(利害問題)를 위하여 석가(釋迦)도 나고 공자(孔子)도 나고 예수도 나고 마르크스도 나고 크로포트킨도 났다. (중략) 우리 조선(朝鮮) 사람은 매양 이해(利害) 이외(以外)에서 진리(眞理)를 찾으려 하므로, 석가(釋迦)가 들어오면 조선(朝鮮)의 석가(釋迦)가 되지 않고 석가(釋迦)의 조선(朝鮮)이 되며, 공자(孔子)가 들어오면 조선(朝鮮)의 공자(孔子)가 되지 않고 공자(孔子)의 조선(朝鮮)이 되며, 무슨 주의(主義)가 들어와도 조선(朝鮮)의 주의(主義)가 되지 않고 주의(主義)의 조선(朝鮮)이 되려한다.

이러한 단재의 주장뿐 아니라 훗날 김일성 주석도 각종 인터뷰와 회고록을 통해 단재와 일맥상통하는 주장을 했는데 외래종교 특히 기독교에 대한 김 주석의 견해와 주관은 다음과 같이 매우 선명하다.

예수를 믿어도 미국의 하나님을 믿지 말고 조선의 하나님을 믿으라.

온 세상 사람들이 평화롭고 화목하게 살기를 바라는 기독교 정신과 인간의 자주적인 삶을 주장하는 나의 사상은 모순되지 않는다고 생각한다.

김 주석의 이 같은 언급(『세기와 더불어』, 제1권, 104쪽)은 기독교 신앙을 믿어도 우리 것으로 소화해 자주적으로 신앙생활을 하자는 의미로 풀이된다. 북에서 오랫동안 조선기독교연맹 서기장을 지낸 고기준 목사는 생전 자신의 회고록에서 아래와 같이 주장했다.

다만 일부 기독교인들이 신앙생활을 하는 과정에서 미국을 맹목적으로 믿는데 대해 수령님께서 '하느님을 믿을 바에야 조선의 하느님을 믿어야지 무엇 때문에 먼 미국의 하느님을 믿겠습니까? 미국 놈들을 믿어 보았자 얻을 것이란 아무것도 없습니다'라고 말씀하신 데서 비롯된 오해입니다. 오히려 1946년 11월 공화국 북반부에서 첫 민주선거를 앞두고 기독교인들이 선거권과 피선거권을 행사하지 못하도록 악랄하게 책동하고 있던 내외 반동들의 정체를 폭로하면서 우리 기독교 교인들로 하여금 자기의 정치적 권리를 당당히 행사하도록 해주었습니다.

이어 고기준 서기장은 김일성 주석의 종교관에 대해서도 자세히 언급했다.

주석께서는 '종교를 믿는가 믿지 않는가 하는 것은 전적으로 개인의

[사진 8] 미주 한인교회 목사들과 함께한 조선기독교련맹 고기준 서기장(좌측부터 김의환 목사, 고기준 목사, 이정근 목사, 홍동근 목사)

의사에 맡겨야 하는 것이며 종교를 믿어도 조선 사람의 얼을 가지고 내 나라 내 민족을 위해 믿어야 한다'는 것이며 이러한 종교관과 애국애족의 이념을 가진 종교인들에 대해서는 예수를 믿는다고 해서 조금도 개의치 않았을 뿐 아니라 변함없이 함께 손잡고 나갈 동행자로 품어주고 내세워 주셨습니다. 또한 종교를 악용하는 것을 반대 배격하였지 종교와 종교인들을 멀리 하거나 차별한 적이 없습니다.

조선 땅에 불교와 천주교 등이 전래될 때 원주민들의 풍습과 정서에 결합되어 그에 걸맞는 형식으로 바뀌며 정착했듯 북에서의 기독교 역시 그렇게 자기 식의 종교로 소화되어 자기 논리와 방식으로 기독교뿐 아니라 다른 모든 종교를 수용해가고 있었다. 결국 남과 북의 기독교는 종교성과 신앙색채가 서로 다를 뿐 교회로서의 본질은 서로 다르지 않다고 보인다.

기독교의 영생과 주체의 영생탑과의 관계

평양 시내를 지나다보면 가끔 도로 한복판에 '영생탑'(永生塔)이 우뚝 솟아 있는 것을 쉽게 발견한다. 탑에는 "위대한 김일성 동지와 김정일 동지는 영원히 우리와 함께 계신다"라는 글귀가 음각 혹은 양각으로 새겨져 있다. 얼핏 보기엔 마치 기독교의 '부활교리'를 복사한 듯 느껴지는 저 문구를 혹시 남한과 서방세계의 일반 기독교 신자들이 읽는다면 대부분 소스라치게 놀라거나 거부감이 들 것이라 여겨졌다. 특히 목회자들의 눈에는 마치 기독교에서 강조하는 '임마누엘' 교리와 사상을 보는 듯한 착각에 빠질 정도일 것이다.

이러한 탑들은 평양 중심지역뿐 아니라 전국 주요 도시의 거리나 학교 등에 골고루 세워져 있다. 심지어 남한과 해외교회들이 모금해 설립한 평양과학기술대학 캠퍼스 안에도 영생탑이 우뚝 세워져있다. 탑 전면에 세로로 기록된 이 문구는 지금도 유훈 통치가 지속되고 있다는 의미도 포함되어 있는데 이는 전통적인 기독교의 입장에서 볼 때 전혀 이해가 안 될 뿐 아니라 상극처럼 여겨질 수 있다. 과거에 우리와 똑같은 육체를 지녔던 인물이 이미 목숨이 끊어졌는데 어떻게 살아있는 사람들과 영원히 함께 할 수 있을까? 그뿐 아니라 더 나아가 죽은 사람이 어떻게 통치행위까지 한 수 있단 말인가?

그러나 자세히 알고 보면 이런 의문점들은 주체사상과 기독교가 '영생'이라는 주제를 두고 학문적인 측면에서 서로 만날 수 있다는 가능성을 제시해주고 있었다. 철저한 사회주의 국가인 북은 다른 사회주의 국가와는 달리 사회주의를 더욱 강화하게 만든 주체사상으로 재무장된 사회이다. 그런데 이 주체사상은 인간을 '육체적 생명' 그 이상의 의미로 본다. 무엇보다 주체사상은 인간을 '사회정치적 생명'을 가진 고귀한 존재로도 보는 것이다. 육체를 지닌 개인의 한 생애는 죽음(의학적 사망선고)으로서 끝이 나지만 그가 속했던 사회와 집단은 영원히 존재하고 발전한다는 것이다. 즉 생전에 이웃과 공동체의 이익을 위해 헌신하며 자기 목숨까지도 민중을 위해 기꺼이 희생하는 삶을 살았을 때 그 사람은 영원한 사회적 생명체와 함께 영생하게 된다는 원리이다.

민중과 혁명의 이익을 자기 자신의 것으로 동일시하고 그 실현을 위한 헌신과 투쟁을 위해 자기 목숨을 바칠 때 개인의 육체적 생명은 끝이 나도 그가 지닌 사회정치적 생명은 사회정치적 집단과 더불어 영생하게 된다는 의미인 것이다. 필자는 '영생탑'의 문구를 그런 의미에서 접근이 필요하다고 생각한다. 그렇지 않고 종교적 관점에서 접근한다면 북 체제 자체를 종교집단으로 매도할 수 있고 주체사상을 마치 이단적 교리로 취급할 수 있기 때문이다.

옥류동 가정 교회 강세영 장로 가정사의 비극

평양 대동강구역에 있는 옥류동 가정예배처소를 방문하면 강세영 장로라는 칠십 중반이 넘은 여성 장로가 교회 책임자로서 예배를 인도하며 설교를 전한다. 1940년 평양 서성교회 담임을 맡은 강병석(康炳錫) 목사의 딸이라고 하는 그녀는 가정 교회 성도들로부터 매우 존경을 받고 있었다. 그러나 가족사와 직결된 강 장로의 간증과 신앙 스토리를 듣고 있노라면 그가 겪었던 비극에 공감되는 부분이 많아진다. 특히 해방 직후 자신의 부친 강병석 목사가 남에서 북파한 정치공작대가 던진 수류탄에 의해 살해된 뼈아픈 기억을 술회하는 대목에서는 숙연해질 수밖에 없었다. 해방 직후 남쪽에서는 신익희를 본부장으로 하는 '정치공작대 중앙본부'가 조직되어 테러를 곧바로 실행에 옮기기 시작했다. 북조선의 핵심 요인들을 테러하거나 암살하기 시작했는데 이 같은 테러행위는 정치공작대 산하 지하단체인 '백의사'의 전폭적 지원을 받아 실행되었다. '백의사'는 이미 우리에게 익숙하게 잘 알려진 염응택(영화 '암살'의 염동진)이 북에서 월남한 의혈청년학생들을 규합해 1945년 12월 서울에서 조직한 정치테러 단체이다. 이들은 1946년 3.1절 기념행사장에서 당시 김일성 위원장을 비롯해 최용건, 김책, 강량욱 목사에 대한 암살을 계획해 실행에 옮긴 것이다.

정치공작대원들은 3.1절 기념식장에서의 김일성 암살 작전이 실패하자 연이어 권총과 수류탄을 준비해 최용건, 김책의 집을 습격했으나 이마저 실패하자 마지막으로 강량욱 목사 제거에 혈안이 되었다. 당시 강량욱 목사는 해방 이듬해인 1946년 2월 '북조선림시인민위원회' 서기장(실무책임자)에 임명되었는데 그는 서기장 직책을 맡으면서 동시에 고정교회를 담임하고 있었다. 결국 이들 대원들은 1946년 3월 13일 한 밤중에 강 목사 사택을 기습 공격하기에 이르렀다. 김정의(金正義)라는 인물의 주도로 최기성, 이성열, 최의호, 이희주 등이 규합돼 강량욱 목사 암살단을 조직했던 것이다.

당시 강 목사의 집은 고정교회 안에 있는 목사관(사택)이었는데 암

[사진 9] 젊은 시절 강량욱 목사의 활동 모습

살단은 강량욱이 당연히 안방에서 자고 있을 줄 알고 안방을 집중 공격했다. 그러나 그날따라 외부에서 손님이 두 명 방문하는 바람에 강 목사는 안방을 손님들에게 내어주고 행랑채에서 자고 있었다. 암살범들은 수류탄을 투척하고 권총을 무차별 난사해 강 목사의 큰 아들 영해군은 머리에 관통상을 입어 현장에서 즉사하고, 딸도 총알이 어깨에서 가슴으로 관통해 현장에 몇 마디 비명을 지르고 죽었다.

그뿐 아니라 강량욱 목사는 얼굴 양쪽과 팔에 총알이 스쳐간 경상을 입었으며 부인은 머리를 다쳤다. 그날 밤 강량욱 목사의 집에 찾아온 두 손님은 김득호(金得鎬) 목사와 강병석(康炳錫) 목사였는데 김 목사는 시국에 대한 의논을 위해, 강 목사는 당시 20세였던 강량욱 목사의 큰 아들 영해군의 중매를 위해 강량욱 목사 사택을 찾아왔다가 큰 변을 당한 것이다.

결국 안방에서 자던 손님 두 명 중에 김 목사는 현장에서 즉사하고, 나머지 한 명인 강병석 목사는 수류탄이 척추를 관통해 중상을 입고 2년 8개월 동안 치료를 받다가 결국 후유증으로 죽고 말았다. 필자가 방문한 옥류구역 가정 교회를 이끌고 있는 강세영 장로는 바로 이날 변을 당해 치료를 받던 중 사망한 강병석 목사의 딸이었던 것이다. 강세영 장로는 아버지가 당시 중화군 초현리교회를 담임하며 교인들과 어울리던 모습을 잘 기억하고 있었다. 남과 북의 첨예했던 이데올로기 시대의 생생한 파노라마를 보는 듯했다.

전도의 어려움에 대한 고민에 빠진 북 사회

필자가 탐방한 북측 기독교 공동체들은 기독교라는 거대하고 세계적인 종교를 우리나라의 민족종교로 토착화하는 과정을 착실히 진행시키고 있었으며 이를 입증이라도 하듯 지금부터 2년 전 세상을 떠난 봉수교회 담임 손효순 목사는 생전에 필자와의 대화를 통해 목회에 대한 여러 가지 애로사항을 아래와 같이 토로한 적이 있었다.

애초에 그리스도교라는 종교는 미국 사람들에 의해 우리 조선 땅에 들어오지 않았겠습니까? 그런데 '조국해방전쟁'(6.25전쟁) 시기에 야수 같은 만행을 저지른 미국을 겪은 우리로서는 미국에 대한 감정이 아주 좋지 않게 되었습니다. 결과, 인민들에게 '예수쟁이는 곧 미국놈'이라는 식으로 인식되었단 말입니다. 지난 전쟁 시기 피해 중 교회당들이 미군 폭격에 의해 폭격을 당한 곳이 1,000여 곳이 넘을 정도로 아주 많았습니다. '신의주 제1교회'와 '제2교회'를 비롯해 예배를 드리는 도중에 몰살된 경우가 헤아릴 수 없습니다.

기독교에 대한 대다수 북 인민들의 반응은 싸늘했고 '기독교는 곧 미국', '미국은 곧 기독교'라는 공식이 성립되며 기독교에 대한 부정적 인식이 팽배해졌다는 것이다. 정전협정 이후 지금까지 지속되고 있는 북과 미국의 적대적 관계가 풀리지 않은 한

[사진 10] 봉수교회 손효순 목사와 필자. 손 목사는 그후 2014년에 타계했다.

북의 대다수 인민들의 감정은 누그러지기는 어려울 것이며 그런 상황에서 대중들을 전도하기가 무척 힘들다는 뜻으로 말한 것이다.

손 목사뿐 아니라 전도사 신분으로 남측교회도 방문했던 백봉일 목사(현, 칠골교회 담임)는 조그런의 다른 목사들과 함께 "신도수를 14,000명으로 늘리는 '만사운동'을 펼치겠다"고 공언한 바 있었는데 그도 역시 "전도의 어려운 고민에 빠져있다"고 하소연 했다.

우리 공화국 사회는 주체사상으로 무장된 나라라서 하느님이 있다고 믿는 사람들이 얼마 없습니다. 현재의 신도들도 대부분 과거 부모들이 신자들이었거나 그와 관련이 있는 사람들이 전부입니다. 전도를 많이 하려면 부흥회라든가 이런 걸 자주 해야 하는데 사회적으로 거부감을 많이 일으키기 때문에 그렇게 하기가 쉽지 않아 전도를 하는데 있어서 애를 많이 먹고 있지만 그래도 다들 열심히 하고 있습니다. 지금은 개별전도나 사회봉사활동을 통해 전도사업을 많이 하는 방향으로 진행하고 있습니다.

그러나 필자의 눈으로 볼 때 봉수교회와 칠골교회 신자들의 대부분의 연령층은 40대~70대까지의 장년층이 대부분이고 유초등부나 중고등학생은 물론이고 청년 대학생들은 눈 씻고 찾아봐도 없었다. 그렇다고 교회 산하 별도의 교회학교가 운영되는 것도 아니다. 나는 손효순 목사에게 이런 부분을 염려하며 질문을 한 적이 있었다.

▶ 예배시간에 학생들과 청년들이 없는데 그렇다면 훗날 신앙의 계보와 맥이 끊어지시는 거 아닙니까? 어떤 대책이라도 있어야 하지 않습

니까?

■ 그렇지 않아도 제가 학생소년궁전에 가서 아이들을 데려오려는 계획을 세웠지만 그게 뜻대로 잘 안됩디다.

그도 그럴 것이 북 당국은 아직 이성판단력과 자아성 정립이 안 된 청소년들에게는 종교교육을 시킬 수 없도록 법적으로 규제하고 있기 때문에 주일학교나 교회학교가 결코 존재할 수 없으며 이에 따라 어린이들과 청소년들, 청년들을 교회에서 찾아 볼 수가 없다. 북은 신앙의 자유는 있으나 만 18세 미만 청소년들에게는 종교교육을 금지하고 있기 때문에 애초부터 전도의 대상자로 생각해서는 안 되는 사회이다.

미제와 이승만이 믿는 종교로서의 반기독교 정서

북 사회에서의 반기독교적 사회풍조는 '미제가 믿는 기독교' 그리고 '리승만(집권 당시 서울 정동감리교회 출석)이 믿는 기독교'로서 인식되며 오히려 북 인민들에게 종교가 타도의 대상이 되는 분위기가 되고 말았으며, 더 나아가 사상의식 개조 작업의 일환인 반종교 선전으로 이어졌고 마침내 그 수위를 넘어 1959년에는 반종교 선전을 위한 소책자들이 마구 쏟아져 나올 정도였다.

1959년 노동당출판사에서 펴낸 『우리는 왜 종교를 반대하는가?』라는 책도 그것들 중의 하나이다.

지난 3년간의 조선전쟁과 오늘날 남조선에서 '하느님'의 이름을 걸고 미제가 감행한 무고한 인민에 대한 학살, 약탈, 방화 등 비인간적인 야수적인 만행은 제국주의자들의 침략과 약탈에 이용되는 종교의 추악하고 반동적인 본질을 말하여 주고도 남음이 있다.

이 책은 종교를 '낙후한 사상 잔재'로 보고 그것의 비과학성과 반동성을 예를 들어 설명하면서 "우리가 사회주의 건설을 더욱 촉진시켜 나가기 위해서는 우리들 속에 남아 있는 비과학적인 종교, 미신에 대한 잔재들을 뿌리째 뽑아버려야 한다"고 강조했다. 이 주장은 곧 바로 인류의 사회생활에 막대한 해독을 끼쳤다는 종교의 사회적 기능에 대한 비판으로 이어졌다. 이런 종류의 반종교 선전 책자들이 출간된 1959년경에는 북의 사회정치적 분위기로 볼 때 공식적인 교회 활동이 거의 사라진 듯 보였으나 그런 와중에서도 가정 교회는 내부에서 지속적으로 확산되었다.

8.15 해방 직후 북조선 인민위원회가 출범하자 '반민족 친일청산'을 위한 일제 잔재 소탕은 물론 친미 제국주의자들과 봉건적 지주, 소작제 폐지 등의 토지 개혁 등을 강력히 주도해나갔으며 2년이 지난 1947년 9월 9일 조선민주주의 인민공화국 정부가 출범했다. 이때 당시 북측의 친미 친일성향의 기독교 세력은 기독교 정당을 만들어 대항했고, 선거를 조직적, 공개적으로 보이콧하며 인민정권과 격돌했다.

이때 기독교 목회자들과 신자들 중에 일제에 부역했던 세력과 친미 세력들은 반제 반봉건에 동참하는 중산층 이상의 지주계급들을 등에 업고 공개적으로 정부와 마찰을 일으켰고 결국 이들은 북 체제에서 생존과 적응이 불가능하게 됐다. 그러나 같은 기독교 목회자들이라고 해도 지주계층, 부일, 친미세력이 아닌 목사들과 신자들은 자연스레

북 체제 내에 존속했다. 이를 두고 남한에 있는 아세아연합신학대학(ACTS) 총장을 지낸 한철하 박사는 "인민정권에 의해 청산 대상으로 분류된 목사들과 신자들이 받았던 제재는 신앙의 자유문제 때문이 아니라 사회적 성분 때문이었다"라고 평가했다. 구체적으로 말하자면 "평소 유산계급 편에서 무산계급을 착취하였다"는 이유였던 것이다.

친일파와 지주세력의 주축이 된 목사들과 신자들이 월남하자 북에 남아있던 신자들은 기독교가 퇴출되거나 퇴보하지 않도록 생존을 모색해가는 과정에서 사회주의식 기독교로서의 가정 교회와 처소 교회를 태동케 했던 것이다. 그리고 곧바로 6.25전쟁이 발발했는데 전쟁의 피해는 매우 심각해 북측지역에만 1,000여개 이상의 교회당이 완전히 파괴되었고 나머지도 반파되거나 부분적인 훼손을 입은 교회당이 대부분이었다.

또한 대부분의 목회자들은 월남하고 나머지 목회자들은 비록 소수이지만 인민정부와 별다른 마찰 없이 협력하며 지금까지 존속되어 왔다. 특히 북 기독교를 이끄는 핵심 기구인 조기련(현재 조그련)은 창립부터 지금까지 두 가지 활동을 병행해왔는데 첫째가 가정 교회와 처소 교회 신자들을 돌보는 일이었고, 또 하나는 남한 교회나 해외동포 목회자들과 연대하여 통일운동의 파트너로서 연합전선을 구축하는 일이었다. 한편 해외 기독교인들과 남측 교회 지도자들의 지속적인 방북 활동은 이북 내 각 기독교 공동체들을 더욱 활성화시키는 계기를 제공했다.

'종교인 가족'으로 분류된 가정 교회 신자들

평양은 예로부터 '동양의 예루살렘' 혹은 '조선교회의 요람'이라고 불릴 정도로 기독교가 매우 부흥하고 흥왕했다. 일제 조선총독부 통계 연보에 따르면 1913년 북측지역에 732개의 교회가 존재했으며 20년 후인 1942년에는 2,339개로 약 3배 이상 증가한 것으로 나온다. 또한 평생을 북한 교회사 연구로 몸을 바친 이찬영 목사의 연구 결과('해방 전 북한 교회 총람')에 의하면 해방 전에는 이북에만 3,035개의 교회가 존재한 것으로 보고됐다.

구체적으로 살펴보면 평안북도에 755개, 평안남도 724개, 황해도 870개, 함경도 492개, 강원도와 경기도에 194개의 교회가 있었다. 또한 정확하지는 않지만 북한 조그련 당국의 발표에 의하면 1950년 이전 북한 기독교는 교회수가 약 2,000개, 신자 20만 명, 목사 410명, 전도사 498명, 장로 2,142명이었다는 자료를 제공한 적이 있다.

그러나 해방 전 그 많던 3천개의 교회당들은 6.25 전쟁을 기점으로 모두 사라지고 단 한 곳도 복구되지 않았다. 그리고 기존 기독교신자들은 전후 인민정부로부터 '종교인 가족'으로 분류되어 가정 교회와 처소 교회를 다니며 신앙의 그루터기로 그 명맥을 유지해오다 봉수교회, 칠골교회가 건축되고 그 후 다시 가정 교회가 재정비되어 전국에 520 여 곳을 유지하며 정착시켰다.

특히 과거 북 내부에서 '종교인 가족'으로 호칭되는 기독교 신앙공동체는 6.25전쟁 이후, 개인적으로 신앙을 유지하거나 혹은 가족이나 일가 친척들이 모여 소규모 가정예배 모임으로 유지하기도 하다 1972년 이후 당국에 의해 더욱 합법적으로 제도화되었고 공식화되었다. 6.25전쟁 이후 10만 명의 종교인 가족들이 생존했다고 보았을 때 종교인가족 1세대 중 지금까지 생존 가능한 인구는 20%에 불과하며 그 규모는 10만 명이 채 안된다고 생각된다.

그러나 종교인 가족으로 관리되고 있는 이들은 북의 열악한 종교적 환경에서도 분단 70년, 전후 60년 가까이 다양한 방법으로 종교인 가족의 정체성을 유지하고 있으며 북 당국과 사회의 차별과 사회적 냉대 속에서도 꾸준히 신앙의 가계를 이어오고 있었다. 신자들끼리는 외적으로는 종교인 가족이라는 사회적 차별을 공감하며 집단정체성을 갖고 있고 인맥적으로는 결혼을 비롯한 경조사를 맞았을 때의 상부상조 등 소통을 유지하고 있었다. 72년부터 북 당국은 주로 기독교를 믿는 종교인 가족의 신앙 활동에 대해서는 과거로부터 내려온 개인적 차원의 신앙생활로 간주하여 묵인 내지 용인해 주고 때로는 공식화했던 것이다.

그 속에서 종교인 가족들은 2대, 3대로 내려오면서 부모들로부터 구전을 통해 신앙가족이라는 전통을 이어오고 있으나 안타까운 점은 세례의식이나 침례의식 혹은 성만찬식을 비롯한 종교적 의례를 거의 가져보지 못한 상태이기 때문에 신앙적 교리의 내용은 거의 없고 신앙인으로서의 자부심과 의식 그리고 신자로서의 율례와 약간의 생활지침을 유지하고 있다.

조선그리스도교련맹

[사진 11] 조선그리스도교련맹 강명철 위원장(좌)과 오경우 서기장(우)과 함께 한 필자

조그련 위원장과 서방세계 최초의 공개 환담

필자는 조선그리스도교련맹(조그련) 3대 위원장이던 강영섭(康永燮) 목사가 타계한 후 한참 공석 중이던 자리에 강명철 목사가 선출됐다는 소식을 미국과 북조선에서 직접 접했으며 얼마 후 당시 남측을 포함해 서방세계 최초로 강 목사와 인터뷰 형식의 공식 환담을 가졌

다. 강영섭 위원장이 2012년 1월 21일 타계한 이후 약 1년 반이 지난 2013년 7월이 되어서야 조그련 평양시위원회 위원장을 맡고 있던 강명철 목사가 조그련의 최고 수장인 중앙위원회 위원장에 선출되고 국제부장을 지냈던 리정로 목사가 부위원장에 선출된 것이다. 4년에 한 번씩 연맹 총회를 개최하는 법규 때문에 공석기간이 장기화되었던 것이다.

그러나 조그련의 새 지도부가 선출된 지 10개월이 다 되어 가는데도 남한 교회와 서방세계의 언론들은 새로 취임한 강명철 위원장에 대한 구체적인 프로필은 물론 사진조차 입수하지 못한 상태에서 백방으로 알아보며 우와좌왕하던 중이었다. 그러나 강 위원장과 조그련 측은 극단으로 치닫고 있던 남북의 대치 상황과 북미 대결문제로 인해 국내외 언론에 자신의 공식 사진조차 일절 공개하지 않았으며 남측과 서방 언론의 취재 요청에도 일절 응하지 않고 있었다.

그러던 중 필자는 평일인 2014년 4월 23일 오후 2시부터 4시 반까지 평양 조그련 연맹 영접실에서 강명철 위원장과 독대하며 공개적인 환담 자리를 가졌다. 나는 이 자리에서 함께 간 촬영팀과 함께 최초로 공개되는 강 위원장의 모습과 환담 장면을 촬영해 남측 CBS를 비롯한 여러 매체들과 서방세계에 알려주었다. 이 날은 강 위원장을 비롯해 오경우 서기장과 봉수교회 신임 담인목사로 부임한 송철민 목사가 함께 배석해 환담 진행을 협조해주었다.

강 위원장은 이 자리에서 북 기독교를 이끄는 최고 수장으로 선출된 자신의 포부와 계획을 밝혔으며 조그련의 조직과 교인 관리 등에 대해 소상히 설명해주었고 북의 종교정책과 지하교회에 대한 소신도 밝혔다. 또한 조그련을 최초로 창설한 자신의 조부 강량욱 목사 내외와 부친 강영섭 목사 내외에 대한 가정적, 신앙적 배경에 대해서도 소상히 답변해주었으며 미주 한인교회 성도들에게 전하는 취임 인사와 당부를 전하기도 했다.

강 위원장은 2시간 30분 동안 당당하고 의연한 모습을 보여주었으며 매우 친화력 있게 필자를 대해주었다. 뿐만 아니라 나와 대화하는 동안 온화하고 차분한 성격의 소유자임을 엿볼 수 있었으며 그가 논리적이며 합리적인 사고를 지닌 인물임을 단번에 알 수 있었다. 또한 그의 답변과 발언들은 북 체제에 걸맞는 '북조선식 기독교 신앙'과 '주체철학으로 무장된 사회주의 이념'을 잘 조화시키는 듯했으며 어떤 사안이든지 자신의 사고를 잘 정리하는 여유를 보여주었다.

이에 필자는 북 기독교의 수장이면서 동시에 최고인민회의 상임위원이라는 중책을 맡고 있는 강명철 위원장과의 환담을 통해 남측교회와 서방세계가 여러 가지로 궁금해 하고 있는 북의 기독교 상황과 조그련의 정책을 이해하는 데 도움이 되기를 바라는 마음에서 다소 늦은 감이 있지만 환담 내용을 공개하고자 한다.

조그련 직책과 최고인민회의 상임위원직에 대하여

조그련의 신임 위원장에 선출된 강명철 목사의 할아버지인 강량욱(康良煜) 목사(김일성 주석의 외종조부이자 창덕소학교 시절 담임선생) 역시 조그련을 설립하고 오랫동안 위원장(1946년 11월~1983년 1월)을 지냈고, 2대 위원장은 김성률 목사(1986년 2월~1989년 1월)가 뒤를 이어 3년간 이끌었다. 3대 위원장은 강명철 목사의 부친 강영섭 목사(1989년 2월~2012년 1월)가 오랫동안 연맹을 이끌어오던 중 심장병으로 타계

[사진 12] 조그련 강명철 위원장이 취임 후 최초로 필자와 공개 환담하는 장면. 맨 우측은 조그련 오경우 서기장의 모습

했고 강명철 목사가 부친의 뒤를 이어 4대 위원장에 선출되어 북 기독교와 신자들을 대표하게 됐다.

이날 강 위원장은 대화 내용이나 질의 문항이 사전에 전달되지 않았음에도 불구하고 매우 간결한 어조로 막힘없이 답변해주었으며 미리 준비한 듯한 서류 파일을 책상 위에 올려놓고 간혹 쳐다보면서 답변을 위해 참고하려는 듯했다. 만남이 시작되자마자 나는 우선 지난 조그련 위원장(2013년 7월)에 선출된 것과 최고인민회의 대의원(2014년 3월)에 선출된 것에 대한 축하의 인사말을 전하는 것으로 대화를 시작했다.

특히 강 목사는 최고인민회의 대의원뿐 아니라 국가의 공식석인 최고의결기구인 최고인민회의 상임위원에도 선출됐는데 15인으로 구성된 상임위원 대표가 대외적으로 국가수반(김영남 최고인민회의 상임위원장)을 맡고 있는 점을 감안하면 강 목사는 종교적 입지뿐 아니라 정치적 입지도 상당한 것으로 보였다.

■ 최 목사께서는 비록 몸은 멀리 미국에 살고 계시지만 조선 민족으로서의 본분을 잊지 않고 나라의 자주적 평화통일을 위해서 그리고 민족의 대단결을 이룩하기 위해서 많은 노력을 하고 계신 것에 대해 깊은 사의를 표합니다.

▶ 감사합니다. 제가 알기로는 최근에 대의원에 당선되시고 작년에는 조그런 위원장에 새로 선임되셨다는 소식을 접했는데 늦었지만 먼저 축하들 드립니다. 최고인민회의 대의원은 어느 지역에서 당선되신 것이며 상임위원은 어떤 자리입니까?

■ 네. 이번이 제13기 대의원 선거였으며 저는 제351호 금곡선거구에서 선출됐습니다. 모두 687명의 대의원이 선출됐는데 그 중에서도 상임위원 열다섯 분들은 사회적으로 국가적으로 볼 때 모두 훌륭한 분들이십니다. 열다섯 분들 중에는 각 정당 대표들이나 종교 련맹 대표 일꾼들이 의례적으로 선출되는 편입니다.

▶ 남측 국회의 경우 비례대표 제도라는 것이 있는데 비례대표 국회의원은 사회의 각 직능단체에서 일하는 전문가를 영입해서 무투표 당선이 되도록 하는 제도인데 그런 경우와 상임위원 종교단체 대표가 선출되는 것이 비슷하다는 생각이 듭니다만….

■ 우리 상임위원하고는 경우가 다를 것입니다. 우리 최고인민회의에 선출된 대의원들은 평소에는 자신들의 지역과 사업장으로 내려가서 자신들이 하던 일(원래 직업)을 계속합니다. 그러나 저희 상임위원

들은 고향으로 내려간 모든 대의원들을 대표해서 상시적으로 최고인민회의를 책임지고 이끌어가는 직책입니다.

▶ 아. 그렇군요. 조그련 위원장의 임기는 어느 정도입니까?

■ 우리가 고저 총회를 4년에 한 번씩 하는데 그때마다 총회를 하면서 부위원장, 상임위원장 선출에 대한 결정을 합니다. 조선그리스도교도련맹(조그련) 조직을 말씀드릴 것 같으면 우선 련맹 중앙본부(聯盟中央本部)가 있고 그 다음에는 도(道)련맹, 그 다음은 시군(市郡)련맹이 있고 마지막으로 520곳의 가정례배소(家庭禮拜所)가 존재하고 있습니다.

■ 우리 련맹은 특별히 위원장 임기라는 것이 없습니다. 총회에서 중앙위원과 위원장을 선출하는 것이며 모두 중앙위원회가 결정하는 사안입니다. 우리 련맹본부는 규칙대로 총회와 중앙위원회, 상무위원회가 열리며 련맹 사업을 총괄하는 곳이 바로 중앙위원회입니다. 중앙위원회는 곧 련맹을 말하는 것이며 우리 련맹에서 발급되는 모든 문건은 중앙위원회의 이름으로 나갑니다.

조그련 지도부의 설명을 듣고 보니 위원장직은 종신직이었다. 과거 강량욱 목사, 강영섭 목사는 물론 김성률 목사도 시망할 때까지 직무를 수행했던 사례가 있었기 때문이다. 조그련 조직을 장로교 조직에 비유를 하면 적절할 것 같다는 생각이 순간적으로 들었다. 조그련 중앙 연맹은 '교단 총회'의 역할을 하는 곳이며, 도연맹은 '노회', 시군연맹은 '시찰회', 가정예배소는 '지역교회' 역할로 이해하면 될 것 같다. 또한 북 기독교의 근간을 이루는 것은 봉수교회와 칠골교회처럼 지상에 건축한 교회들이 아니라 비록 교회당은 없지만 전국에서 운영되고 있는 520곳의 가정 교회(혹은 처소 교회)였다. 북측 기독교를 지탱하는 풀뿌리교회이자 그루터기 교회가 바로 가정 교회 공동체임을 다시 한 번 확인했다. 또한 조그련은 각기 총회와 중앙위원회, 상무위원회라는 제도가 있는 것으로 보아 매우 체계적이고 조직적으로 보였다.

조그련의 활동과 역할에 대하여

북의 인민들과 관료들 그리고 각 종교를 믿는 신자들은 모두 "정치는 곧 신성한 영역이다"라고 간주하고 있었으며 더 나아가 "정치는 거룩한 것이다"라는 인식이 팽배해 있었다. 또한 "가장 정치적인 것이 가장 거룩하다"라고 믿고 있었으며 따라서 "종교가 거룩한 영역이라고 한다면 그렇기 때문에 그 종교는 정치적이어야 한다"는 논리가 형성돼 있었다.

그런 연유 때문인지 조그련의 강명철 위원장을 비롯해 천주교, 불교 등 여러 종교기구의 책임자나 대표자들은 대부분 당과 내각의 영향력 있는 간부 출신들이거나 겸임하고 있는 인물들 중에서 선출된 경우가 많았다. 그렇기 때문에 남한 교회의 관점에서 바라보는 북과의 비정치적인 종교교류는 기대하기 어렵다. 자본주의 체제하의 기독교에서 바라보는 "순수한 종교적 교류" 혹은 "종교교류의 비정치화"는 북과의 관계에서는 불가능한 것으로 여겨졌다.

강명철 위원장의 아버지 강영섭 목사도 생전에 최고인민회의 제9

기 대의원에 선출된 뒤 20년 넘게 대의원을 지냈고 할아버지 강량욱 목사도 해방 직후 북 정부의 모체가 된 북조선임시인민위원회 서기장을 지냈으며 최고인민회의 1기 대의원과 상임위원회 서기장 등을 지냈으며 국가 부주석을 1972년과 81년에 걸쳐 두 번이나 역임한 전력이 있는 인물들이다. 이처럼 북의 기독교 지도자들 대부분이 정치인으로 활동하며 겸직하는 경우가 많았으며 그들의 사고 또한 정치적이었다. 강명철 목사 또한 부친과 조부 못지않게 정치적 감각을 지니고 있었으나 동시에 매우 순수한 영적이며 종교성도 지니고 있었다.

강 위원장은 질문도 하지 않았는데 갑자기 마치 연설 서두를 읽어 내려가듯 북 최고지도자에 대한 신뢰와 칭송을 언급하기 시작했다.

■ 올해 김정은 원수님께서는 강성국가 건설에서 비약의 불바람을 크게 일으켜 나갈 것을 호소하시고 지금 정력적으로 영도하시고 계십니다. 그래서 전체 인민들이 경외하는 원수님의 현명한 영도를 받들고 강성국가 건설의 모든 전선에서 신심 드높이 떨쳐 일어나서 힘있게 일하는 곳마다 위대한 기적을 창출하고 있습니다. 최 목사님도 평양을 비롯해 전국을 다녀보셨겠지만 우리 조국이 비약적인 속도로 계속 나간다면 제 개인적인 생각으로는 가까운 시일 안에 강성국가 건설의 목표를 점령할 수 있으리라 봅니다.

▶ 평양을 비롯해 각 지방도 활기차게 발전하고 있는 것은 틀림없이 제가 확인했습니다만….

■ 우리 련맹은 경외하는 원수님의 호소를 높이 받들고 모든 그리스

도교 교인들이 강성국가 건설에 적극적으로 참가하기 위한 사업을 조직 진행하고 있습니다. 그래서 우리 그리스도교 교인들에게 있어서의 강성국가 건설은 모두의 삶의 요람인 조국을 위한 성스러운 사업의 일환이고 남부럽지 않은 행복한 생활을 마련해나가는 자기 자신을 위한 사업으로 간주되고 있습니다. 성경 말씀에도 일하기 싫은 자는 먹지도 말라고 하셨지 않았습니까?

우리 련맹은 모든 그리스도인들이 강성국가 건설을 구경이나 하는 관망자가 아니라 '강성 국가의 주인', '적극적인 실천가'가 되도록 추동하는 사업을 진행하고 있습니다. 이와 함께 지금 련맹에서는 남녘의 여러 그리스도교 교단과 단체들과 연대해서 조국의 자주적 평화통일을 실현하기 위한 사업을 진행하고 있습니다. 그런데 최근 미국과 남쪽의 호전세력들이 우리 공화국을 반대하는 대규모 합동군사연습을 광란적으로 벌이면서 지금 조선반도의 정세를 지금 극도로 격화시키고 있습니다.

그리고 지금 비방중상을 중지하는 데 대한 북남 사이의 합의서도 모두 제해버리고 우리 공화국의 존엄과 체제를 헐뜯는 비방 중상의 도수를 높이고 있고 또 지금 각종 도발소동을 벌이면서 북남관계를 더욱 악화시키고 있습니다. 그러다보니 북남 교회들 간에 연대와 협력 사업이 최근에 들어와서 미미하게 진행되고 있습니다. 우리 련맹은 남쪽의 교회들과 그리스도인들이 동족을 겨냥한 전쟁연습 소동을 반대하여 적극적으로 떨쳐나서고 남조선의 반북대결 정책을 철회하도록 남조선 당국에 촉구하는 운동을 적극 벌이기를 바라고 있으며 또 그렇게 하기 위한 연대 활동을 벌여나가려고 합니다. 지금 우리 련맹은 가정 교회 예배처소와 교회들에서 조국통일을 위해 기도를 더 많이 하도록 하고 통일 분위기를 높여 나가기 위해서 힘쓰고 있습니다.

남북간의 교회협력과 유대에 대하여

▶ 조그런의 사업목표 중에 조국통일과 관련된 것도 포함되어 있어서 저도 긍정적으로 생각합니다. 한 가지 여쭤보고 싶은 것은 남녘의 교회들과 교류, 협력을 하는 활동들이 구체적으로 진행되고 있는 것입니까?

■ 서기장님이 말씀해 주시지요?

■ 우리가 남쪽교회하고는 연대 활동을 많이 하고 있습니다. 특히 한국기독교교회협의회(NCCK)가 지난 세월에 우리와 연대를 많이 했고 지금도 하고 있으나 정세관계 때문에 최근 들어서 활발하지는 못합니다. 지난해 7월, 8월에 NCC측에서 평양에 와서 조국통일을 위한 공동기도회를 같이 하자고 해서 우리 측에서 방문동의서를 보내줬는데 남조선 당국에서 불허해서 오지 못하고 9월과 10월에도 연거푸 못했는데 금년도엔 어떻게라도 성사되도록 NCC에서도 노력하고 있는 것 같습니다.
부활절이나 8.15직전 공동기도주일 때는 공동기도문도 합의해서 발표하고 그럽니다. 그리고 북과 남과의 관계문제, 조국통일문제, 이런 민족문제에 있어서는 우리와 NCC하고 같은 목소리를 내게끔 진행하고 있습니다. 그 외 남쪽에 한국기독교장로회, 기독교대한감리회, 대한예수교장로회 통합 등 이런 교단들이나 기독교청년회 등 이런 단체들과 련대 협력사업들을 진행하고 있습니다. 앞으로도 계속 그렇게 진행할 계획에 있습니다.

▶ 작년에 제가 7, 8월에 평양을 방문해 서기장님을 뵈었을 때 남쪽에서 팩스를 보내와서 거기에 대한 답변을 팩스로 보내셨다고 하지 않았습니까?

■ 그렇습니다. 방금 말씀드렸듯이 그때 남측 당국에서 반대해서 못 왔습니다. 우리가 방문동의서 보내고 영접준비 등도 다 마쳤는데 이틀 전에 못 온다고 급하게 전보가 왔더라구요. 작년에 몇 번 시도했다가 성사시키지 못했습니다.

■ 우리 련맹이 지난해부터 시작한 칠골교회 보수가 지금 국가적인 지원을 받으면서 우리 자체로 건축 자재를 구입해서 개건공사를 진행하고 있습니다. 그리고 세계교회협의회(WCC)와 미국 장로교회에서 일정하게 공사 자금을 지원하고 있습니다. 그래서 현재 기본교회당과 보조 건물은 다 꾸려지고 주변 정리공사가 진행되고 있는 중에 있습니다. 최 목사님도 많은 역할을 해주셔서 감사하게 생각하고 있습니다. 아마도 5월 말경부터는 칠골교회를 운영할 수 있을 것이라고 생각합니다.

▶ 앞으로 두 달 후에는 남과 북의 교회 대표자들이 스위스에서 모여 우리 조국의 평화 통일에 관한 문제를 토의하는 국제회의가 있는 것으로 알고 있는데 강 위원장님께서 직접 참석하실 계획인지 궁금합니다.

[사진 13] 제네바에서 개최된 '한반도의 정의, 평화와 화해에 관한 국제회의'에 참석한 남북교회 대표들(앞줄 좌에서 두 번째가 조그련 리정로 부위원장, 다섯 번째가 강명철 위원장)

■ 제가 보고 받기로는 세계교회협의회(WCC)가 주도해서 북과 남의 교회 대표단을 초청해서 이번 6월 17일부터 19일까지 사흘간 스위스 제네바에서 회의를 개최하는 것으로 알고 있습니다. '조선 반도의 정의, 평화와 화해에 관한 국제회의'가 개최되는 것이니만큼 특별한 일이 없는 한 제가 대표단을 꾸려 직접 참석할 계획입니다.

북의 종교정책과 지하교회에 대하여

■ 이번에 그저 최 목사님이 우리 공화국의 종교정책에 대하여 문의가 계셨다고 하던데 거기에 대해서 간단히 말씀드리겠습니다. (필자는 오늘의 회동을 위해 사전에 북의 종교정책에 관한 질문을 조그련측에 전달한 바 있었다.) 그저 종교정책이라 하셨으므로 아무래도 우리 공화국의 헌법부터 이야기해야 하겠는데 우리 공화국 헌법에는 종교

의 신앙을 이미 법화(法化)했습니다. 이 신앙의 권리는 종교건물을 짓거나 종교 의식 같은 것을 허용하는 것으로 보장하고 있습니다. 그리고 지금 최 목사님도 보셨겠지만 우리 공화국에는 교회당도 있고 가정례배 처소도 있고 성당과 사원 그리고 사찰들이 있습니다. 그리고 거기에 신자들도 있고 종교행사들도 거행하고 있습니다. 이를 위해서 우리 '조선그리스도교련맹', '조선불교도련맹', '조선가톨릭협회', '조선천도교련맹', '조선정교회련맹' 등이 각각 합법적으로 존재하고 있고 여기에 해당하는 종교 일꾼들이 열심히 사업하고 있습니다. 그리고 한 가지 말씀드릴 것은 우리 공화국 헌법에서는 "종교를 외세를 끌어들이거나 국가사회질서를 해치는 데 리용할 수 없다"고 규정되어 있습니다.

▶ 미주동포 기독교인들이나 남녘에 기독교인들 중에는 북에 지하교회가 있다고 말들을 하는데 위원장님은 지하교회에 대해 어떻게 생각을 하고 계시며 지하교회가 존재하는지 여부에 대해 말씀해주시기 바랍니다.

■ 아, 방금 위원장님이 말씀하시지 않았습니까? 신앙의 자유가 법화(法化)되었다고 하는데 왜 지하교회가 존재하겠습니까?(웃음) 일제 시기 지하공작 하듯이 그렇게 하는 건가요?(더 크게 웃음)

■ 지하교회라는 것이 말하자면 지금 우리 국가와 사회질서를 해치려는 단체란 말입니다. 그런 교회가 우리 공화국에서는 존재할 수도 없고, 그렇지 않아도 지금 적대세력들이 이렇게 하든 지하교회를 해

보려고 여러 모로 악랄하게 책동하고 있는데 그게 지금 제일 큰 문제입니다. 그런데 이번에도 최 목사님도 다 아시는 일이겠지만 최근에 우리 공화국에 비법적으로 침투하였다가 체포된 남조선에 침례회 목사라는 김정욱의 죄행을 놓고 말할 수 있는데, 이 자는 지금 국경지역에서 우리 존엄을 훼손하고 우리 체제를 뒤집어엎기 위해 별의별 짓을 다했습니다. 그리고 또 이번에 우리 공화국에 침투해서 그 무슨 지하교회 이 따위를 가지고 우리 체제를 뒤집어 엎어보려고 하는 망상까지 하고… 그렇게 해놓고 지금 미국과 남조선의 우익 보수세력들은 이 사건을 가지고 그 무슨 종교탄압이라고 하는데 만일 미국이나 남조선이 자신들의 체제와 정부를 뒤집어 엎으려는 종교행위를 한다면 가만히 있겠는가 하는 것입니다. 그래서 우리 련맹은 김정욱을 목사로서가 아니라 남조선 정부의 요원, 끄나풀로 여기고 있습니다.

▶ 현재 조그련에서는 전도 정책과 각 교회 부흥에 대해 어떻게 계획을 세우고 계십니까?

■ 우리 공화국의 기독교가 급격히 약화된 원인은 전쟁시기 미국이 무차별적으로 교회당을 폭격하고 예배드리는 신자들을 학살하여 거의 다 파괴시켰기 때문입니다. 미국이 옛날에 우리나라에 처음 복음을 가지고 들어와 선교를 해서 교회를 세웠고 종교 활동을 많이 했기 때문에 그 동안 우리 조선 인민들은 미국을 하나님의 나라로 여겼는데 전쟁시기 때부터는 급격히 변해서 우리 인민들이 미국을 악마의 나라로 간주해 교세가 급격히 약화되었고 신자들도 거의 다 기독교를 포기했습니다. 또한 친일행각을 하거나 악랄한 지주세력 출신 목사들과 신

자들이 남조선으로 내려가는 바람에 기독교 세력은 더욱 약화되었습니다. 그러나 우리 전체 인민들은 지금 우리식 사회주의에 대한 참된 고마움을 안고 강성국가 건설에 하나같이 떨쳐 일어났습니다.

▶ 지난번에 신미리 애국열사묘역을 참관해 니 여덟 분 정도의 목사님들이 안장되어 있더군요. 그중에 강 위원장님의 할아버지가 되시는 강량욱 목사님의 묘지도 직접 볼 수 있었습니다.

할아버지 강량욱 목사 내외에 대하여

김일성 주석은 6.25전쟁을 치루는 급박한 와중에도 강량욱 목사의 생일날이 돌아오면 병사들을 대동해 멀리 떨어져있는 강 목사를 찾아가 생일상을 차려줄 정도로 극진하게 대우하였다고 한다. 훗날의 김일성 주석은 자신의 회고록에서 강량욱 목사에 대해 평가하기를 "일제시대에 민족혼과 애국혼을 학생들에게 일깨워준 참된 스승이었다"고 회고했으며 일반 당 간부들에게는 '동지' 혹은 '동무'라고 불렀지만 강 목사에게만은 특별히 '선생님'이라는 칭호를 붙여 존경을 표시했다고 전해진다.

▶ 할아버지 강량욱 목사님과는 돌아가실 때까지 같이 한 집에서 사셨다고 들었는데 할아버지와 할머니에 관해서 기억에 남는 이야기를 좀 들려주시기 바랍니다. 특히 김일성 주석께서는 평소에도 자신의 은사이시며 외종조부가 되시는 강량욱 목사님을 존경하는 의미에서 해마다 생일이 돌아오면 강 목사님에게 생일상을 차려드렸다고 하던데….

■ 맞습니다. 위대한 주석님께서는 그저 우리 할아버지 생일날에는 언제나 잊지 않으시고 꼭 찾아주시고 축하해주셨습니다.

■ 주석님께서는 3년간의 전쟁시기에도 생신날이 되시면 매년 언제나….

■ 그렇습니다. 우리 조국의 운명이 가장 어려웠던 전쟁 시기(6.25전쟁)에도 해마다 우리 할아버님 생신을 축하해주셨습니다.

▶ 그렇다면 위원장님께서는 할아버지와 할머니하고 몇 년을 같이 사신 겁니까?

■ 할아버지와는 22년 정도를 같이 한 집에서 살았고 할머니와는 45년을 같이 살았습니다. (이때 접대용 커피가 나온다) 아. 목 좀 축이시죠.

▶ 네. 감사합니다. 술잔은 아니지만 커피잔으로 건배를 합시다.

■ 아. 좋습니다. 건배합시다.

▶ 할아버지가 되시는 강량욱 목사님은 일평생 북조선 기독교를 이끌어온 목사로서, 그리고 국가 부주석을 두 번이나 지내시고 최고인민회의 대의원을 지낸 정치인으로 알고 있는데 손자로서 할아버지는 어떤 분인지 궁금합니다. 또한 제가 알고 있기로는 할머니가 되시는 송석정 여사님은 교회 권사님으로서 기독교 신앙심이 매우 깊으신 분으로 알

고 있는데 할머니에 대해서도 좀 이야기해 주시기 바랍니다.

■ 예, 할아버지께서는 생전에 노래 부르는 것을 아주 좋아하셨습니다. 특히 아침에 일찍 일어나시면 제일 먼저 노래부터 힘차고 구성지게 부르셨습니다. 그 중에서도 제일 즐겨 부르신 노래가 바로〈내 나라〉와〈모란봉의 노래〉입니다. 이 두 노래를 가장 좋아하셨는데 우선〈내 나라〉는 이렇게 부릅니다. (이때 강 위원장은 이 두 노래를 1절씩 직접 불러주었다. 특히 '모란봉의 노래'는 1절을 끝까지 듣고 보니 가사 중에 김일성 주석에 관한 칭송 부분이 나왔다.)

"산 좋고 물 맑은 아름다운 내 나라, 여기 내가 태어났고 자라나는 곳, 수령님 사랑 속에 행복은 꽃피어, 사람마다 내 조국 노래한다네. 천리마 달리어 번영하는 내 나라 우리 모두 화목하게 살아가는 곳 위대한 수령님 천만년 모시고 통일된 조국에서 길이 살리라."
〈모란봉의 노래〉도 불러보겠습니다. 고저 할아버지는 아침에 일어나시면 매일 이 노래도 즐겨 부르셨습니다.

"금수산 제일봉에 아침 해발이 붉게 피니 꽃봉오리 완연하여 모란봉이라 하였는가 양덕 맹산에 흐른 물은 청류벽으로 감돌아 들고 릉라도 버들에 꾀꼬리 우니 대동강에 봄이로다. 이 강산 좋은 곳에 터를 잡은 평양이라 유서도 깊거니와 혁명의 수도로 더욱 좋네. 얼씨구 좋네 절씨구야 우리네 평양은 좋을시구 사회주의건설이 좋을시구"
뭐, 이렇게 부르는 노래들입니다. 그리고 할아버지는 련맹(조선기독교연맹)에서 일하시고 부주석을 지내셨기 때문에 평소에도 몹시 바쁘셨고 나가 계실 때가 많았으며 출장을 많이 다니셨습니다. 최 목사님이 질문하셨듯이 저는 어렸을 때부터 할아버지와 할머니와 함께 부모님을 비롯한 온 가족이 모두 모이는 날에는 가정례배를 드렸습니다. 할머니는 성경책을 손에서 놓은 적이 없으실 정도로 신앙심이 깊으셨고 기도를 많이 하셨습니다.

▶ 할머님이신 송석정 여사님과는 40년을 넘게 함께 사셨다고 하셨는데 노무현대통령님과 김정일 국방위원장님이 10.4선언을 마치고 얼마 후 돌아가셨다고 말을 들었는데 할머니의 신앙은 구체적으로 어떠하셨습니까?

■ 할머니는 할아버지가 하시는 일들을 말없이 내조하시고 자식들과 후손들에게는 매우 자상하신 분이셨습니다. 아침마다 일어나시면 제일 먼저 조국의 통일을 위해서 기도드리셨고 주석님과 장군님을 위해서 그리고 인민들과 신자들을 위해서 늘 소리내어 기도를 드리셨습니다. 항상 성경책을 읽으셨고 식구들이 모두 모이지 못해 례배를 못 드리는 경우에도 항상 남아있는 가족들끼리 가정례배를 드리셨으며 우리들에게도 자주 성경을 들려주셨던 신앙심 깊은 할머니셨습니다.

[사진 14] 타계하기 전의 강영섭 목사의 모습 (강명철 위원장의 부친)

아버지 강영섭 목사와 어머니에 대하여

▶ 부친 되시는 강영섭 목사님은 2012년 정초에 갑자기 세상을 떠나셨는데 세간에서는 그 이유가 김정일 위원장님의 서거에 대한 충격 때문이라는 이야기를 하던데 거기에 대해 말씀해주시기 바랍니다.

■ 아버님께서는 심장병으로 인해서 돌아가셨습니다. 평소 심장이 안 좋으셨는데다 2011년 12월, 장군님(김정일 국방위원장)이 갑작스럽게 서거하셨을 때 밤잠을 못 주무셨습니다. 식사도 제대로 못하시고. 그건 뭐 온 나라 전체 우리 인민들…(심)지어 어린이들까지 모두가 다 비애와 슬픔 속에서…(약간 울먹이는 목소리로) 심장이 안 좋으신데다 워낙 비통해 하시다가 그만 갑작스레….

▶ 어머님은 유명한 음악가인 것으로 알고 있는데 어떤 분이셨습니까?

■ 제 어머님은 피아노 연주자(피아니스트)로서 음악대학에서 평생을 교원(교수)으로 지내셨기 때문에 매우 바쁜 일정을 보내신 분이십니다. 해내외(국내외) 연주회도 많으셨고… 아버지도 어머니처럼 피아노를 매우 잘 치시고 음악을 좋아하셔서 봉수교회 례배당을 방문하시면 홀로 례배당에서 피아노를 치실 때도 있으셨습니다. 이처럼 바쁘신 부모님으로 인해 저는 어려서부터 할머니 손에서 사랑을 듬뿍 받으며 자랐습니다.

정년시절의 아버지는 러시아에서 유학하셨고 귀국 후 내각 서기국에

[사진 15] 봉수교회당을 둘러보는 필자(좌측에서 두 번째)의 모습

서 일하신 적도 있고 루마니아 대사와 몰타 대사를 지내셨고 그 후 우리 련맹 위원장과 조선종교인협회에서도 일도 하셨고 최고인민회의에서도 일하시느라 불철주야 몹시 바쁘셨습니다. 또한 아버지는 가정 교회들과 봉수교회, 칠골교회 등을 돌보시느라 얼마나 바쁘시던지 어머니도 아버지 얼굴을 자주 볼 수 없을 정도로 몸을 아끼지 않으시고 두 분이 모두 바쁘셨습니다.

미주동포들을 향한 인사말

▶ 앞으로 조그련을 잘 이끌어주셔서 가정 교회가 더 많이 세워지고 부흥하기를 기도합니다. 또한 온 신자들과 함께 조국통일도 힘차게 앞당겨주시기 바랍니다. 끝으로 저희 미주동포들에게 한 말씀해주시면 감사하겠습니다.

■ 현재 미국에 동포들이 많이 살고 계시지 않습니까? 조국통일은 우리 조선민족이라면 누구나 다 가장 중요하게 여기는 사활적인 문제입니다. 앞으로 미국에서 사시는 동포분들도 우리들과 함께 서로 지혜를 모아서 이 파국에 치닫고 있는 북남관계를 6.15선언과 10.4선언의 정신에 기초해서 하루 빨리 회복하고 이 땅에 드리운 전쟁의 검은 구름을 밀어내고 자주통일 평화번영의 새 시대를 마련하는 데 있어서 빛과 소금의 역할을 다하자고 말씀드리고 싶습니다. 감사합니다.

▶ 아, 참. 이정로 목사님은 잘 지내고 잘 계십니까? 지난 해 방문했을 때 만나 뵌 적이 있었는데 이번에 부위원장이 되신 것으로 알고 있는데요?

■ 네. 건강히 잘 계십니다. 오늘은 바쁜 일이 있어서 참석을 못했습니다. 안부를 전해드리겠습니다.

▶ 이정로 목사님이 위원장님을 잘 보필하실 것으로 기대합니다.

북의 기독교 명문가 '칠골 혈통'의 신앙계승

필자는 강명철 위원장과의 환담을 통해 과거 2천 년 전의 로마시대를 떠올렸다. 기독교를 국교로 공인한 로마의 콘스탄틴 정부는 불의에 항거하던 예수의 면모를 따르고자 하는 신자들이 자신들의 권력에 도전할 것이라는 두려움을 갖고 있었다. 그래서 콘스탄틴 정부는 교회를 통해 예수를 단지 '위로주의'(Pacitification)자로 둔갑시키는 왜곡을 단행했으며 결국 신자와 교회가 개인주의화(Privatism)에 빠지도록 했다.

또한 예수의 대승적인 구원사역을 소승적으로 바꿔 버려 오늘날까지 기독교가 그 영향을 받도록 했다. 현재 남한 교회와 서구교회들도 로마시대처럼 예수의 다면적 면모 중에 '해방자 예수', '정치적 예수', '투쟁가 예수', '열심당원으로서의 예수'의 면모는 배제하거나 철저히 외면했다. 예수의 다면적 사역을 모두 종합해 받아들이고 이해해야 함에도 불구하고 '종교적 예수'로만 제한한 것이다. 이런 면에서 북 기독교 지도자들의 정치적인 성향들과 모습들은 60년 넘게 이어오는 북미 간의 대결과 남북의 적대적 대치 상황에서는 오히려 당연한 일인지도 모른다는 생각을 했다. 예수를 단지 마음의 평화를 주는 위로자로만 국한하는 일은 교회의 역사성과 사회성을 제거하는 일이기 때문이다.

현재 3대에 걸쳐 권력을 계승하는 최고 지도자들이 속한 가문을 '백두혈통'이라고 부른다. 또한 외가 쪽 혈통을 이른바 '칠골혈통'(김일성 주석의 모친 가문)이라고 부르기도 한다. 이 '칠골혈통'에 속하는 강명철 위원장 가문도 거슬러 올라가보면 3대가 조그련을 이끌어오고 있다. 이른바 '칠골강씨' 혈통에 속하는 강 위원장의 온 가문이 대를 이어 북 사회와 기독교의 지도층을 이루고 있는 것이 북 체제의 특성에 비춰보면 오히려 자연스럽게 여겨졌다.

그러면서 내가 강명철 목사와 대화를 나누는 동안 그의 얼굴을 쳐다볼 때마다 과거 그의 가문에서 발생했던 끔찍한 사건이 자꾸 오버랩되었다. 해방 후 남측의 '정치공작대'와 '백의사'가 조직한 암살 테러범들에 의해 강량욱 목사의 집안이 풍비박산이 났기 때문이다. 다섯 명의 무장 암살단원들은 1946년 3월 13일 한밤중을 기해 강 목사와 가족들이 기거하는 평양 기림리 고정교회(高町敎會) 사택을 권총과 수류탄으로 기습 공격했다. 결국 수류탄을 투척하고 권총을 무차별 난사해 강량욱 목사의 큰 아들 강영해는 머리에 관통상을 입어 현장에서 즉사하고, 딸도 어깨에서 가슴으로 뚫고 나온 총알에 의한 관통상을 입어 현장에 죽었다.

그뿐 아니라 강량욱 목사는 얼굴 양쪽과 팔에 총알이 스쳐간 경상을 입었으며 부인 송석정 사모는 머리를 다쳤다. 마침 그날 밤 강량욱 목사의 집에 찾아온 두 명의 손님이 있었는데 그중 한 사람인 김득호(金得鎬) 목사는 현장에서 즉사하고 강병석(康炳錫) 목사는 수류탄이 척추를 관통해 중상을 입고 2년 8개월 동안 고생하며 치료를 받다가 후유증으로 죽고 말았다. 사건 당시 형님과 누님의 비극적 죽음을 목격하며 악몽같은 현장에서 구사일생으로 살아남은 사람이 바로 강영섭 목사이다. 당시 이 사건을 보도한 신문기사에는 "요행 죽음을 면한 작은 아들과 딸이 아버지 곁에 다가와 와들와들 떨었다"라고 기록되어 있다.

신문기사에 언급된 작은 아들이 바로 당시 열 네 살이던 강영섭이었다. 그가 훗날 목사(조그련 3대 위원장)가 되어 평생 북측 기독교를 이끌었으며 그의 장남이 바로 오늘 만난 강명철 목사(조그련 4대 위원장)이다. 일제가 36년간 짓밟았던 조선이 해방되자마자 숨고를 겨를도 없이 곧바로 미군이 점령군과 해방군의 명목으로 쳐들어와 조선을 통치하며 획책했던 비극적 사건의 단면이었다. 김일성 위원장과 강량욱 목사를 암살하려 했던 정치공작대는 미국의 사주를 받아 기독교인들 중심으로 맹활약을 펼쳤다. 임정요인 13명과 함께 1945년 12월 1일에 개인자격으로 귀국한 임정 내무부장 신익희는 정치공작대 조직을 서둘렀으며 신익희가 중앙본부장을 맡은 성치공작대는 반공우익단체인 백의사(단장 염동진)와 손을 맞잡았다.

정치공작대는 종로 6가 낙산 중턱의 낙산장에 중앙본부를 두고 반탁운동 전개에도 힘을 기울였으며 특히 기독교가 깊이 관여되었다. 중앙본부 조직부장인 조중서는 장로교 평서노회장을 지낸 조승익 목사의 아들로서 장로교 내부에 조직 구성을 위해 힘쓴 인물이다. 평북 조직에는 함석헌, 백영엽 목사, 선우훈, 김관주 목사가 속했고 평남 조직에는 이윤영 목사, 김화식 목사, 황은균 목사도 속해 있었다. 암살대원들은 모두 20대 전후의 교회 청년들이었다. 이들은 평양 장대현교회 홍민규 장로의 집을 은신처로 삼고 거사계획을 세웠고 평양신학교와 기독교 중진 인사들이 몰래 이들의 은신 장소, 연락책, 자금과 물자지원을 했다. 이념이 무엇이길래, 같은 예수를 믿는 기독교 인사들이 자기들과 정치적, 이념적 성향이 맞지 않는다 하여 다른 기독교 인사들을 테러하고 살해하는 형국이었다.

그러나 강량욱 목사는 인동초처럼 민족의 자주와 독립을 방해하는 세력에 의해 죽음의 밑바닥에서부터 보란 듯이 다시 소생하며 가문을 다시 일으켜 세웠으며 결국 먼 훗날 그의 손자 강명철 목사가 그 뒤를 잇게 되었다. 강명철 목사는 여러 가지 힘든 여건에서도 굳건하게 견디고 일어서서 북녘의 기독교 신자들을 천국으로 인도할 수 있겠다는 신뢰가 들었다. 그가 속한 북측 사회를 지상낙원으로 만들 수 있을 것으로 보였다. 그러나 아직도 남한과 미국을 비롯한 서방세계의 보수우익들과 기독교 수구 세력들은 그의 조부 강량욱 목사를 일컬어 "한반도의 가룟 유다"로 매도하고 있으며 그의 가문과 역할에 대해 날조하고 왜곡하고 있다.

조선그리스도교련맹을 가다

조선그리스도교련맹(조그련) 본부를 가려면 평양 봉수교회당으로 가야 한다. 해외에 거주하는 외국인들과 동포들이 평양을 방문할 때마다 궁금증을 갖고 들리는 코스가 바로 평양 보통강변에 자리잡은 봉수교회당이다. 차량을 이용해 대동강 서북지역 봉수산 기슭에 자리잡고 있는 교회당을 가려면 보통강 지류를 계속 따라가면 주택가를 지나 막다른 곳에 울타리 너머 교회당과 함께 조그련 본부가 한 눈에 들어온다. 교회당 좌측은 조그련 본부 건물이, 교회당 우측 울타리 너머 동산에는 평양신학원이 자리하고 있다.

조그련 본부 입구에 붙은 간판에는 '조선그리스도교련맹 중앙위원회'라고 쓰인 글씨가 평면 동판에 적혀 있었는데 이 명칭은 설립 이래 서너 번 바뀌었다. 해방 직후 기존 우익 기독교 교단과의 결별을 선언하고 최초로 결성될 1946년 당시의 명칭은 '북조선기독교연맹'이었으며 그후 1974년에는 '조선기독교도연맹'(조기련)으로 개칭했고, 1999

[사진 16] 조그련 연맹본부 앞에서 서 있는 필자와 오경우 서기장

년 2월에는 또 다시 '조선그리스도교련맹'(조그련)으로 개칭했기 때문이다.

조그련 본부를 현관을 들어서니 1층 로비 우측 벽면에는 김일성, 김정일 두 지도자가 그려진 대형 그림이 나오며 그 아래에는 꽃을 바치는 헌화대가 조성되어 있었다. 그뿐 아니라 반대편 벽면에는 "주체의 태양으로 영원히 받들어 모시자!"라는 구호가 적힌 선전화도 걸려 있었다. 정교분리 체제 국가의 교회들과 신자들의 입장에서 바라보면 매우 당황할 수 있겠다는 생각이 들었으나 북 체제에서는 지극히 자연스럽고 당연하게 여기고 있었다.

그러나 다시 한 번 말하지만 북의 인민들과 관료들 그리고 각 종교단체 일꾼들과 신자들은 한결같이 "정치는 곧 신성하다"라고 간주하고 있으며 더 나아가 "정치는 곧 거룩한 것이다"라는 인식이 팽배해 있다. 또한 "가장 정치적인 것이 가장 거룩하다"라고 믿고 있었으며 따라서 "종교가 거룩한 영역이 되려면 정치적이어야 한다"는 논리가 형성돼 있었다.

그런 연유 때문인지 현재 조그련의 강명철 위원장을 비롯해 천주교, 불교 등 여러 종교기구의 책임자나 대표자들은 대부분 당과 내각의 영향력 있는 간부 출신들 중에서 선출되거나 겸임하고 있는 경우가 많았다. 그렇기 때문에 남한 교회의 관점에서 기대하는 북과의 비정치적인 종교 교류는 기대하기 어려우며 자본주의 체제의 교회에서 바라보는 "순수한 종교적 교류" 혹은 "종교교류의 비정치화"는 불가능하다.

강명철 위원장의 아버지 강영섭 목사도 생전에 최고인민회의 제9기 대의원에 선출된 뒤 20년 넘게 대의원을 지냈고 할아버지 강량욱 목사도 해방 직후 북 정부의 모체가 된 북조선임시인민위원회 서기장을 지냈으며 최고인민회의 1기 대의원과 상임위원회 서기장 등을 지냈으며 국가 부주석을 1972년과 1981년에 걸쳐 두 번이나 역임한 전력이 있는 인물들이다. 이처럼 북의 기독교 지도자들 대부분이 정치인으로 활동하며 겸직하는 경우가 많았으며 그들의 사고 또한 종교적인 것을 너머 매우 정치적이었다. 강명철 목사 또한 부친과 조부 못지않은 정치적 감각을 지니고 있었으며 동시에 목사로서 매우 영적인면도 갖춘 인물이었다.

조그련의 행정사무 부서

연맹 1층에 자리잡은 각 사무실들에는 오경우 서기장의 책임 아래 조직부(組織部), 국제부(國際部), 선전부(宣傳部), 경리부(經理部) 등의 행정 사무실들이 여러 개 자리 잡고 있으며 이런 실무적인 행정들을 총괄하는 직책이 바로 서기장(書記長)인데 이는 서방세계의 '사무총장' 역할이라고 보면 된다. 필자는 조그련의 조직과 부서 그리고 직제와 역할 등을 대략 정리하였다.

우선 조직부(組織部)는 북의 520개소에 달하는 가정 교회와 처소 교회를 비롯해 봉수, 칠골교회 등을 직접 관리하거나 교역자들의 인사이동 문제를 취급하는 부서라고 보면 된다. 가정 교회의 경우 대개 평신도 지도자들에 의해 운영되며 1972년에 설립된 평양신학원에서 배출된 교역자들이 가정 교회 담임교역자 역할을 하도록 하거나 조그련 소속 목사들이 직접 순회 목회를 하도록 배치하는 역할도 한다. 또한 매월 설교 제목과 방향등을 제시하거나 새신자 관리, 해외나 외부인사들이 가정 교회나 봉수, 칠골교회 능을 방문할 때 준비를 하는 곳이다.

각 지역별로 매월 정기적인 교역자 모임도 갖고 있다.

경리부(經理部)는 헌금관리나 연맹회원들이 정기납부하는 맹비 등의 수입, 지출을 관리하는 부서다. 특히 맹비는 예를 들어 '사로청', '여성동맹' 등 '동맹'이라는 이름이 붙은 단체들은 회원들에게 회비를 걷고 있는데 이를 '맹비'라고 한다. 경리부는 주일헌금은 물론 조그련 맹원들이 내는 맹비를 관리하는데 최근에는 재정이 증가하는 추세에 있다. 맹비는 원래 액수가 정해진 것이 아니라 대개 월수입의 2%를 납부한다.

국제부(國際部)는 증가하는 각종 국제회의 준비와 각 국가의 기독교 대표기관들과의 업무교류를 준비하는 부서이다. 특히 서방세계와의 교류에 있어서 북 외교성이 하지 못하는 영역을 이곳 조그련 국제부가 일정한 역할을 분담하기도 한다. 미국을 비롯한 서방세계의 교회들은 단순한 종교 단체의 의미를 넘어 정치분야와 사회분야에 있어서 지대한 영향을 미치는 기관이기 때문이다. 과거 빌리 그래함 목사나 지미 카터 전 미국 대통령이 방북할 때도 조그련 국제부의 역할이 지대했다.

특히 남측의 한국기독교교회협의회(NCCK)를 비롯해 중국기독교협의회(CCC), 중국기독교삼자애국운동위원회(TSPM), 세계교회협의회(WCC), 세계개혁교회연맹(WARC), 아시아기독교협의회(CCA), 일본기독교교회협의회(NCCJ), 독일기독교총연합(ACKH), 스위스기독교연맹, 미국그리스도교협의회(NCC-USA), 미국기독교세계봉사국(CWS), 캐나다연합교회(UCC) 등과 지속적인 교류를 한다.

선전부(宣傳部)는 정치적인 뉘앙스를 풍기는 단어처럼 느껴지지만 실상은 전도부 혹은 선교부에 해당하는 부서다. Propaganda에는 '전도'의 뜻도 포함돼 있기 때문이다. 특히 오래전부터 강영섭 위원장과 오경우 서기장은 북 교회의 부흥과 발전을 위해 전도에 총력을 기울인 것은 사실이다. 당시 북에는 12,000명의 신자들이 있었는데 여기서 만족 할 것이 아니라 앞으로 2천 명 가량을 더 확보해 1만 4천 명으로 성장시키자는 의미에서 조그련 측에서는 거국적으로 '만사운동'(萬四運動)을 전개하기도 했다.

이를 위해 실제로 모든 조그련 소속 목사들이 수년간 분주히 뛰어 다닌 적이 있었으며 마침내 몇 년 만에 목표를 이루기도 해 15,000명의 신자를 초과했다. 새 신자를 확보하는 일도 중요하지만 과거 해방 전에 이미 믿었던 신자들을 물색하거나 전쟁 후 여러 가지 사정으로 인해 기독교 신앙을 망각하고 사는 신자들도 전도의 대상이었다. 특히 지방 농어촌과 산간벽지, 도서지방 등 오지에 거주하는 인민들 중에는 가정 교회의 존재나 조그련의 존재 사실조차 모르고 있는 경우가 많아

[사진 17] 1992년 1월 방북한 권호경 당시 NCCK 총무일행이 김일성 주석과 기념 촬영하는 장면, 좌부터 강영섭 목사, 권호경 총무, 김일성 주석, 박경서 WCC아시아국장, 고기준 서기장

이들을 일일이 찾아다니며 복음을 전하거나 조그련을 선전하는 것도 중요한 임무 중에 하나였다.

그러나 아무리 조그련의 활동이 왕성하다 해도 독자적인 노선은 불가능하며 당과 군과 정부와의 공조를 맞춰야 하며 특히 당 정책의 틀 안에서 움직이기 때문에 연맹은 항상 정치성을 지니고 있고 당과의 긴밀한 협력관계를 지향하고 있다.

연맹의 조직과 역할

연맹 청사는 아담하게 3층으로 지어진 현대식 하늘색 건물이며 1층은 행정사무를 보는 사무실들이 갖춰져 있고 2층은 지도부 집무실, 3층은 회의실, 강당 등으로 꾸며져 있다. 조그런 조직은 연맹중앙본부(聯盟中央本部)가 있고 그 다음 도(道)련맹, 시군(市郡)련맹, 가정례배소(家庭禮拜所)라는 일률적인 체계를 구축하고 있다. 마치 장로교 조직에 비유를 하면 가장 상부 조직에 해당하는 중앙연맹은 '교단총회'의 역할을 하는 곳이며, 도연맹은 '노회', 시군연맹은 '시찰회', 가정예배소는 '지역교회'로 이해하면 된다.

행정사무를 보는 부서들은 국제부, 선전부, 조직부, 경리부 등이 각 분야별로 조직되어 있어 상근직을 비롯해 필요시 30여 명의 일꾼들이 매일 출근해서 근무하고 있다. 연맹본부는 크게 총회(總會)와 중앙위원회(中央委員會), 상무위원회(常務委員會) 등의 회의구조가 있으며 이중에도 연맹의 사업을 총괄하는 기구는 중앙위원회가 갖고 있다. 그러기에 중앙위원회라는 명칭은 곧 연맹 자체를 지칭하는 것이며 연맹에서 발급되는 모든 문서들과 팩스, 통지문, 서신, 성명서 등은 '중앙위원회'라는 이름으로 그 권위를 나타내며 연맹 서기장은 이 모든 행정을 총괄하고 책임을 진다.

연맹 총회는 4년에 한 번씩 정기적으로 개최되며 사업방향과 규약 채택, 수정안건 등 연맹의 향방을 결정하며 4년간 활동했던 중앙위원회의 사업평가나 새로운 위원선출 등의 사안들도 이곳 총회의 기능과 역할 중에 하나다. 현재의 강명철 중앙위원회 위원장이 선출된 경우를 보면 4년 주기를 철저히 지키고 있었음을 확인할 수 있다. 전임 강영섭 위원장이 심장병으로 타계(2012.1.21.)하여 장기간 공석중임에도 불구하고 즉시 비상회의를 소집하여 선출하지 않고 약 1년 반이 지난 2013년 7월 9일이 되어서 정기총회를 통해 선출했다. 3대 위원장인 강영섭 목사의 경우 1989년 2월에 선출됐는데 그 이후 1993년-1997년-2001년-2005년-2009년-2013년 등의 4년 주기를 철저히 지켜 강명철 목사가 선출된 것이며 벌써 4년의 세월이 흘러 내년 2017년에 또 다시 정기총회가 개최된다.

또한 연맹 중앙위원회는 북 영토에 있는 모든 가정 교회와 공식교회들을 관리 감독하는 상설기구로서 1년에 2차례의 정기 중앙위원회의를 연다. 중앙위원회는 정기총회의 지역대표 비율을 결정하거나 각종 선거관리, 도시군 지역연맹의 조직과 해체 등 연맹운영의 중요사안을 다루는 회의다. 중앙위원회의 위원은 현재 25명이 활동하고 있다. 역대 중앙 위원장으로는 1대 강량욱 목사(1946.11~1983.1)와 2대 김성률 목사(1986.9~1989.2), 3대 강영섭 목사(1989.2~2012.1)에 이어 4대 강명철 목사(2013.7~현재)가 재임 중에 있다.

한 가지 유념할 것은 역사적으로 볼 때 초대 위원장에 원래 김익두 목사가 위원장에 취임했으나 훗날 6.25전쟁 직전의 이중적인 배신행각으로 인해 연혁에서 삭제되었다. 김익두 위원장은 전쟁 중 좌우 대립이 치열했던 상황에서 인민군의 총격으로 숨진 후 강량욱 목사가 그 뒤를 승계했다. 초대 북조선기독교도연맹 체제를 살펴보면 위원장에 김익두 목사, 부위원장에는 김응순 목사, 서기장에는 조택수 목사로 구성되었으며 실세는 강량욱 목사였다.

연맹 상무위원회는 사회주의 국가에서만 존재하는 제도인데 이는 '최고 운영위원회' 혹은 '최고 간부회의'라고 볼 수 있다. 상무위원회에는 중앙위원회 위원장과 부위원장, 서기장, 각부 부서장 등이 참여하며 한 달에 한 차례씩 정기회의를 갖고 연맹 운영을 위한 상시적 업무를 집행한다. 특히 위원장이 선출되면 부위원장도 동시에 선출하는데 부위원장과 서기장은 긴밀한 업무협의를 통해 위원장을 보필한다.

또한 '도연맹'은 특별시와 각도 10곳, '시군연맹'은 북 전역의 시군구 지역에 50여 곳이 있다. 현 위원장인 강명철 목사도 평양시위원장에 재직 중에 중앙위원회 위원장에 선출된 것이다. 각 도시군구 연맹도 중앙조직과 마찬가지로, 총회, 중앙위원회, 상무위원회가 동일하게 개최되고 있으며 지역 형편에 따라 사무부서를 두고 있다. '도연맹'도 4년에 한 번씩 총회가 열리며 도 단위 사업의 평가, 도위원회 위원 선출, 중앙총회 대표를 선출하며 '시군연맹'의 경우도 이와 동일하다.

조그련을 실무적으로 이끌어온 양대 산맥

북측 조그련이 설립된 이후 실무 목사로서 가장 큰 공헌을 했던 양대산맥은 고기준 서기장과 현재의 오경우 서기장이다. 초대 위원장 강량욱 목사를 비롯해 2대 김성률 목사, 3대 강영섭 목사와 현재 강명철 목사에 이르기까지 조그련의 최고 수장인 중앙 위원장들이 종신직으로 마음껏 일할 수 있었던 배경에는 든든하게 보좌하는 서기장들이 있었기 때문에 가능했다. 특히 고기준 목사와 오경우 서기장의 역할은 매우 컸다. 이미 타계한 고 서기장의 경우 초대 위원장인 강량욱 목사의 임기 말년인 1982년 2월에 서기장으로 부임해 1994년 타계할 때까지 맹활약을 펼쳤다. 특히 1992년 1월 13일에는 한국기독교교회협의회 총무 권호경 목사의 방북을 주선해 김일성 주석과의 면담을 성사시켰으며, 재임기간에는 남측 기독교 측과의 교류를 통해 민족통일을 위해 활발하게 노력했다.

그가 회의 참석차 미국을 방문했을 때의 일이다. 고 목사는 해방 전보다 이북에 기독교 신자들이 줄어든 이유에 대해 "전쟁시기(6.25전쟁) 미군 폭격으로 교회 건물이 파괴되어 신자들이 많이 죽었으며 미국이 이북지역을 원자탄으로 공격한다는 소문을 듣고 피해를 당하지 않으려고 많은 신자들이 월남했기 때문이다"라고 증언한 적이 있었다. 또한 고 목사는 필자가 속한 교단의 목회자에게 "기독교의 본질이 무엇인지 아는가?"라고 뜬금없이 묻더니 즉답을 못하며 우물쭈물하던 목사에게 "기독교의 본질은 용서와 사랑인데 남조선 목사들은 용서하는 마음이 없더군요. 일전에 내가 미국 시카고에서 남측 목사님들을 만났는데 그들은 우리들 욕하기에 바쁘더군요. 우리 련맹이 이렇게 열심히 일하면서 조선에 복음을 심으려는 마음을 전혀 몰라줘서 매우 섭섭했습니다"라며 울먹였다고 한다.

이처럼 고기준 서기장과 강영섭 위원장처럼 조그련 소속 목사들 중에는 남측 목사들과는 달리 음주와 흡연을 즐겨하는 경우가 많았는데 그렇다고 해서 이들을 가짜라고 매도하는 것은 매우 주관적인 평가에 불과하다. 고 목사가 푸념한 것은 바로 남측 목사들이 조그런 목사들을 무조건 어용목사라고 비방하는 것을 염두에 둔 것이다. 남측 목사들 중에는 북의 기독교 문화나 조그런의 위상에 대해 심층적 이해를 하기보다 겉으로 보이는 표면적 현상으로만 분석하기 때문에 조그런과 간부들에 대해 많은 오해를 하고 있는 것이다.

고기준 서기장의 뒤를 이은 오경우 서기장은 94년부터 지금까지 조그런을 이끌어온 실질적인 주역이며 특히 그는 2003년에는 3.1민족대회 행사 참석 차 서울을 방문할 때 14명의 기독교 대표단을 이끌고 서울 소망교회에서 드려진 예배에 참석하기도 했다. 그러나 오 서기장이 예배 시간에 단상에 나가 인사말을 하는 도중 회중석에 앉아있던 일부 보수 우익 목사들의 방해로 인사말을 끝까지 마치지 못하고 황급히 발언을 마무리하고 중단한 불미스런 사건도 그는 겪은 적이 있다.

그러나 그는 지금까지 남측교회나 미국을 비롯한 해외교회와의 교류와 협력을 위해 고군분투하는 실무주역이며 심지어 영악하다는 표현이 적절할 정도의 뛰어난 현장감각과 협상력을 소유했다. 또한 남측교회와는 달리 조그런 서기장과 위원장에게는 항상 보이지 않는 미션이 주어지고 있는데 그것은 다름 아닌 '조국통일'이라는 대명제이다. 남북 전체 민족의 최대 숙원인 코리아반도의 평화통일 과업을 이룩하는 것을 예수 그리스도의 지상명령처럼 여기는 곳이 바로 조그런이다. 보통 일반 남측교회들의 최대 미션은 예수 그리스도의 지상명령을 '선교' 혹은 '전도'로 여기고 있으나 북측교회들은 '조국통일' 혹은 '민족통일'을 가장 큰 지상과제로 삼고 있는 것이 특징이다.

[사진 18] 2003년 3월 1일 서울 소망교회를 방문한 오경우 서기장이 봉수교회 손효순 담임목사와 함께 예배드리는 모습

북 인민정권과 함께 걸어간 조기련

우리가 북 기독교와 교회, 그리고 목회자들과 신자들에 대해 이해하려면 현재의 조그련이 태동된 최초의 배경과 뿌리를 파악할 필요가 있다. 해방 직후 평양에 입성한 김일성은 1946년 2월 '북조선임시인민위원회'(이하 인민위원회)를 결성해 위원장에 선출되었고 서기장에는 강량욱 목사가 선출되었다. 인민위원회라는 기구는 당시 이북 지역을 총괄하는 중앙행정기관으로서 토지개혁 추진과 함께 생산수단의 국유화 조치 등을 단행하는 최고의 집행기관으로서 최고 수장인 김일성 위원장의 곁에는 언제나 강량욱 목사가 그림자처럼 동행했다.

좌우 대립의 단서가 됐던 토지개혁 문제는 황해도 지역의 교회들이 둘로 분열되는 단초가 되고 말았으며 개신교 교회 안에서 토지개혁 문제로 좌익과 우익으로 갈라지게 됐다. 지주나 부농 출신의 신자들은 토지개혁을 적극 반대하는 반면 전답이 없는 가난한 신자들은 적극 찬성함으로써 교회가 찬반양론으로 나뉘져 급기야 좌익과 우익으로 분열했다. 교회 안의 이런 좌우익 분열 현상은 점차 사회로 확대되어 사회 전체도 좌와 우로 양분되는 사태로 확대되었다.

이런 와중에 이북의 각 시도 지역에는 정당과 사회단체들이 좌파와 우파로 나뉘어 조직되기 시작했는데 이때 기독교계 단체로서 조선민주당(대표 조만식 장로, 이윤영 목사, 최용건 목사), 기독교자유당(김화식 목사, 김광주 목사, 황봉찬 목사), 기독교사회민주당(윤하영 목사, 한경직 목사 등), 기독교민주당(감리교계열 목회자) 등의 정당들이 우후죽순처럼 일어났다. 이처럼 북조선임시인민위원회가 각 도에서 발족될 때 기독교계 인물들이 대표자로 부상되는 등 위원회 측에서는 예기치 않았던 일로 정치 판도에 바람직하지 못한 현상으로 받아들였다.

그에 앞서 해방 직후에는 기존 기독교가 분열되면서 우파가 결집해 1945년 12월 1일에는 소위 '북조선 5도 연합노회'(이하 5도노회)를 설립해 장로교의 김진수 목사를 총노회장(연합노회장)으로 선출했다. 그 후 5도 노회는 1946년 3월 1일의 3.1절 기념식 거행 문제와 1946년 11월 3일 주일에 선거하는 문제를 놓고 임시인민위원회 측과 갈등을 빚었으며 이로 인한 내부갈등으로 이북지역의 교회들은 확연하게 양분됐다.

특히 5도노회 측은 주일에 치루는 선거에 대해 반대하는 결의문을 1946년 10월 20일 발표하자 김일성 위원장과 강량욱 목사는 이들을 설득하는 데 주력했으며 이때 기독교에 대한 획기적인 정책의 절박함을 느꼈다. 그러나 이런 5도노회의 결정은 당시 전체 인구의 약 2~3%에 불과했기 때문에 영향은 미미했고 선거는 순조롭게 끝났다. 이때 김일성 위원장은 반대하는 목사와 장로들에게 신약성경 마태복음 12장에 나오는 안식일에 구덩이에 빠진 양 한 마리를 끌어내는 비유를 통해 강력하게 호소하고 설득을 했다고 한다. 이에 김일성 위원장은 서기장을 맡고 있던 강량욱 목사와 함께 '북조선기독교도연맹'을 조직했고 선거가 끝난 후 25일이 지난 11월 28일, 정식으로 출범했다.

11월 3일에 실시된 인민위원회 선거에는 총 3,459명의 위원들을 선출했고 이어서 1947년 2월 17일 평양에서 인민위원회, 정당, 단체 대표 1,157명이 참석한 가운데 '전국 시, 도, 군 인민위원회 대회'가 개최되었으며 이때 간접 선거로 선출된 237명의 대의원들이 '북조선인민회의'를 구성하기에 이르렀다. 그리고 인민회의는 제1차 회의를 통해 '북조선인민위원회'(人民委員會)를 결성하고 위원장에 김일성을 선출했는데 이는 '북조선인민회의'(人民會議)와는 별도의 조직으로서 당시 최고집행기관이었다. 이후 1948년 8월에 최고인민회의가 구성되고 9월에 김일성 위원장이 내각 수상에 선출되며 '조선민주주의인민공화국'이 선포되며 정식 정부를 둔 국가로서 탄생하게 된 것이다.

한편 이때 북조선인민위원회의 지원을 받으며 46년 11월 28일에 설립된 '북조선기독교도연맹'의 초대 위원장에는 김익두 목사가 선출됐고 부위원장에는 김응순 목사, 서기장에는 조택수 목사가 선출됐다. 이때부터 조선 최고의 부흥사였던 김익두 목사는 한 동안 김일성 수상과 같은 사회주의 노선을 걸었으며 이후 북쪽의 교회들은 친사회주의적인 교회와 인민정권에 반대하는 교회로 양분됐다. 그러나 1947년에는 북측 교회의 삼분의 일이 '북조선기독교도연맹'에 가입하며 대세를 이뤘고 심지어 함경북도에서는 모든 교회와 목회자들이 연맹에 가입하기도 했다. 또한 1948년 9월 1일부터는 북측의 20만 명의 기독교 신자들 중 85,118명이 연맹에 가입했다.

해방 직후 단행된 토지개혁 문서에는 북조선인민위원회를 이끄는 김일성 위원장의 서명과 함께 서기장을 맡은 강량욱 목사의 서명이 각각 날인되었으며 이런 강 목사가 직접 이끈 '북조선기독교도연맹'은 그 추진력과 기세가 대단했으나 반대파였던 우익 기독교 단체인 '5도민 연합노회'는 거의 모두 월남하고 말았다. 월남한 5도노회 소속 목회자들과 장로들은 그때부터 한국 사회의 안정적인 지도층이 되며 한국 교회의 보수 우익 그룹을 형성하는 주도세력이 되었다. 이들은 결국 한국 기독교 내에서 반북, 반공세력의 핵심 그룹이 되어 교회강단을 반공강연장으로 바꿨고 목사들을 반공투사가 되게 했으며 동시에 친미 반공 수구세력이 되었다.

한편 초대 위원장에 취임한 김익두 목사는 강량욱 목사와 함께 반대측 목회자들과 신자들을 설득하는 역할을 하며 북측의 개신교회를 왕성하게 이끌다가 6.25전쟁 직전의 배신 행각이 발각되어 죽음을 맞이했고 김익두 목사의 사후에는 그를 대신해 강량욱 목사가 직접 위원장을 맡아 죽는 날까지 북 교회를 이끌었고 조그런 연혁에서는 김익두 목사의 이름과 재임기간이 자연스럽게 삭제되었다.

평양신학원

[사진 19] 현재의 평양신학원 건물

평양신학원을 가다

　필자가 방문한 평양신학원은 평양시를 관통하는 대동강 북서쪽 봉수산 기슭에 자리하고 있다. 신학원을 가려면 칠골교회 인근 광복거리에서 보통강 지류를 따라 1.5㎞를 올라가면 봉수산 기슭 나지막한 언덕에 위치한 조그련 본부와 봉수교회당이 위치한 주차장에 도착해야 한다. 주차장 오른쪽에는 아담한 담장이 설치돼 있는데 담장 끝자락에

난 작은 출입문을 들어가면 신학원 캠퍼스가 시작된다. 동굴처럼 조경된 포도넝쿨을 통과하면 마치 비밀의 정원 같은 아름다운 동산(일명, 에덴동산)이 나오며 동산 한가운데는 각종 묘종을 심는 제1온실동이 나오며 그 동산 끝자락에 평양신학원 교사(校舍)가 나온다.

필자는 오경우 서기장의 안내를 받으며 캠퍼스를 향하는 도중에 몇몇 학생들과 마주 치기도 했고 신학교에 도착해서 강의실과 도서실을 비롯한 학교 시설들을 모두 둘러봤다. 평양신학원이 이곳에 신축되기 전에 신학교는 원래 조그련 본부 3층에 입주해 있었으나 2003년 9월에 신학교 건물을 이곳에 새로 짓고 이전했다. 봉수교회당과 조그련 연맹 본부가 모두 하나의 타운 안에 자리 잡고 있다 보니 세 기관이 모두 유기적으로 연관을 맺고 상호 협력관계에 있었으며 매주 신학원 교육관에서는 봉수교회 성가대원들이 주일 성가연습을 하는 모습이 목격되기도 했다. 또한 이 세 기관은 북 기독교를 이끄는 가장 중추적인 핵심기관으로서 북 기독교를 상징하는 브랜드이다.

캠퍼스의 시설들과 이모저모

평양신학원은 일반대학교처럼 야외에 특별한 시설물이 조성되거나 여러 개의 부속건물들이 세워지지 않았으며 단순한 한 개동의 건물만 큰 규모로 서 있을 뿐이다. 신학원 건물은 지하 1층, 지상 3층으로 지어졌으며, 강의실(교실), 교육관, 회의실, 독서실, 도서관, 운동실, 영접실, 교무실, 교장실, 식당 등으로 다양하게 꾸려졌다. 이 건물은 2003년 4월 6일, 기공식 예배를 드리고 2003년 9월에 완공됐다.

언뜻 보기에 열악한 학교처럼 보일지 몰라도 가만히 생각해보면 그렇지 않다. 왜냐하면 재학생이 12명에 불과하기 때문에 현재의 시설로도 충분하다. 12명의 전체 재학생들보다 많은 교수진과 강사진 그리고 철저한 학습과 성서교육 중심의 신학교육 등은 매우 바람직한 교육 시스템으로 보였다. 소수 정예요원들처럼 매우 안정적이고 든든해 보였으며 도서관에는 생각보다 다양하고 많은 서적들이 확보되었고 도서관 한쪽 코너에는 홍동근 목사를 기념하는 서가가 별도로 마련되어 있었다.

홍 목사는 방북기간 중이던 2001년 11월에 심장마비로 갑자기 타계했으며 1급 국립묘지인 평양 신미리 애국자 묘역에 안장되었다. 그후 1주기를 맞이한 2002년 11월에 홍 목사의 기독교 유품과 신학서적 2,000권이 조그런 연맹에 기증되며 이곳 신학교 도서관에 자리잡은 것이다. 이를 위해 당시 홍 목사의 부인인 홍정자 여사(세계적인 피아니스트 백건우 씨의 누님)가 직접 평양을 방문해 남편의 평소 소원인 '홍동근목사기념서가'를 꾸몄다.

[사진 20] (좌) 평양신학원 도서관 내부의 홍동근목사기념서가 모습, (우) 생전의 홍동근 목사 모습

또한 다른 서가의 도서들도 남측교회들과 여러 기관에서 보내준 서적들이 많이 보였는데 남측교회들과 기관들의 서적보내기운동 덕택에 낯익은 많은 신학 서적들이 눈에 띄었다. 또한 강의실 벽면에는 "령혼이 없는 몸이 죽은 것과 마찬가지로 행함이 없는 믿음도 죽은 믿음입니다(약 2:25)"라는 신약성경 구절이 붉은색 판에 황금색으로 새겨져 있어 이채로웠다. 또한 교육관 벽면에는 "여호와를 두려워하여 섬기는 것이 지혜의 근본이요, 거룩하신 이를 깊이 아는 것이 슬기이다(잠언 9:10)"라는 구약성경 구절이 씌어 있었다.

남북의 합의로 건축되고 운영된 평양신학원

평양신학원은 2003년 9월, 남측의 대한예수교장로회(예장 통합) 북한선교위원회 측과 기독교대한감리회 서부연회(기감 서부) 측의 지원으로 현재 위치에 6억 원 예산을 투입해 연건축면적 340.5평으로

[사진 21] 남측 기감 신경하 감독(좌)과 조그련 강영섭 위원장(우)이 '신학원 지원합의서'에 서명하는 모습

건축했다. 오래 전부터 신학원 건축과 운영에 대해 예장 통합과 기감 측이 큰 관심과 동참의사를 밝힌 상황이기 때문에 두 교단은 사전에 중복투자를 막기 위해 각각 역할을 분담하기로 약속하고 건축 관련 설계와 자재비 지원 부분은 통합 측에서 하고 신학원 운영 지원비는 기감 서부 측에서 하기로 각각 합의해 성사된 것이다.

특히 2003년 4월 6일은 통합 측 대표단이 평양신학원 건축 기공예배에 직접 참석해 강영섭 위원장을 비롯한 조그련 관계자들과 함께 기공식 예배를 드렸으며 건축 자재 구입을 제외하고 나머지는 조그련 측에서 조달했으며 남측에서 골조용 자재까지 남포항으로 운반하며 순조롭게 공사가 진행돼 기공식 후 약 6개월이 지난 2003년 9월에 건물을 완공했다. 동시에 기감 측은 평양신학원 운영을 위해 매학기 10만 달러를 지원하기 시작했으나 이명박 정부의 5.24조치로 인해 지원과 교류는 전격 중단됐다.

평양신학원의 신축으로 인해 전쟁 후 그동안 어렵게 신앙을 지켜오던 북의 기독교 신자들에게는 온전한 신앙생활에 도움을 주는 계기가 되어 신자들의 수준을 한 단계 더 높이는 계기가 되었다. 또한 평양신학원 건축을 계기로 연이어 봉수교회가 신축되고 북조선판 성경과 찬송가가 편찬된 것도 고무적인 일이었으며 남과 북의 교회가 서로 교류와 협력을 하는 데 있어 그 역할이 매우 컸다.

남한의 통합 측과 조그련 측은 봉수교회 뒷편 언덕에 평양제1온실과 평양신학원 건축을 성사시키자 이에 탄력을 받은 양측은 2005년 11월에 기존 봉수교회를 헐고 새롭게 신축하기로 합의하게 된다. 이처럼 평양신학원 건축은 북 기독교 역사에 있어 여러 가지 기념비적인 일들을 연이어 성사시키는 역할을 감당하고 있었다. 지난 1972년 설립 이래 지금까지 평양신학원은 조용한 침묵 속에 45년 동안 '북조선식 기독교' 혹은 '사회주의 기독교'가 뿌리내리도록 하는 데 지대한 역할을 한 것은 틀림없는 사실이다.

신학교 입학 조건과 목사안수 과정

현재 북에서 목사가 되려면 공식적으로 조그련 연맹 본부에서 직영하는 평양신학원을 필수적으로 졸업해야 한다. 입학 조건을 살펴보면 지원자 본인이 소속한 가정 교회나 처소 교회 또는 자신이 소속한 조그련의 전국 조직인 도-시-군 연맹 중 한 곳의 추천서를 받아야 하며 고등중학교(고등학교)를 졸업한 학력 이상이어야 한다. 신학원을 운영하는 주체는 조그련이기 때문에 연맹 측이 입학 서류를 최종 심사하며 합격 여부도 연맹에서 결정한다.

그러나 통계적으로 보면 평양신학원 입학 지원자들 중 상당수가 현재 연맹 행정부서나 시도위원회에서 일했거나 현재 일하고 있는 사람들이 대부분이다. 또한 이미 기존 일반대학을 졸업한 사람들이 많고 평균 연령도 최소 30세 이상이며 사회적, 사상적으로 안정된 기혼자가 대부분이다.

또한 지금은 폐쇄되었지만 김일성종합대학 종교학과를 졸업한 사람이 지원하는 경우에도 정식 목사가 되기 위해서는 조그련의 추천을 받아 평양신학원을 입학해 졸업해야 한다. 평양신학원은 교단 역할을 하는 조그련 산하 신학교이기 때문에 목회자 양성과 공급을 목적으로 운영하는 반면 김일성대 종교학과는 일반적인 종교학을 아우르는 학자를 양성하거나 당의 종교정책 관리부서의 관리직 양성을 목적으로 하기 때문이다. 평양신학원 졸업자들에게 승진, 목사안수, 사역지 배치 등 인사이동을 주관하는 부서가 겉으로 보기엔 조그련인 것처럼 보이지만 실제로는 중앙당에서 담당하고 있으며 조그련 연맹은 최종적으로 중앙당 비서국의 비준대상이다.

전도사와 목사 그리고 전도사의 신분에서 목사의 신분으로 바뀌었을 경우 교역자에 대한 처우 문제와 복지혜택은 일괄적으로 중앙당의 공급대상이며 월급을 비롯해 배급과 부식들을 중앙당 공급소에서 제공받는다. 현재 조그련 소속 교역자는 목사 35명, 전도사 140명 정도인데 평양신학원 출신들이 대부분이다. 조그련 측에 따르면 북 전체 기독교 신자는 15,000여 명을 웃돌고 있으며 가정 교회가 520여 개이며 봉수, 칠골교회 등 공식교회당 등이 있고 그밖에 여러 형태의 공식교회들이 존재하고 있다고 발표하고 있다. 이에 신입생, 재학생, 졸업생들은 무조건 이 가정 교회와 공식교회들 중에 한 곳에 소속돼야만 한다.

졸업한 신학생들은 목사 안수를 받기 전까지 대개 전도사로 5년에

[사진 22] 봉수교회 주일성가대원들은 이곳 평양신학원 교육관에서 연습을 한다.

서 8년간 가정예배소(처소 교회)에서 일하게 되며 그 후 목사 안수를 받게 되면 당 간부나 대학교 교원급(교수)에 해당하는 혜택이 주어진다.

5년 학제와 각 기수(期數) 구분

1972년 3월에 설립된 평양신학원은 개교 당시 3년제 신학교로 시작했다. 그러나 이 학제는 2000년 9월 들어 재개교를 하면서 5년제로 바뀌었다. 남측 신학교나 서구의 신학교와 비교를 하자면 3년제에서는 신학대학원 과정에 준하는 M. Div.(목회학 석사학위) 과정을 수업했다고 볼 수 있다. 그러나 그후 5년제로 변경된 의미는 두 가지가 있다. 첫째, 이미 기존의 일반대학 학부를 졸업한 학생들의 경우에는 M. Div. 3년과 Th.M.(신학 석사학위) 과정 2년 등을 모두 합해 총 5년을 이수하는 수업이다. 둘째, 고등중학교(고등학교)만 졸업하고 입학하는 학생들에게는 학부과정 Th.B.(신학 학사 학위) 4년을 2년만에 수료하고 연이어 M.Div. 3년 과정을 공부하도록 하는 것이다.

물론 이 같은 비교방법은 개략적인 이해에 불과하다. 왜냐하면 평소 조그련에서 추구하는 학제나 커리큘럼 등은 서구신학교의 방식을 따르지 않기 때문이다. 아무래도 조그련이 직영하는 목회자 양성기관이다 보니 반드시 사상적으로 무장된 신자이어야 하며 동시에 독실한 믿음을 가진 신자로서 평소 모범적인 신앙생활을 하는 인물 중에서 선별해야 하기 때문이다.

조선기독교도연맹(조기련) 강량욱 위원장의 주도로 1972년 3월에 3년제로 개원한 평양신학원은 1992년까지 20년 동안 제7기 졸업생을 배출했으나 그 후 '고난의 행군' 등의 어려운 사정 등으로 잠시 학사운영이 소강상태에 빠졌다. 그러다가 김정일 국방위원장과 김대중 대통령의 남북정상회담을 기점으로 남북, 북남간의 화해 협력의 기류를 타고 2000년 9월부터 다시 재개원하며 활성화되기 시작한 것이다.

2000년 9월부터는 3년제에서 5년제로 개편하며 다시 8기 입학생을 받기 시작했고 한 기수당 신입생은 그 전과 마찬가지로 10~12명이다. 그 후 지금까지 재학생 숫자는 항상 12명 선을 유지하고 있다. 한 기수가 5년을 공부하고 졸업을 하면 다음 기수 신입생을 새로 선발하는 방식으로 운영되기 때문에 졸업 후에는 선후배라는 개념이 존재하지만 선후배가 동시에 학교를 다니는 경우는 전무하다. 또한 9월 신학기제를 채택하고 있어 5년에 한번 돌아오는 7~8월에 입학생을 선발하고 동시에 그해 졸업생도 배출한다. 1974년 제1기 첫 졸업생을 배출한 이후 8기생까지 모두 80여 명 정도가 졸업을 했다.

평양신학원 기수별 연도를 보면 1기는 1972~74년, 2기는 1975~77년, 3기는 1978~80년, 4기는 1981~83년, 5기는 1984~86년, 6기는 1987~89년, 7기는 1990~92년, 8기는 1993~95년, 9기는 1996~98년이다. 그러나 1999년에는 입학생을 받지 않고 학교운영이 잠시 소강상태에(중단된 것은 아님) 있다가 남북정상회담이 성사되며 화해 기류를 타고 2000년 9월부터 새롭게 재개하며 5년제로 시작했다. 변경 후 첫 기수에 해당하는 제10기는 2000~2004년, 11기는 2005~2009년, 12기는 2010~2014년이며 현재 제13기가 신학수업을 받고 있으며 수업 기간 년도는 2015~2019년까지다.

교수진과 강사진

평양신학원의 원장(교장)은 조그련 중앙위원회 위원장이 맡도록 되어 있기 때문에 당연직이라고 보면 되고 현재는 강명철 목사가 원장이다. 잘 알려진대로 강명철 목사의 조부 강량욱 목사는 1972년과 1981년 두 차례에 걸쳐 부주석으로 선출된 영향력이 큰 인물로서 한국 전쟁 이후 이북지역에는 전무했던 신학교를 다시 개교한 주역이었다. 조그련 위원장직을 3대가 계승한 것처럼 평양신학원 원장직도 3대가 이어가고 있다. 초기 원장은 강량욱 목사, 그의 후임으로 강 목사의 차남 강영섭 목사, 또 그의 후임으로 그의 장남인 강명철 목사가 원장으로 근무 중이다.

평양신학원 강의는 크게 교실 강의(오프라인)와 교실 밖에서 이뤄지는 통신강의(온라인) 등으로 나누어진다. 그러나 실제로는 교실 강의 보다는 통신강의에 비중을 더 두고 있는데 그 이유는 신학생들이 공부와 함께 직장일에 종사해야 하기 때문이다. 그래서 통신 강의는 일정한 과제물을 주고 숙제나 리포트를 제출 받기도하며 각자가 도서관 등에서 관련 자료를 열심히 공부해 작성하는 형태로 이뤄진다. 또한 이런 경우 서신을 통해 교수와 학생 간 소통을 하기도 하는데 이는 학생 수가 전교생이 모두 12명이라서 가능하다고 여겨진다.

강의실에서 진행하는 신학강의는 주로 조그련 연맹 목사들이 담당하는 경우가 대부분이며, 외국어, 세계사 등의 일반과목은 사회과학원 연구사들과 평양 시내 주요대학 교수들을 초빙해서 가르친다. 또한 신학과목 강의는 철저하게 성경 중심으로 강의를 하고 있으며 신구약 성경, 성서신학, 역사신학, 조직신학, 조선교회사, 세계교회사, 설교학, 목회학, 교회정치, 예배학, 찬송가학(종교음악, 교회음악) 등의 기본 교과목들을 가르친다. 특히 교회음악이나 종교음악을 '찬송가학'이라고 호칭하는 것이 필자에게는 이채롭게 느껴졌다.

또한 강의실(오프라인) 교수진은 정교수와 외래교수로 구분된다. 외래교수는 주로 남측의 감리교 서부연회의 목사들로 구성된 교수진들이 1년에 두 번씩 방문해 계절학기를 강의하고 돌아간다. 또한 어느 학기에는 평양의 주체사상연구소 박승덕 소장이 외래교수로서 방문해 철학사와 기독교사상에 대해 학생들에게 강의하기도 한다. 정교수들 중에서 가장 오랫동안 강의한 교수들을 살펴보면 현재 오경우 서기장, 리성봉 목사, 박춘근 목사, 리춘구 목사, 정경숙 교수 등이며 오 목사는 목회학, 리성봉 목사는 성경, 리춘구 목사는 조직신학, 정경숙 교수는 찬송가학을 가르쳐왔다.

특히 북 최초로 여성목사 안수를 받은 이성숙 목사가 성서신학, 이태균 원로목사는 조직신학, 칠골교회 담임이었던 황민우 목사와 장승복 목사는 실천신학을 주로 가르쳤고, 봉수교회 담임을 맡던 중 3년 전에 타계한 손효순 목사는 역사신학, 리영태 목사는 구약학을 가르쳤다. 리영태 교수는 조직신학과 세계기독교회사를 직접 저술하여 가르치며 구약학도 강의했는데, 그는 영국의 토마스 선교사가 대동강변에서 살해당했을 때 현장에 있었던 박춘권의 조카이며, 미국 선교사 이눌서(William David Reynolds) 선교사의 비서 출신으로서 그의 성경 번역작업을 도왔던 장본인이기도하다. 뿐만 아니라 리영태 교수는 남측 천주교와 개신교가 공동합작으로 제작한 공동번역성서를 북으로 가져와 그것을 토대로 조그련 직속의 『조선 성경전서』(북한성경전저)를 펴낸 실력 있는 학자이다.

평양신학원이 1972년 개교하자 당장 강의에 필요한 교재와 신학도서가 시급했다. 이때 공급을 맡은 인물이 바로 홍동근 목사였다. 홍 목사는 자신이 시무하는 미국 LA의 '선한 사마리아교회'를 통해 제공했으며, 그밖에도 여러 남측교회에서 많은 전문서적들을 기증받아 학교를 운영했고, 그후 남측 감리교의 학사운영 지원을 받아왔다. 그러나 그마저도 이명박 정권의 5.24대북제재조치 이후에는 지원이 중단돼 현재는 신학원 자체에서 자립 운영하고 있는 실정이다.

교수들에게도 특강했던 홍동근 목사

미국 캘리포니아에 거주하는 홍동근 목사는 1990년 11월부터 평양신학원과 김일성종합대 종교학과를 방문해 강의를 한 것으로 유명하다. 매번 출국할 때마다 다량의 강의 서적을 짊어지고 평양에 도착해 김일성대학 교수 12명과 신학담론을 시작했고 학생들에게도 특강을 했으며 평양신학원에서도 교수들과 학생들을 상대로 매해 봄, 가을 두 학기로 나누어 강의를 했다. 신학생들을 상대로 하는 강의는 주로 성서강해와 조직신학이었고 특히 기독교개론을 가르쳤다. 구체적으로 성서신학, 사회윤리, 교회사, 기독교선교, 기독교와 주체사상, 기독교와 민족통일 등의 과목을 가르쳤던 홍 목사는 자신이 하는 일이 힘에 겹다며 박순경 교수와 홍근수 목사에게 신학원에서 함께 강의할 것을 권유하기도 했다.

홍 목사는 2001년 여름 김일성종합대학에서 명예박사학위를 받으며 그 때부터 평양에서 두 학교의 교수로서 활약하기 시작한 것이며, 그 후 2001년 11월 11일 그가 타계하는 날까지 11년간 지속되었다.

매년 두 학교의 외래 초청교수로 단기 강좌를 맡은 홍 목사는 항상 보름 일정으로 LA와 평양을 왕래했었다. 마침 평양에 체류 중이던 당시 75세였던 홍 목사는 11월 10일 밤 뇌출혈로 갑자기 쓰러져 운명했다. 생전의 홍 목사가 북에서 강의를 할 수 있었던 비결은 북측 당국의 전폭적인 배려가 있었기에 가능했고 또한 동역자이자 죽마고우였던 '에스라선교회'의 조동진 목사와 미국장로교총회 이승만 목사와 김인식 목사 등의 보이지 않는 협력이 있었기에 가능했다.

졸업생들의 진로

2000년 이전의 3년제 졸업자와 2000년 이후 5년제 졸업자들은 기본적으로 전국의 가정 교회나 처소 교회에 소속돼 주어진 일을 감당한다. 그밖에도 조그런 연맹 중앙본부나 지방 연맹 사무실에서 일하거나 혹은 평양신학원에서 일한다. 그중에서 여러 가지 능력이 검증되면 중앙교회에 해당하는 칠골교회나 봉수교회의 담임목사나 부목사로 발탁되기도 한다. 특히 평양신학원 제8기 졸업생 12명의 진로를 살펴보면 당시 봉수교회(3명)와 칠골교회(2명), 평양시 그리스도교연맹(1명), 평안북도 그리스도교연맹(2명), 평안남도 그리스도교연맹(2명), 황해남도 그리스도교연맹(2명) 등 각각 지역 연맹과 그 소속 가정 교회로 배치됐다. 졸업생들은 목사 안수를 받기 전까지 자기가 출석했던 도시나 지역의 가정 교회나 각 지방의 가정 교회에서 전도사로 일해야 하며 때로는 연맹 본부나 지역 연맹 사무부서 등지에서 일한다.

전임자인 손효순 목사의 타계로 인해 후임으로 부임한 송철민 목사(1968년 7월 31일생)의 경우를 살펴보면 평양에서 소학교와 고등중학교를 나오고 1984년 사회과학대학에 입학해 1989년에 졸업했고 그 후 개성 역사박물관에서 연구사로 일했다. 그리고 다시 평양의 중앙역사박물관에서 일하다가 평양신학원에 입학해 신학공부를 하던 중 1999년부터 평양봉수교회에서 전도사 수련과 부목사 수련을 받았다.

송 목사의 신앙배경에는 그의 할아버지와 할머니가 평남 성천 출신의 독실한 기독교신자였는데 해방 전 강량욱 목사가 성천지역 부흥집회를 왔을 때 받은 영향과 인연으로 전쟁 후에도 집안 어른들이 다시 신앙생활을 이어갈 수 있게 되었다고 한다. 그 때문에 송 목사는 어릴 적부터 가정에서 예배를 드리는 분위기에서 자랐으며 성장하면서 교회생활과 신앙생활에 대해 눈을 뜨게 되었다. 그 후 송 목사의 조부와 강량욱 목사의 관계가 돈독했던 인연으로 강영섭 목사의 추천을 받아 평양신학원에 입학하게 된 케이스였다. 그 후 2010년 5월에 목사안수를 받은 송철민 목사는 2013년 4월에 봉수교회 담임목사로 부임했다.

봉수교회 부목사로 활동 중인 한명국 목사의 경우도 비슷했다. 함경남도 영광군 산골에서 태어나 어려서부터 지방에서 성장했는데 그의 할아버지와 할머니가 독실한 기독교 신자였기 때문에 매일 가정예배를 드렸다고 한다. 조부모가 성경이야기와 찬송을 자주 들려주었고 믿음생활을 하며 성장한 그는 중학교까지 지방에서 다니다가 1982년 평양음악대학교(현재 김원균명칭음악대학교)에 입학해 '음악이론'을 공부하면서 바흐, 헨델, 모짜르트 같은 음악가들이 작곡한 음악들을 많이 접했고 그중에 교회음악을 연구하며 신앙을 더욱 체험하는 계기가 됐다고 한다.

대학을 졸업한 한 목사는 음대 연구원으로 일하던 중 1999년 송철

[사진 23] 해방 전 평양 남산현감리교회. 이곳에서 성화신학교 제1회 졸업식이 열렸다.

민 목사와 같은 시기에 평양신학원에 입학했고 2000년에 목사안수를 받았으며 연맹 본부에서 선교부 부장으로 사역하다가 2012년 12월부터 봉수교회 부목사로 부임하게 된 케이스다.

왜, 재학생을 12명선으로 유지할까?

필자가 평양신학원 건물을 방문해 2층에 위치한 널찍한 강의실에 들어서자 모여 있던 열댓 명의 신학생들과 목회자들은 일제히 "목사님 어서 오십시오. 환영합니다"라며 반가워했고 민망하리만치 극진히 환영했다. 내가 생각했던 것보다 매우 진지하게 학업에 임하고 전념하는 모습들이었다. 가장 인상 깊은 것은 뭐니 뭐니 해도 강의실, 도서관, 교육관 내부 벽면 여기저기에 붙어있는 성구(성경구절)들이다.

"진리를 알지니 진리가 너희를 자유롭게 하리라"(요한복음 8:32), "령혼이 없는 몸이 죽은 것과 마찬가지로 행함이 없는 믿음도 죽은 믿음입니다"(약 2:25)라는 신약성경 구절들은 물론 "여호와를 두려워하여 섬기는 것이 지혜의 근본이요, 거룩하신 이를 깊이 아는 것이 슬기이다"(잠언 9:10)라고 쓰인 구약성경 구절이 붉은색 바탕에 황금색 글씨로 새겨있었다. 붉은 글씨로 쓰인 북 특유의 정치적인 구호에 익숙했기에 막상 성경구절을 대할 때마다 움찔거리며 많은 생각을 하게 했다.

내게 또 한 가지 큰 의문과 함께 의미를 부여해준 것은 바로 현재의 재학생 수이다. 왜 하필 12명일까? 의도적으로 예수님의 12제자를 연상시키려고 12명을 고집하는 것일까? 그러나 이 학생들의 수는 1972년 설립 이래 변치 않고 줄곧 고수하고 있었다. 물론 학업 기간 중간에 여러 가지 사정으로 변동이 생겨 때로는 9명 혹은 10명, 11명일 때도 있었지만 항상 12명이 기준선이었다. 필자가 볼 때 이런 조그련의 이런 조치는 현재 1만5천 명의 기독교 신자를 보유한 북측의 형편으로 볼 때 가장 적정선이라고 보여졌기 때문에 내려진 조치였다.

목사 후보생들을 무분별하게 모집하거나 남발하지 않고 신자들의 수와 비례하면서 수위를 조절한 것이다. 현 평양신학원의 12명의 재학생에게는 선배나 후배가 같은 시기에 학교를 다닌 적이 없다. 현재의 기수가 입학해서 5년간 학업기간을 모두 마치고 졸업을 해야 다시 다음 기수의 신입생을 모집하기 때문이다.

현재의 평양신학원은 그 동안 세 번째로 옮긴 장소이다. 1972년 설립될 당시에는 평양 시내에 신설된 조그련 본부 건물에 부설기관으로 입주해 있다가 그 후 1988년 11월, 평양 시내 보통강 서편 만경대 구역 건국동에 터를 잡은 봉수교회 마당 3층짜리 조그련 청사가 세워지면서 신학원도 그곳 3층으로 이전했으며 1층은 식당과 강당, 2층은 사무실, 3층에 신학원이 입주했다. 그 후 다시 2003년 9월이 되어서야

[사진 24] 강의실 내부 모습. 정면에는 예수님 초상화가 걸려 있다.

현 봉수교회 건물 우측에 있는 동산에 캠퍼스를 조성하고 신학원 단독 건물을 건축하며 이전한 것이다.

저희들도 주일학교 '꽃주일 례배'가 있긴 합니다

평소에도 북측교회를 대할 때마다 필자가 가장 아쉽게 생각하는 점은 교회 안에 청소년들과 어린이들을 볼 수 없다는 것이다. 또한 기존의 장년 신자들에게 있어서는 세례식(침례식)과 성만찬식 혹은 기독교식의 결혼식과 장례식 등이 아직 정착하지 못한 부분들이다. 그러나 봉수, 칠골교회, 각 가정 교회에서도 간혹 기독교 의식이 거행되는 것을 목격할 수는 있으나 보편화되거나 활성화되지는 않았다.

또한 국가사회의 특성상 북측교회는 1년에 한 두 번씩 치르는 부흥성회를 비롯해 주중에 드려지는 새벽예배, 금요철야예배나 수요예배 등이 없다. 반면 각 교회들의 성경공부와 성가대, 찬양팀은 매우 활성화되어 있다. 그러나 이런 보완해야 할 부분들을 신학원 교수들과 학생들의 노력으로 조금씩 개선되거나 여건이 향상되고 있는 것을 발견할 수 있었다.

특히 북에서는 자아성이 정립되지 못한 18세 미만의 청소년들에게는 종교를 포교하거나 강요할 수 없는 사회규약이 있지만 봉수교회는 설립초기부터 주일학교 어린이들을 대상으로 드리는 고유한 예배 전통이 있다. 필자가 평양신학원 교수들과 조그련 지도부에게 질문을 해보니 북측 목회자들도 어린이 전도에 대해 전혀 노력을 기울이지 않는 것이 아니었다.

한국교회가 '어린이 날'을 기점으로 해마다 5월이 되면 '어린이 주일'을 지키듯 이북의 교회들은 매년 6월 둘째 주일에 '꽃주일'을 지킨다. 신학원과 조그련은 각 교회들과 협력해 주일학교 어린이들을 교회로 이끌기 위해 '꽃주일'이라는 제도를 마련해 각종 간식과 과자 등을 나눠주기도 하는데 정작 실제로 교회당에 나오는 어린이 신자가 거의 없어 아직도 주일학교가 정상적으로 운영되지 못하고 있는 실정이다.

또한 전국의 가정 교회 신자들의 80%가 40대 이상 여성신자들이고 전반적으로 고령이다 보니 청년 대학생이나 고등중학교에 다니는 청소년, 유초등부 어린이들이 거의 없다. 각 교회들은 주일학교를 운영하지 못하고 있기 때문에 기독교 신앙의 대가 끊겨 단절될 염려가 있다.

보이지 않게 북측 기독교를 이끌고 있는 졸업자들

평양신학원이 설립된 이래 지금까지 40년이 넘는 동안 이 학교를 졸업한 인물들 가운데는 고위직이 아니지만 보이지 않는 곳에서 중추적인 역할을 하는 교역자들이 의외로 많다. 김용거, 변소정, 박창선, 조귀남, 최옥희, 김혜숙, 김근영, 리성숙 등이 중추적 역할들을 하고 있으며, 이들과 함께 드러나지 않게 활동을 하고 있는 김철훈, 송진사, 백근삼, 김성호, 안경호, 황해윤, 박기찬, 백봉일, 조흥수, 김영일 등의 교역자들도 있다. 이밖에도 일일이 열거할 수 없을 정도의 많은 교역자들이 각자의 역할에서 나름대로 최선을 다하고 있다.

신학원을 정식 졸업하면 목회현장으로 투입되며 이후 절차를 밟아 모두 조그련 소속의 전도사나 목사가 된다. 전국의 520개 가정 교회 예배모임을 이끌거나 전도에도 총력을 기울이는 것이 사실이다. 또한 선교와 전도의 여건이 황무지 같은 상황에 있는 북측 사회에서 교역자 노릇을 하기란 쉽지 않은 일이며 실제로 결실도 맺어야 하는 부담감도 수반된다. 각계각층의 북 인민들은 어려서부터 주체사상을 교육받은 세대들이기 때문에 그들에게 기독교 신앙을 전파한다는 것은 결코 쉽지 않다.

그러나 북 사회에서는 종교인이든 비종교인이든, 기독교인이든 비기독교인이든 공통적으로 공감하고 연대할 수 있는 이슈와 목표가 있는데 그것은 다름 아닌 '조국통일 완수'의 대업이다. 민족의 통일을 추구한다는 점에서는 주체사상과 기독교 신앙이 일맥상통하다고 보는 조그련과 신학원측은 가급적 젊은이를 대상으로 통일문제로 고민하며 교회와의 접촉을 고려하기도 한다.

평양신학원을 설립한 이후 많은 업적이 있었으나 그중에서도 가장 의미 있는 일은 지난 83년에 최초로 신약성경을 인쇄한 것과 해방 전 장로교에서만 사용하던 400곡이 수록된 찬송가를 제작한 사업이었다. 또한 이듬해인 84년에는 구약성경을 1만부 찍었으며 연이어 신구

[사진 25] 평양신학원과 조그련 합작의 북한판 성경책과 찬송가

약 합본으로 된 성경과 찬송가책도 1만부를 발행하면서 북측 기독교 내에서 모두 소비시켰다는 데 큰 의미가 있었다. 남측의 문익환 목사는 통일운동가가 아닌 구약성서 학자로서의 신구교가 합동으로 참여한 공동번역 성경 제작에 관여한 적이 있는데 이 책을 북측 조그련에서 가져가 이 책을 참고해 신구약 합본 성경을 출판했다.

이북에서의 목사란 어떤 직업인가?

1987년 일본 기독교를 대표해 방북했던 '일본그리스도교협의회' 대표단 목사들은 "이북의 기독교 신자들 중에는 최고인민회의 대의원도 있고, 시도의원에 선출된 사람들도 있는데 이들 모두를 합치면 90명에 달한다"고 증언했다. 뿐만 아니라 당시 이북교회 목사들 중에는 정당의 고위직과 간부, 최고인민회의 대의원, 각시도 인민위원회 간부 등 사회지도층 인사들이 많다고 했다. 일본 목사들의 증언처럼 국가부주석과 최고인민회의 부의장을 지낸 강량욱 목사를 비롯해 최고

인민회의 대의원인 강영섭 목사, 최고인민회의 외교위원회 위원을 지낸 고기준 목사, 평양시 지도위원과 적십자회담 북측대표를 지낸 김성률 목사를 비롯해 김득룡 목사, 고학진 목사, 임현달 목사 등 헤아릴 수 없이 수많은 목사들이 정치권, 중요 사회단체 직책 등을 가지고 있었다.

필자가 만난 조그련 오경우 서기장은 "우리 조선의 그리스도인들은 매우 성실해서 사회적으로나 가정적으로 매우 번영한 삶을 살고 있는데 요즘은 이런 신자들을 보면서 기독교 신자가 되려고 하는 인민들이 많습니다"라며 여러 번 강조한 적이 있다. 그럼에도 불구하고 기독교라는 종교에 대한 일반 인민들의 생각은 아직 별로 호감을 지니지 못하고 있다. 사회 전반에 깊이 뿌리 내린 반기독교, 반미정서 때문에 목사는 사회적으로 그다지 호감 있는 직업은 아니다.

북에서의 목사의 지위와 역할은 종교적인 면보다는 국가적, 사회적인 특수성을 띤다고 보면 된다. 그러면서도 어느 때에는 사회적으로 상당한 불이익을 감수해야 하는 위치이며 사회의 부정적 시각을 극복해야 하는 직업이다. 목사가 아닌 일반 교역자들이나 신자들도 직장이나 일터에서 남들보다 더 열심히 일해야 하고 모범을 보여야 하는 의무감을 지니고 있었다.

또한 목사가 되려면 평양신학원에 입학해 신학공부를 해야 하는데, 문제는 전적으로 공부에만 매달리는 것이 아니라 각자의 생업에 종사하면서 틈틈이 공부해야 한다. 남측 신학교에도 주경야독을 하는 신학생들이나 야간신학교가 있는 것처럼 이곳 사정도 비슷하다. 또한 신학원을 졸업하면 조그련에서 주도하는 인사이동 원칙에 따라 각자의 재능대로 가정 교회나 조그련 본부나 지방 연맹에서 상당 기간 충실하게 봉사해야 한다.

목사가 된 이후의 생활패턴을 보면 연맹에서 일하는 경우와 각 가정 교회에서 일하는 경우 외에도 일반 직장을 다니면서 목사 일을 하는 경우도 있으며, 이런 경우에는 생활비가 직장에서 지급된다. 또한 연령이 높아 국가의 노후 사회보장을 받는 목사들도 있으며 아직까지 북의 교회 상황이 남측교회와 달라서 대개 연맹에서 일하는 경우를 제외하고는 목회를 제대로 할 수 있는 형편이 못된다. 그러나 일단 전문적으로 목회를 하거나 연맹에서 일하는 경우에는 일반노동자와 비교해 월등한 월급을 받는다.

또한 조그련에서 일하는 경우에는 외교적인 업무를 비롯해 해외 방문의 기회를 가질 수 있는 특혜와 의무도 주어진다는 점에서 선망의 대상이 되기도 하며 영어를 비롯한 외국어에 능통하거나 통역, 번역 업무를 한다거나 외교적 협상, 각국 교회협의회 대표단과의 교류 협력, 각종 국제회의 참석과 발표 등의 업무 등을 수행하기 위해서는 엘리트 출신 목사들이 대거 기용되기도 했다.

평양신학원을 졸업한 여성 목사들

평양신학원을 졸업한 지 10년이 넘어도 아직 목사 안수를 받지 않은 전도사들도 상당히 많은데 아마 30명은 넘는 듯했다. 필자가 확인한 바로는 조그련 지도부의 의도는 현직 목사들의 적정선을 항상 40명이 넘지 않으려는 듯 보였다. 남측교회와는 달리 목사들을 쉽게 배출하지 않는 이유는 여러 가지가 있다. 목사직을 너무 남발하거나 반대로 목사가 턱없이 부족하지 않도록 수위조절을 하고 있었다. 조그련의 전임 위원장이었던 강영섭 목사 시절부터 목사안수를 쉽게 허락하지 않고 있으며 현재 강명철 위원장 시대도 마찬가지다.

현재 조그련 소속 목회자들 중에는 여성 목사가 여러 명이 활동하고 있는데 그 중에서 가장 먼저 안수를 받은 여성은 2016년 현재 68세인 리성숙 목사이다. 원래는 당시 최옥희 전도사가 첫 여성목사 후보였으나 사정상 리성숙이 이북 최초의 여성목사가 되었다. 그 후 리성숙은 봉수교회 부목사를 지냈고 평양신학원에서 성서신학을 가르치는 교수로도 활동했다. 2006년 5월 23일 안수 받은 리성숙은 당시의 나이가 58세였는데 1987~1989년까지 평양신학원을 함께 다녔던 제6기 동기생 네 명과 함께 안수를 받았다.

이날 4인의 전도사들이 목사안수를 받기까지 10년 동안 목사 안수식이 없었기 때문에 이날 4인의 안수식은 그 의미가 매우 컸다. 리성숙 외에도 평양신학원 교무처장을 맡고 있던 백봉일 전도사, 조그련 선교부장을 맡고 있던 백근삼 전도사, 조그련 국제부장을 맡고 있던 리정로 전도사 등 모두 네 명이 조그련을 통해 목사안수를 받은 것이다. 그러나 그 후 리성숙 목사는 서방기자들과의 인터뷰에서 '김일성 주석

[사진 26] (좌) 리성숙 목사가 서방세계 기자들과 인터뷰 하는 모습. (우) 조그련 김혜숙 목사가 봉수교회당에서 세종대 이은선 교수와 '8.15 평화통일 남북 공동 기도문'을 낭독하고 있다.

이 하나님'이라고 언급하거나 예수의 육체적 부활을 인정하지 않는 발언을 해서 한동안 남측 보수기독교 세력들에게 조롱을 받으며 큰 이슈가 됐던 인물이다.

안수를 받은 4인을 포함해 조그련 소속 목사는 모두 35명의 목사를 공식적으로 보유하게 됐으며 이들은 봉수교회와 칠골교회, 조그련 등에서 사역을 시작했다. 한편 리성숙을 뒤이어 안수받은 여성 전도사들 중에는 김혜숙과 최옥희 등이 있다. 김혜숙은 전도사 시절부터 국제회의 때마다 외국에 나가 통역관으로 참석해서 그동안 잘 알려진 인물이다. 그녀는 1986년 1차 글리온회의 때까지만 해도 "나는 통역을 할 뿐이지 기독교 신자는 아니다"라고 거듭 강조했으나 여러 차례의 국제회의에 참석하는 과정에서, 그리고 많은 목회자들을 접촉하는 과정에서 기독교에 대해 감동을 받아 신학을 공부하기로 결심했고 1987년에 세례를 받았다고 간증했다.

역시 안수를 받은 김혜숙은 2014년 9월 한국기독교교회협의회(NCCK) 대표단이 평양봉수교회를 방문해 '8.15 평화통일 남북공동기도문'을 발표할 때 남측의 세종대 이은선 교수와 함께 기도문을 낭독하기도 했다. 또한 최옥희 목사도 미국이나 국제회의에 자주 참석하거나 대외적으로 자신의 신앙을 공개적으로 간증집회를 했던 전도사였으며 리성숙보다 더 먼저 목사안수를 받을 것으로 예상했던 인물이다.

최옥희는 그 동안 국제회의에 나왔던 사람들 중에서 가장 활달한 성격과 뛰어난 발표력, 굳은 소신 등으로 언론의 주목을 가장 많이 받았던 인물이다. 1990년 열린 북미 기독학자회의에 신학생으로 소개된 최옥희는 어렸을 적 모친에게서 신앙을 물려받아 성경암송과 기도능력에 뛰어난 재능을 갖고 있다고 했다. 또한 최옥희는 전도사 시절이

[사진 27] 남측 감리교 서부연회 방문단과 함께한 북측 목사들 일행. 앞 줄에 북측 리성숙(우측 세 번째), 최옥희 목사 등이 서 있다.

던 1991년 6월에 과거 미국의 카터대통령의 방북을 추진하는 역할에 참여하기도 했다.

통일운동을 하는 미국교포 조동진 목사가 고려연구소라는 이름으로 북측의 한시해, 김구식, 박승덕, 로철수, 고기준, 최성봉, 김혜숙 등 북측 통일관계 전문가와 학자들을 미국으로 초청할 때 최옥희도 같이 방문했었는데, 6월 6일에는 조동진 박사가 한시해와 함께 조지아주의 지미 카터 대통령의 사저를 방문해 김일성 주석의 평양 초청문을 직접 전달하기도 했다. 이처럼 현재 조그련 소속의 여성목사들은 학문적으로, 사회적으로 매우 실력 있고 식견을 갖춘 인물들이며, 현재도 평양신학원의 재학생 중에는 여성들도 포함되어 있어 앞으로도 여성목사가 더 배출될 것으로 보였다.

평양신학원의 유래

현재의 평양 봉수교회 뒤편 동산에 조성된 평양신학원의 유래에 대해 알아보는 것은 그리 쉽지가 않았다. 우리나라의 초대 교회사를 거슬러 올라가면 조선 최초의 신학교는 '평양신학교'였다. 평양신학교는 1901년에 미국의 마포삼열 선교사에 의해 세워졌으나 1938년 신사참배 문제로 일제에 의해 강제 폐교되었으며 이 학교의 원래 명칭은 '조선예수교장로회 신학교'이다. 이 학교를 일반적으로 '평양신학교'라 불렀으며 원조 평양신학교다. 이후 평양신학교가 폐교된 지 2년이 지난 1940년 4월 11일 친일파 채필근 목사의 주도로 또 하나의 신학교가 설립됐는데 그 이름이 또 '평양신학교'로 불렸으며 개교하면서 제1회 입학생을 모집했다.

그런가 하면 해방 이후 북조선인민위원회와 대립각을 세우던 보수 우익 목사들이 조직한 '이북 5도 연합노회'에서 직영신학교를 세웠는데 그 학교 이름도 역시 '평양신학교'라 불렀으나 정식 이름은 '장로회 신학교'였으며 초대 교장에 김인준 목사가 선출됐다. 이처럼 해방 공간을 전후로 '평양신학교'라는 이름의 학교가 여러 개 등장했다.

그렇다면 마치 방금 언급된 여러 개의 '평양신학교'와 연관이 있는 것처럼 받아들여지는 현재의 '평양신학원'의 뿌리는 어디인가? 그 근원을 찾기 위해서는 해방 후인 1946년 6월 감리교 서부연회측이 평양 남산현에서 세운 '성화신학교'를 주목해야 한다. 물론 이 성화신학교는 한국전쟁 발발 4개월을 앞둔 1950년 2월에 폐교된 5년짜리 단명학교였으나 현재의 평양신학원과 무관하지가 않았다.

북조선 인민정부의 교육성에서는 '이북 5도 연합노회'에서 세운 장로회신학교 교장에 이성휘 목사가 부임하자 신학교 운영에 관여하기에 이르렀고, 여러 우여곡절 끝에 이 성화신학교가 설립된 지 3년 후에 '장로회신학교'와 통합하기에 이르렀다. 결국 인민정부에 의해 두 신학교가 통폐합되고 몇 달이 지난 1950년 2월 결국 이 학교마저 폐교되고 말았다.

그러므로 현재 평양신학원의 모체를 굳이 따지자면 '성화신학교'와 '장로회신학교'를 통합해 세운 신학교의 계보를 이은 것이라고 볼 수 있으며 1972년에 조선기독교연맹의 강량욱 위원장의 주도로 평양신학원이 개교한 것이 그 시초가 된다. 그런 연유로 인해 현재의 평양신학원이 건축되는 과정에서 남측의 감신대가 속한 감리교(기감) 서부연회와 장신대가 속한 예장(통합) 교단이 관여하게 된 것이다. 예장 통합은 신학원 건축담당을, 기감 서부연회는 신학원 운영을 각각 담당해 지원하게 된 것이다. 그렇다면 1950년 2월, 이 두 신학교가 통합되자마자 폐교된 이유를 자세히 알아보도록 하자.

장로회신학교와 성화신학교의 합병

먼저 성화신학교가 태동된 배경을 알아보도록 하자. 성화신학교는 1946년 6월에 감리교 서부연회에서 직영한 신학교로서 당시 평양 수옥리(남산현, 지금의 인민대학습당 자리)에서 개교했다. 성화신학교가 설립된 배경은 이북지역 감리교회 지도자들이 분단의 현실을 목도하면서 3.8선의 고착화를 직감해 3.8선 이남인 서울에 있는 감리교신학교를 왕래할 수 없는 상황에서 자구책의 일환으로 태동했다. 당시 평양에는 장로교 신학교는 남아 있었지만 감리교 신학교는 전무한 실정이어서 이북지역에 감리교 목회자를 양성하는 신학교가 절실하다는 판단에서 설립이 추진된 것이다.

사회주의 정권이 들어서자 이북지역의 많은 목회자들이 교회와 신자들을 속이고 월남 대열에 합류했고, 이로 인해 북에 남아 있던 신자들은 월남한 목회자들에 대해 '선한 목자와 삯꾼 목자'로 비유하며 비방하기도 했다. 아무튼 성화신학교 설립을 주도한 감리교 배덕영 목사는 북에 잔류해 이북지역 교역자 양성을 위한 감리교단 직영 신학교 설립을 모색해 결국 성화신학교가 탄생한 것이다.

그러나 입학생을 모집하고 보니 감리교신학교였으나 장로교 소속 학생들이 더 많이 입학했는데 그 이유는 이북지역에는 감리교보다 장로교가 훨씬 더 많았기 때문이다. 장로회신학교가 있었으나 그곳은 30~40대 연령의 현직 조사, 전도사들이 목사안수를 받기 위한 과정을 밟기 위한 코스였고, 성화신학교는 젊은 학생들 중에 공산주의에 대한

[사진 28] 1907년 평양신학교 제1회 졸업 사진. 뒷줄 좌측부터 시계방향으로 방기창, 서경조, 양전백, 송린서, 길선주, 이기풍, 한석진

반발성향으로 입학한 학생들이 의외로 많았다.

초대 교장에 취임한 배덕영 목사를 보필할 교감은 박대선 목사가 맡았고 이사장에는 송정근 목사, 교수에는 이재면, 김두성, 김용련, 윤창덕 등이 맡았다. 재학생 수는 본과, 예과, 고성과 등 모두 합해서 무려 600명이 공부했다. 3년제로 승인받은 성화신학교의 제1회 학생들은 소정의 과정을 모두 마치고 1949년 7월 6일 평양 남산현교회에서 제1회 졸업식을 했는데 이때 20명의 졸업생들이 배출됐다. 그후 학교 지도부는 1950년 2월에 폐교가 된다는 정보를 입수하고 제2회 졸업식 일정을 한 학기 앞당겨 미리 12명을 졸업시켰다.

성화신학교는 1946년 설립 직후부터 북조선인민위원회나 북조선 정부와의 갈등과 마찰을 빚는 힘든 시기를 보내기도 했으나 한편으로는 북조선기독교도연맹의 창립회원으로 참여해 협력하기도 했다. 한편 성화신학교의 배덕영 교장의 실종으로 성화신학교는 일대 전환기를 맞는다. 해방 이후 5년간 북측지역의 모든 교회가 폐쇄되거나 예배가 중단된 것은 전혀 아니었다. 1949년 12월 16일(금) 저녁, 평양 남산현 감리교회에서 '헨델의 메시야 연주' 공연이 성대하게 펼쳐졌는데 당시 정치적으로 사상적으로 어려운 시기였으나 공연은 성공리에 끝났다.

김용옥 목사가 오랜 기간 성가 연습을 시키셨으며 실제 공연에서는 이재면 목사가 메시야 전곡을 지휘했으며 그날 참석한 목회자들과 학생들과 신자들은 크게 감격하여 은혜를 받았다. 그리고 배 교장은 이날 공연을 마치고 돌아오던 길에 정치보위부 요원에게 연행을 당한 후 행방을 알 수 없게 됐다.

교육성은 장로회신학교(평양신학교) 교장 이성휘 목사에게 성화신

[사진 29] 반세기가 흐른 후 만난 평양 성화신학교 스승과 제자들. 당시 교감이었던 박대선 연세대 총장(앞줄 왼쪽에서 네 번째)이 한가운데 앉아 있다.

학교와의 합병 서명을 받은 직후였는데 그 직후에 배 교장이 행방불명된 것이다. 이에 교육성은 교장 대리역할을 맡은 박대선 교감을 불러 평양신학교와의 합병을 전격 통보한 후 두 학교는 합병됐다. 장로회신학교와 성화신학교가 합병된 원인 중에 하나는 당시 성화신학교가 '반공신학교'라는 시각을 갖고 있었기 때문이었다. 순진한 신학생들은 신앙과 이데올로기를 구별하지 않았고 반공이 곧 신앙이고, 신앙이 곧 반공이라는 인식을 가졌으며 이런 이유들이 인민정권과 교육성을 자극했던 것이다. 결국 성화신학교가 폐교된 직후 넉 달 후 전쟁이 발발하자 성화신학교 학생들과 교수 출신들 대부분은 월남했고 그 후 월남한 재학생들은 남쪽의 다른 신학교를 편입학해 거의 목사가 다 됐다.

아무튼 1950년 정초부터 두 학교를 합병한 후 전교생 중에서 120명만을 따로 선별해 새로운 신학교를 만든다는 정보를 알아차린 박대선 교장대리(훗날 연세대 총장)는 1950년 가을학기에 졸업할 학생들을 한 학기 앞당겨 졸업시켰고 그 후 학교는 폐교되고 말았다. 결국 성화 신학교 졸업생은 1회 20명, 2회 11명, 모두 31명뿐이었고 나머지 수백 명은 남쪽의 다른 여러 신학교에 입학해 목사가 됐는데 1, 2회 졸업생 중에는 이응교, 김익두 목사 등이 있고, 유명한 부흥사 신현균 목사와 감리교신학대학장을 지낸 김용옥 목사, 변선환 박사 등이 있고 동양인으로는 처음 미국그리스도교협의회 회장과 미국 장로교 총회장을 지낸 이승만 목사 등이 있다.

북 기독교계의 거목, 강량욱 목사

그 후 20년의 잠복기가 흐른 후 정치인이자 목회자인 강량욱 목사에 의해 1972년부터 북측 기독교가 다시 활기를 띠기 시작하며 평양신학원이 설립됐고 가정 교회들을 통해 교회들이 응집되고 신자들의 신앙을 회복시키는 데 주력했다. 강 목사는 50년대부터 해외순방을 통한 외교에도 공헌을 했으며 최고인민회의 부의장으로서 대표단을 이끌고 해외순방을 하거나 때로는 부수상으로서 통일아랍공화국, 남예멘 등을 방문하기도 했고, 때로는 사절단을 이끌고 캄보디아, 버마, 싱가포르, 파키스탄 등을 방문하는 등 종교분야 외에도 정치, 외교, 사회, 예술분야에도 뛰어난 역량을 발휘했다.

그러던 중 강량욱 목사는 1972년 최고인민위원회 상임위원회 부위원장과 국가부주석의 신분으로 대표단 9명을 이끌고 남북조절위원회에 참석했는데 이때 남측의 대표는 최규하(훗날 대통령)였다. 최 대표는 1971년 대통령 외교담당 특별보좌관에 취임해 1972년 남북조절위원회 위원이 되어 평양에 다녀오던 시절이다.

분단된 지 27년만인 1972년 8월 31~9월 2일까지 제1차 남북 적십자회담이 평양에서 열렸을 때 당시 남측의 이범석 KBS 보도부장과 정도현 신아일보 편집국장이 멀찌감치 있던 강량욱

[사진 30] 목사직 외에도 외교에도 총력을 기울인 강량욱 목사가 외국을 방문해 지도자들과 환담하는 모습

목사를 알아보고 함께 다가가 인터뷰를 하며 녹취한 적이 있었다. 그때 강 목사는 두 기자들의 예리한 질문들을 간결하게 답변했는데 이때 보도된 기사가 서방세계 언론에 다시 대서특필되기도 했다.

- 북한에 성경책은 부족함이 없는지요?
■ 많이 있습니다.
- 목사님은 집에서 예배를 보시며 기도를 하시는지요?
■ 집에서 아침과 저녁에 기도합니다.
- 목사님께서는 하나님의 존재를 믿고 계신지요?
■ 내가 목사인데 안 믿을 수가 있겠습니까?

몇 마디 질의응답을 통해 강 목사의 기독교 신앙을 단편적으로 알 수 있는 대목들이었다. 이때 남북공동 성명 발표에 이어 1972년 10월 12일부터 11월 30일까지 3차례 남북조절위원회 공동위원장 회의가 서울과 평양에서 진행되었는데 이 당시 적십자회담이나 남북조절위

원회 등 모든 남북 간의 민감한 회의에 실무적으로 영향력을 미친 인물이 바로 강량욱 목사였다. 당시 강 목사의 위치와 지위가 남북 정세에 큰 변화를 주었으며 이 무렵 평양신학원도 설립한 계기가 되었던 것이다. 7.4 남북공동성명 등 변화된 정세와 남측 종교인들의 민주화 투쟁 등도 이런 변화에 적지 않은 영향을 미쳤으며 평양신학원을 개교하던 무렵 강 목사가 '북남종교인회의' 개최를 주장하는 등 여러 요인이 어우러진 결과물로 탄생된 것이다.

평양신학교를 졸업한 강량욱 목사는 당시 장로교 노회장이던 이창호 목사에게 안수를 받아 목사가 되었다. 그는 정치적인 여정과 상관없이 평소 온 가족들과 함께 언제나 가정예배를 드린 사실들이 알려졌다. 심지어 그는 전쟁 직후에도 당시 인민학교에 다니던 강 목사의 막내아들 강영승이 급우들로부터 "너는 목사 아들이라고 하는데 왜 너희 아버지는 아직도 목사 일을 하는가?"(평양신문보도)라는 질문을 받은 적이 있을 정도로 목회에도 전념했다. 그러나 지금도 강량욱 목사는 남측 우익 기독교 세력으로부터 '한반도의 가룟 유다'라는 비판을 받는 동시에 북에서는 '혁명가로서 사회주의 기독교를 정착시킨 모범적인 목회자의 상징'으로 존경받는다. 그러나 호불호의 평가를 떠나 강 목사의 민중신학적 목회관이 민족화해와 통일을 위한 민족사적 의미를 준 것만은 틀림없었으며 지금도 조그련을 통해 그의 유지는 계승되고 있었다.

강량욱 목사가 씨를 뿌렸다면 그의 아들 강영섭 목사가 물을 주어 자라게 했고 그의 손자 강명철 목사가 열매를 거두는 중이다. 특히 생존시 강영섭 목사는 고기준 목사, 김운봉 목사, 박춘근 목사 등과 함께 한 시내를 풍미하며 북측 교회의 평화지향적인 사회주의 신학을 형성했으며 이들은 주체사회주의 체제 속에서의 기독교신앙을 대표하는 인물들이 됐다. 이들이 선택한 사회주의 주체사상과 기독교 신학이 현재 조그련 지도부를 통해 민족화해와 평화통일에 기여하고 있으며 남북 교회 간 교류가 본격화되면 이들이 추구하던 일들이 민족화해의 씨앗으로 싹이 틀 것으로 기대한다.

올해가 평양신학원 설립 44주년, 조그련 설립 70주년

조그련은 해마다 11월 28일이 되면 어김없이 창립 기념행사를 갖는다. 특히 올 2016년 11월에는 창립 70주년을 맞아 큰 행사를 가질 것으로 예상된다. 지난 1996년에는 고난의 행군 기간임에도 불구하고 창립 50주년 행사를 크게 치렀다. 북의 우방인 중국의 교회가 '기독교혁신선언'(삼자선언)이라는 성명서를 '인민일보'에 발표한 1950년 9월 23일을 기점으로 중국 공인교회(삼자교회)가 시작된 것으로 기념하는 것처럼 이북의 경우에도 조그련이 조직된 날을 북측 기독교의 새 출발로 보는 것이다. 아울러 평양신학원도 올해 설립 44주년을 맞아 새로운 변화와 도전 앞에서 통일의 파트너인 남측교회와의 관계를 돈독히 해야 할 의무를 안고 있다.

필자가 평양신학원을 방문했던 어느 날 교장을 겸임하고 있는 조그련의 강명철 위원장은 다른 일정으로 분주해서 만날 수 없었다. 알고보니 영국에서 방문한 손님들을 만나 일정에 동행중이었는데 이처럼 조그련과 평양신학원은 평소에도 서구나 영국의 기독교와의 지속적인 교류를 하고 있었다. 또한 그 이전인 2010년 11월에는 영국 의회 방문단이 평양신학원을 방문했는데 이 자리에서도 강영섭 목사가 이

[사진 31] 평양 보통강 호텔 로비에 설치된 크리스마스 트리 장식

끄는 조그련과 평양신학원 지도부는 서방세계, 특히 영국 장로교단과 교류하고 싶다는 뜻을 밝히기도 했고 심지어 종교인협의회와 가톨릭협의회에서는 평양에 주재한 외국의 가톨릭 신자들을 위해서 북 최초로 자생적인 가톨릭 신부를 임명해 장충성당에 사제로 임명하는 방안을 검토 중이라는 말도 전해주기도 했다.

조그련이나 평양신학원, 그리고 북측의 모든 공인교회들을 이해함에 있어서 가장 취약한 부분이 바로 분단 후 북측에서 발생한 기독교 역사에 관한 부분이다. 많은 이들이 분단 직후 한국전쟁 이전을 제외하고 북측에 진정한 의미의 교회가 존재했는지에 대해 의문을 갖고 있다. 그러나 시간이 흐를수록 북측에도 살아있는 교회의 역사가 존재했음이 속속 드러나고 있다. 북측 기독교는 해방공간과 전쟁, 그리고 반미주의와 반종교 열풍이 불던 역경을 겪으며 우여곡절 속에서 생존을 위한 몸부림을 치며 시기별, 시대별로 변천하며 '사회주의 기독교', '북조선식 맞춤형 기독교'로 제도화되며 토착화되었다.

1945년 8월 15일에 해방과 분단이 동시에 이뤄졌다. 기독교를 극렬하게 탄압했던 일제로부터 해방되자마자 일제가 짓밟아 놓은 피폐한 상태에서 또 다시 미국과 소련이라는 외세에 의해 분단되었다. 그 후 해방 정국에서의 좌우의 대립으로 기존 교회들마저 좌우로 갈라지며 진공상태가 됐다. 북측지역 교회들을 이해함에 있어 이런 역사적 과정을 무시하고 성급히 판단하는 것은 무리가 있다.

조선의 독립을 위해 항일무장 투쟁을 하던 김일성 장군은 해방 직후인 9월 9일 원산으로 환국해 10월 14일 평양 기림리 공설운동장에서의 '조국해방전쟁 기념 및 김일성장군 환영대회'에 공식 등장하면서 북측 지역의 지도자로서 두각을 나타내기 시작했고 통치기구로 조직된 '북조선 임시인민위원회' 활동을 통해 친일 매국노와 부역자, 매판 자본주의자와 지주계급 등을 정리하는 친일 청산작업에 들어갔다.

일제강점 말기, 일본은 조선의 기독교 교회를 겉과 속까지 철저하게 파괴했기 때문에 친일청산 과정에서의 우익 수구세력의 핵심인 친일 친미 사대주의에 빠진 일부 기독교 신자들과 목사들과의 마찰이 불가피했다. 당시 장로교는 '이북 5도 연합노회'를 중심으로, 감리교는 서부연회를 중심으로 북측지역 우익 교회들을 이끌어나가는 도중에 '북조선 임시인민위원회'와의 대립과 갈등이 첨예하게 빚어졌고 반면 인민정부를 따르는 '북조선기독교도연맹'(조그런 전신)이 설립되며 기독교 교단이 좌우로 분열 되었고 결국 인민정부를 반대하는 교회들은 모두 월남하여 남측 기독교 교단에서 반공세력을 형성해 오늘날까지 내려오고 있다.

한편 한국전쟁을 겪는 과정에서 북 인민들에게 기독교는 곧 미국과 동일시되다시피 인식되며 미국에 대한 증오는 곧 교회에 대한 증오로 연결되었다. 전쟁을 계기로 반기독교정서와 탈교(脫敎)현상이 유행처럼 조성되어 '종교도시 평양', '동양의 예루살렘 평양'으로 불리는 북측 교회에 속한 신자들과 목회자들은 거의 월남하는 바람에 북측지역의 기독교는 일대 지각변동이 일어났다. 물론 목회자들과 기독교신자들이 대거 월남한 이유는 여러 가지가 복합적이었으나 가장 큰 원인이 두 가지가 있었다. 하나는 미국이 북쪽 지역에 원자탄을 투하한다는 소문 때문에 앞 다퉈 월남한 것이며 또 하나는 김일성 위원장이 이끈 혁명세력들의 친일친미반제 청산을 두려워해 월남한 것이었다.

그리고 남아있는 교회들은 힘을 잃었으며 인민정부와 함께 했던 교회들마저 일반 인민들에게 형성된 반미감정과 반기독교 정서로 인해 사회적으로 소외되고 위축되었다. 그래도 지금까지 조그련과 평양신학원 그리고 520개 가정 교회와 봉수, 칠골교회로 유지되고 있다는 사실 하나로도 엄청난 노력의 결과물이다. 한국교회와 서방세계 교회들은 북측의 이런 상황에 대한 객관적인 이해와 통전적 역사 해석이 필요하다고 본다.